早稻田大學圖書館編

早稻田大學所藏荻野研究室収集文書 上卷

吉川弘文館 刊行

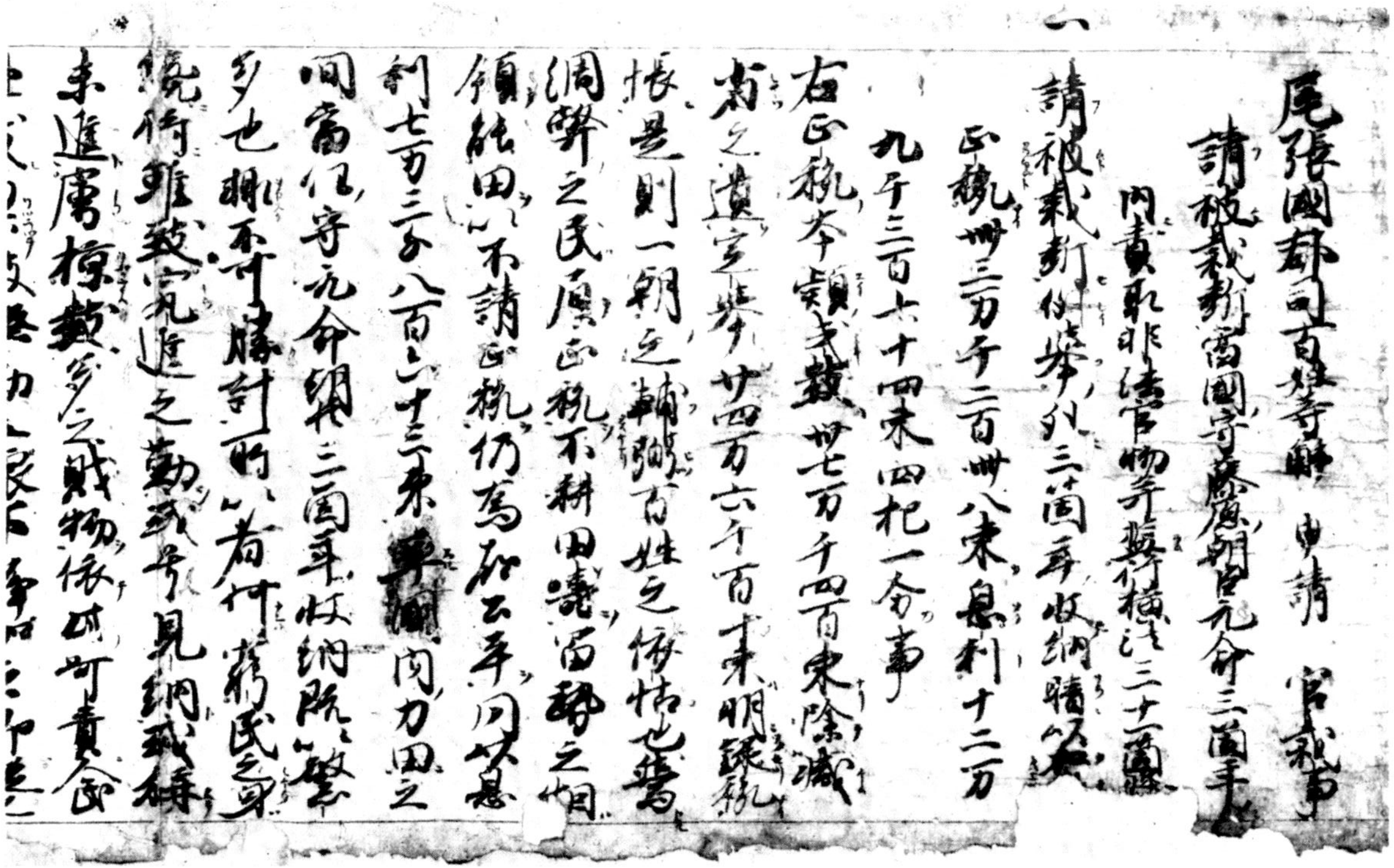
尾張國郡司百姓等解　申請　官裁事
請被裁斷當國守藤原朝臣元命三箇年
内責取非法官物并濫行横法三十一箇條
一　請被裁斷例舉外三箇年收納暗以加徴
正税卌三万千二百卌八束息利十二万
九千三百六十四束四把一分事
右正税本頴卅七万千四百束除減
省之遺定并卌四万六千百十束明録税
帳是則一朝之輔弼百姓之依怙也爰

1號　尾張國郡司百姓等解文寫本（巻首）　重文　（3頁參照）

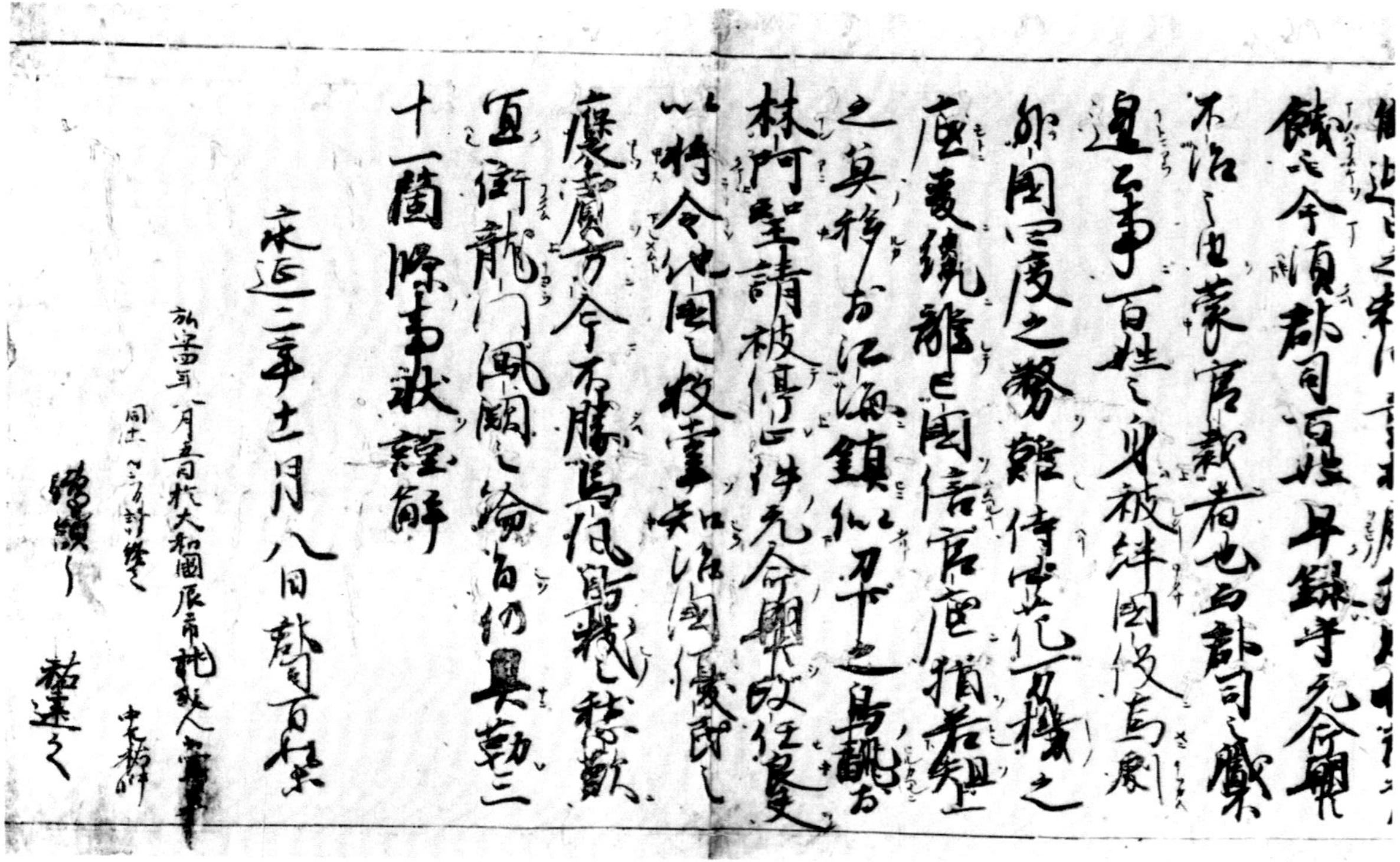

1號　尾張國郡司百姓等解文寫本（卷末）　重文　（11頁參照）

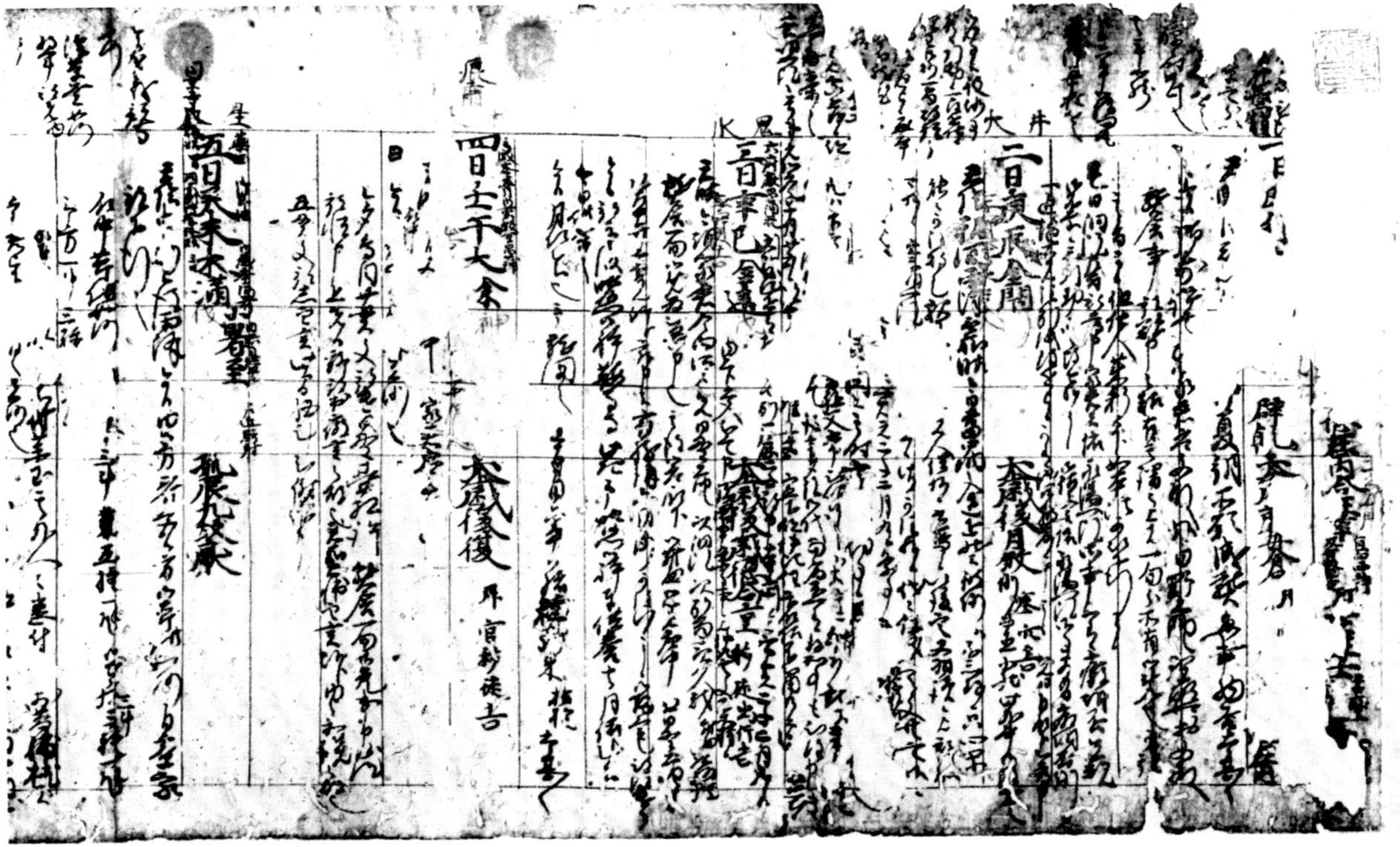

3號　中原師守記　（27頁參照）

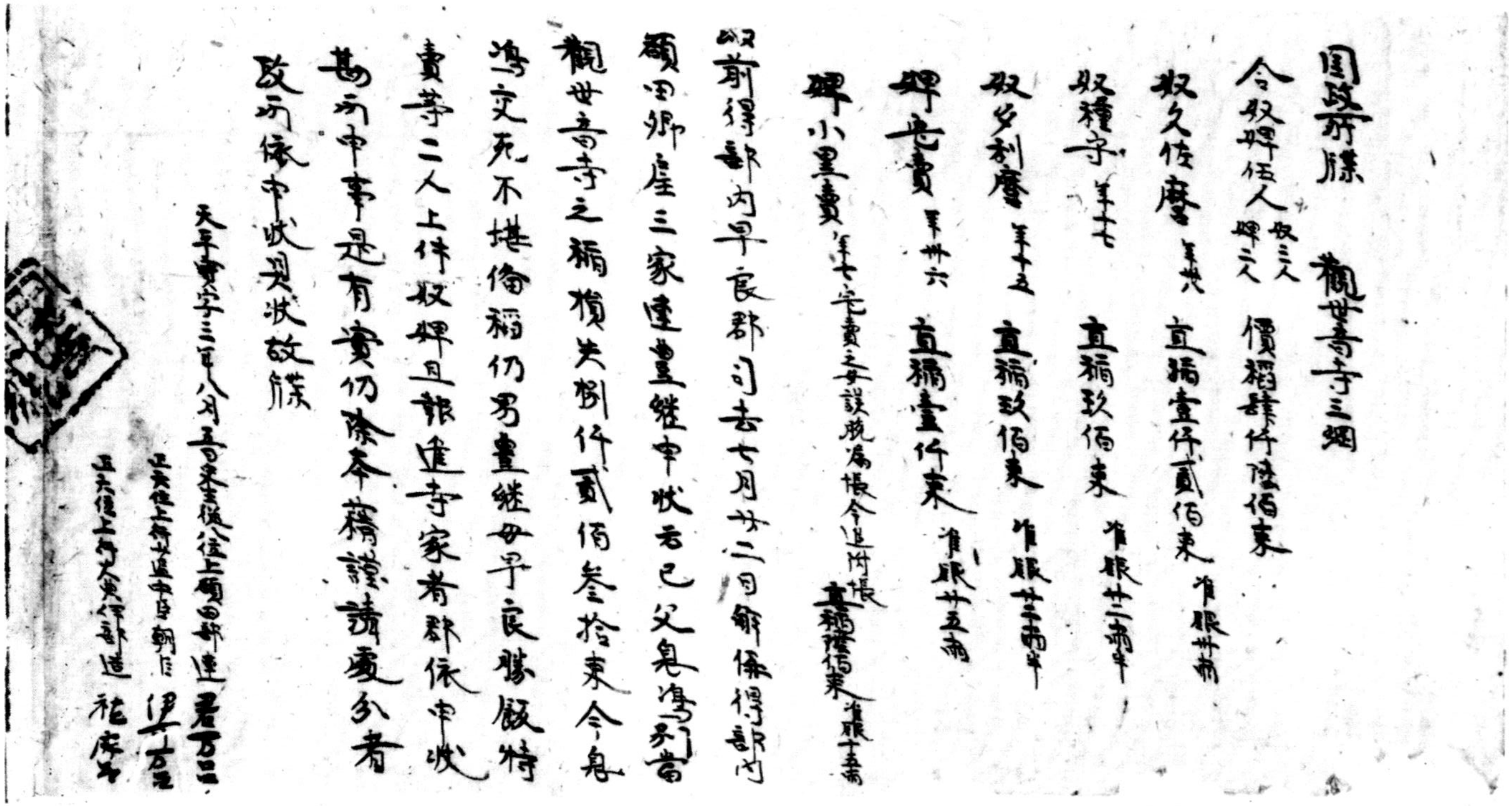
国政所牒　観世音寺三綱
合奴婢伍人　奴三人 婢二人　價稲肆仟陸佰束
奴久佐麿　年廿八　直稲壹仟貳佰束　准眼卅両
奴種子　年十七　直稲玖佰束　准眼廿二両半
奴夕利麿　年十五　直稲玖佰束　准眼廿二両半
婢宅賣　年卅六　直稲壹仟束　准眼廿五両
婢小黒賣　年十七　宅賣之女　誤脱為帳今追附帳　直稲陸佰束　准眼十五両
以前得部内早良郡司去七月廿二日解偁、得部内
額田郷擬三家連豊継申状云、己父息嶋当
観世音寺之稲積失例仟貳佰参拾束、今息
嶋之死不堪償稲、仍男豊継母子良賤特
貴等二人上件奴婢且報進寺家者、郡依申状
勘所申事、是有實、仍除本籍、謹請處分者、
政所依申状、具状故牒、
天平寶字二年八月五日從八位上額田部連君万呂
正六位上行少監中臣朝臣伊太万呂
正六位上守大典行部連社麿

333號　筑前國政所牒案　（177頁參照）

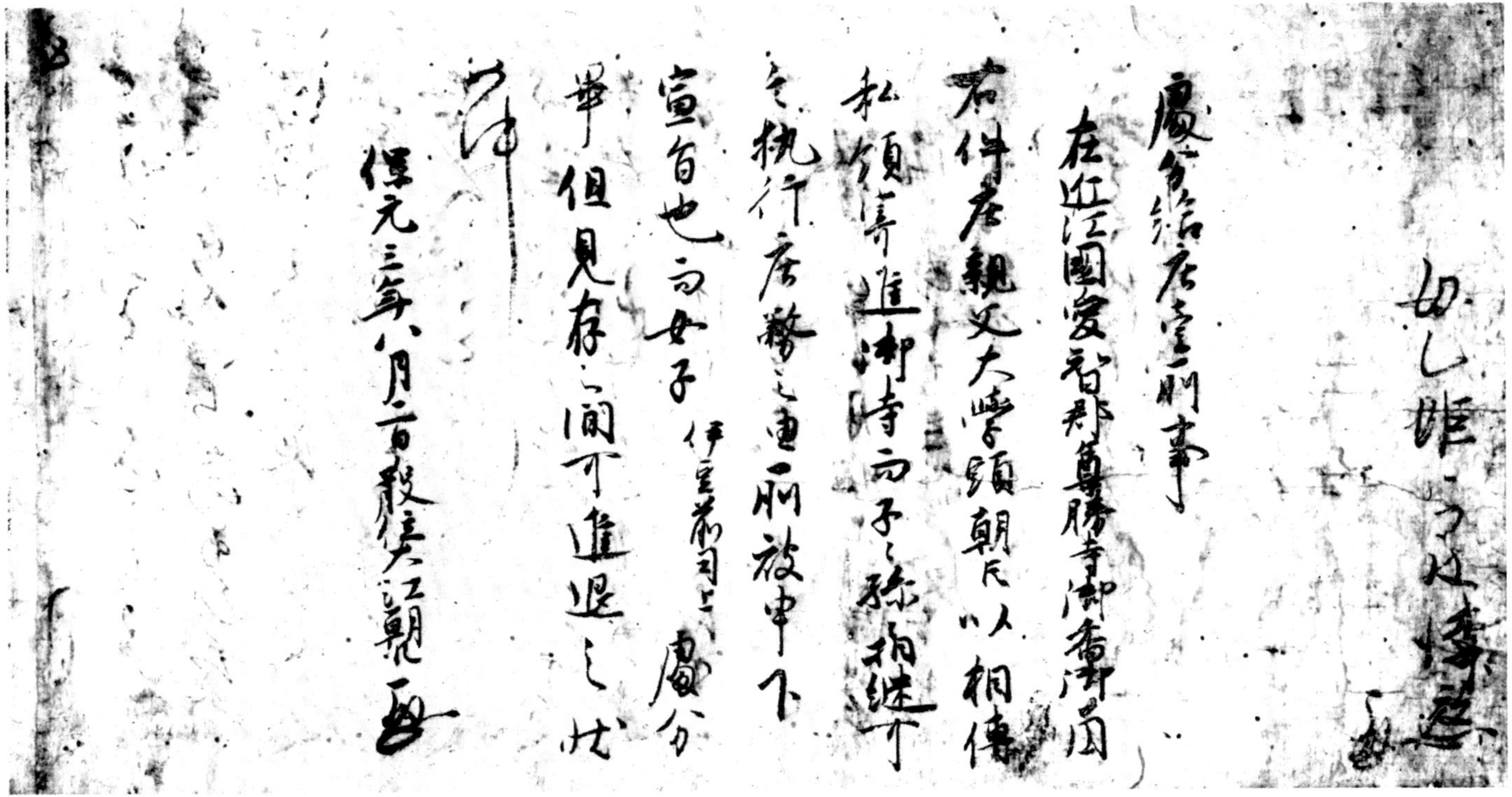

360號　大江通光處分狀　重文　（193頁參照）

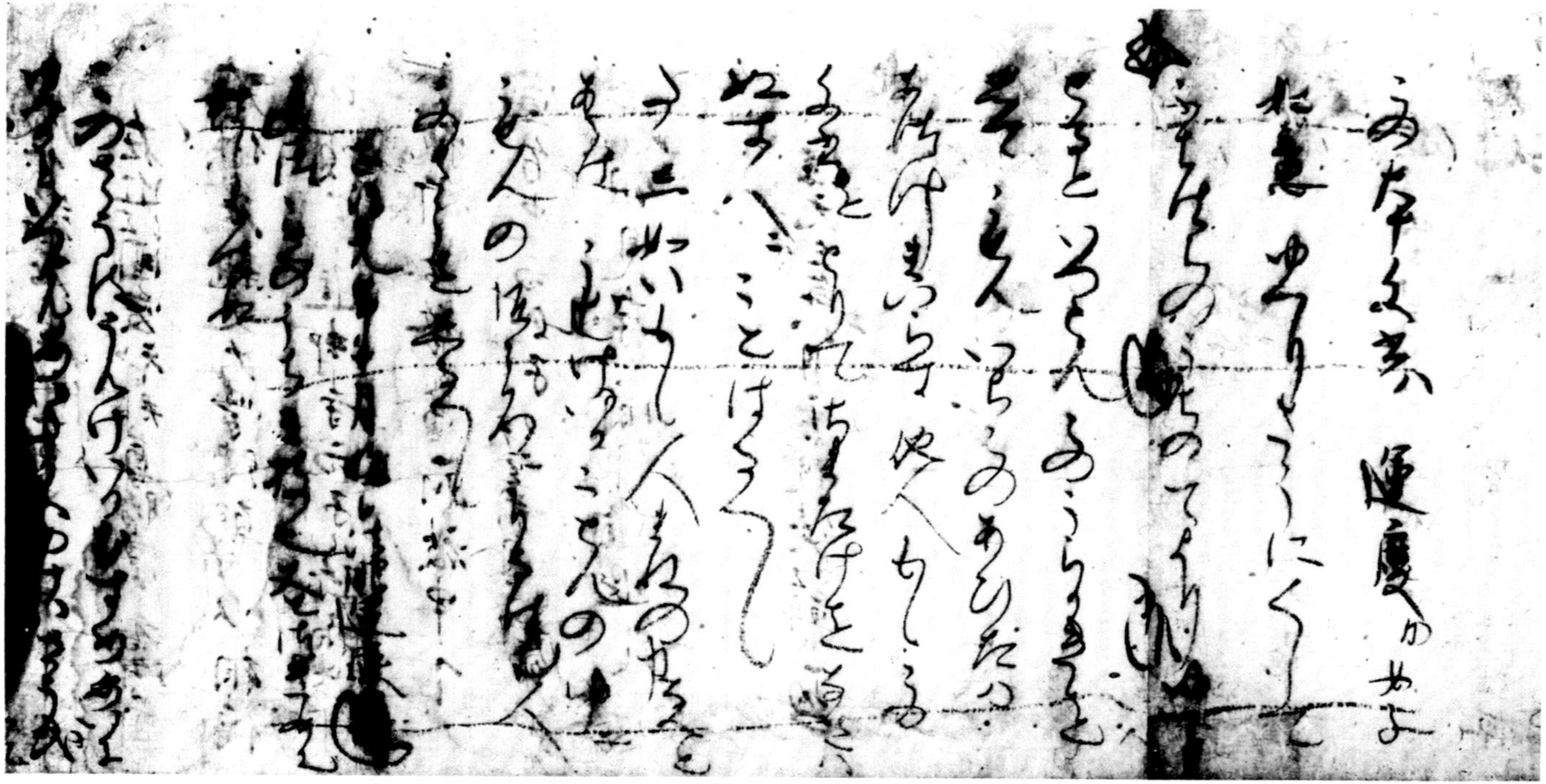

363號　法眼運慶自筆裏書　重文　（195頁参照）

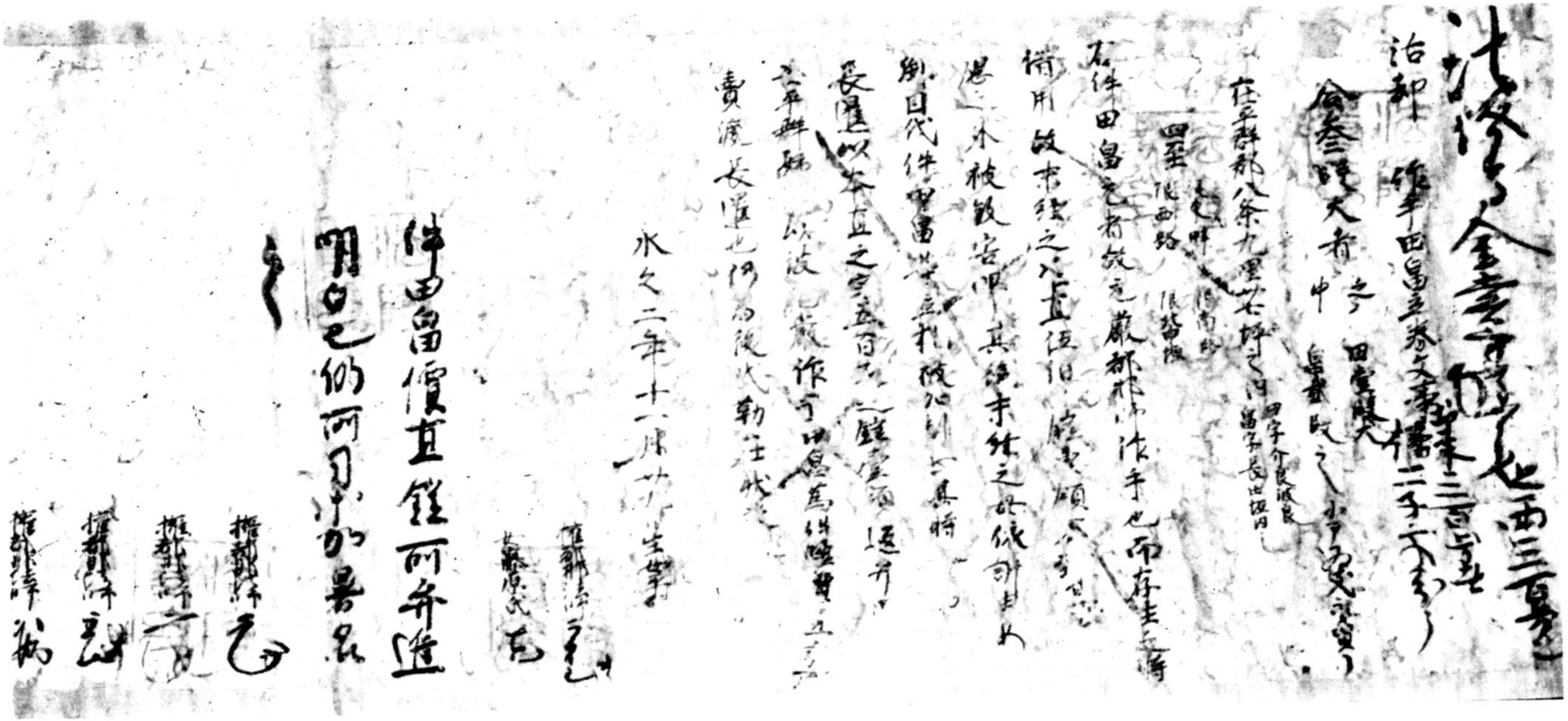

553號　平群姉子作手田畠賣券　（285頁參照）

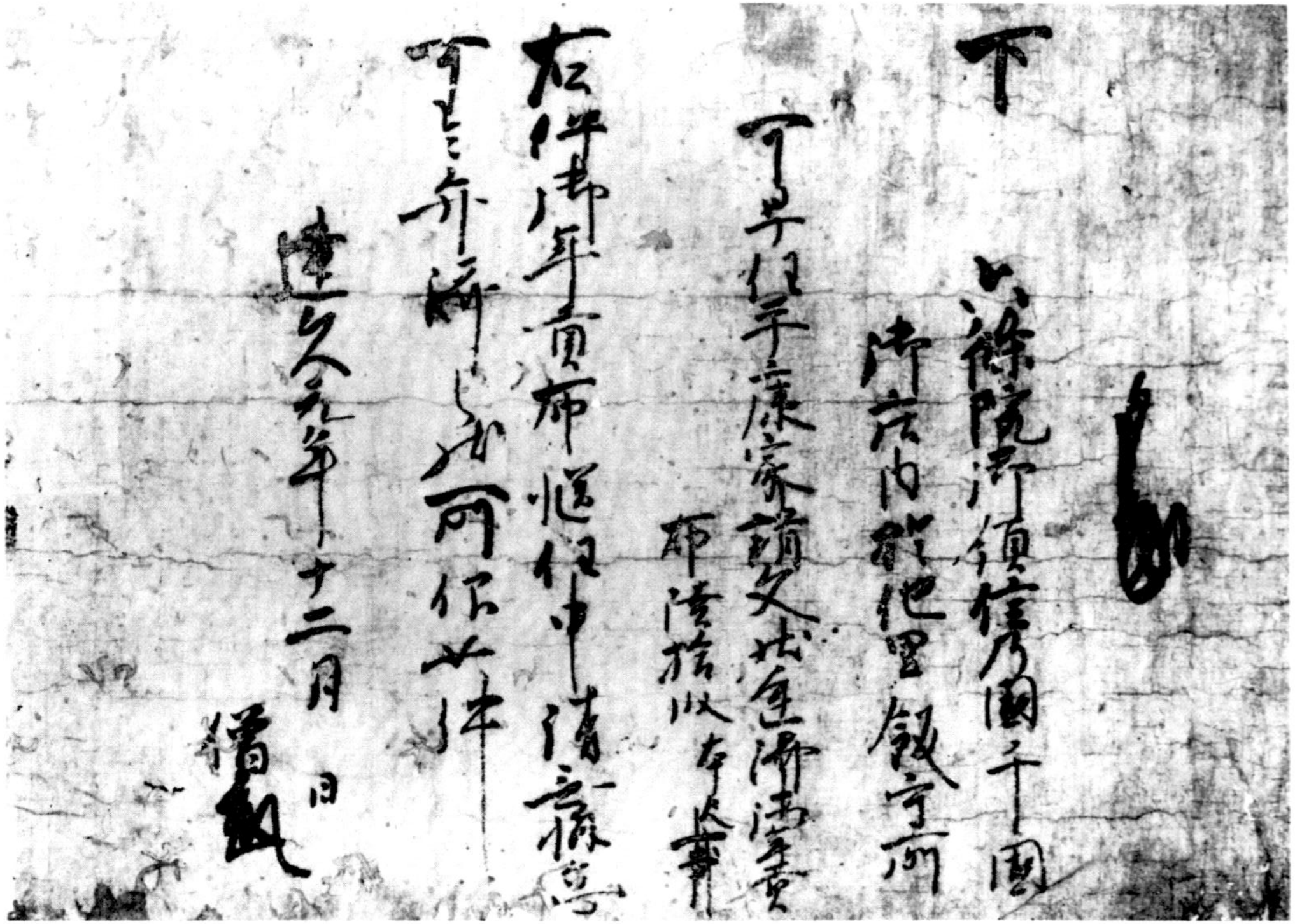

558號　六條院領關係下文　（298頁參照）

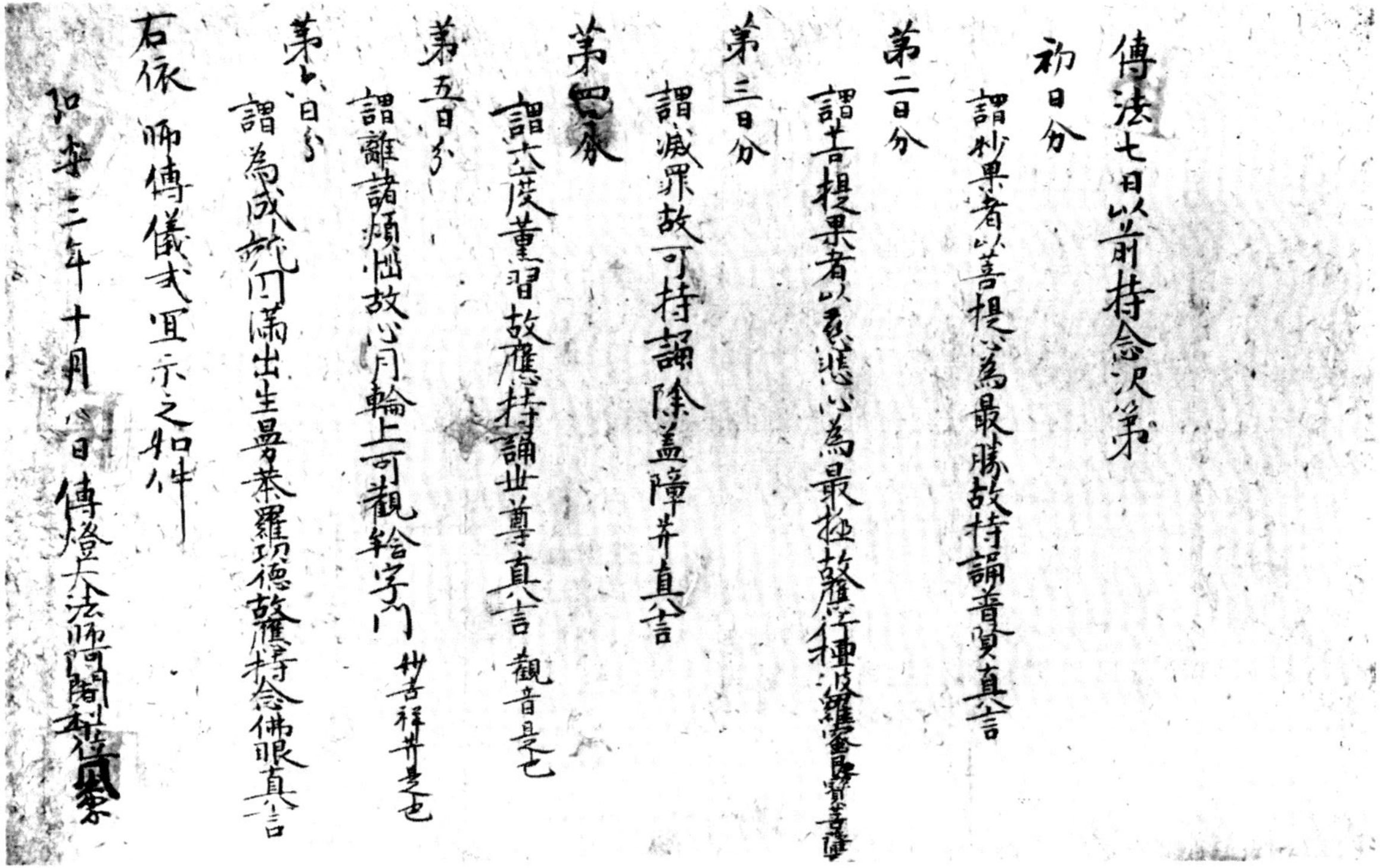
傳法七日以前持念次第
初日分
謂妙果者以菩提心爲最勝故持誦普賢真言
第二日分
謂菩提果者以慈悲心爲最極故應行種々波羅蜜[illegible]
第三日分
謂滅罪故可持誦除蓋障菩薩真言
第四[illegible]
謂六度薫習故應持誦世尊真言 觀音是也
第五日分
謂離諸煩惱故以月輪上可觀給字門 妙吉祥菩薩是也
第六日分
謂爲成就門満出生曼荼羅功德故應持念佛眼真言
右依 師傳儀式宜示之如件
弘安三年十月 日 傳燈大法師阿闍梨位圓爾

564號 圓爾 聖一國師 印信 （302頁參照）

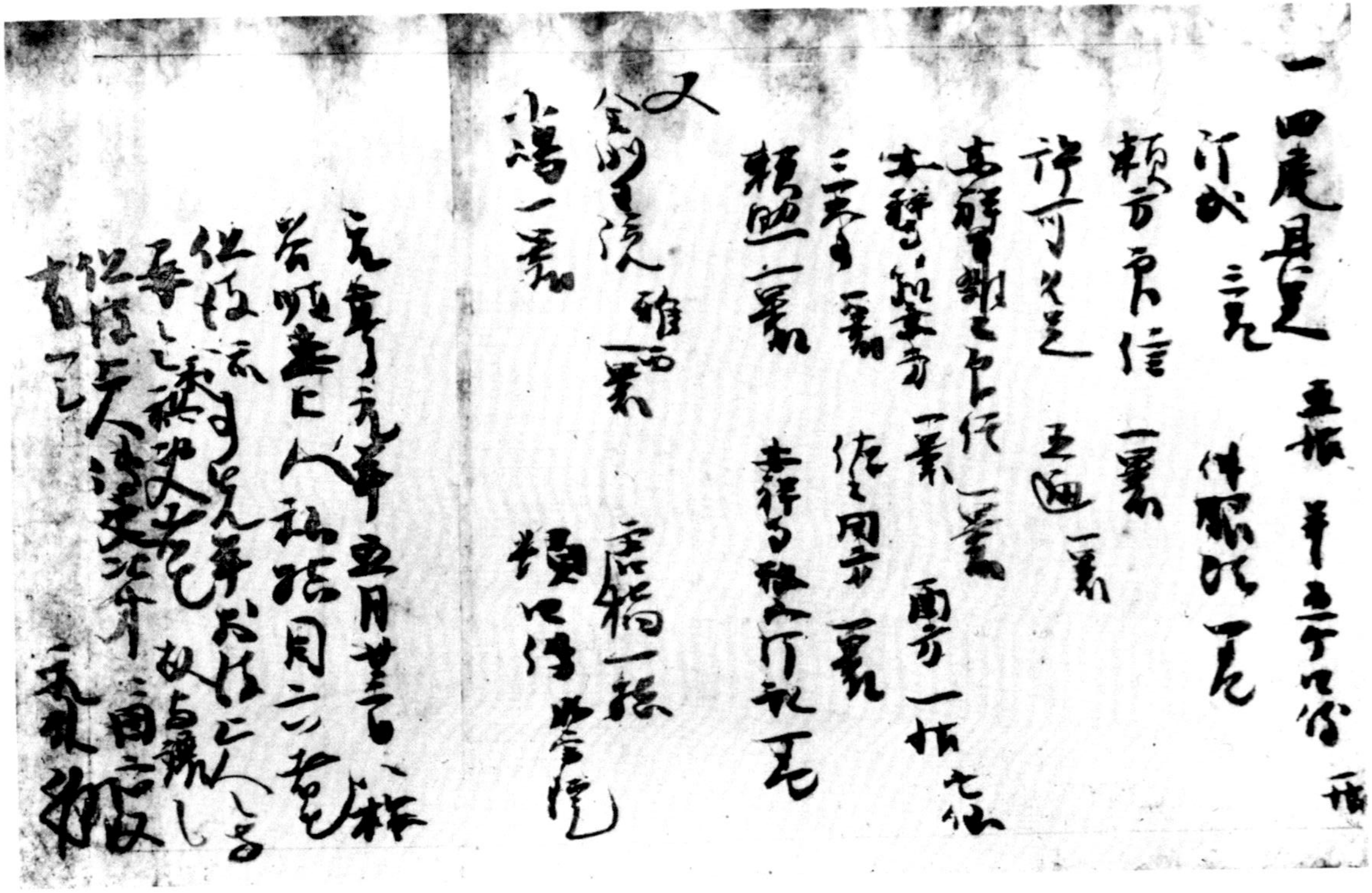

568號　稱名寺劔阿自筆聖教目錄　（305頁參照）

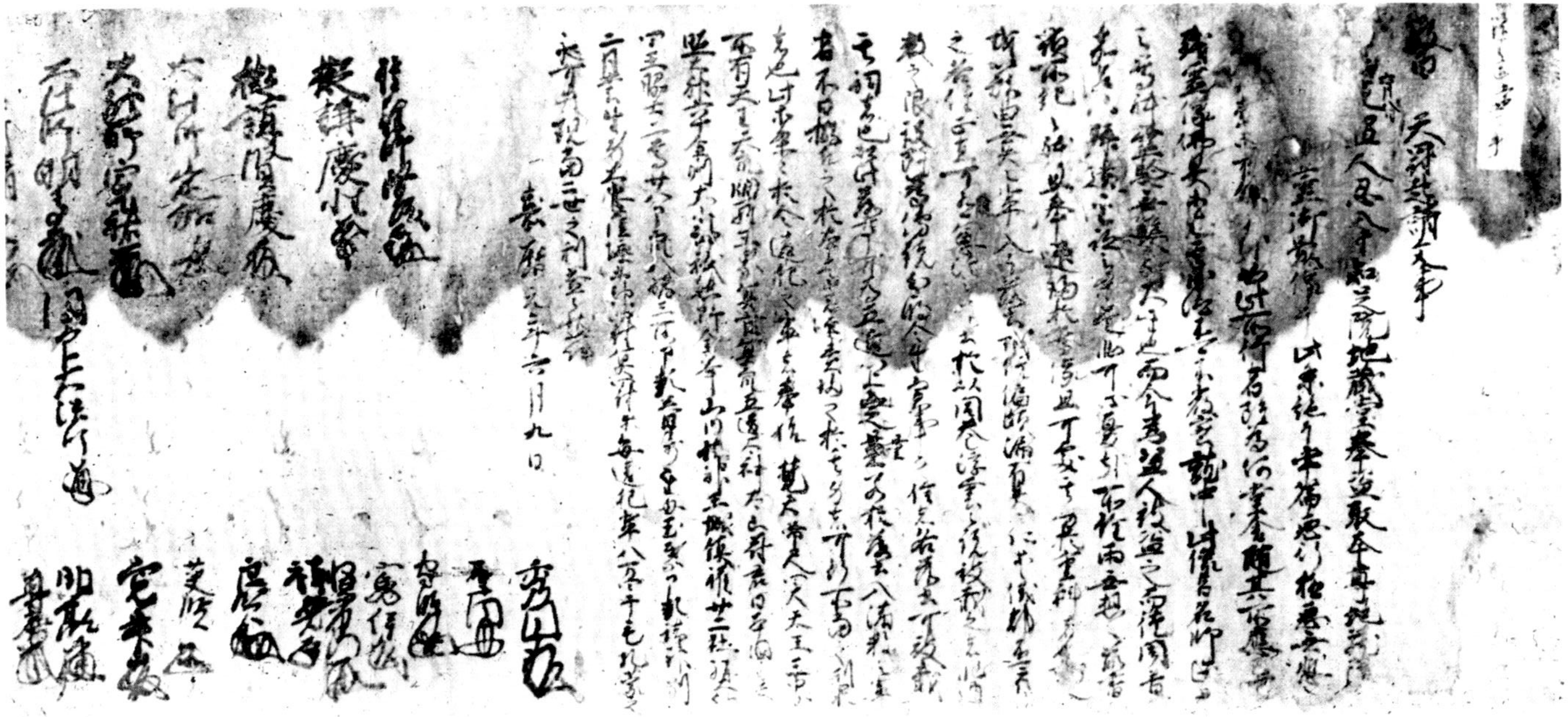

569號　東大寺秀圓等連署起請文　（305頁參照）

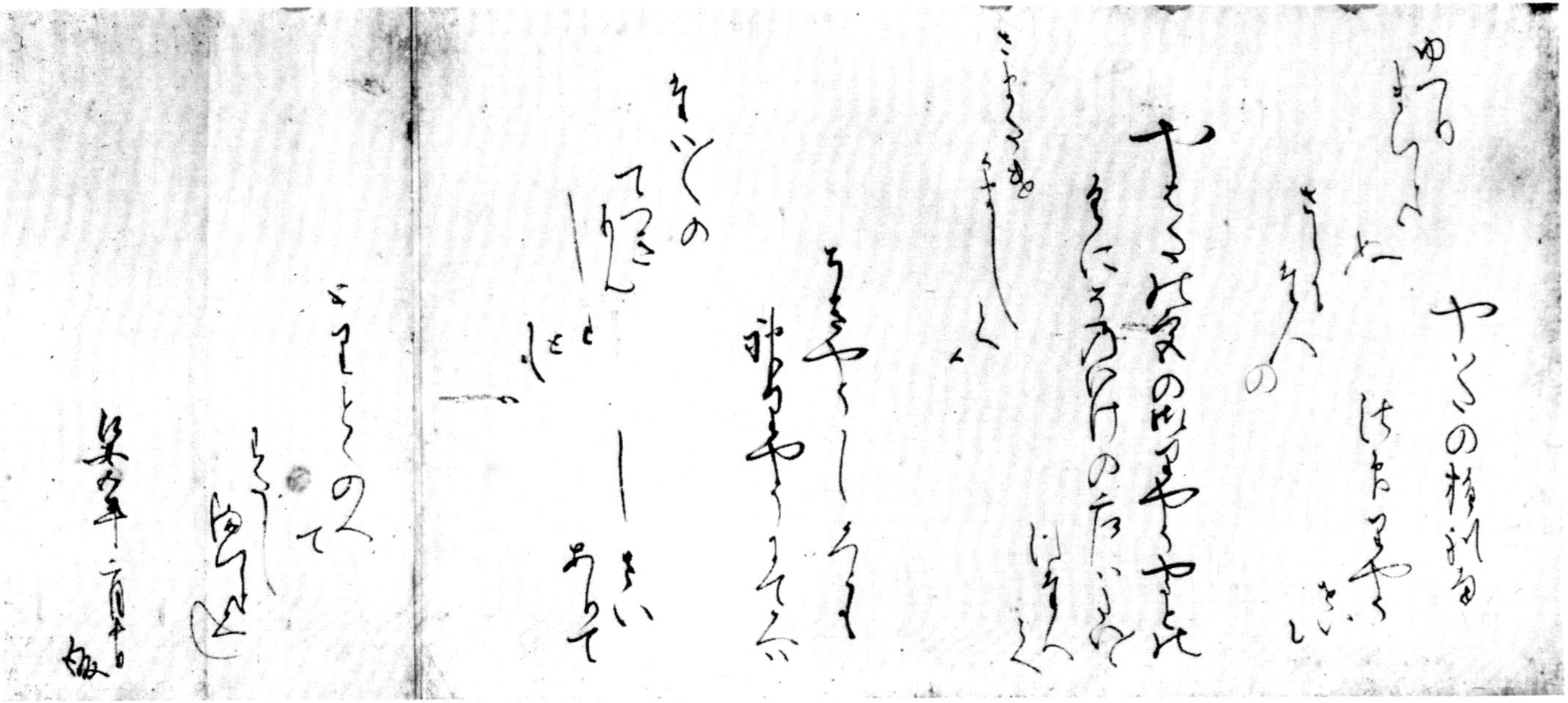

590號　某女院讓狀　（321頁參照）

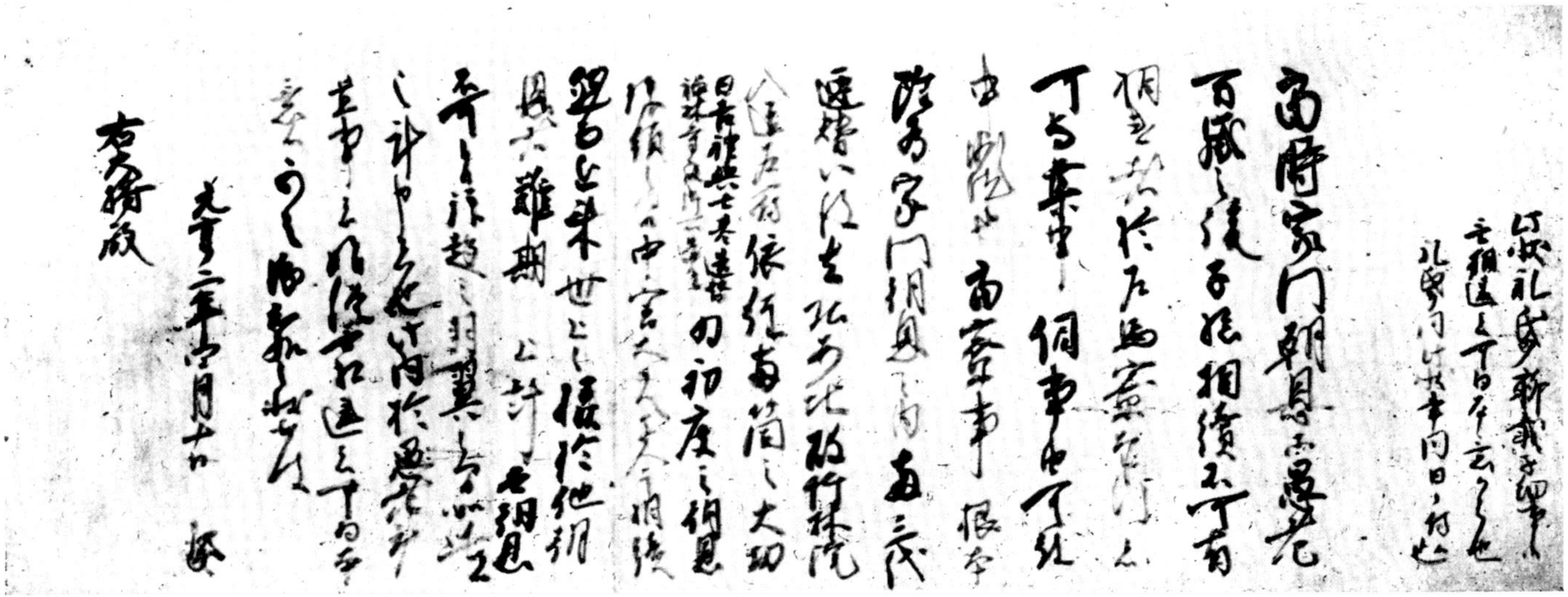

613號　西園寺實兼自筆書狀　（353頁參照）

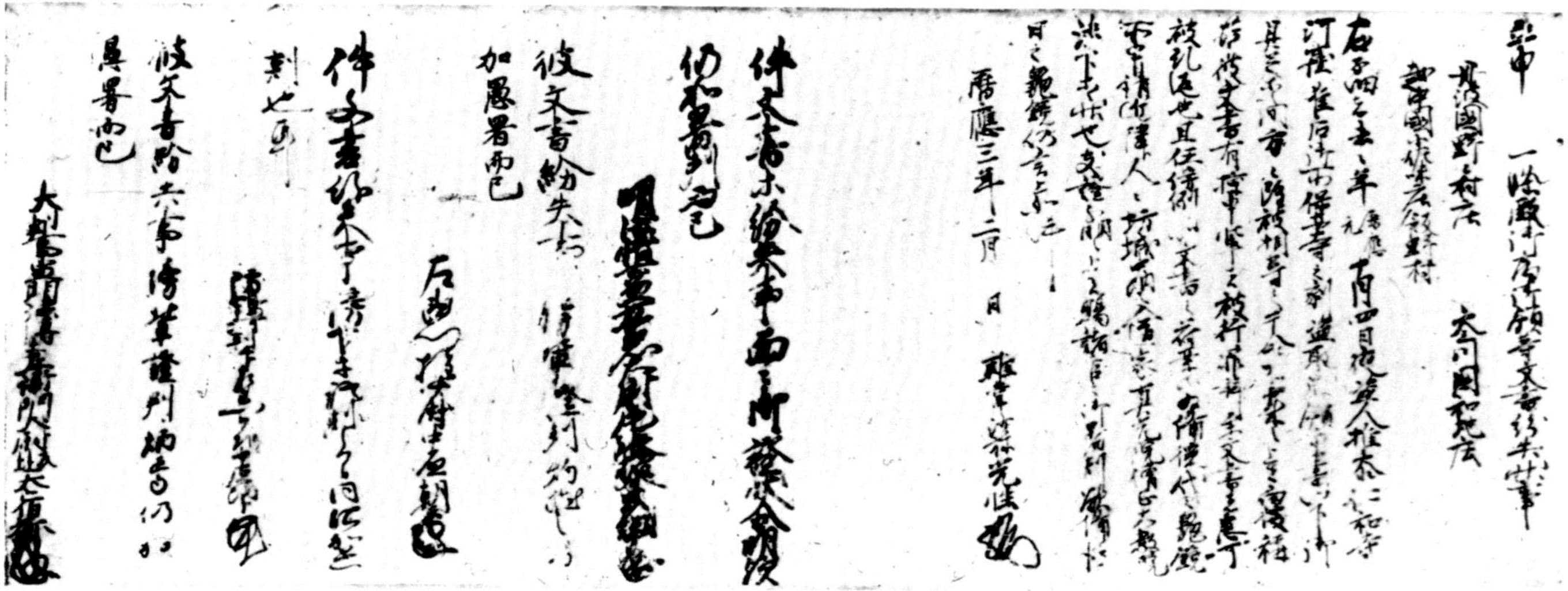

619號　一條殿局領文書紛失狀並法官證判狀　（357頁參照）

序

本書は、荻野三七彦博士を中心に、研究がすすめられてきた早稲田大學圖書館所藏の貴重な學術資料の一部を、「早稲田大學所藏荻野研究室收集文書」として公刊するものである。

もともと、これらの資料は早稲田大學文學部荻野研究室が、終戰後の混亂期において、學術研究資料として貴重なものであり、かつ文化財でもある古文書を、研究ならびに教育のために、苦心して收集されたものである。

收集した文書の大部分は、巷間より購入したものであるが、その一部には篤志家による寄贈もあると聞いている。また、これら文書の購入にあたっては、その多くは文部省の「私立大學研究設備補助金」による助成をうけたものである。このように、收集者の一方ならぬ努力と國からの補助とによって、古文書の一大コレクションが本學の所藏となり、このたびそれが整理されて、上・下二巻に編集され、公刊に至ったことは、さきに述べた入手の經緯からしても、きわめて有意義なことである。斯界における學術研究の進展に寄與することの大きなことを期待したい。

おわりに、本書の出版を心から慶賀するとともに、荻野三七彦博士をはじめとする關係各位のこれまでのご努力に對しては、深く謝意を表するものである。

昭和五十三年六月

早稲田大學總長　村井資長

序

本館所藏の荻野研究室收集文書は、昭和四十九年に文學部から本館へ移管されたものである。本文書の今日あるは、本學の文學部において多年にわたって日本古文書學を講じてこられた荻野三七彦名譽教授が、その在職中に專門的な立場から教育・研究の資として大學がこれを收藏するよう、その收集に力を盡された結果によるものである。本館にはさきに田中光顯伯寄贈になる奈良時代より平安初期にいたる東大寺文書（藥師院）など若干を所藏していたが、これに續く文書資料の乏しさをかこっていたところ、この度、右の荻野研究室收集文書の移管を受けたことによりこの缺を一擧に埋めることが出來たわけで、圖書館として甚だ喜びに堪えない次第である。

その後、本館は荻野三七彦博士をはじめ學內の關係諸氏の協力をえて、その整理・編集・公刊のことを進めて來た。併せて大學當局からは本文書についての研究費や公刊に際しての助成金の交付をうけることができて、ここに關係諸氏のご努力によって、刊本『早稲田大學所藏荻野研究室收集文書』として刊行を見るに至ったことを慶賀し、また諸氏への感謝をこめて序文とする。

昭和五十三年六月

早稲田大學圖書館長　古川晴風

凡　例

一、この收集文書は、古文書學の研究と教育を目的に文學部荻野研究室が收集したものである。

一、傳來の各文書のもとの姿を崩さぬようにと配慮して、編年順ではなく各文書グループごとの編集とする。第一部特殊文書、第二部神社文書、第三部寺院文書、第四部公家文書、第五部武家文書と大別する。第一部から第四部までを上巻に、第五部を下巻に收載する。

一、各部内の文書の配列は、ほぼ編年順を原則とするが、すでに成巻のものについては、成巻のままの配列とし、獨立した一點のものは各部の最後にまとめて收める。

一、文書名はまずその傳來による總稱名を附し、さらに個別の文書名を附する。差出人未詳の場合も、その他の事項等を勘案して適宜の名稱を附する。

一、文書番號はまず全體の通し番號をゴシック體和數字で示し、次に各巻子內での配列ないし整理番號を（）を附して洋數字で示す。一料紙內に數通の文書が收めてある場合には、（）內に①②③を附してその順序を示す。

一、本文中の用字は原則として正字を使用するが、以下のものについては原本に従って略字を使用する。

円　塩　会　旧　経　号　糸　処　庄　条　尽　体　台　虫　当　祢　罸　万　仏　並　弁　宝　弥　与　予
余　乱　礼

一、異體字は原本に従って以下にあげたものを使用する。

吴(異)　刁(寅)　欤(歟)　褁(裹)　舘(館)　汀(灌頂)　关(癸)　囯(國)　灾(災)　㝡(最)　敍(殺)　竿・筭(算)
三(四)　帋(紙)　尓(爾)　叓(事)　旹(時)　柒(七)　刕(州)　啚(圖)　躰(體)　季(年)　抔(等)　捌(八)　苻
(符)　井(菩薩)　𦬇(菩提)　ゟ(より)　斤(料)

一、草書體は印刷の都合上、以下の（　）内のように通常の漢字や假名に改める。また、變體假名はおおむね通常の假名に改める。

ゝ・ル(候)　寸(等)　ら(被)　〱(かしく)

一、文書の差出名・宛名・年月日・花押・印章などの各位置は、努めて原本に準ずるように考慮する。

一、各文書ともに形狀や料紙の特徵を（　）をもって文書名の下に示し、さらにその下に料紙の寸法を入れるほか、表題・題籤や附箋および包紙うわ書・端裏書・紙背書など、その形狀を示すすべてのものは本文の前に示す。

一、各文書は、利用上の便宜を考えて、適宜に讀點（、）および竝列點（・）を施す。

一、本文の印刷上の組み方は送り組みを原則とし、行がえごとに」を附ける。ただし樣式上の改行・平出書・字下り・闕字は、原本のままとする。また、追而書・行間書は本文の前か後へ便宜まとめるが、とくに原本の形式を生かす必要のあるものに限って、原本のままとする。

一、形式が折紙の場合、折下書も送り組みとし、その折り返しの部分を』で示す。

一、文書の前闕・後闕は［　　　］と［　　　］で示す。上闕は［　］、下闕は［　］をもって示し、併せて文書名の下に（　）でその旨を示す。文字の蟲損その他の闕損による闕字は、その字數によって□で示し、字數不詳のものは［　　］をもって示す。

一、文字の抹消は見せ消ちの場合はその傍にゝゝゝを附して示し、文字を判讀できないものは▨または▨▨をもって示す。

一、本文中の字間にある○印は、行間書を補入すべき場所を示す。

一、本文中の異筆のものは「　」、朱筆のものは『　』で示し、考勘符は墨書を＼で、朱書を⋮でそれぞれ示す。

一、本文中の證判や自署および一部の自筆書などのように別筆の明らかな部分は「　」で本文と區別をする。

一、文書の行間紙背にある注記等は、組版の都合上、本文中には＊印で位置を示すにとどめ、本文の後へ「　」を附して纏めて示す。

一、文書の花押・略押・印章は、本文中では單に（花押）、または印影と印文を「　」で示すにとどめ、その形狀はすべて洋數字で通し番號を附して、下巻の巻末にまとめて圖版によって示す。なお、文書が寫しの場合には（花押影）（朱・黑印影）と示す。

一、料紙の繼目は、その該當部分の行の文字の左傍に……でもって示し、繼目に花押や印章のある場合は、……（紙繼目裏花押）……　……（紙繼目印）……と表示する。また、紙繼目以下の本文を闕いているような場合には、……の下にその旨を（　）を附して注記する。併せて、手繼文書の場合には各通は獨立するものであるが、數通が一連の手繼文書である旨を證するために、各通の紙繼目に同樣の表示をする。

一、文書の切點や墨引きについては、その簡單なもののみ「──ー」や「ー──」等とその形狀を示し、複雜なものは、單に（切點）・（墨引）などと表記する。

一、編者の記入した注記のうち、文字に關するものは〔　〕で示し、考證したものはすべて（　）で示すほか、形態上の注記などは該當個所に○印を冠して示す。

一、文書の形式や內容にかかわる解說および參考史料などは○を冠して本文の後に附記する。

昭和五十三年七月二十五日

編者識

オンデマンド版刊行に際しての注記

本書初版刊行後に、荻野研究室収集文書をふくむ早稲田大学図書館収蔵文書を収録した『早稲田大学蔵資料影印叢書古文書集』（全三巻、一九八五〜八六年）ならびに『早稲田大学蔵資料影印叢書　近世古文書集』（一九九一年）が編集・刊行されたが、その際、刊行会による資料整理の過程で、本書とは異なる資料名が多数生じた。

本書のオンデマンド復刊に際しては、初版刊行当初の完全復刻という観点から、資料名についての変更はほどこさず、初版のままとした。同様に、資料の年代がそれ以降に判明したものなどについても一切の変更を行っていない。

また現在、早稲田大学蔵書検索ＷＩＮＥでは、古文書の画像を電子資料として閲覧可能であるが、『早稲田大学蔵資料影印叢書　古文書集』掲載の資料名により登録されているため、本書記載の資料名は、ＷＩＮＥでの検索に対応していない場合がある。

目次

序　　村井資長
序　　古川晴風
凡例
第一部　特殊文書……一
〔一〕尾張國郡司百姓等解文（寫本）（重文）　一巻……三
一　尾張國郡司百姓等解文　永延二年十一月八日……三
〔二〕阿波國板野郡田上郷戸籍（模本）　一巻……二一
二　阿波國板野郡田上郷戸籍　延喜二年……二一
〔三〕中原師守記竝同紙背文書　一巻……三七
三　(1)中原師守記　貞和二年五月……三七
四　(2)姓未詳俊慶書狀（後闕）（年月日未詳）……三七
五　(3)姓未詳國道請文（年未詳）十二月廿六日……三八
六　(4)姓未詳俊慶書狀（年未詳）正月廿五日……三八

第二部　神社文書 ……三一

〔一〕宇佐八幡宮文書○豊前國　一巻七通 ……三三

七　(1)宇佐宮寺神人祓雑物作法　寛弘五年十一月十三日 ……三三

八　(2)宇佐神宮大宮司下文　寛喜三年二月十一日 ……三三

九　(3)宇佐神宮大宮司下文　天福二年四月三日 ……三四

一〇　(4)宇佐宿禰公尚避渡状　建長四年十月　日 ……三四

一一　(5)宇佐保廣申状　弘安四年三月　日 ……三四

一二　(6)鎮西探題北條政顯下知状　正和二年七月二日 ……三五

一三　(7)宇佐社神領興行祠官連署起請文　元弘三年九月十三日 ……三五

〔二〕上賀茂神社文書○山城國　一六巻九八通 ……三六

（巻一）

一四　權祝賀茂某訴狀（前闕）　文永元年六月　日 ……三六

（巻二）

一五　賀茂社當役配分注文（前闕）　文永元年十二月廿五日 ……三八

（巻三）

一六　賀茂社祠官賀茂經久自筆書狀　弘安五年正月廿四日 ……四〇

（巻四）

一七　(1)伏見天皇綸旨案　正應四年二月十六日 ……四一

一八　(2)三條大納言家(實重)御教書　正應四年二月廿四日 ……四一

一九 (3)伏見天皇綸旨案 (年未詳) 八月廿三日……四一
二〇 (4)法印胤辨奉御教書 延慶二年十二月十日……四一
二一 (5)洞院右大將家實泰御教書 (延慶三年) 十月廿六日……四一
二二 (6)洞院右大將家實泰御教書 延慶三年十二月十七日……四二
二三 (7)前右大臣家花山院家定御教書 正中元年十二月廿五日……四二
二四 (8)御子左隆久置文 正慶元年十二月……四二
二五 (9)中御門前中納言經繼御教書 (正和二年) 九月七日……四三

（卷五）

二六 (1)賀茂經久證狀 嘉元四年十月八日……四四
二七 (2)賀茂行久・基久連署置文 元亨元年十二月十九日……四四
二八 (3)賀茂基久消息 元亨四年九月廿日……四四

（卷六）

二九 (1)足利義滿御教書 明德四年十月七日……四四
三〇 (2)足利義滿御教書 應永元年十一月廿六日……四四
三一 (3)船木庄公文代茂久等連署契狀 應永十九年十月　日……四五
三二 (4)稱光天皇綸旨案 應永卅二年七月三日……四五
三三 (5)足利義教御判御教書 永享二年十月十一日……四五
三四 (6)足利義教御教書 永享二年十月廿日……四五
三五 (7)後花園天皇綸旨案 永享六年十月三日……四五
三六 (8)甘露寺親長御教書 寛正二年九月十六日……四六
三七 (9)若狹守護山名教之遵行狀 寛正五年五月四日……四六
三八 (10)姓未詳忝雲書狀 (年未詳) 閏二月十四日……四六

三九 (11)松下茂久授蹴鞠免許狀　天文廿四年四月　日……四六
四〇 (12)甲斐某年貢皆濟狀　(年未詳) 十一月四日……四七

(卷七)

四一 後崇光院貞成親王御筆和歌寫　(年月日未詳)……四七

(卷八)

四二 (1)室町幕府奉行人連署奉書　永享九年九月廿三日……四七
四三 (2)室町幕府奉行人連署奉書　嘉吉元年九月廿四日……四八
四四 (3)室町幕府奉行人連署奉書　文安四年五月四日……四八
四五 (4)室町幕府奉行人連署奉書案　文明元年九月廿八日……四八
四六 (5)室町幕府奉行人連署奉書　文明三年八月十二日……四九
四七 (6)室町幕府奉行人連署奉書　文明九年七月廿六日……四九
四八 (7)室町幕府奉行人連署奉書　文明九年七月廿六日……四九
四九 (8)室町幕府奉行人連署奉書　文明九年七月廿六日……四九
五〇 (9)室町幕府奉行人連署奉書　明應六年二月廿九日……四九
五一 (10)室町幕府奉行人奉書　永正四年八月十二日……五〇
五二 (11)室町幕府奉行人連署奉書　大永五年四月十七日……五〇
五三 (12)室町幕府奉行人奉書　享祿三年十月廿六日……五〇
五四 (13)室町幕府奉行人奉書　天文二年十月十二日……五〇
五五 (14)室町幕府奉行人奉書　天文十二年十二月廿二日……五一
五六 (15)室町幕府奉行人連署奉書　天文十六年十一月廿六日……五一
五七 (16)室町幕府奉行人連署奉書　天文十六年十二月廿九日……五一
五八 (17)室町幕府奉行人連署奉書　天文十八年九月十一日……五一

五九　(18)室町幕府奉行人連署奉書　天文十八年十二月四日……五三二
六〇　(19)室町幕府奉行人連署奉書　天文十八年十二月十七日……五三二
六一　(20)室町幕府奉行人連署奉書　天文十九年三月廿四日……五三二
六二　(21)室町幕府奉行人連署奉書　天文廿二年十二月五日……五三二
六三　(22)室町幕府奉行人連署奉書　永禄十一年十一月十二日……五三三
六四　(23)室町幕府奉行人連署奉書　永禄十二年三月四日……五三三
六五　(24)室町幕府奉行人連署奉書　永禄十二年三月十九日……五三三

（巻九）

六六　(1)賀茂大神宮政所下文　嘉吉三年七月　日……五三三
六七　(2)賀茂大神宮政所下文案　文安三年十二月廿日……五三四
六八　(3)小山郷圖師職補任錢免許狀　寶徳元年九月　日……五三四
六九　(4)賀茂大神宮政所下文　寛正七年二月　日……五三四
七〇　(5)肥後守久清契狀　文明十年十二月廿日……五三五
七一　(6)賀茂社氏人等重訴狀　延徳三年十月　日……五三五
七二　(7)鳥居大路諸平契狀　明應六年六月七日……五三五
七三　(8)賀茂大神宮政所下文　明應六年七月五日……五三六
七四　(9)賀茂社務奉行奉書　大永元年九月九日……五三六
七五　(10)三淵藤英書狀　(年未詳)十二月七日……五三六
七六　(11)升家藤家書狀　(年未詳)九月十一日……五三六
七七　(12)磯野員昌書狀　天正二年十二月廿日……五三七
七八　(13)大口親久書狀　(年未詳)二月九日……五三七
七九　(14)大口親久書狀　(年未詳)六月八日……五三八

八〇　⒂大口親久書状　（年未詳）六月廿四日……五八

（巻一〇）

八一　⑴賀茂社由緒記　明應九年五月廿一日……五八
八二　⑵賀茂大神宮侍所下文　文明十年十二月　日……六〇
八三　⑶片岡禰宜系圖　（年月日未詳）……六一

（巻一一）

八四　⑴千代若大夫他十七名連署湯屋田賣券　明應八年九月六日……六二
八五　⑵爲壽軒周吉田地賣券　享祿三年十一月十六日……六二
八六　⑶拝馬料加増證文　永正元年四月廿五日……六三
八七　⑷金津庄使錢算用状　永正八年五月廿九日……六三
八八　⑸鳥居大路爲平賣券案　天文六年三月三日……六四
八九　⑹三丁大夫宗久・三河守種久連署賣券　天文十五年二月九日……六四
九〇　⑺竹内明久競馬料契状　天文廿一年四月廿八日……六四
九一　⑻賀茂眞久書状　（年未詳）十二月十九日……六五
九二　⑼勝願院忠舜競馬料契状　永祿九年正月廿八日……六五
九三　⑽民部少輔將平・甲斐守氏説連署書状　天正十三年六月六日……六五
九四　⑾沙汰人・評定衆・宿老連署書状　慶長四年十二月十七日……六五
九五　⑿菊松大夫等連署契状　慶長十七年十二月廿七日……六六
九六　⒀賀茂松下通久書状　（年未詳）十月十七日……六六
九七　⒁岡左京祈禱料起請文　寛永十三年十月……六七
九八　⒂北小路望知書状　（年未詳）十一月廿五日……六七
九九　⒃盃よろつ次第注文　（年月日未詳）……六八

（巻一二）

一〇〇 (1)賀茂競馬祝詞 （年月日未詳）……六八

一〇一 (2)賀茂競馬祝詞 （年月日未詳）……六九

（巻一三）

一〇二 織田氏奉行人連署奉書 （元龜二年）九月晦日……六九

（巻一四）

一〇三 (1)前田玄以自筆書狀 （年未詳）八月廿一日……七〇

一〇四 (2)前田玄以自筆書狀 （年未詳）正月廿一日……七〇

一〇五 (3)前田玄以自筆書狀 天正十三年閏八月廿八日……七一

一〇六 (4)前田玄以書狀案 慶長三年九月十八日……七一

（巻一五）

一〇七 (1)京都所司代板倉勝重書狀 （年未詳）三月廿六日……七一

一〇八 (2)京都所司代板倉勝重印判狀 （年未詳）四月十六日……七二

一〇九 (3)京都所司代板倉勝重印判狀 （年未詳）四月十八日……七二

（巻一六）

一一〇 (1)紙背女房消息 天正六年……七二

一一一 (2)紙背女房消息 （天正六年）……七三

〔三〕 祇園社文書○山城國 六巻一〇八通……七四

（巻一）

一一二 (1)感神院政所下文 建長八年八月　日……七四

一一三 (2)大江永茂請文 弘安二年二月五日……七五

一一四　(3)秀憲田地賣券　正和五年九月十三日……七六
一一五　(4)丹波波々伯部保田畠坪付　正中三年二月十三日……七六
一一六　(5)久阿彌陀佛屋地讓狀　正中三年四月六日……七七
一一七　(6)法眼某和與狀案　嘉暦元年十二月十七日……七七
一一八　(7)前長門守重藤卷數捧狀　(年未詳)十二月廿八日……七七
一一九　(8)祇園執行歴代交名案(後闕)　(年月日未詳)……七七
一二〇　(9)後醍醐天皇綸旨　元弘二年二月十九日……七八
一二一　(10)足利尊氏御教書　建武五年二月六日……七八
一二二　(11)晴惠寶塔院供僧職等讓狀　康永三年六月七日……七八
一二三　(12)①足利尊氏願文案(前闕)　康永三年十二月十五日……七九
一二四　②足利尊氏御教書案(後闕)　(年月日未詳)……七九
一二五　(13)祇園執行顯詮書狀土代　(年未詳)十一月四日……七九
一二六　(14)祇園執行顯詮書狀土代　(年未詳)八月卅日……八〇
一二七　(15)祇園執行某書狀(後闕)　(年月日未詳)……八〇
一二八　(16)室町幕府政所執事連署奉書　文和二年二月卅日……八〇
一二九　(17)後光嚴天皇綸旨案　文和二年十二月廿九日……八一
一三〇　(18)①後村上天皇綸旨案　(年未詳)七月五日……八一
一三一　②後村上天皇綸旨案　(年未詳)三月十一日……八二
一三二　③足利直冬卷數返事案　正平九年九月八日……八二
一三三　(19)①足利直冬御教書案　正平九年九月廿二日……八二
一三四　②足利直冬御教書案　貞和四年四月廿二日……八二
一三五　③後村上天皇綸旨案　(年未詳)七月五日……八二

一三六 ④沙彌道普巻數返事案 貞和四年十二月廿五日……八二
一三七 (20)某申狀案（後闕） （年月日未詳）……八三
一三八 (21)左衞門尉某文書裏書 正慶二年閏二月十七日……八三
（卷二）
一三九 (1)足利尊氏御教書 文和二年十月十九日……八三
一四〇 (2)寶樹院御房宛某書狀 （年未詳）九月十一日……八三
一四一 (3)賴譽書狀 （年未詳）八月廿七日……八四
一四二 (4)顯宣書狀案 （年未詳）五月廿九日……八四
（卷三）
一四三 (1)乘心去狀 應安元年十二月廿五日……八四
一四四 (2)①後光嚴院院宣案 應安四年十一月二日……八四
一四五 ②足利義滿御教書案 應安四年十一月廿一日……八五
一四六 ③某寄進狀案（後闕） （年月日未詳）……八五
一四七 (3)①足利義滿御教書案 應安七年五月十二日……八五
一四八 ②足利義滿事書案（後闕） （年月日未詳）……八五
一四九 (4)明雄坊舍敷地賣券 永和四年七月十七日……八五
一五〇 (5)後圓融天皇綸旨 康曆元年十二月廿九日……八六
一五一 (6)祇園執行顯有祈禱次第 永德元年……八六
一五二 (7)崇光上皇院宣案 永德二年五月廿七日……八六
一五三 (8)足利義滿御判御教書案 嘉慶二年十二月十七日……八七
一五四 (9)足利義滿御判御教書案 嘉慶二年十二月十七日……八七
一五五 (10)年代記斷簡 嘉慶二年—明德元年……八七

一五六　⑾①足利義滿御判御教書案　明德元年十二月三日……八七
一五七　②足利義教御教書案（後闕）（年月日未詳）……八八
一五八　③畠山基國書下案（前闕）　明德三年九月六日……八八
一五九　④足利義持御教書案　應永十三年閏六月十七日……八八
一六〇　⑿法印顯源置文　明德三年十一月十日……八八
一六一　⒀興福寺衆徒群議事書（後闕）（年月日未詳）……八九

（巻四）

一六二　⑴祇園社遷宮條〻事書　應永二年……八九
一六三　⑵室町幕府奉行人連署奉書案　應永三年十一月三日……九〇
一六四　⑶祇園社御八講功勞申文　應永八年八月　日……九〇
一六五　⑷新日吉社造營料免除狀　應永九年四月十六日……九〇
一六六　⑸祇園社雜掌實晴支狀案　應永十年五月　日……九〇
一六七　⑹惣大工三條宗元申狀案　應永十六年三月　日……九一
一六八　⑺進仕某書狀　應永十七年七月十三日……九一
一六九　⑻室町幕府下知狀　應永廿一年十月五日……九二
一七〇　⑼宗僖祇園領地子錢請文　應永卅三年三月九日……九二
一七一　⑽室町幕府下知狀案　應永卅三年三月十七日……九二
一七二　⑾①室町幕府奉行人奉書案　應永卅三年六月十三日……九二
一七三　②玄俊遵行狀案　應永卅三年六月十九日……九三
一七四　⑿祇園執行顯緣用途請文案　應永卅三年八月廿七日……九三
一七五　⒀室町幕府下知狀案　永享六年十一月廿五日……九三
一七六　⒁祇園執行顯緣請文案　（年未詳）四月廿九日……九三

一七七 (15)少別當快秀請文案 嘉吉元年十月九日……一九四
一七八 (16)岩夜叉丸代源承請文 文安二年十二月三日……一九四
一七九 (17)祇園感神院棚守職補任狀案 寶德三年五月 日……一九四
一八〇 (18)感神院御八講請僧交名注文 寶德三年……一九四

（卷五）

一八一 (1)大工康吉重申狀案 享德三年五月 日……一九五
一八二 (2)社頭供花事申狀案 （長祿二年）四月八日……一九五
一八三 (3)片羽屋神子等申狀案 文正元年六月 日……一九五
一八四 (4)祇園社御供奉行大黑秀慶申狀 （年未詳）六月十八日……一九六
一八五 (5)安居僧關係文書案 （年月日未詳）……一九六
一八六 (6)朝倉義景卷數返事 （年未詳）十二月三日……一九六
一八七 (7)六角定頼卷數返事 （年未詳）九月廿二日……一九六
一八八 (8)室町幕府奉行人連署奉書案 應仁元年十二月二日……一九七
一八九 (9)祇園社執行顯重申狀案 應仁二年十月廿六日……一九七
一九〇 (10)祇園社大工廣吉目安案 文明十一年六月十四日……一九八
一九一 (11)教泉正藤地子算用注進狀 文明十四年十一月十七日……一九八
一九二 (12)足利義滿百年忌香典請文 永正四年五月三日……一九九
一九三 (13)室町幕府奉行人連署奉書案 永正五年十二月八日……二〇〇
一九四 (14)山本源四郎清正屋敷寄進狀寫 永正十三年二月……二〇〇
一九五 (15)祇園執行顯增書狀案 永正十五年九月十二日……二〇〇
一九六 (16)祇園執行顯增書狀土代 （年未詳）九月十二日……二〇〇
一九七 (17)片羽屋座神子補任狀案 大永四年六月三日……二〇一

一九八 (18)祇園感神院小別當職補任狀 元龜三年四月十日……一〇一

(卷六)

一九九 (1)祇園感神院補任狀案 天正六年十一月十四日……一〇一
二〇〇 (2)祇園感神院補任狀案 天正六年十一月四日……一〇二
二〇一 (3)祇園感神院補任狀案 天正七年八月三日……一〇二
二〇二 (4)正親町天皇口宣案 天正十三年四月廿四日……一〇二
二〇三 (5)祇園執行寶壽院祐雅申狀 天正十五年十二月　日……一〇二
二〇四 (6)津田宗意祇園社賽錢契狀 文祿四年二月四日……一〇三
二〇五 (7)幸千代丸棚守職請文 (年未詳)五月十九日……一〇三
二〇六 (8)慶賢書狀 (年未詳)八月十七日……一〇三
二〇七 (9)大江廣元擧狀案 (年未詳)五月十三日……一〇四
二〇八 (10)行證奉書 (年未詳)四月五日……一〇四
二〇九 (11)はやし光緣書狀 (年未詳)十一月十八日……一〇四
二一〇 (12)多田玄怡書狀 (年未詳)九月朔日……一〇四
二一一 (13)祇園社中覺書案 丙子年十月二日……一〇五
二一二 (14)①祇園寶塔院跡舍利塔發掘申狀案(後闕) (年月日未詳)……一〇五
二一三 ②祇園社奇瑞申狀案(後闕) (年月日未詳)……一〇六
二一四 (15)祇園神領押妨在所注文(後闕) (年月日未詳)……一〇六
二一五 (16)萬里小路嗣房奉綸旨 (年未詳)五月廿八日……一〇六
二一六 (17)某天皇綸旨(後闕) (年月日未詳)……一〇六
二一七 (18)祇園執行顯緣申狀 (年未詳)六月廿六日……一〇七
二一八 (19)祇園社文書目錄案(前闕) (年月日未詳)……一〇七

二一九 ⒇寶壽院社務職覺書寫 （年月日未詳）……一〇七

〔四〕 山城國社寺文書 一卷四通……一〇九

二二〇 (1)北條時政書狀 元久元年六月廿七日……一〇九
二二一 (2)賀茂淸久訴狀 延慶二年十二月　日……一〇九
二二二 (3)六波羅御教書 延慶四年三月卅日……一一〇
二二三 (4)興福寺年預實專申狀 （年未詳）六月十日……一一〇

〔五〕 日吉神社文書ヵ〇近江國 一卷二通……一一一

二二四 (1)久泰屋敷畠賣劵 正慶元年六月三日……一一一
二二五 (2)日吉社兄部職充行狀 天文廿年九月十九日……一一一

〔六〕 北野神社文書〇山城國 一卷九通……一一三

二二六 (1)北野宮寺政所補任狀 永正十五年十二月十四日……一一三
二二七 (2)北野宮寺政所補任狀 天文四年十二月廿一日……一一三
二二八 (3)北野宮寺政所補任狀 慶長十二年十二月八日……一一三
二二九 (4)北野社祕決 寶德四年七月十六日……一一四
二三〇 (5)聖廟實名次第 文正元年十二月　日……一一五
二三一 (6)天神十號之祕號 文明三年十二月十三日……一一六
二三二 (7)天神十號祕決 天正七年九月十七日……一一七
二三三 (8)北野宮寺諸神次第 （年月日未詳）……一一八
二三四 (9)御手洗水次第 延寶二年七月七日……一二〇

〔七〕飯綱神社文書○信濃國　一巻三通……一二五
二三五　(1)武田勝頼印判状　天正八年閏三月十日……一二五
二三六　(2)上杉景勝印判状　天正十年十一月廿日……一二五
二三七　(3)大久保長安神領安堵書立　慶長九年七月廿一日……一二六
〔八〕鳥居大路文書○山城國　未表装八五通……一二七
二三八　(1)太政官符寫　承和十一年十一月四日……一二七
二三九　(2)源頼朝下文寫　文治二年九月五日……一二七
二四〇　(3)賀茂氏久宸翰譲状寫　建治二年十月十日……一二七
二四一　(4)①足利尊氏御教書寫　建武三年十一月十八日……一二八
二四二　②足利尊氏制札寫　觀應元年十二月　日……一二八
二四三　③足利義滿御判御教書寫　應永元年十一月廿四日……一二九
二四四　④武田信賢遵行状寫　長祿二年七月十七日……一二九
二四五　⑤室町幕府奉行人連署奉書寫　延徳三年十一月廿四日……一二九
二四六　⑥藥師寺元房禁制寫　天文十五年九月十四日……一二九
二四七　⑦賀茂尊久折紙寫　永祿十二年六月六日……一三〇
二四八　⑧青海野重治請文寫　(年月日未詳)……一三〇
二四九　⑨後宇多上皇院宣寫　嘉元三年八月八日……一三〇
二五〇　⑩甘露寺親長御教書寫　寛正二年九月十六日……一三〇
二五一　⑪室町幕府奉行人奉書寫　永享二年八月六日……一三〇
二五二　⑫室町幕府奉行人奉書寫　永享二年八月十日……一三〇

二五三　⑬室町幕府奉行人奉書写　永享十三年正月十九日……一三一
二五四　⑭室町幕府奉行人奉書写　嘉吉元年十一月三日……一三一
二五五　⑮室町幕府奉行人奉書写　嘉吉二年五月十二日……一三一
二五六　⑯室町幕府奉行人奉書写　嘉吉三年正月十六日……一三一
二五七　⑰室町幕府奉行人奉書写　嘉吉四年正月十六日……一三一
二五八　⑱室町幕府奉行人奉書写　文安元年正月十七日……一三一
二五九　⑲室町幕府奉行人奉書写　文安五年正月十一日……一三二
二六〇　⑳室町幕府奉行人奉書写　文安六年正月八日……一三二
二六一　㉑室町幕府奉行人奉書写　文安六年四月廿日……一三二
二六二　㉒室町幕府奉行人奉書写　文安六年四月廿九日……一三二
二六三　㉓室町幕府奉行人奉書写　應仁三年十二月廿七日……一三二
二六四　㉔室町幕府奉行人奉書写　寶徳二年正月十三日……一三二
二六五　㉕中村則久代官職請文写　大永元年十二月十日……一三二
二六六　(5)足利義満御判御教書写　明徳四年六月廿一日……一三三
二六七　(6)播磨守護赤松義則遵行状写　應永元年十二月廿六日……一三三
二六八　(7)賀茂社領播州鹽屋庄請文写　文明十三年十一月廿八日……一三三
二六九　(8)①貴布禰村百姓等請文写　永禄四年九月廿八日……一三四
二七〇　②小谷久次請文写　永禄六年四月十四日……一三四
二七一　③姓未詳貞長折紙状写　永禄六年閏十二月廿八日……一三四
二七二　④貴布禰村百姓等請文写　天正五年十二月廿四日……一三四
二七三　⑤御泥池里百姓等請文写　慶長四年四月　日……一三五
二七四　⑥くしま百姓等請文写　元和三年九月廿九日……一三五

二七五　⑦岡本町百姓請文寫　寛永元年十二月　日……一三六
二七六　⑧貴布禰里惣中申狀寫　天正廿年八月十一日……一三六
二七七　⑨貴布禰里百姓起請文寫　慶長六年十月廿三日……一三七
二七八　(9)豐臣秀吉判物寫　天正十一年十一月廿二日……一三八
二七九　(10)山口宗長書狀寫　天正十三年十二月八日……一三八
二八〇　(11)賀茂氏勘例覺書案　(年月日未詳)……一三八
二八一　(12)院御所競馬裝束寄附目錄案　慶長十六年五月三日……一三八
二八二　(13)寛永年中社職勅答之寫　(年月日未詳)……一三九
二八三　(14)岡長吉契狀　寛永十三年十一月……一四〇
二八四　(15)德川家光朱印狀寫　慶安元年八月十七日……一四一
二八五　(16)賀茂祭禮祈願祝詞案　慶安三年五月五日……一四一
二八六　(17)當社神供幷拜殿月次之御番他配分掟　承應二年六月五日……一四一
二八七　(18)鳥居大路誠平自筆書狀　明曆元年十月廿七日……一四一
二八八　(19)鳥居大路誠平自筆書狀　明曆元年十月廿八日……一四二
二八九　(20)祠官森氏書狀　(年月日未詳)……一四二
二九〇　(21)鳥居大路維久書狀　(年未詳)五月十三日……一四二
二九一　(22)家屋敷賣渡請狀　萬治三年四月廿六日……一四三
二九二　(23)社領請米違亂詫狀　寛文二年六月九日……一四三
二九三　(24)賀茂貴布禰相論裁許狀寫　寛文四年六月四日……一四三
二九四　(25)社職料契約覺書寫　寛文四年六月廿二日……一四四
二九五　(26)鳥居大路誠平言上書　寛文六年四月六日……一四六
二九六　(27)鳥居大路家督相續契約狀　延寶六年八月十三日……一四六

二九七 (28)室津年貢送り状　天和三年十二月廿三日……一四七
二九八 (29)①松下順久口上覺寫　元祿四年一月廿四日……一四七
二九九 ②林伊豆守口上覺寫　元祿四年三月廿四日……一四八
三〇〇 ③森連久口上書案　元祿四年三月廿四日……一四八
三〇一 ④岡本宮内少輔口上書案　(元祿四年)三月廿四日……一四八
三〇二 (30)屋敷地賣渡證文案　元祿六年七月十日……一四九
三〇三 (31)葵祭再興申狀案　元祿七年三月廿八日……一四九
三〇四 (32)上賀茂村山論和談書案　元祿八年九月三日……一五〇
三〇五 (33)播磨國社領證文　元祿十一年八月……一五一
三〇六 (34)大神宮政所下文　元祿十二年十一月十六日……一五一
三〇七 (35)鳥居大路家覺書案　寶永元年七月……一五一
三〇八 (36)大神宮政所下文　正德二年四月七日……一五三
三〇九 (37)五家傳來舊記相續和談請文寫　享保六年二月廿七日……一五三
三一〇 (38)梅辻備後家領之覺　享保六年十二月十七日……一五四
三一一 (39)先冨野屋敷地證文　享保七年九月十二日……一五四
三一二 (40)違勅者處分覺書　享保十年二月……一五五
三一三 (41)社領境内御朱印覺書案　元文二年五月十四日……一五六
三一四 (42)賀茂貴布禰相論訴狀寫　元文二年八月六日……一五七
三一五 (43)賀茂祭月當勘進言上書案　元文二年十一月……一五九
三一六 (44)播州室社朱印領口上書案　元文五年十一月……一六〇
三一七 (45)大神宮政所下文寫　元文六年正月四日……一六一
三一八 (46)大神宮政所下文吉書寫　元文六年正月四日……一六一

三一九 (47)御朱印目録寫 延享三年 …… 一六一
三二〇 (48)葵祭下行米請取狀 寛政十二年二月 …… 一六三
三二一 (49)丹州埴生村相論訴狀 文政五年八月 …… 一六三
三二二 (50)太政官符寫 安政元年十二月二十三日 …… 一六五

〔九〕諸社單一文書 一〇巻一〇通 …… 一六九

三二三 (1)春日社政所補任狀（僞文書） 保安四年正月卅日 …… 一六九
三二四 (2)後白河院廳牒 （壽永三年ヵ）二月七日 …… 一六九
三二五 (3)關東御教書案 （嘉禎元年）十二月廿九日 …… 一七〇
三二六 (4)石清水八幡宮入寺僧等訴狀 建武四年十月 日 …… 一七一
三二七 (5)崇光上皇宸筆願文（重文） 永和二年十一月十一日 …… 一七一
三二八 (6)一色道範滿範紺紙金泥經識語 應永十一年九月 日 …… 一七二
三二九 (7)蜷川親孝契狀 寛正五年六月 日 …… 一七二
三三〇 (8)當日神事呪子惣郷掟 明應八年二月六日 …… 一七二
三三一 (9)伊勢大神宮廳宣 大永二年十月 日 …… 一七三
三三二 (10)佐々木六角承禎義賢書狀 （年未詳）九月十日 …… 一七三

第三部　寺院文書 …… 一七五

〔一〕觀世音寺文書〇筑前國 二巻一一通 …… 一七七

（巻一）

三三三 ①筑前國政所牒案 天平寶字三年八月五日 …… 一七七

三三四 ②三家連豐繼解案 天平寶字二年十二月廿二日……一七七
三三五 ③三家連豐繼解案 天平寶字二年十二月廿一日……一七八
三三六 ④觀世音寺公驗案檢校三綱署判 保安元年六月廿八日……一七八

（卷二）

三三七 ①觀世音寺牒案（前闕） 貞觀十年二月廿七日……一八〇
三三八 ②筑前國牒案 貞觀十年二月廿三日……一八〇
三三九 ③內藏寮博太庄牒案 貞觀十年十月十二日……一八一
三四〇 ④前齋院高子內親王家牒案 貞觀九年三月廿六日……一八二
三四一 ⑤筑前國田文所班圖坪付注文添文案 貞觀十一年十月十五日……一八二
三四二 ⑥大宰府符案 貞觀十年閏十二月廿五日……一八三
三四三 ⑦觀世音寺公驗案檢校三綱署判 保安元年六月廿八日……一八三

〔二〕尊勝寺領香庄文書○近江國（重文） 六卷三五通……一八四

（卷一）

三四四 (1)鳥羽上皇院宣 長承二年十一月廿三日……一八四
三四五 (2)近江國司廳宣 長承二年十一月廿二日……一八四
三四六 (3)近江國司廳宣 天治二年八月 日……一八五
三四七 (4)近江國司廳宣 保延四年十一月 日……一八五
三四八 (5)近江國愛智郡司解 保延四年十二月三日……一八六
三四九 (6)近江國香薗田數目錄 保延六年三月廿五日……一八六
三五〇 (7)近江國司廳宣 保延六年七月 日……一八六

（卷二）

三五一 (1)尊勝寺公文所下文　保延四年五月　日……一八七
三五二 (2)近江國司廳宣　保延四年五月　日……一八七
三五三 (3)鳥羽院廳下文　保延四年五月廿日……一八八
三五四 (4)鳥羽院廳下文　保延四年十一月十六日……一九〇
三五五 (5)法眼運慶自筆裏書　正治元年十月晦日……一九一
三五六 (6)藤原氏女裏書　(年月日未詳)……一九一

(卷三)

三五七 (1)源氏女（兵衛督局法名尊勝）讓狀　弘安五年三月　日……一九二
三五八 (2)藤原氏女讓狀　承元三年八月十三日……一九二
三五九 (3)尼尊妙讓狀　建久五年三月廿五日……一九三
三六〇 (4)大江通光處分狀　保元三年八月二日……一九三
三六一 (5)大江通國讓狀　天永三年四月十七日……一九四
三六二 (6)大江通國讓狀　長治元年七月廿日……一九五
三六三 (7)法眼運慶自筆裏書　正治元年十月晦日……一九五
三六四 (8)藤原氏女裏書　(年月日未詳)……一九六

(卷四)

三六五 (1)權大僧都尊淨讓狀　寶治二年三月　日……一九七
三六六 (2)尼正智讓狀　延慶二年二月十六日……一九七
三六七 (3)權律師經賢讓狀　延慶二年八月廿三日……一九七
三六八 (4)三寶院賢助讓狀　文保二年正月五日……一九八
三六九 (5)三寶院成助賣券　文保三年二月六日……一九八
三七〇 (6)僧實舜賣券　嘉暦三年七月廿二日……一九八

三七一　(7)香庄相傳系圖　（年月日未詳）……一九九

（巻五）

三七二　(1)後醍醐天皇綸旨　元亨二年十一月廿一日……一九九
三七三　(2)後醍醐天皇綸旨　嘉暦三年九月十六日……一九九
三七四　(3)光嚴院院宣　暦應二年七月十八日……二〇〇

（巻六）

三七五　(1)三寶院賢俊自筆置文（後闕）　暦應二年九月三日……二〇〇
三七六　(2)足利尊氏御教書案　延文二年十月十六日……二〇〇
三七七　(3)足利義詮使者申詞　延文三年正月廿五日……二〇一
三七八　(4)勸修寺經顯自筆申文案　（年月日未詳）……二〇一

〔三〕　東寺文書〇山城國　一巻一〇通……二〇三

三七九　(1)太政官牒　寛治四年五月十六日……二〇三
三八〇　(2)太政官牒　大治三年七月十一日……二〇三
三八一　(3)太政官牒　大治五年二月七日……二〇三
三八二　(4)太政官牒　大治五年二月七日……二〇四
三八三　(5)太政官牒　天承二年七月八日……二〇四
三八四　(6)太政官牒　天承二年七月八日……二〇五
三八五　(7)太政官牒　長承二年十二月卅日……二〇五
三八六　(8)太政官牒　長承二年十二月卅日……二〇五
三八七　(9)太政官牒　長承四年三月十四日……二〇六
三八八　(10)大江某私領相博狀　養和三年二月三日……二〇七

〔四〕永隆寺文書○大和國　一巻二通……二〇八
三八九　(1)僧廣順去狀　平治元年十二月廿三日……二〇八
三九〇　(2)僧教嚴山地賣劵　久安二年十一月廿五日……二〇八

〔五〕醍醐三寶院佛舍利相承文書○山城國　一巻四通……二一〇
三九一　(1)僧正勝賢申文案　建久三年四月十日……二一〇
三九二　(2)勝光明院寶藏寶珠筥目錄案　(年月日未詳)……二一〇
三九三　(3)東寺佛舍利相承記　承久元年七月廿六日……二一一
三九四　(4)權僧正親玄相承佛舍利記寫　正應五年六月廿七日……二一一

〔六〕興福寺關係文書○大和國　一巻一五通……二一三
三九五　(1)播磨國留守所符案　建久三年九月二日……二一三
三九六　(2)新陽明門院（龜山院女御藤原位子）御領目錄案　弘安三年十一月廿八日……二一四
三九七　(3)武藏殿知行目錄并元亨四年記（後闕）　元亨四年……二一四
三九八　(4)慶重書狀　(年未詳)十一月廿七日……二一五
三九九　(5)源英賣劵　元德二年十二月晦日……二一五
四〇〇　(6)竪義者英胤唯識問答抄（前闕）　(年月日未詳)……二一五
四〇一　(7)興福寺會所下文　弘安二年八月一日……二一六
四〇二　(8)興福寺門跡御教書案　文安二年八月十六日……二一六
四〇三　(9)舜美ヵ書狀　(年未詳)六月廿九日……二一六
四〇四　(10)亮實奉門跡御教書　(年未詳)八月朔日……二一六

四〇五　⑾宴慶書狀　（年未詳）十月廿四日……二一七
四〇六　⑿興福寺記錄（斷簡）　（年月日未詳）……二一七
四〇七　⒀延海書狀　（年未詳）二月廿六日……二一七
四〇八　⒁興福寺修南院宛書狀　（年未詳）十二月十九日……二一七
四〇九　⒂某書狀斷簡（後闕）　（年月日未詳）……二一八
〔七〕興福寺領阿波國庄園文書　一卷二通……二一八
四一〇　⑴阿波國觀音寺訴狀案（後闕）　（年月日未詳）……二一八
四一一　⑵興福寺別會所下文　寛喜二年六月十三日……二一九
〔八〕諸國文書　二卷三三通……二二〇
（卷一）
四一二　⑴香取社副祝中臣吉氏田地寄進狀　正安三年五月廿五日……二二〇
四一三　⑵香取社經蓮自筆書狀　（年未詳）十月廿七日……二二一
四一四　⑶珍則安田地賣劵　長承三年五月三日……二二一
四一五　⑷權寺主某丹生室田畠處分狀　保延六年六月廿一日……二二二
四一六　⑸坂上中子田地賣劵　治承三年七月廿五日……二二二
四一七　⑹僧圓慶田地處分狀　壽永元年六月十五日……二二三
四一八　⑺紀州大谷田地相博狀　文治五年三月十六日……二二三
四一九　⑻入寺道賢田地處分狀　寛元元年十一月十七日……二二三
四二〇　⑼東大寺大佛開眼供養勘文　（年月日未詳）……二二四
四二一　⑽某假名散し書消息　（年月日未詳）……二二四

四二二　(11)東寺佛舍利供養記（後闕）　（年月日未詳）……二二六
四二三　(12)沙彌覺阿申狀　（年月日未詳）……二二六
四二四　(13)土師爲貞申狀　（年月日未詳）……二二七
四二五　(14)雙昭有職所望申狀　建治四年二月十三日……二二七
四二六　(15)絹・吳綿注文　（年未詳）八月十四日……二二七
四二七　(16)多寶塔供養注文　（年月日未詳）……二二八
四二八　(17)僧圓位自筆書狀　（年未詳）九月十日……二二八
四二九　(18)快秀女御田料足請取狀　明德二年十二月廿日……二二九

（卷二）

四三〇　(1)僧仍樂畠賣券　建久十年三月十一日……二二九
四三一　(2)僧公詮文書紛失狀　（嘉禎）二年二月十一日……二二九
四三二　(3)阿闍梨寂澄自筆納經札　弘安三年五月晦日……二三〇
四三三　(4)釋寂澄書寫經疏（前闕）　弘安三年六月廿八日……二三〇
四三四　(5)信濃國太田庄雜掌道念和與狀　永仁三年三月廿五日……二三〇
四三五　(6)權少僧都貞助北斗供卷數　正慶元年十二月晦日……二三一
四三六　(7)僧實有書狀　（年未詳）閏正月十四日……二三二
四三七　(8)僧良尊書狀　（年未詳）十一月三日……二三二
四三八　(9)僧心日自筆書狀　（年未詳）四月晦日……二三二
四三九　(10)僧心日自筆書狀　（年未詳）正月廿二日……二三三
四四〇　(11)僧輪定自筆書狀　（年未詳）三月十七日……二三四
四四一　(12)隆某書狀　（年未詳）十月十一日……二三四
四四二　(13)僧道圓自筆書狀　（年未詳）三月六日……二三四

四四三　⒁武藏國留守所代連署書狀　（年未詳）七月十六日……二三四

四四四　⒂僧道經自筆書狀　（年未詳）六月廿日……二三五

〔九〕東大寺文書○大和國　一卷二通……二三六

四四五　⑴宗得法師田地賣劵　承元四年十二月卅日……二三六

四四六　⑵大法師顯珍田地賣劵　元久二年十一月廿日……二三七

〔一〇〕興福寺文書○大和國　一卷三通……二三八

四四七　⑴權律師長俊披露狀　（年未詳）正月十六日……二三八

四四八　⑵僧師賢施行狀　（年未詳）八月廿六日……二三八

四四九　⑶菩提院記（前後闕）　建長三年二月十九日……二三八

〔一一〕東寺百合文書○山城國　二卷八通……二三九

（卷一）

四五〇　⑴僧聖尊家地賣劵　曆應二年三月十七日……二三九

四五一　⑵僧聖尊家地賣劵　曆應二年三月十七日……二四〇

四五二　⑶讃岐房祐澄屋地賣劵　建武四年五月十日……二四〇

四五三　⑷僧快算家地賣劵　嘉曆三年六月廿五日……二四一

四五四　⑸藤原氏家地賣劵　嘉元二年十月十一日……二四一

四五五　⑹山城氏家地讓狀　弘安五年三月廿三日……二四二

四五六　⑺沙彌西忍家地讓狀　文永二年五月八日……二四二

（卷二）

四五七 左京七條破定地署判狀 康和三年四月十五日……二四二

〔一二〕仁和寺竝諸寺文書 一卷八通……二四三

四五八 (1)又七下地賣券 天正十三年十月廿五日……二四三
四五九 (2)某書狀 (年未詳)十月十二日……二四四
四六〇 (3)親玄久遠壽量院別當職讓狀寫 文保(三年カ)正月廿六日……二四四
四六一 (4)親玄久遠壽量院別當職讓狀寫 元亨二年三月六日……二四五
四六二 (5)丸岡道隆儀僧面渡狀 應永卅五年三月八日……二四五
四六三 (6)惟宗知明去渡狀(前闕) 元弘三年十一月十三日……二四五
四六四 (7)御室讓狀案 (年未詳)二月廿一日……二四五
四六五 (8)御室讓狀案(後闕) (年月日未詳)……二四六

〔一三〕東寺遍照心院文書○山城國 一卷三通……二四六

四六六 (1)足利義滿御教書 康曆元年十一月十八日……二四六
四六七 (2)山城國守護代兵庫助某打渡狀 康曆元年十一月廿一日……二四六
四六八 (3)足利義持御教書 應永廿六年六月十一日……二四七

〔一四〕肥後國山鹿某寺佛像胎内納入文書 三卷二一通……二四八

(卷一)

四六九 佛子藏心願文(前闕) 康曆元年五月晦日……二四八

(卷二)

四七〇 阿彌陀如來像印佛文書(斷簡) (年月日未詳)……二四八

（卷三）

四七一 (1)十一面觀音像印佛文書（斷簡）（年月日未詳）……二四八
四七二 (2)①淨譽書狀（上闕）（年未詳）二月十七日……二五〇
四七三 ②泰秀書狀（上闕）（年未詳）八月廿六日……二五〇
四七四 ③某書狀（上闕・後闕）（年月日未詳）……二五一
四七五 ④泉阿書狀（上闕）（年未詳）十一月廿六日……二五一
四七六 ⑤武規書狀（上闕）（年未詳）十二月廿六日……二五二
四七七 ⑥淨光寺某書狀（下闕）（年月日未詳）……二五三
四七八 ⑦昌遠書狀（上闕）（年未詳）二月十六日……二五三
四七九 ⑧次郎九郎書狀（上下闕）（年月日未詳）……二五四
四八〇 ⑨次郎九郎書狀（前闕）（年未詳）二月十六日……二五五
四八一 ⑩次郎九郎書狀（下闕・後闕）（年月日未詳）……二五五
四八二 ⑪某書狀（斷簡）（年月日未詳）……二五六
四八三 ⑫某書狀（斷簡）（年月日未詳）……二五六
四八四 ⑬曉惠書狀（上闕・後闕）（年月日未詳）……二五六
四八五 ⑭曉惠書狀（前闕・上闕）（年未詳）三月廿七日……二五六
四八六 ⑮某書狀（上闕・後闕）（年月日未詳）……二五七
四八七 ⑯良俊書狀（前闕・上闕）（年未詳）七月四日……二五八
四八八 ⑰某書狀（斷簡）（年月日未詳）……二五八
四八九 ⑱尙昌書狀（上闕）（年月日未詳）……二五八

〔一五〕興福寺大乘院文書○大和國 一卷三通……二五九

四九〇 (1)大乘院經覺自筆書狀（後闕） （年月日未詳）……二五九
四九一 (2)大乘院經覺自筆書狀 （年未詳）十月廿五日……二六〇
四九二 (3)大乘院尋尊自筆添書 （年月日未詳）……二六一

〔一六〕道興准后置文竝書狀 一卷五通……二六一

四九三 (1)道興准后置文 （年月日未詳）……二六一
四九四 (2)道興准后代官職補任狀 文明十三年正月晦日……二六二
四九五 (3)道興准后書狀 文明十三年八月卅日……二六二
四九六 (4)道興准后書狀 （年未詳）七月廿日……二六二
四九七 (5)道興准后書狀 （年未詳）七月廿四日……二六三

〔一七〕尾州關係竝雜文書 一卷一一通……二六四

四九八 (1)毘沙門堂門跡公海書狀 （年未詳）十一月廿四日……二六四
四九九 (2)油小路前大納言隆基ヵ書狀 （年未詳）十一月廿七日……二六四
五〇〇 (3)池田光政自筆書狀 （年未詳）十二月十一日……二六四
五〇一 (4)惟任丹羽長秀書狀 （年未詳）八月五日……二六四
五〇二 (5)大德寺高桐院主書狀 （年未詳）十二月廿三日……二六五
五〇三 (6)豐臣氏奉行連署奉書 （年未詳）五月十二日……二六五
五〇四 (7)片桐且元自筆書狀 （年未詳）三月十一日……二六五
五〇五 (8)崇傳自筆書狀 （年未詳）閏二月朔日……二六六
五〇六 (9)遊行上人他阿彌陀佛書狀 （年未詳）五月十六日……二六七
五〇七 (10)織田信雄判物 （天正十八年）正月廿八日……二六七

五〇八 (11)羽柴秀吉書状 (年未詳)六月十二日……二六七

〔一八〕東光寺文書○甲斐國 一巻一〇通……二六八

五〇九 (1)武田晴信印判状 天文廿年七月五日……二六八
五一〇 (2)武田晴信印判状 天文廿二年三月九日……二六八
五一一 (3)徳川家康四奉行連署奉書 慶長八年三月朔日……二六八
五一二 (4)徳川家康四奉行連署奉書 慶長八年三月朔日……二六九
五一三 (5)平岩親吉禁制 (年未詳)六月十六日……二六九
五一四 (6)徳川家康四奉行連署奉書寫 慶長八年三月朔日……二六九
五一五 (7)秋山九兵衛寺領書上 寛永十九年三月廿五日……二七〇
五一六 (8)江戸幕府代官連署末寺寺領覺書 正徳二年七月……二七〇
五一七 (9)江戸幕府代官連署末寺寺領覺書寫 正徳二年七月……二七〇
五一八 (10)平岡良辰末寺寺領覺書 (年未詳)五月廿三日……二七〇

〔一九〕最教院文書 一巻三一通……二七一

五一九 (1)酒井忠勝書状 (年未詳)十一月十三日……二七一
五二〇 (2)酒井忠勝書状 (年未詳)六月八日……二七一
五二一 (3)酒井忠勝書状 (年未詳)十月廿三日……二七二
五二二 (4)酒井忠勝書状 (年未詳)四月十三日……二七二
五二三 (5)酒井忠勝書状 (年未詳)十二月朔日……二七三
五二四 (6)酒井忠勝書状 (年未詳)七月七日……二七三
五二五 (7)酒井忠勝書状 (年未詳)五月二日……二七四

五二六 (8)酒井忠勝書状（年未詳）九月八日……二七四
五二七 (9)酒井忠勝書状（年未詳）五月三日……二七四
五二八 (10)江戸幕府老中連署書状（承應二年）六月廿七日……二七四
五二九 (11)松平信綱書状（年未詳）七月八日……二七五
五三〇 (12)松平信綱書状（年未詳）四月八日……二七五
五三一 (13)松平信綱書状（年未詳）六月十六日……二七六
五三二 (14)松平信綱・阿部忠秋連署書状（年未詳）五月十六日……二七六
五三三 (15)松平勝隆書状（年未詳）二月十九日……二七六
五三四 (16)安藤重長・松平勝隆連署書状（年未詳）四月廿四日……二七七
五三五 (17)堀利重・安藤重長連署書状（年未詳）九月朔日……二七七
五三六 (18)江戸幕府御留守居・作事奉行連署書状（年未詳）三月八日……二七七
五三七 (19)江戸西丸家老連署書状（承應元年）十月廿五日……二七八
五三八 (20)酒井忠清自筆書状（年未詳）四月四日……二七八
五三九 (21)中根正盛書状（正保二年）正月十四日……二七九
五四〇 (22)中根正盛書状（年未詳）正月十四日……二七九
五四一 (23)中根正盛書状（年未詳）四月廿七日……二七九
五四二 (24)中根正盛書状（年未詳）五月十四日……二八〇
五四三 (25)中根正盛書状（年未詳）正月廿七日……二八〇
五四四 (26)中根正盛書状（年未詳）九月二日……二八一
五四五 (27)中根正盛書状（年未詳）九月十五日……二八一
五四六 (28)秋元泰朝書状案（寛永元年ヵ）二月廿四日……二八一
五四七 (29)中根正盛書状（年未詳）十一月廿七日……二八一

〔二一〇〕諸大寺單一文書

五六八 (19)稱名寺劔阿自筆聖教目錄（前闕） 元亨元年五月廿三日……三〇五
五六九 (20)東大寺秀圓等連署起請文 嘉暦元年六月九日……三〇五
五七〇 (21)興福寺東北院家御教書案 建武三年九月廿七日……三〇六
五七一 (22)興福寺年預供料申狀 建武四年十月　日……三〇七
五七二 (23)足利尊氏自筆書狀 （年未詳）十一月廿九日……三〇八
五七三 (24)足利尊氏禁制 觀應三年六月廿四日……三〇九
五七四 (25)楠木正儀過書 正平廿三年十二月九日……三〇九
五七五 (26)權少僧都圓遍處分狀 永和元年三月　日……三〇九
五七六 (27)南禪寺慈聖院領諸庄園重書目錄 康暦二年五月三日……三一〇
五七七 (28)足利義滿下知狀 嘉慶三年二月七日……三一三
五七八 (29)河野通義寄進狀 明德二年八月廿三日……三一三
五七九 (30)足利義持御判御教書 應永十九年十一月十九日……三一三
五八〇 (31)畠山直顯書狀 （年未詳）十一月十日……三一三
五八一 (32)後柏原天皇綸旨 永正七年十月廿七日……三一三
五八二 (33)青蓮院尊鎭入道親王消息 （年月日未詳）……三一四
五八三 (34)松永久秀書狀 （年未詳）十月六日……三一五
五八四 (35)若狹羽賀寺納經札（木製） 天正四年八月廿四日……三一五
五八五 (36)仁和寺殿御內衆置目 天正十七年八月五日……三一六
五八六 (37)天海近江西明寺法度 寛永二十年三月十四日……三一七
五八七 (38)大德寺天祐紹杲自筆書狀 （年未詳）小春初八日……三一七
五八八 (39)西大寺光明眞言會料請取狀 天明七年八月十八日……三一八

第四部　公家文書……三一九

〔一〕大和國園池庄關係文書　一巻二通……三二一

五八九　(1)某女院讓狀　弘安元年十一月　日……三二一

五九〇　(2)某女院讓狀　弘安五年二月十日……三二一

〔二〕關白御教書案　一巻二通……三二二

五九一　(1)權中納言高倉永家奉御教書案　(年未詳)三月廿二日……三二二

五九二　(2)權中納言萬里小路惟房奉御教書案　(年未詳)三月廿一日……三二二

〔三〕三條西實隆自筆書狀　一巻二通……三二三

五九三　(1)三條西實隆自筆書狀(後闕)　(年月日未詳)……三二三

五九四　(2)三條西實隆自筆書狀　(年未詳)二月七日……三二三

〔四〕三條西家舊藏文書　六巻六通……三二四

五九五　縣召除目聞書(後闕)　(年月日未詳)……三二四

五九六　揚名介事勘文　天文八年正月廿三日……三二五

五九七　縣召除目聞書(後闕)　(年月日未詳)……三三三

五九八　十年勞勘文　天正六年正月六日……三三六

五九九　兼國例勘文(後闕)　(年月日未詳)……三三八

六〇〇　年給勘文(前後闕)　(年月日未詳)……三四四

〔五〕 細川幽齋玄旨文書　未表装九通 …… 三四七
六〇一 (1)細川幽齋玄旨自筆書狀 (年未詳)四月廿七日 …… 三四七
六〇二 (2)細川幽齋玄旨自筆書狀 (年未詳)十月廿四日 …… 三四七
六〇三 (3)細川幽齋玄旨自筆書狀 (年未詳)五月廿八日 …… 三四七
六〇四 (4)細川幽齋玄旨自筆書狀 (年月日未詳) …… 三四八
六〇五 (5)細川幽齋玄旨自筆禮紙 (年月日未詳) …… 三四八
六〇六 (6)細川幽齋玄旨自筆書狀 (年未詳)七月晦日 …… 三四八
六〇七 (7)細川幽齋玄旨自筆書狀 (年未詳)十二月廿三日 …… 三四八
六〇八 (8)細川幽齋玄旨自筆書狀 (年未詳)十二月九日 …… 三四八
六〇九 (9)細川幽齋玄旨自筆古今集傳授契狀 慶長九年閏八月十一日 …… 三五〇
〔六〕 諸家單一文書　一四巻一四通 …… 三五〇
六一〇 (1)散位藤原友次領地相博狀 大治五年六月十二日 …… 三五〇
六一一 (2)中御門爲方奉院宣 正安三年九月十三日 …… 三五〇
六一二 (3)西園寺公衡自筆書狀 (年未詳)十月一日 …… 三五二
六一三 (4)西園寺實兼自筆書狀 元亨二年四月十日 …… 三五三
六一四 (5)關白家御教書 (年未詳)十月六日 …… 三五四
六一五 (6)某女院置文(禮紙闕) (年月日未詳) …… 三五五
六一六 (7)某東寺五反田讓狀 建武二年三月十日 …… 三五五
六一七 (8)後醍醐天皇綸旨 建武二年六月廿七日 …… 三五六
六一八 (9)光嚴院院宣 建武三年九月十七日 …… 三五七

六一九 (10) 一條殿局領文書紛失狀竝法官證判狀 暦應三年二月　日……三五七
六二〇 (11) 飛鳥井宋世雅康自筆書狀 (年未詳)七月十一日……三五八
六二一 (12) 三條實量自筆書狀 (年未詳)九月十日……三五八
六二二 (13) 近衛稙家申文 天文九年三月廿二日……三五九
六二三 (14) 山科言繼年給申文 天文廿年三月廿五日……三五九

收集者の言葉　荻野三七彦……三六一

圖版目次

口繪

挿圖

第一部　特殊文書

〔一〕尾張國郡司百姓等解文（寫本）（重文）　一卷

二七・三
七二四・六

一　尾張國郡司百姓等解文

尾張國郡司百姓等解　申請　官裁事
請被《フムト》　裁斷當國《ノ》守藤原朝臣元命三箇年《ノ》
內《ニ》責取非法官物并濫《ラム》行橫法三十一箇條〔愁狀カ〕□
一請被《フムト》《カウラムト》　裁斷《セ》例擧外《レイコノ》《ニ》、三箇年收納《ノ》暗《ソラニ》以加《カチ》《クハヘ》□
正稅《サイ》卌三万千二百卌八束息利《カソク》《リ》十二万
九千三百七十四束四把一分事《カ》
右、正稅本《ノ》穎　式《エイノシキ》數《ハ》卌七万千四百束、《ナリ》除減《テ》《ケム》
省《シャウ》之遺《ヲ》定擧《シ》廿四万六千百十束明錄《ハ》《ニロクセリサイ》　稅
帳《ニ》、是則一朝之《ノ》輔弼《フ》《ヒツ》《タスケナリ》、百姓之依怙《コ》也、然而《トモ》
凋弊之《ノ》民《ハ》、負《テ》正稅《ヲ》、不耕田疇《ヲ》、富勢之《ハ》烟
領《テ》能田《ヲ》、以不請正稅《ヲ》、仍爲存公平《ヲ》、同以息
利七万三千八百六十三束率《スル》　國內《ノ》力田《ニ》之

間、當任守元命朝臣三箇年收納《ノ》、既以繁多《シケク》《ハ》也、輙《タヤスク》不可勝計、所以者何《ナレハ》、窮民之身
纔《ニニ》將雖致究《キウ》進之勤《ヲ》、或号見納《ト》、或稱《シテ》
未進《ト》、虜　掠《リヨリヤウス》　數多之財物《ヲ》、依此苛責《テノ》《ニ》、人民
逃散《シ》、累《ワツラツテ》　彼騷動、立浪不靜、加之、郎從之
徒如雲《ノ》散滿部內《シ》、屠膾之類《トクワイノ》《ソテモノ》《タクイハ》　如蜂移住《ス》
府邊、此等　寔《マコトニ》　雖隔山川之境程《ケイテイ》、爲思京洛之
故鄉、猶貪《ムテ》當國之土產、因之郡司迷心《ハヒ》
神《ヲ》、百姓《ハ》無爲方《スルカタ》、更忘《ニ》万民之撫育《フイクヲ》《ナテヤシナウ》、只存
一身之利潤、經《フル》愁如此之間《タ》、專無判斷之
心、彼憚《ノ》　權公之威《カテクヱムコウ》《ニ》、卷舌《マキ》呑　音《ノムテ》《ヲ》、不敢言《テモノイワ》、終
無據《ヨトコロ》　於容身《ヨウ》《ニ》、將流冗《ス》《ニ》《スト》　於他國《ニ》、是以吏富《リトヒ》
國貧《クシテ》、物盡《ツキ》民失《ウス》、夭蘗之起《エウケキノ》《リ》、莫不由《シ》於《ニ》
斯、望請停止《シテ》　件元命朝臣《ヲ》、被拜任良吏《ヲ》、
將留《ニ》人民浮跡《フ》《セキヲ》矣、
一請被任《テ》官符旨《ニ》、裁下《セ》不別《ルワケ》租稅地子田《ヲ》、偏《ヘニ》　准《シテ》
租田《ニ》加徵官物事《ノ》
右、兩種田《ノ》《ハ》、須《ヘシ》任《テ》省府之《ノ》旨《ニ》、勘徵之《スヲ》、而爲橫《ニ》

法二准《テ》租稅田《ニ》一加徵《スレハ》者、爲田堵《ト》百姓等《カ》莫
(紙繼目裏花押)
不愁痛一、仍《テリ》吏富《ミ》民貧《テ》、薰蕕異《クンイウコトニシウネ》畝一、政
濁涙澄《リタテ》、涇渭堺流《ケイキサカヘリニ》一、望請被裁定一、以將《テニ》任《セムト》
例所《ノトコロイタス》輸《シユニ》矣、
一請被裁斷二官法外《ノニ》、任意《ニ》一、加三徵《スル》租穀《コク》段別《ニ》二
三斗六升《カヲ》二事
右、租穀《ハ》官法有《リ》限一、是則代〻之吏、雖愁《ヘ》レ
陳《ノフト》於例損之由《ヲ》一、猶乍《ラ》本數《ヲ》二勘○納《スルニ》、或《ル》國宰
者徵納《ス》一斗五升《ヲ》一、或國吏《ハ》徵下《ス》二斗以上《ヒ》一*
而《ヲ》當任守元命朝臣《ノ》加徵《スル》三斗六升《ヲ》一、更《ニ》
不承前《セウセン》之例《ニ》一、抑爲《スル》政《ヲ》之道《チヲ》猶若三烹《ニスニルカウヲ》二魚一、
優《イウスル》二民《ヲ》之心、豈蓋《ニナンソナラサナラム》馴鴆《ヲ》一、而《ラテ》專絶東作之業《ヲ》一、
更《ニ》成北民《スホクミンノ》《ニカスタミヲ》之計《ヲ》一、專城《センノセイノ》之吏《リ》、易《ナムソ》以可然二哉、
就中州-縣之牧宰、偏《ニ》有勸農《リクワンノウ》之勵《ミ》一、若《シ》
勸《ル》東《ナハシロナリ》澤《ヲ》之間、催《モヨヲス》南畝《ホヲ》《ハタケ也》之日、遊《アスハイテ》手《ヲ》嬾《ニハニ》農一
懲《コロスニ》以二劉《リウ》《リウ》寛《カ》之鞭《ムチヲ》一、肆《ノヘテ》《ハケマシテ》力《ヲ》誇《コルニハ》業《ニ》一、賞《ウスルニス》以王舟《カ》之
酒《ケヲ》一、而每年《ノ》四五兩月《ノ》農《ノ》時《ニ》、令《ム》入-部雜使《セサウシ》

等《ヲ》一、其《ノ》勘責《セキニ》云《ク》、先《サキニ》給《タヒヲ》例《レイ》-交《ケウ》-易《ヤク》雜物《ノ》直《タヒニ》一稻
(紙繼目裏花押)
穀《クク》早《シトツキ》可二春進一者《ヘリ》、郡司百姓忽失《ニテ》爲《セムヲ》方一
難堪《シタヘ》弁-濟《セイニ》、仍《テ》春《キ》-運《テ》於濡《カシ》-種《ネヲ》一弁濟《ス》官庫《コニ》一、
其《ノ》間農夫拖《ハナケウテ》鋤《スキヲ》一嬾《モノウク》耕作之事《トニ》一、蠶婦《サウフハ》《コカヒヒメナリ》妄《テ》
桑《クワヲ》一、倦《ウメリケンシ》《タユミタリカヒコノイト》蠒絲之業《ニ》一、豈非《ヤ》百姓《ノ》之歎《キ》一、還《テ》闕《ク》二貢《ク》
朝之備《ナヘヲ》一、望請○官裁將停止《シテ》元命《ノ》朝臣《ヲ》二被拜任《ムト》良吏《ヲ》一、
一請被裁斷守元命朝臣正稅利稻《ノ》外率《ニソツシ》
徵《ハタル》無由《キヨシノ》稻事
右、率《ソツ》稻正稅利稻之外《カ》段別《ニ》二束八把《ヲ》
加徵《ス》、國內通計《スレハ》其積《リ》尤多《シ》、抑件率
稻者《ハ》、不《スヘ》經臨時之《ノ》公用《クヲ》一、只充《アツ》私謀《ハウ》《ノイツハリコト》之用
途《ニ》一、或《ハ》入滿《ミテ》於交易《ケウヤクニ》一、或《ハ》春《キ》運《コフ》於京宅一、如此《ノ》
間、致《シテ》人民之費《ヲ》一、更《ニ》不見官納《ナフ》之由《ヲ》一、然則《ハ》昨《クハ》
聞《ク》他州《ノ》之愁《ト》一、今當《フハ》我《レリ》上《カウヘ》之責《メニ》一、倩《ツラ〳〵》見《ミルニ》氣《ケ》
色《ヲ》一、國內《ノ》之荒《クワウフ》《アル、也》蕪人民○之佗際《タクサイ》莫《シ》過《タルヨリ》於斯一、望
請官裁、被召糺《メシタヽサレ》、○其旨且省《ハハフキヒ》非-巡《シユン》-加-徵之煩《ワツラヒヲ》一、且
知《ン》朝家憲法《ケンハウ》之貴《タヲトキヲ》一矣、

一請被裁斷例數《シュ》官法外加徴段別租税
　地子准穎《エイ》十三束事
右、謹案物情、例數率分官法有限、而
代々國宰正税息利租《ソ》糶《チウ》率稻地子等
所《トコロ》徴、或八九束、或十束也、爰當任守元命
朝臣所徴、一年料段別十三束二把也、
則通計一國、以積及百万束、方今正税
官物与私用相並、百分之一也、抑件率
分加徴物或令舂運米色、或宛負《アテヲホス》、交易
絹布糸綿油《キヌ、ノイトワタアフラ》等宛直絹者、疋別四五十
束手作布八束以上、信濃布麻布《アサヌノ》五六
束以下、糸油柒苧等直不幾、隨則徴使
面々所責取土毛《モウ》供給料物過於本物、有
於五六倍、仍有堪之輩乍歎弁濟、不
堪之民、削跡逃亡《ニケウス》、亦進納於國庫之日
目代等号副物、疋別絹二尺二寸、即所
補（取イ）下絹直上品卅束以上（下イ）卅束以下（上イ）致中下
品者、尤甚、所返負減直、既以巨多也、是

唯非一年、三箇年所爲如是、方今無郡
司者、國宰有誰、無民烟者、郡司何奉
公、仍拾離散之烟、准留跡之烟、僅万之一也、
凡《スヘテ》一國之衰弊《スイヘイ》、百姓之逃散、職而由之、望
請官裁、任舊例被裁下、以將慰愁吟之意矣、
一請被裁斷所進調絹減直并精好生糸事
右、兩種貢進官物定數、具錄官帳、但疋
別所當料田、先例二町四段代米四石八
斗也、然而絹實所進之日、所定納絹疋
別一町余也、亦至精好之糸者、責取當
國之美糸、織私用之綾羅、擧買他國之
麁《ソ》糸、備貢官之例進、抑蠶養之○（業イ）進退
更不任心、或國吏令得蠶養、而不登年□□
穀、或國吏令登年穀、以不宜蠶養、而當
任守元命朝臣者、著任以降蠶養業
不可也、是只絹減直糸精好所致歟、専
城之吏、忠節已空分憂之職牧掌永絶、
所謂傾國之讎《カタキ》害人○之蠹《ノムシ》豈過於斯哉、望

（紙繼目裏花押）

請、蒙《テ》裁紏《キウヲ》被三召《シトハ》問其旨《ヲ》一、兼《テハタ》亦被三改《カイ》二任《ニン》良吏《ヲ》一矣、

一請被裁断二号《シテ》交易《ト》一、誣取《シヰトル》絹手作《リノ》○信濃布《イ》布イ
麻《アサ》布油　苧《カラムシ》　茜《アカネ》　錦等《ラノ》事

右、交易雑物等《ノ》於二絹一《テ》者《ハ》、納《ナウ》官年料《ニ》有《リ》
限《リ》一、而國内所《ヲ》二加《ニロ》徴《スル》　雑物等漸《ムルコト》及《ヘリ》　數千疋也、一イ无
卽《チ》始《テ》三自《リ》二五月上中旬一、一イ无以《テ》九月之内《チヲ》一、令究《キウ》進《セ》一、
爰所《ニ》二取《ニハ》一絹直《ノ》　四五十束、手作布直《リノニハ》　八束
已上、信濃麻布直《ノニハ》　五六束也、自余雑物《ノノ》
等直《ヒハ》更以不《ニ》二幾一、以減《テハケムシ》收、殘《メタルノコリヲ》一号《シテ》二減直《ト》一如本《クノ》一
宛結絹布直《テフノ》一、加之《ス》、勘徴之使引率《ヒキヰテ》數《ツ》多之
從類《ヲ》一、所責取《メル》一土毛疋別《ニハ》　米一石五六斗、
布端別《ハタムニ》四五端《斗ナリイ》、自余雑物《ノ》、准《スルニ》　本物一、過《キタリ》
五六倍《ニ》一也、何況供給装束《ヒニヤ》不三可二敢計《テラ》一、弁
濟《スル》二如《ク》此非法物《ノヲ》一之間、沽却《シテ》　先祖○之永財《ヲ》一、滅《ホロホス》　子

（紙繼目裏花押）

孫之存命《ヲ》一、賣代《ウリカヘテ》　夫妻之衣　裳《シヤウヲ》者、失愛《アイ》
子之寒溫《ウンヲ》、凡依《ソテ》一身之貪利《ニ》一、遂絶《ニタツ》百姓之
世途《ヲ》一、于時天朝人民　頻《ハヒソメテマユヲ》　眉一、泣歎《ナキナゲキ》、部内《ノ》浪人
皷《ソハタテ、ヲ》　踵一悲《シミフ》　愁、既見《ニルニ》　此由不三足二國宰《ニ》一者也、望

請被裁断以早被《クム》三免《ユルサ》二非一法之強責《キヤウセキ》一矣、

一請被裁断二代ゝ《ノ》國宰分《カチツケタル》附《フセル》　新古《ノ》絹布弁《ニ》
　米准穎等自郡司百姓烟《メル》一責取事

右、古物等寔雖《ニ》三録《シルシノセタリト》二載　帳面《ノニ》一、有名無實
也、仍代ゝ之國吏更無《ニシ》二求責徴《コト》一、其由何者《ナレハ》、
或負《フハ》名死去及《ヒ》四五年《十イ》一、或負名逃散《ハシテニ》　已
數千余人也、而當任《ヲ》守元命朝臣以《テ》二去年
三月中《ヲ》一、撰《エラヒカンレウ》　幹了之使一、差《シテホ》　暴惡之人一、令《コト》
勘責《セ》一如《シ》二切燒《キリヤク》一、往古舊代所《コ》三不《ロ》二然《ルシカラ》　也、而自《リ》
郡司之身《ミ》一、号《シテ》二部内負累《ノフルイ》一、皆悉搜《ナクサクリトリ》　取從《リ》
人民之烟《ト》一稱《シテ》　所一由差法《シヤト》一、暗以寃凌《テエムレウ》乱入《スル》　一二
家《ケニ》二之間、致騒《シ》動於十廿所《ニ》一、濟《サイ》進一兩種《ヲ》二之

（紙繼目裏花押）

日、取《ル》二費《ヲ》於二三倍《ハイニ》一、國土彫《ノテウヘイモトトシテ》弊職　而依《レリ》　是一
爰郡司百姓等雖《ラ》　經《トモヘ》一愁《ウレウ》　不安《ヤスカ》之由《ヲ》一、於國
底《テイニイヨく》一彌　施《シテケウ》　*梟惡之政《ヲ》一、曾無《テ》裁報之心《ノロ》一、責使《メハ》
還《カヘテリ》　成得《タル》　水《ニ》二之龍《ト》一、弱《ヨワキ》　民《ハマスく》　倍　類覆《セリクツカヘスヲ》　棲之鳥《トリニ》一、望
請官裁、且被召《ハレ》紏《タヽサ》一、且　扶《タスケン》　亡民《ヲ》一矣、

一請被裁断二守元命朝臣三箇年間《ノ》毎月《ニ》

号《シテ》借絹《リキヌト》誣取《シキトル》諸郡《ニ》㆒絹千二百十二疋幷使《ヒ》
使副《ノソヘル》取土毛《ノ》事

右、絹等八箇郡之内三箇年之間、或号借
絹《ト》、或稱《ハ》交易《ト》㆒、所責取《メル》㆒也、但件絹或月《ニハ》
一二度、或月二三度、每月計《ニ》其《レハ》數《ヲ》㆒如上《カミ》件、
其《ノ》直《ヒ》准穎《エイ》疋別《ニ》卌束以下三十束以上《ナリ》、僅《カニ》
有《ルハ》判定之返抄《ニ》㆒三分之一也、然而《トモ》其直《ヒ》
于今未《タ》下《ス》行《セ》㆒、抑件絹更《ニ》以難堪《シタヘ》㆒、因之《ニ》㆒
買《カイ》求《ル》隣國《ニ》㆓之間、直米上品者《ハ》六石以下
中下品者五石以上、乍《ラ》知《リ》其《ノ》弊《エヲ》㆒、推《ヲシテ》而所
（紙繼目裏花押）
減收《スル》㆒也、進納之日不《ハスシテ》放返抄《ヲ》㆒立用之《ノ》時《ハ》
還《テ》致《スフクヲ》覆勘《カヘシカウ》、加以責使《ス》多《ヲホクシテ》連日《レン》勘納《ニ》、又《ス》
不《ス》隔《テ》月《ヲ》㆒、面〻色〻《イロ〳〵ニ》所取土毛過《タリ》絹直《ノニ》㆒、故《ユヘ》
何者《ナレハ》徵《ハタル》一疋《ヲ》㆒處《ニハ》、重《ネテ》取一疋《ヲ》㆒何況《ニヤ》供給裝
束之費《ツイヘヲ》乎、各《ヲノ〳〵》爲《メニ》蒙《ランカ》褒賞《ホウシヤウ》之譽《ホマレヲ》㆒、互《タカヒニ》好《ノム》
非法之責《ヲ》㆒、凡破《ソリ》郡㆒破《ル》國㆒之謀《コト》、却《シリソケ》《カスムル》物《ヲ》㆒却《クル》民《ヲ》㆒
カ□□□
機《ハタモノ》尤《モ》有《リ》於此《レニ》㆒、望請、蒙裁《テ》許《ヲ》㆒、早《ク》被《レテ》召
替《ヘ》㆒、猶《ヲ》被拜-任良吏《ヲ》㆒矣、

一請被《フラムト》裁《コトハリ》恤《ユイ》《シ〇ツヲ》每年不《シテ》下行物實《ノヲ》㆒、立用《スル》官帳《ニ》㆒
在-路救《ロキウ》民三箇年料《ノ》糗《ノ》百五十石事《カ》
右、謹案《テル》《ニ》物情《ノコヽロヲタルノ》㆒爲人之父《モノ》㆒者、不明《シテアカサ》父子之
義《ヲ》㆒、以《テ》教《ルニソノ》其子《ヲ》㆒、則《チ》子不《シテシラ》知爲《タルコト》子之道《ヲ》㆒、以不《テ》
事《ツカヘスノ》其父《ニ》㆒、爲《タル》國之吏《ノ》者《モノ》㆒、不《スシテツクサス》竭國吏之職《ノヲ》㆒、
以《テ》治《ノ》其國《ヲ》㆒、則《チノ》國不知爲《タルコト》國之理《コトハリヲ》㆒、以《テ》不肯《スウナカヘンセ》其《ノ》
吏《ヲ》㆒、所-謂《ユル》上致《ミ》敬《セハケイヲ》㆒、則《チ》下不《モ》慢《スアナツラ》、上好《ミ》讓《メハヲ》㆒、則下《チモ》
不《ス》乱《ラ》㆒、上之化《クワスルコト》下《ヲ》㆒譬《ヘハ》如《シ》大風《ノナヒカスカ》靡小枝《ヲ》、是以公《テ》
家爲《メニ》在-路救民《ノ》㆒、故《コトサラニアテ》配置《イテ》租糗《ヲ》㆒、所《ロ》恩
（紙繼目裏花押）
救《キウシ》給《タフ》㆒也、仍流冗《テリウシヨウ》之民、跉《レイ》跰《ヘイ》《リヤウヒヤウノ》之輩《ラ》、不《セレトモ》招《マネカ》而
如子《クニノ》㆒來《リ》、不呼《トモヨハ》㆒而如鳩《クニ》聚《トノル》、來則《テハチ》如飢魚《シウヘタルウヲノ》
覓《モトムル》餌《エヲ》㆒、聚《マテハ》則《チ》不《ス》異疲《ツカレタル》馬《ノ》立《ツルニタヒニ》旅㆒、然而《トモ》守
元命朝臣偏《ニ》思《テ》京洛之貯《タクワヘヲ》㆒、于今《ス》未下行
其料糗《ヲ》㆒、忝《クウケテ》稟國宰之名《ヲ》㆒、何奪《ウハム》飢《ケ》類之
粮《テヲ》㆒、是以鰥《テクワンクハコ》《ヲトコヤムメヲウナヤムメ》寡孤《トクハナカハシニ》獨半《ハ》死半生《テ》、蓬《ホウソウサウ》叟孀《ヤモメ》
嫗《サウハ》若《シシ》存《セルカ》亡㆒、望請、被裁恤《シツ》㆒將令《ニ》知《メンシラケムコ》堅固
鄙《ヒリン》悋《ク》之甚《キコトヲ》㆒矣、
一請被裁斷《ニ》㆓不宛行《テナハ》㆒諸驛《エキ》傳《ノマヤノ》-食料幷《ヒニ》

驛子《ノク》口-分-田百五十六町直米事
右、國內《ニ》雖有《ト》重役《ト》㆒、莫過《ナシスキタルハ》於驛《ヤク》傳之
徭《エウニ》、自《ヨリ》古㆓于今《マ》㆒、以《テ》傳-食料《ヲ》㆒者供-給《シ》上下《ニ》
役也、
官使《ニ》㆒、以《テハ》田《ノ》-直米《ヲ》㆒立用驛《スヤク》子之功《ク》粮《ラウニ》㆒、但一
驛《ヘキノ》料-田十二町、傳馬料四十六町者都《スヘテ》イ
年料田五十二町也、而當任守元命
朝臣三箇年《ノ》兩收納《ニ》會《ツテナシ》無下符《クタスコトフヲ》㆒、國《スルコト》土《ノ》
經營豈《アニナシ》莫過《タルハ》於斯《ニ》㆒、所謂御馬逓《タイソウ》送之

（紙繼目裏花押）

日、撿牧上下之使《ヒ》、强《アナカチニフクンテ》銜貢御《コ》之威《ヲ》㆒、未知《タラ》
役民之弱《ヨハキヲ》㆒、或《号シテ》供給等閑《アリトフイテ》㆒、吹毛㆒覓《モトメキスヲ》疵㆒、或稱《シテ》
厨《クリヤノソナヘ》備疎略《ナリトキテカワヲ》㆒、截皮《スチヲ》㆒出血㆒、飽《アクマテ》爲得《ニエンカ》賄賂《ヲ》㆒、貢
馬《メニマクサヲカウテハイクワイシホシイマヽニ》秣飼徘徊、恣令《シメ》得㆓土產《ヲ》㆒、走《ル》馬負《ニヲホセテ》
鞭《ムチヲハセ》㆒馳去《ヌ》、若有《シテ》國宰之《ノ》良吏《タル》㆒、以不拘《テスカヽヘヲシマ》惜
其《ノ》傳-食-料《ヲ》㆒者《ハ》、何爲《ソニ》郡司百姓致《ノイタサ》煩《ヒヲ》㆒
哉、望請裁斷、早成《サン》驛子《ノ》依怙《ヲ》㆒矣、
一請被裁斷㆓不下行《ルヤ》㆓三-箇-所驛《ノヤクケノ》家雜用《ノ》
　准穎《エイ》六千七百九十五束《カ》事
右、彼《ノ》國《ニ》所《ロ》-在《ル》馬卅疋《ナリ》、直《ヲ》籾《モミ》百五十石、秣《マクサ》

籾廿四石《ナリ》、傳馬十五疋內《カ》斃《チヘイソンニ》損《カヒカウル》買替
直《ノ》籾五十二石五斗、并《アハセテアハセテ》合《タフレ》一年料《カノ》籾
二百廿六石五斗、惣計《テニヒ》之三箇年○料《之イヲ》㆒
准穎《エイ》六千七百九十五束余《ヒ》也、是則《レチ》
依式《テシキニ》㆓立用《セリ》稅帳《ニ》㆒、而當任守元命朝臣
悉《ク》私用《シテス》不宛《アテハ》把分《ヲ》㆒、愁《ウレヘカ》之中爲《タル》愁㆒、莫過《ナシタルハ》

（紙繼目裏花押）

於斯《ニ》㆒、就中使到《タウ》-着《ノ》之時《キハ》、費《ツイエ》在《リ》於郡司《ニ》㆒、
經《ケイノ》日之煩《ヒ》、不可勝計《フ》㆒、適《タマヽヽ》以私馬《ノヲ》㆒逓《タイ》送《レハ》
者、致《コトハ》一度之斃《ツイヘヲ》、及數疋之駄《フ》㆒、部內《ニ》
漸《クエ》絕失《ヌレハ》、隣國《ニ》重《ネテ》求《メル》借、恐《クハ》將來國宰《ノ》
豈積《ニミ》-習《ンヲ》之《ヲ》㆓哉、仍爲《テメニハ》人民《ノ》㆓多有損《ソン》、無《シ》
益《ク》㆒、爲《メニハ》國吏《ノ》㆓獨無《リシテソン》損㆓有益《リ》㆒、望請、被《レテ》
裁斷、以者省《ヒカヘリミムコヲ》愁《ヒ》苦㆒矣、
一請被裁斷㆓不《サル》㆔宛《アテ》行《ハ》㆓三箇年○池《ッ》溝《コウミソ》并救《キウ》
　（マヽ）
　急《キウ》料-稻万二千余束《ヲ》㆒事
右、麁《庶イ》民《ソミン》之業《ケウハカ》稼穡《シヨクヲウヘヲサムル也》爲宗《ト》㆒、田疇《チウタクロ》之道、
池《チ》溝《コウヲ》爲先《スキト》㆒、而不《ヲシテ》下束把《サ》㆒、只如《シ》㆔知《シテ》不《サルカシラ》㆓知㆒、仍《テ》

以《テ》郡司之私物《ヲ》、繩堤《ツキ》防《フセキ》堰《ツヽミセキイ》千流《リウノ》之池溝《ヲ》、以《テ》
百姓之貯《タクワヘヲ》、僅築《ニツキカタム》固万河之廣深《ヲ》、今
撿《ルニ》案內《ニ》、池溝料田全載《ハクノセテ》稅帳《ニ》、言上《スレトモ》於
官《ニ》偏《ニ》有用途之名《ナノミ》、專《ラ》無宛《ル》物之實、
爲《メニ》妻子之衣食《ノ》、絕《タツ》國土之農業《ヲ》、就中

(紙繼目裏花押)

旱《カンカン》魃《ハツ》之時《トキハ》、可《ヘキヲ》治《ハル》不治《セス》、霖雨《リンウ》之節《セチニ》可《ヘキヲ》
可塞《ヘキヲフサク》不塞《フサカ》、如此《キ》之間《タ》、農業損害《セリ》、此則
池溝破壞《エ》之所致《ロ》也、望請、裁斷以早
令《シメンコロサシケウシヨクノ》徵矯飭之政《コトヲ》矣、
一請被裁斷不放調《ツキノ》絹《ヌシユン》句法符《ノフヲ》、隔《チ》五六
日《ヲ》面々使《ノヒヲ》放入《テ》部內、令徵勘《チウカン》事
右、御調《ツキノ》絹《ヌ》進《ツル》國例、定《メテヨリ》自六月上旬
迄《イタルマテ》九月下旬《ニ》、令究《ム》進、是則承前例
也、○句法之符《ノヲ》而不放《ヲ》、忽《チ》入《テ》不善之使《ヲ》、始從《メテヨリ》五月
中旬未儲《タサル》備經機《ヘケイキヲ》之間、勘責尤甚《シ》、今
須任《クセテ》舊例、放符《テヲ》徵之《ルヲ》、而爲《ヲメニ》背《イテ》官符《ヲ》○貪《ムサホランノ》私
利《リヲ》、以《テ》非理《ヲ》爲理、加以《ス》入部之使《ヒ》、苛責之

間、爲《メニ》施《サンカ》面目《ヲ》、檀《ホシキマヽニヌク》抽人眼《ノヲ》、致《テハ》到《イ》民烟《ノトニ》者、自《ヨリ》馬
不下《スヲリ》、不《イ》○着于座《ツカカサニ》、乍騎《ノリ》於馬《ニ》、以郎等從者《ヲ》
破戶《ヲ》放部《テシトミヲ》、令搜《ムサクリトラ》取雜物等《ヲ》、僅訴《ニウタフ》理非《ヲ》
人還與《ニハ□アタウキヤウ》刑罰《チヲ》、强《アナカチニサス》差賄賂之時《キハ》、偸《ヒソカニ》致
阿容《ヲ》、一國凋《ノ》瘵万姓《ハイハンセイノサンカイ》殘害、當《ク》任《ルツカハサ》務《マツリコト》有之《コレニ》
□□□□□□□□□□
〔望請停止件元命朝臣宜被遣〕

(紙繼目裏花押)

○この間に數紙の脫落はあるが、眞福寺本では「十五條」より「三十條」までの計一六條と「三十一條」の初めの三九字が、この脫落部分に相當する。

一條制止《ハスルホシイマヽシテ》檀帶兵仗橫行《スル》所部《ニ》輩《ヲ》事
一條追罰《ハツイタウスル》陸海盜賊《ノソクヲ》事
一條制止《ハスル》王臣家設《ノマウケテ》庄薗田地《ノ》國致《スコトヲ》國郡妨《ノヲ》事
末下《タサル》符《セ》六箇條
一條調庸《ハテウヨウ》雜物合期《ニ》見上《ラルアケ》事
一條調庸雜物違期《ハヰコシテ》未進《スル》國司任《マカセテキヤクニ》格見任解《ヲ》却《キヤクス》事
一條停止《ハスルシヨノ》敍用諸國受領吏《ノノリ》殘《スルコトヲ》彌滅任國輩《ヲ》事
一條禁制《ハスル》諸國受領吏《ノノクシテ》多率五位六位有官
散位雜賓《ヒムヲヲモムクヲ》趣任《ニ》事
一條全付《ハクツケル》公帳《ニ》前司、塡納《ミチイレヲノレカ》巳分《ヲ》、差《タカフル》官物《ヲ》事

一條《ハ》制止《スル》納官封《フケ》家幷《ニ》王臣〇家イ已下龐《ショ》人〇庶イ已イ上不《ノサルコトヲ》
用錢貨《ヰノクワヲ》一事
右、官符《ハチム》以《テ》下永延《ヱイヱム》元年七月八日《ヲ》上諸郡《ニ》下一符《セリ》、
其旨《ノ》偁《ニハク》、應《コト》下重《ク》一制中一止《シス》兵一杖《ヲモテ》横一行《スルコト》陸海《ニ》盗賊《スルコト》及《ヒ》
院宮イ王臣家《ノ》庄薗《ヱム》田地《ヲ》上、放《テ》三箇條《ヲ》一、則今《マ》六箇
条《ヲハ》未放《ス》一、是只爲《レタヽメニ》横法非行所《ノ》拘《ロカヽヘ》惜《ス》一也、雖然
（紙繼目裏花押）
依勅宣之嚴《イツクキニワウ》一往ゝ《ニ》《トコトくニ》普散《ネクチレリ》、僅案《ニルニ》其《ノ》九ケ条內《ヲ》一、
應《ヘキコト》下制中止諸國《ノ》受領《ノ》任國殘滅《メツ》幷《ニ》五位六位
有官散位雜賓《ノ》率來《キタルヲ》上、禁制重嚴《クツクシテ》背
如此一官符《ヲ》一、猥《ミタリカワシク》成私乱之計《コトヲ》、就中守牧《ホク》宰之
職《ショク》朝威已重《ニシ》、撫《ナテ》民一興國《スヲ》一、非無《スキニシヨウ》賞《一イ无》進《ヲ》一、而當
任守元命朝臣不《ス》顧國土之凋弊《ヲ》、无思《シコト》人
民之散亡《ヲ》一、一任之間《タ》、忽貯《マチニタクヘ》永代之財產《ヲ》一、三年之
程《ホトニニワカニ》俄買數所之家薗《ヱムヲ》一、國亡民散《ヒルコトモトトシテ》、職而此由《レニヨレリ》、
何況《ニヤ》有官散位諸司《ノ》官人職宰《シキシヤウ》、已異《ニナル》
而妄《ヲミタリニ》〇忘イ《テ》把笏《ハシヤク》之嚴《イツクシキコトヲタヽ》只好執鞭《ムシウヘン》之營《ナミヲ》、爲隱《メニクサムカ》一如此
等之嚴制《イヲ》一、所不《サル》令放知《チラ》也、若觸一愁《フレヘムニ》國司《ニ》一、

无心優免《シロイウニ》一、具勒《シテ》訴訟旨《コエテウタヘヨト》一言上如件、望請　錄《ヲクシテヲ》狀越《オツ》訴《ソセヨト》者イ本
被裁斷《ニ》一將令《コロサ》懲違勅之心《ノヲ》一矣、
以前條事《ノ》、爲《メニ》知憲法之貴《カケムハウコトヲ》一言上如件、抑
良吏莅境《ノソムヒニ》之日虎負兒却《ハトラオフテコヲシリソキ》、蠧《リ》務忘《ムル》　〇以下は紙繼目であり、一行分の文字の右端の一部がこの料紙上に遺っているが、眞福寺本によると脫文はなく、次の料紙へと文章は完全に續いている。しかしこれで疑問を全く解いたことにはならない。

風《ヲ》一之時《ニハ》、蝗振《クワウフルツテ》羽《ハネヲ》一集《ル》、而當《ヲ》任守元〔命〕□
朝臣魚奪《キヨタツテ》在心《ニ》一不知窮《シラキウ》一民之菜色《サイ》一、屠
膾銘《クワイメイシテ》肝《ニ》、猶失分憂《ヘリ》之蒲鞭《レ》《ヘムヲ》一飢也、昔《シハ》依六《テリク》
王之誅戮《ノ》《チウリクニ》一、熾《サカリニセリ》七國之災蘖《サイケキヲ》一、今繁《ハカヽテ》一守之
濫絲《ラムシニ》致《ス》八郡之騷動《ヲ》一、因茲棄《ステヽ》國一欲避《スレハサラムト》一
是如背《シソムクカ》皇命《ヲ》一、越《コヘテ》堺一、擬退《スレハカムト》一、似闕《リカクニクワ》課一役《ヲ》一、
僅過《ニキ》三年《ヲ》一、不異步虎首《ニノヘヲ》一、若遂《トケハ》一一任《ヲ》一
者、盍被《ナムソカムラ》《サラム》害蠹《カイトヲ》一哉、仍累《ツヽムテ》愁《ヲ》於腹內《ハラノニ》一、還《テ》
儲《マウケ》逃亡之粮《ヲ》一、聞責《ハヲ》於慮一外《リヨクワイニ》一則忙《イソク》離散之
餞《マノハナムケヲ》之《ヒ》一、今須《マクハ》下郡司百姓早錄《ヘキ》《クシテ》守元命朝臣
不一治之由《ヲ》一蒙中官一裁上者也、而郡司之職不

遑《イトマアラ》公事《ニ》、百姓之身被《ハ》絆《レタリホタサ》國役《ニ》、爲劇《メニイソカム》
外《ケ》國四度之務《ヲ》、難《シ》侍《ヘリ》中花万機《キノ》之
底《モトニ》、爰纔離《ニニレテ》亡國倍（マヽ）《ヲハムヘルコト》官底《ニ》、猶若《ヲトシ》下爼上《ソ》
之魚移《ノ》中於江《ルカ》海《ニ》上、鎮似《ヒ》下刀《タリ》下之鳥飜《ノヒルカヘルニ》中於
林《リン》阿《アニ》上、望請被停止《テ》件元命《シテノ》朝臣《ヲ》改任《セ》良吏《ヲ》、
以將《ニ》令《シテ》他國之牧宰知《ヲシラ》治國優民之
褒《ホウ》賞《ヲ》上、方《スシメムト》今《ニ》不《マ》勝《タヘ》馬風鳥枝《シノ》之愁歎《ニ》、
宜《ヘシ》銜《クフクム》龍《リヨウ》門鳳闕之綸旨《シヲ》、仍具《サニ》勒《シテ》三
十一箇條事狀《ノヲ》、謹解、

永延二年十一月八日郡司百姓等

（異筆1）「弘安四年八月五日於大和國辰市、誂或人書寫畢、

同十一月六日讀終之　中臣祐仲」

（異筆2）「傳領了、祐建之、」

○上下に堺線がある。また全巻に克明に、六聲の聲點が施されているが組版の都合によって省略する。四頁上段＊印「以上」の「上」について「下无」との註記が下方の界線の欄外にあり、また六頁下段＊印の「梟」についても「梟ハ不孝鳥也、□食也」と上部界線の欄外に註記がある。

〔二〕 阿波國板野郡田上郷戸籍（模本）一巻

二七・八
七七五・七

二 阿波國板野郡田上郷戸籍

（表題）「延喜二年阿波國板野郡田上郷戸籍」

前件失

服部今安賣年肆拾伍歳　丁女
服部貞賣年肆拾壹歳　丁女
服部貞賣（マヽ）年參拾玖歳　丁女
矢田部吉友賣年陸拾貳歳　老女
矢田部吉主賣年伍拾捌歳　丁女
矢田部繼刀自賣年肆拾捌歳　丁女
矢田部繩賣年伍拾捌歳　丁女
矢田部繼福賣年肆拾伍歳　丁女
矢田部玉賣年肆拾貳歳　丁女

矢田部廣刀自賣年參拾伍歳　丁女
建部國安賣年漆拾貳歳　耆女
建部國守賣年肆拾玖歳　丁女
建部特安賣年肆拾壹歳　丁女
建部特賣年參拾玖歳　丁女
姪建部特益賣年肆拾壹歳　丁女
服部仁子賣年肆拾歳　丁女
凡直介佐麿年捌拾歳　耆女
妻凡直美安賣年漆拾歳　耆妻
女凡直秋虫賣年貳（マヽ）拾漆歳　耆女
女凡直得虫賣年伍拾玖歳　丁女
女凡直得繼賣年伍拾玖歳　丁女
矢田部今安賣年肆拾陸歳　丁女
矢田部得安賣年伍拾歳　丁女
矢田部廣刀自賣年陸拾貳歳　老女
矢田部廣川賣年伍拾伍歳　丁女
矢田部得賣年參拾玖歳　丁女
矢田部糸賣年陸拾歳　老女

矢田部川刀自賣年肆拾伍歳　丁女
矢田部益刀自賣年伍拾歳　丁女
矢田部今安賣年肆拾漆歳　丁女
矢田部得賣年肆拾參歳　丁女
矢田部益刀自賣年伍拾歳　丁女
矢田部今安賣年肆拾漆歳　丁女

矢田部得賣年肆拾參歳　丁女
矢田部綿虫賣年伍拾參歳　丁女
此卦繼合外ノツヽキナルヘシ、後人修覆ナリ、
服部春賣年伍拾壹歳　丁女
服部乙賣年伍拾壹歳　丁女
服部廣賣年伍拾伍歳　丁女
服部今賣年壹拾捌歳　少女
服部宅成賣年陸拾參歳　老女
服部余賣年肆拾參歳　丁女
服部糸賣年參拾壹歳　丁女
服部吉賣年參拾參歳　丁女
物部淨繼賣年伍拾肆歳　丁女

海部淨賣年伍拾肆歲　丁女
服部宗本賣年陸拾歲　老女
秦正月賣年漆拾參歲　耆女
秦繼賣年漆拾玖歲　耆女
秦秋繼賣年漆拾伍歲　耆女
秦成賣年漆拾貳歲　耆女
凡直夜須良賣〔年脫〕陸拾壹歲　老女
凡直刀自賣年伍拾玖歲　丁女
凡直玉賣年伍拾玖歲　丁女
凡直少麿年玖拾玖歲　耆女
妻雀部米賣年捌拾陸歲　耆女
凡直豐賣年捌拾陸歲　耆女
凡直廣刀自賣年陸拾伍歲　耆女
上主寸富主賣年陸拾伍歲　耆女
凡直秋賣年伍拾貳歲　丁女
凡直古刀自賣年肆拾陸歲　丁女
凡直繼吉賣年漆拾伍歲　耆女
建部乙刀自賣年陸拾玖歲　耆女

物部乙刀自賣年陸拾玖歲　耆女
物部廣人年壹佰貳歲　耆女
物部淨賣年捌拾貳歲　耆女
物部乙賣年捌拾肆歲　耆女
粟凡直今吉賣年漆拾漆歲　耆女
粟凡直男萬賣年捌拾貳歲　耆女
粟凡直飯主賣年捌拾漆歲　耆女
粟凡直刀自賣年漆拾捌歲　耆女
粟凡直宮成賣年漆拾陸歲　耆女
物部成刀自賣年漆拾壹歲　耆女
物部得賣年伍拾玖歲　丁女
忌部田賣年漆拾漆歲　耆女
家部刀自賣年漆拾陸歲　耆女
物部成賣年玖拾肆歲　耆女
物部廣繼賣年捌拾玖歲　耆女
物部淨繼賣年伍拾肆歲　丁女
秦繼賣年陸拾陸歲　耆女
物部淨賣年伍拾肆歲　丁女

家部千成年壹佰歳　耆女
妻語部刀自賣年玖拾參歳　耆女
男家部淨成年漆拾漆歳　耆女
女家部廣吉賣年陸拾貳歳　老女
女家部眞成賣年漆拾貳歳　耆女
女家部吉成賣年陸拾肆歳　老女
女家部繩賣年陸拾歳　老女
女家部夏賣年伍拾玖歳　丁女
婦木部時賣年陸拾伍歳　耆女
孫男家部淨道年貳拾貳歳　正丁
孫男家部憑麿年貳拾壹歳　少丁
孫女家部夜須賣年貳拾伍歳　丁女
孫女家部內子賣年貳拾參歳　丁女
飛鳥部刀自賣年玖拾參歳　耆女
飛鳥部花賣年漆拾捌歳　耆女
家部介佐賣年伍拾肆歳　丁女
家部帯賣年貳拾伍歳　丁女
海部安直年肆拾參歳　八位

飛鳥部成刀自賣年伍拾伍歳　丁女
凡直家持年壹佰歳　耆女
女凡直吉賣年漆拾歳　耆女
久米在賣年漆拾漆歳　耆女
佐伯福吉賣年捌拾漆歳　耆女
物部福並賣年陸拾捌歳　耆女
正六位上忌部眞常年壹佰拾壹歳　六位
妻海部乙繼賣年壹佰參歳　耆妻
女忌部吉賣年陸拾玖歳　耆女
女忌部宮子賣年陸拾貳歳　老女
女忌部宮刀自賣年伍拾伍歳　丁女
（紙背）「阿波國板野郡田上郷　延喜二年戶籍」
上主寸春男年漆拾玖歳　耆女
上主寸吉刀自賣年漆拾壹歳　耆女
上主寸吉成賣年漆拾參歳　耆女
上主寸吉繼賣年漆拾參歳　耆女
粟凡直成刀自賣年捌拾漆歳　耆女
物部吉成賣年捌拾捌歳　耆女
物部廣繼賣年捌拾參歳　耆女

粟凡直福安賣年參拾壹歲　丁女
葛木福賣年漆拾壹歲　耆女
凡直廣本年漆拾捌歲　耆老
妻葛木刀自賣年漆拾捌歲　耆妻
女凡直眞成賣年陸拾歲　老女
女凡直今成賣年肆拾伍歲　丁女

女凡直殿門賣年伍拾捌歲　丁女
女凡直得吉賣年伍拾玖歲　丁女
女凡萬吉賣年伍拾壹歲　丁女
女凡直安世賣年肆拾壹歲　丁女
女凡直豐繼賣年陸拾肆歲　老女
女凡直今繼賣年伍拾參歲　丁女
女凡直乙刀自賣年伍拾參歲　丁女
粟凡直刀自賣年陸拾歲　耆女
家部成益年漆拾肆歲　耆老
女家部嫡子賣年肆拾貳歲　丁女
女家部嫡賣年肆拾歲　丁女
女家部直世賣年伍拾歲　丁女

家部吉刀自賣年漆拾貳歲　耆女
日下部繼賣年漆拾參歲　耆女
物部智刀自賣年漆拾陸歲　耆女
物部成刀自賣年漆拾壹歲　耆女
物部成繼賣年漆拾壹歲　耆女
物部成賣年陸拾壹歲　老女
忍海廣繼年捌拾壹歲　耆老
妻服部成繼賣年漆拾歲　耆妻
忍海刀自賣年漆拾歲　耆女
忍海小刀自賣年肆拾歲　丁女
建部乙吉賣年漆拾捌歲　耆女
家部吉賣年肆拾歲　丁女
家部成賣年陸拾漆歲　老女
家部吉賣年肆拾參歲　丁女
家部繼賣年伍拾陸歲　丁女
忌部安相年肆拾貳歲　正丁位子
輕部眞冨年貳拾漆歲　正丁
牟佐閇麿年肆拾壹歲　正丁

粟凡直閇麿年貳拾貳歳　正丁
母粟凡直刀自賣年陸拾陸歳　耆女
服部法師麿年貳拾玖歳　正丁
服部小刀自賣年肆拾歳　丁女
服部眞賣年漆拾壹歳　耆女
服部刀自賣年漆拾貳歳　耆女
服部分刀自賣年漆拾歳　耆女
服部得成賣年伍拾漆歳　丁女
服部得賣年伍拾伍歳　丁女
服部富賣年陸拾參歳　老女
服部安須良賣年漆拾伍歳　耆女
凡直次刀自賣年陸拾漆歳　耆女
凡直酒成賣年陸拾歳　老女
家部安良賣年漆拾壹歳　耆女
家部夏成賣年陸拾漆歳　耆女
家部廣成賣年陸拾歳　耆女
息長粟賣年捌拾壹歳　耆女
家部刀自賣年捌拾貳歳　耆女
家部四月賣年漆拾漆歳　耆女
家部乙五月賣年陸拾歳　耆女
葛木鯛成賣年陸拾漆歳　耆女
葛木吉賣年伍拾陸歳　丁女
葛木鯛賣年肆拾參歳　丁女
葛木吉繼賣年漆拾玖歳　耆女
葛木介佐賣年參拾漆歳　丁女
服部介佐成賣年參拾伍歳　丁女
錦部平賣年參拾漆歳　丁女

口一十九男
口貳佰肆拾捌不課
口二百二十九女

〔合ヵ〕个口貳佰陸拾壹

(紙背)「阿波國板野郡田上鄕　延喜二年戶籍」

口一　少丁
口壹拾參□〔課〕
口一　殘疾
口一十一　正丁

戶主凡直廣岑戶
割去物部子益年四十壹(マヽ)　上件一口同鄕戶主物部廣成戶

戸主凡直廣岑年漆拾陸歳　耆老
男凡直良直年肆拾參歳　正丁仕丁
男凡直吉安年肆拾貳歳　正丁
男凡直秋宗年參拾玖歳　正丁
男凡直有行年貳拾玖歳　正丁
女凡直御黑賣年肆拾歳　丁女
女凡直願子賣年伍拾貳歳　丁女
孫男凡直美直年貳拾漆歳　正丁
孫男凡直秋庭年壹拾壹歳　小子
凡直秋子賣年陸拾漆歳　耆女
凡直刀自賣年伍拾歳　丁女
凡直秋成賣年漆拾陸歳　耆女
凡直秋繼賣年陸拾貳歳　老女
凡直秋繼賣年捌拾伍歳　耆女
凡直淨刀自賣年肆拾玖歳　丁女
凡直黑子賣年肆拾捌歳　丁女
凡直逆賣年參拾陸歳　丁女
凡直廣刀自賣年陸拾伍歳　耆女
凡直廣賣年陸拾貳歳　耆女
物部吉賣年肆拾肆歳　丁女

物部吉成賣年肆拾肆歳　丁女
物部廣賣年伍拾玖歳　丁女
物部成賣年肆拾參歳　丁女
海部秋永賣年肆拾貳歳　丁女
海部秋賣年漆拾捌歳　耆女
海部秋刀自賣年肆拾貳歳　丁女
海部秋吉賣年陸拾參歳　耆女
凡直吉成賣年漆拾貳歳　耆女
凡直秋賣年伍拾肆歳　丁女
凡直古刀自賣年漆拾壹歳　耆女
海部魚賣年漆拾肆歳　耆女
海部秋野賣年陸拾陸歳　耆女
海部福賣年陸拾玖歳　耆女
海部刀自賣年陸拾貳歳　耆女
建部成吉賣年漆拾捌歳　耆女
建部四月賣年陸拾漆歳　耆女

葛木廣特賣年伍拾肆歲　丁女
海部衣刀自賣年陸拾參歲　老女
凡直吉賣年肆拾壹歲　丁女
凡直冬賣年漆拾伍歲　耆女
凡直秋賣年漆拾漆歲　耆女
凡直玉門賣年捌拾玖歲　耆女
姑凡直玉刀自賣年漆拾歲　耆女
凡直秋野賣年陸拾陸歲　耆女
凡直冬吉賣年捌拾歲　耆女
品知冬賣年漆拾歲　耆女

口二　男
口肆拾壹　口三十九　〔女ヵ〕□
〔合ヵ〕个口肆拾陸

口一　仕丁
口伍課　口四　正丁

戸主物部廣成戸
割來物部子益年四十一（マヽ）　上件一口　寛平八年籍所貫同郷戸主凡直廣岑戸口

戸主物部廣成年漆拾陸歲　耆老
妻家部春野賣年漆拾陸歲　耆妻
妾家部稻蘭賣年陸拾伍歲　耆妻
女物部乙賣年伍拾肆歲　丁女
女物部廣成賣年肆拾玖歲　丁女
女物部吉刀自賣年伍拾歲　丁女
女物部成刀自賣年肆拾捌歲　丁女
女物部乙吉賣年伍拾歲　丁女
女物部乙古賣年參拾捌歲　丁女
女物部刀自賣年參拾捌歲　丁女
女物部乙刀自賣年參拾漆歲　丁女
（紙背）「阿波國板野郡田上郷　延喜二年戸籍」
女物部乙子賣年參拾漆歲　丁女
孫女物部雄屎賣年參拾參歲　丁女
孫女物部今屎賣年貳拾漆歲　丁女
妹物部花賣年漆拾伍歲　耆女
姉物部玉依賣年捌拾陸歲　耆女
妹物部吉賣年肆拾陸歲　丁女
物部五月賣年捌拾肆歲　耆女

物部花刀自賣年漆拾伍歳　耆女
家部蘇麿年捌拾參歳　耆女
妻家部秋賣年漆拾漆歳　耆女
物部廣吉年伍拾肆歳　正丁
男物部廣麿年壹拾歳　小子

弟物部廣繼年肆拾漆歳　正丁
弟物部子益年肆拾壹歳　宇志祝部
女葛木古刀自賣年漆拾玖歳　耆女
凡直玉門賣年玖拾歳　耆女
妹物部廣直賣年伍拾歳　丁女
妹物部眞刀自賣年伍拾歳　丁女
妹物部萬賣年肆拾捌歳　丁女
妹物部秋賣年參拾貳歳　丁女

口四　男
口貳拾玖　不課
口二十五　女
合參拾壹
口貳課

散戸主從七位下粟凡直田吉戸
死
粟歳男年五十九　昌泰元年死
錦部益繼年八十　同年帳
家部魚丸年七十四　同年帳
錦部吉男年九十五　同年帳
割去粟得吉年五十二　母粟高子女年八十二
妹粟吉子女四十七　妹粟吉刀自女年四十六
妹粟吉子女三十七　上件五口同鄕　戸主粟秋助戸
粟安宗年五十九　男粟甲男年四十二
男粟甲宗年三十　男粟甲貞年二十七
孫粟勝丸年一十二　上件五口同鄕戸主粟安宗戸
粟成宗年五十七　父粟田吉年九十八

母粟貞福女年一百七　妻秋月粟主女年五十四
男粟貞安年三十六　男粟美虎年三十四
男粟淨安年三十一　男粟忠安年二十九
男粟里宗年二十　女粟氏子女年三十四
女粟乙女年三十四　女粟平女年二十九

女粟内安女年二十九
孫男粟恒山年一十一
妹粟貞主女年五十
妹粟貞永女年四十七
粟淨成女年五十九
秋月粟子女年七十
粟成女年四十一
粟子女年五十四
服部魚女年六十八
錦部成刀自女年四十六
錦部乙刀自女年四十七
錦部憑女年五十四
錦部繼刀自女年九十二
下主寸童子女年七十一
許世部乙女年七十一
許世部乙繼女年七十
秦蕡女年八十七
許世部美良女年七十四

孫男粟恒海年一十四
姉粟宗刀自女年六十八
妹粟宗世女年五十
秋月粟成女年四十一
秋月淨刀自女年三十五
粟成刀自女年八十九
粟主女年三十四
凡直比良女年八十九
錦部夏女年五十六
錦部乙淨女年四十六
錦部乙主女年四十六
錦部憑女年四十二
下主寸刀自女年八十七
許世部福成女年九十
許世部成女年七十六
漢人眞衣女年九十九
伴秋刀自女年八十四
物部乙吉女年六十四

物部淨由女年四十九
服部並丸年八十
服部安繼女年四十九
服部乙成女年九十二
粟興成女年九十六
粟繼吉女年九十五
建部万繼女年九十
飛鳥部豐至女五十六
家部乙丸年九十二
(紙背)「阿波國板□郡田上郷　延喜二年戸籍」
家部虫女年八十八
物部淨成女年五十五
妹服部刀自女年六十九
凡直吉女年二十一
凡直美名女年四十六
凡直淨女年六十一
粟魚成女年四十六
婦粟田作女年七十七
粟乙魚女年八十二

服部良賣年六十一
服部夏女年六十
服部六月女年九十二
姪服部安繼女六十四
粟興刀自女年九十八
粟廣刀自女年七十一
飛鳥部眞由女年七十六
飛鳥部古吉女年六十三
妻家部魚女年七十五
物部夏女年六十五
服部五月丸年九十四
服部成女年六十八
凡直尙女年四十九
凡直淨刀自女年四十六
粟美田女年四十七
婦粟吉女年八十二
粟福特女年九十六
粟刀自女年六十八

粟吉刀自女年八十六　粟成女年七十
上件九十口同郷戸主粟成宗戸
新戸主粟凡直成宗戸
割來粟成宗年五十七　父粟田吉年九十八
母粟貞福女年一百七　妻秋月粟主女年五十四
男粟貞安年三十六　男粟美虎年三十四
男粟淨安年三十一　男粟忠安年二十九
男粟黑宗年二十　女粟氏子女年三十四
女粟乙女年三十四　女粟平女年二十九
女粟內子女年二十九　孫男粟恒海年一十四
孫男粟亘少年一十一　姉粟宗刀自女年六十八
妹粟眞主女年五十　妹粟宗繼女年五十
妹粟貞永女年四十七　秋月成女年四十一
粟淨成女年五十九　秋月淨刀自女年三十五
秋月粟子女年七十　粟成刀自女年八十九
粟成女年四十一　粟主女年三十四
粟子女年五十四　凡直比良女年八十四
服部魚女年六十八　錦部夏女五十六

錦部成刀自女年四十六　錦部淨女年四十六
錦部乙刀自女年四十七　錦部乙主女年四十六
錦部憑女年五十四　錦部子憑女年四十二
錦部繼刀自女年九十二　下主寸刀自女年八十七
下主寸童子女年七十一　許世部福成女年九十
許世部乙女年七十一　許世部成女年七十六
許世部乙繼女年七十　漢人眞衣女年九十七
秦蓑女年八十七　伴秋刀自女年八十四
許世部美良女年七十四　物部乙吉女年六十四
物部淨繼女年四十九　服部良女年六十一
服部並丸年八十　服部夏女年六十
服部安繼女年四十九　服部六月女年九十二
服部乙成女年九十二　姪服部安繼女六十四
粟興成女年九十六　粟興刀自女年九十六
粟繼吉女年九十五　粟廣刀自女年七十一
建部万繼女年九十　飛鳥部眞女年七十六
飛鳥部豐至女年五十六　飛鳥部古吉女年六十三
家部乙丸年九十二　妻家部魚女年七十五

家部虫女年八十八　物部夏女年六十五
物部淨成女年五十五　服部五月丸年九十四
妹服部刀自女年六十九　服部成女年六十八
凡直吉女年二十二　凡直尙女年四十九
凡直美名女年四十六　凡直淨刀自女年四十六
凡直淨女年六十一　粟美田女年四十七
粟魚成女年四十六　婦粟吉女年八十二
婦粟田作女七十七　粟福特女年九十六
粟乙魚女年八十二　粟刀自女年六十八
粟吉刀自女年八十六　粟成女年七十
上件九十口寬平八年籍所貫同鄕爲戶主
秦石男年五十　上件一口　寬平八年籍所貫同鄕戶主輕我
孫福男成戶主
戶主粟凡直成宗年伍拾漆歲　正丁
父從七位下粟凡直田吉年玖拾捌歲　七位
母粟凡直福賣年壹佰漆歲　妻女
妻秋月粟主賣年伍拾肆歲　丁妻

男粟凡直貞安年參拾陸歲　佐分資人
男粟凡直美虎年參拾肆歲　正丁
男粟凡直淨安年參拾壹歲　織部司令員外織手
男粟凡直忠安年貳拾玖歲　帳內資人
男粟凡直里宗年貳拾歲　少丁
女粟凡直氏子賣年參拾肆歲　丁女
女粟凡直乙女年參拾肆歲　丁女
女粟凡直平賣年貳拾玖歲　丁女
女粟凡直內子賣年貳拾玖歲　丁女
孫男粟凡直恒海年壹拾肆歲　小子
(紙背)「阿波國板野郡田上鄕　延喜二年戶籍」
孫男粟凡直恒山年壹拾壹歲　小子
姉粟凡直宗刀自賣年陸拾捌歲　耆女
妹粟凡直眞主賣年伍拾歲　丁女
妹粟凡直宗繼賣年伍拾歲　丁女
妹粟凡直貞永賣年肆拾漆歲　丁女
秋月粟成賣年肆拾壹歲　丁女
粟凡直淨成賣年伍拾玖歲　丁女
秋月淨刀自賣年參拾伍歲　丁女

秋月粟子賣年漆拾歳　耆女
粟凡直成刀自賣年捌拾玖歳　耆女
粟凡直成賣年肆拾壹歳　丁女
粟凡直圭賣年參拾肆歳　丁女
粟凡直子賣年伍拾肆歳　丁女
凡直北良賣年捌拾玖歳　耆女
服部魚賣年陸拾捌歳　耆女
錦部夏賣年伍拾陸歳　丁女
錦部成刀自賣年肆拾陸歳　丁女
錦部乙淨賣年肆拾陸歳　丁女
錦部乙刀自賣年肆拾漆歳　丁女
錦部乙圭賣年肆拾陸歳　丁女
錦部憑賣年肆拾貳歳　丁女
錦部子憑賣年肆拾貳歳　丁女
姑錦部繼刀自女年玖拾貳歳　耆女
下主寸刀自賣年捌拾漆歳　耆女
下主寸童子賣年漆拾壹歳　耆女
許世部福成賣年玖拾歳　耆女

許世部乙賣年漆拾壹歳　耆女
許世部成賣年漆拾陸歳　耆女
許世部乙繼賣年漆拾歳　耆女
漢人眞衣賣年玖拾玖歳　耆女
秦蓑賣年捌拾漆歳　耆女
伴秋刀自賣年捌拾肆歳　耆女
許世部美良賣年漆拾肆歳　耆女
物部乙吉賣年陸拾肆歳　老女
物部淨繼賣年肆拾玖歳　丁女
服部良賣年陸拾壹歳　老女
服部並麿年捌拾歳　耆老
服部夏賣年陸拾歳　老女
服部安繼賣年肆拾玖歳　丁女
服部六月賣年玖拾貳歳　耆女
服部乙成賣年玖拾貳歳　耆女
姪服部安繼賣年陸拾肆歳　老女
粟凡直興成賣年玖拾陸歳　耆女
粟凡直興刀自賣年玖拾捌歳　耆女

粟凡直繼吉麿年玖拾伍歳　耆老
粟凡直廣刀自賣年漆拾壹歳　耆女
建部萬繼賣年玖拾歳　耆女
飛鳥部眞繼賣年漆拾陸歳　耆女

飛鳥部豐至賣年伍拾陸歳　丁女
飛鳥部古吉賣年陸拾參歳　老女
家部乙麿年玖拾貳歳　耆老
妻家部魚吉賣年漆拾伍歳　耆女
家部虫賣年捌拾捌歳　耆女
物部夏賣年陸拾伍歳　耆女
物部淨成賣年伍拾伍歳　丁女
服部五月麿年玖拾肆歳　耆老
妹服部刀自賣年陸拾玖歳　耆女
服部成賣年陸拾捌歳　耆女
秦全子賣年參拾參歳　丁女
秦全成賣年貳拾捌歳　丁女
秦秋賣年貳拾參歳　丁女
家部乙麿年捌拾漆歳　耆老

粟凡直田繼賣年捌拾壹歳　耆女
粟凡直田刀自賣年捌拾歳　耆女
(紙背)「阿波國板野郡田上鄕　延喜二年戸籍」
粟凡直成刀自賣年捌拾玖歳　耆女

錦部夏賣年伍拾貳歳　丁女
凡直吉賣年貳拾壹歳　少女
凡直直賣年肆拾玖歳　丁女
凡直美名賣年肆拾陸歳　丁女
凡直淨刀自賣年肆拾陸歳　丁女
凡直淨賣年陸拾壹歳　老女
粟凡直美田賣年肆拾漆歳　丁女
粟凡直魚成賣年肆拾陸歳　丁女
粟凡直田繼賣年捌拾漆歳　耆女
婦粟凡直男自賣年捌拾陸歳　耆女
粟凡直吉賣年捌拾貳歳　耆女
粟凡直田作賣年漆拾漆歳　耆女
粟凡直福特賣年玖拾陸歳　耆女

粟凡直乙魚賣年捌拾貳歳　耆女
粟凡直刀自賣年陸拾捌歳　耆女

粟凡直吉刀自賣年捌拾陸歳　耆女
粟凡直直成賣年漆拾歳　耆女
秦石男年伍拾歳　正丁

口一十　男
口玖拾參　不課
口八十三　女
合玖拾漆
口一　少丁
口肆課
口三　正丁

散戸主矢田部橋基戸
死
宗我部佐美年四十　寛平九年九〔死ヵ〕
宗我部咋女年四十四　同年帳
宗我部吉女年六十六　同年帳
宗我部吉刀自女年五十四　同年帳
木部黑丸年五十二　昌泰元年疫死
秦吉刀自女年八十三　同年帳
粟祖刀自女年一百　同年帳

建部乙主年七十四　同年帳
割去矢田部秀男二十　父矢田部橋本年五十九
女家部後子女年六十二　後母粟倚子女年五十九
祖母物部呰女年九十二　姉矢田部米子女年三十七
姉矢田部米刀自女年三十二姉矢田部米益女年二十七
姑矢田部福刀自女年七十二姑矢田部今成女年七十一
姑矢田部今女年七十　姑矢田部屎女年五十
〔姑〕始矢田部乙刀自女年三十八姑矢田部乙成女年四十五
矢田部當吉女年四十三　矢田部今虫女年四十
矢田部今刀自女年四十一　矢田部仁女四十二
矢田部今屎女年四十八　忌部貞女年六十二
忌部買女年（マヽ）　服部今女年五十六
服部後屎女年五十二　服部今刀自女年六
服部今刀自賣年六十　服部今虫女年五十八
服部今刀自賣年四十六　服部今安女年四十五
服部貞女年四十一　姪服部貞女年三十九
矢田部吉友女年六十二　矢田部吉主年五十八
矢田部繼刀自女年四十八　矢田部繩女年五十八

矢田部繼福女年四十五　矢田部玉女年四十二
矢田部廣刀自女年三十五　建部國安女年七十二
女建部國守女年四十九　女建部特女年四十一
女建部持女年三十九　姪建部持益女年四十一
服部仁子女年四十　凡直介佐丸年八十
妻凡直三安女年七十　女凡直秋虫女年二十七
女凡直得虫女年五十九　女凡直繼女年五十九
矢田部今女年四十六　矢田部得安女年五十
矢田部廣刀自女年六十二　矢田部廣川女年五十五
矢田部得女年三十九　矢田部糸女年六十
（紙背）「阿波國板野郡田上郷　延喜二年戸籍」
矢田部川刀自女年四十五　矢田部益刀自女年五十
矢田部今安女年四十七　矢田部得女年四十三
矢田部綿虫女年五十三　矢田部糸女年五十九
矢田部川守女年四十五　矢田部綿女年五十八
矢田部益刀自女年四十九　宗我部吉池年八十九
女宗我部咋女年四十九　女宗我部吉女年七十一
女宗我部吉刀自女年五十九　木部貞女年五十八
家部冬女年七十五　家部夏女年四十八

家部黑名女年二十五　海部成主年六十六
海部男成女年六十六　凡直淨主女年七十八
凡直福成女年七十　家部波木女年六十一
凡直眞冬女年五十九　凡直孝女年五十
家部稻繼年八十五　妻葛木廣繼女年百二
女家部淨主女年六十　女家部刀自女年五十
女家部繼刀自女年四十七　家部四月女年二十五
家部蓑成女年三十八　妹家部蓑繼女年六十八
妹家部蓑女年七十五　妹家部吉女年六十三
妹家部蓑成女年八十一　妹家部豐刀自女年六十八
妹家部豐繼女年六十九　妹家部豐成女年六十九
家部乙繼女年七十五　家部眞主女年六十九
凡直淨丸年八十三　妹凡直田須支女年三十四
妹凡直田刀自女年二十六　妹凡直田美女年三十五
上件九十九口同郷新戸主矢田部秀男戸

新戸主矢田部秀男戸
割來矢田部秀男年二十　父矢田部楢本年二十九（マヽ）
母家部後子女年六十二　後母粟尙子女年五十九

祖母物部呰女年九十二　　姉矢田へ米□〇蟲損、以下同。

姉矢田部米刀自女年二十二　　姉矢田□

□刀自女年七十二　　□

□年三十八

以上蟲損

（跋文）
右阿波國戸籍一巻佐山久米丸於京都」模寫之了、

文政十丁亥年三月　　塙忠寶（花押）（朱印）［黑川眞道藏書］

〇人名など文字の異同が見られるが、寫本のままとする。料紙は薄様の雁皮紙で、巻首に餘白一紙がある。縦に一・五センチ幅で三行分の罫線があり、以下本文に使用の料紙にも同様の罫線が引いてある。なお、箱蓋裏書に次のような墨書がある。

小杉本云、此一巻法隆寺一切經ノ内料紙戸籍ノ反古ノ裏ヲ用ヒタルアリテ存セル也、竪罫行ノ疎密ニ従ヒ廣狭アリ、横罫字ノ上下ニ拘ハラス終マテ此通リナリ云々、或云、法隆寺一切經ノ中、成就妙法蓮華經觀智儀軌第一ノ料紙ニ此戸籍反古ノ裏ヲ用ヒシヲ、鈴鹿河内守除ヒ得テヨリ世ニヒロク寫シ巻トナリヌトソ、

〇（朱印、印文「黑川眞道」）

〔三〕 中原師守記 并紙背文書　一巻

三　(1) 中原師守記　二九・〇　三五〇・〇

〇九條家舊藏、中原師守自筆本であって、貞和二年（一三四六）五月一日より二十四日に至る間の日記を、具注暦、その他反古とした文書など大小一三葉の料紙を繼いで記し、一巻を成している。この日記の本文は史料纂集本の『師守記』第三に収められているので省略するが、「紙背文書」と「封のうわ書」等は前記活字本には、調査が不十分であるので、あらためて次に錄す。

四　(2) 姓未詳俊慶書状（後闕）　横二六・四

②大切　①若又鳥羽の方」さまにもや候らん」如何、馬候者、皆具候也、

何条御事候乎、」抑明日被參詣鞍馬」寺候、馬闕如候、一疋御祕計」候乎、あやへ〔綾部〕か方さまに」や候ハん、御尋候て奉候者可□

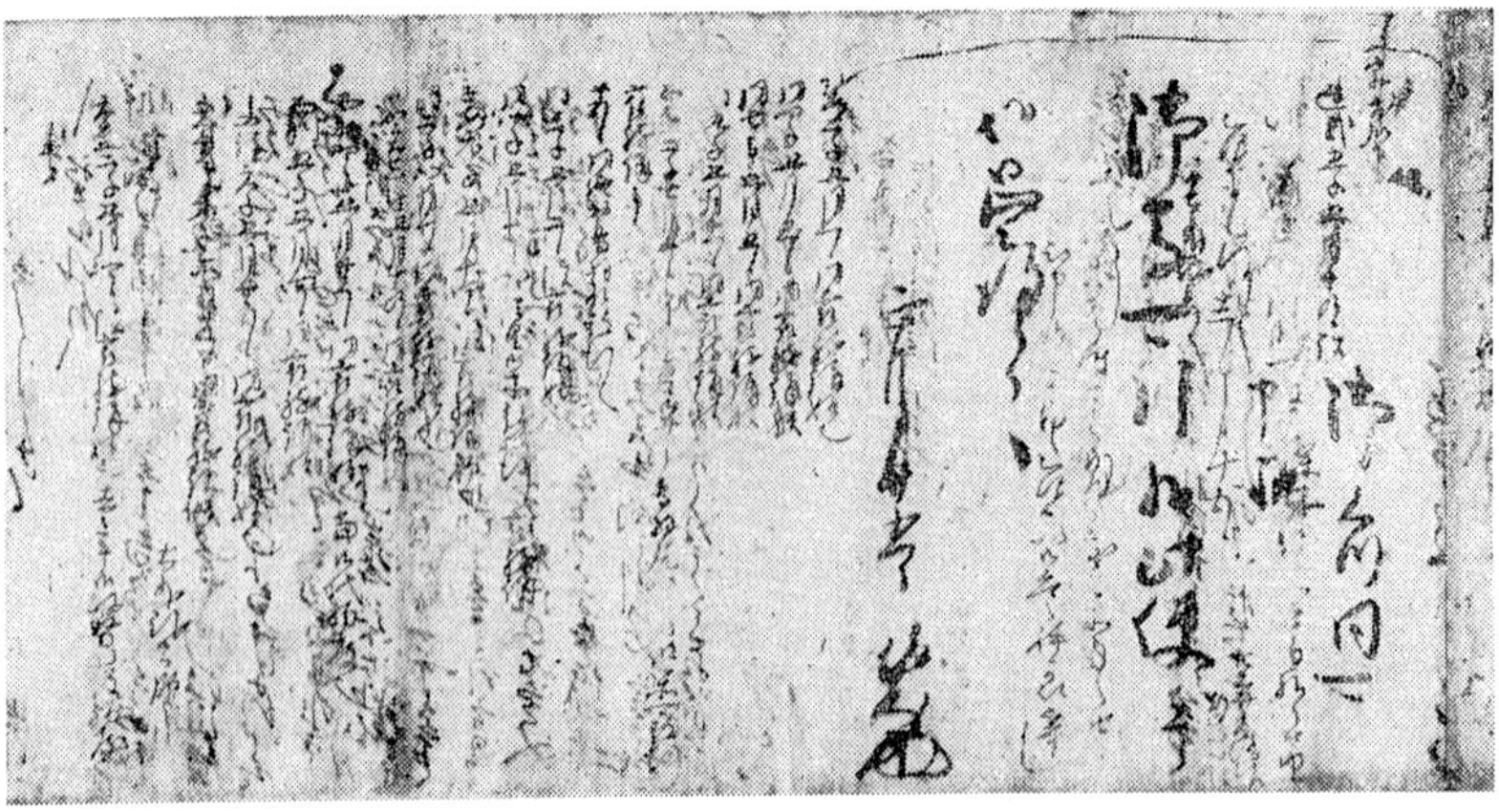

6號　姓未詳俊慶書狀

○「德大寺内府狀寫」の紙背に當る。この文書は、後闕であって差出名はないが、後の俊慶書狀と全く同筆である。

五　(3)姓未詳國道請文

横三九・〇

御粁木事畏承候」了、自是忩ゝ可取進」上仕候、兼又今夜御別」時之由、同可存知仕候、」新左衞門尉可傳申候、」恐ゝ謹言、

十二月廿六日　　國道請文

（禮紙切封うわ書）
「（切點）　國道請文」

○この文書は「初任大臣拜賀着陣同日例」その他の條々勘文の紙背文書であって、「禮紙うわ書」の部分は別紙の「五月十八日付長綱書狀寫」の奧、則ちこの禮紙を反古として「長綱書狀」を書寫したものである。つまりこの「國道請文」を反古としたために本紙と禮紙がともに遺ることとなった。

六　(4)姓未詳俊慶書狀

横三九・二

御くつ〔沓〕同可」申請候、

御馬可引給此使者」候、恐ゝ謹言、

正月廿五日　　俊慶（花押1）

（結封うわ書）
「（切點）　□〔綾〕部殿　　俊慶」

○『師守記』五月十八日と同十九日は具注暦に記入してあるが、この兩日の間に二紙を繼ぎ「維摩會講師」關係の文書を書寫している。その書寫は先掲の「國道請文」の禮紙一葉とこの「俊慶書狀」（六號）一葉を反古とした料紙を使っているが、「俊慶書狀」の方は、二通とも乘馬のことを內容としていることと、兩者が同筆であることからも同一人の書狀と認められよう。この「俊慶書狀」は刊本『師守記』の他のところにも一、二紙背文書として散見している。

第二部　神社文書

〔一〕宇佐八幡宮文書○豐前國　一巻七通

七　(1)宇佐宮寺神人祓雜物作法　二五・二　三九・五

(端裏書)「難波天皇御宇
一條院卽位　勅定
宇佐大宮司貞希」

宇佐宮寺神人被打犯致人時可打祓雜物之」作法

一金銀螺鈿御鉾三本每前一本宛　一御刀三腰同上
一御榊三本同上　一金人形三十
一銀人形三十　一銅人形三十
一鐵人形三十　一錦三十端
一綾三十端　一縑三十端
一八丈絹卅疋　一凡絹三十端
一一年生一丈五尺桃楉三本　一一年生一丈五尺桑楉三本
一蟣皮三升　一虱皮三升
一五尺犬皮三枚　一清酒三石
一濁酒三石　一米三石
一籾三石　一株〔秣〕三十束
一上莚三枚　一荒薦三巻
一水桶三口　一布三十端

右、難波天皇御宇如此被定テ、二通誓文在之、」近代者一貫文、被作犯罪者甚多、神德減少、誰人」敍免哉、
寛弘五年十一月十三日勅定

○内容は明白を缺くが、鎌倉時代の筆蹟と推定する。

八　(2)宇佐神宮大宮司下文　二七・七　四二・三

下　字公太幷草地女
可早令勤仕清祓參仟度事
右件公太幷草地女所從童、於」御炊殿申殿邊令流血云〻者、早仰」彼兩人可令勤仕清祓參仟度狀」如件、
寛喜三年二月十一日
太宮司宇佐宿祢(公仲)（花押2）

九　(3)宇佐神宮大宮司下文　二八・七　四二・〇

（端裏書）「公春　御供所板を取上て清祓也、（永廣）保重」

下　弁官盛泰宿祢

可早令勤仕清祓參仟度」事

右、盛泰所從小童依入御炊」殿御供所令召取候了、於清祓」者仰主人致其沙汰先例也、然」早可令主人盛泰勤仕參仟」度清祓之狀、所仰如件、

天福二年四月三日

太宮司宇佐宿祢（公春）（花押3）

一〇　(4)宇佐宿禰公尚避渡狀　二九・八　四一・二

（端裏書）「宮富三郎公尚去狀」

宇佐宿祢公尚　避渡　田地事

在宇佐宮御領向野鄉吉用名內本名貞行

田宮藤原田肆段　塔元壹段廿代　布津部貳段

都合柒段廿代

右、件於田地者、恒清兵衛入道殿帯次第」證文等、賜　本家御下知幷代〻宮司施行」等、知行之処仁、爲今宮法師名內欤之間、雖致」沙汰、公尚之祖父・親父判形爲明白之間、於」自今以後者、彼田地仁不可致違論、仍爲後」日沙汰、避文之狀如件、

建長四年十月日　宇佐宿祢（公尚）（花押4）

一一　(5)宇佐保廣申狀　三五・二　五五・七

（外題）「依請、引募件定米、」可奉炬御炊殿常」燈之、（花押5）」

□□司兼番長宇佐宿祢保廣謹言上

欲任　大宮　若宮　北辰　長講所　左右善神王例、被奉備御炊殿」常燈子細事

右、御炊殿者　八幡垂跡之離宮、五節奉備之靈○地也、神社之□」雖異、人倫崇敬是同、而依無割置之粁所、不及常燈之勤役、□〔雖〕」懸翠簾之鏡、不見索壁之影、誰不歎乎、爰保廣令居番長之」職、乍爲檢知之身、于今不申達之條、不屑之所致欤、抑如此等事□〔者カ〕」雖無先例、爲惣官御計、被始置者、不易之例也、神事加增御□□」御威繁昌之令然也、適相當有道御代、

不達宿望者、將來期何時□〔哉カ〕」仍以朝見弁分定米拾斛、被割置
彼常燈新者、至于未來際□」神威赫奕〔奕〕、殊奉祈 公家 本家
惣官御寶竿、欲抽御祈□□〔禱誠〕」精勤矣、仍言上如件、
弘安三〔四〕年三月 日

三 (6)鎭西探題北條政顯下知狀

三三・五五 五〇・五五

（端裏書）「宇佐宮 神官 田染□〔庄〕」

宇佐宮神官定基申挾間四郎左衞門入道」押領豐後國田染庄
恒任名事
右、彼名者、定基祖父吉基本領也、而挾間四郎」左衞門入道
以武威押領之上者、就神領興行、可被糺」付之由、帶前對馬守
公世宿祢擧狀、依訴申、去年」十一月廿三日・同十二月十八
日兩度雖尋下無音之」間、今年二月二日仰眞玉孫四郎惟氏催
促之処、如（マヽ）」惟氏三月七日請文者、雖相觸挾間四郎左衞門入
道」不及請文陳狀云々、起請之詞略之、難遁違背之咎、然則於彼名」者、
所被返付社家也、依仰下知如件、
正和二年七月二日
前上總介平朝臣（北條政顯）（花押6）

三 (7)宇佐社神領興行祠官連署起請文

一二九・七 一二二・三

（端裏書）「神官起請」

敬白
起請文
神領興行沙汰事
右當宮衰微者、依 廟領牢籠、神事」陵遲者、故社務轉變之
謂也、是併有本所輕行之」御計、惣官無安堵思之間、不及興
隆沙汰」処、今就 聖代憲政被止本所御号、糺」理運器量、
被撰定當任公連宿祢之上、被」付牢籠惣神領於社家、可有興行沙
汰之由、」拜 綸旨之條、爲神爲身一同之大幸也、」然者各成
自訴之思、敢不可有聊爾、將又」面々所持之文書內、若可爲
當沙汰肝要者、」致披見可隨評議也、惣是非採擇之趣、」用捨
治定之篇、此衆中之外不論親疎、更」不可有漏脫也、此条僞
申者、
八幡三所大菩薩御罸各可蒙之狀如件、
元弘三年九月十三日
次第不同

〔吉田〕明守（花押7）
永氏（花押8）
〔祝〕宮義（花押9）
〔小田〕明正（花押9）
〔金光〕清言（花押10）
重興（花押10）
〔祝〕宮法（花押11）
信道（花押12）
〔江上〕盛勝（花押13）
宮政（花押14）
〔池永〕重繼（花押15）
遠輔（花押16）
信賢（花押17）

○以上、舊到津文書。

〔二〕　上賀茂神社文書○山城國　一六卷九八通

（卷一）

一四　權祝賀茂某訴狀（前闕）　三四・七　一九〇・五

「　　　」恐惶「　　」「　」

一通　願勝請文案

一卷　願勝御服御年貢已下不法抑留注文□〔案カ〕

右當庄者、寛治　勅免神領、本庄廿二箇所之内當社夏□〔冬カ〕」二季御服調進之地也、依之　公家被免除　勅事□□」武家被避進地頭職了、仍一向社役勤仕之外更「　」」隨依無私相傳之儀、毎社務遷替之刻、預所以下「　」」畠等皆依時儀改來者、是社家之故實也、爰願勝之「　」」重保社務之時子息神主重政〈于時氏人〉爲預所職、下向當庄之「　」」有事緣、被免留重名之公事歟、而願勝其後代〻預所之「　」」百姓違乱之隙、漸〻所望領之在家、彼此已十三名云〻、於年」貢者追年不法未濟、

至公事者、稱雜免不勤之、此条併爲神□」違例之上、打止公
事之条、依爲百姓之訴訟、留重名〔　　〕」例可勤公事之由
雖令下知、一切不敍用之条、不可說之否〔　　〕」抑願勝濫觴
者、故貴布祢祢宜弥平親父神主惟平之時、爲當庄」預所令下
向之刻、强盜打入政所、盜取若干御服神物等、令致害」神民
了、其上當社氏人等數輩被疵令騷動之間、當他庄人」等驚來
而追籠傍所一宮領內麻宇田村戰明之、翌日强盜」少ゝ被搦取
之刻、願勝未及嫌疑之沙汰、以前放火於〔　　〕」拂之晦跡了、
依之庄務之輩任神領之法、彼名ゝ召付他所」姓等令勤仕神役
之處、漸經年月之後、屬申六波羅南殿、去」天福年中稱賜御
下知、不觸付社家、直持下庄家橫命、」其時之公文定宗責取
名ゝ注文卽令押領之、當主耕作之」田畠等悉以令苅取之了、
帳〔張〕行之企、推可有御還迹歟、其後〔　　〕」名ゝ御服年貢等全
分打止之、一向不相從社家之下知之間直□」雖可加勘發、奉
恐御教書暫推移歟、彼强盜所犯之企、重」科之至極見願勝之
起請文、凡御服闕怠之条、依難默止、去」寬元元年神主久繼
之時、令言上子細於　關東之處、如同年」十一月三日御教書
者、當庄被止地頭職、一向被避進社〔　　〕」後不及御沙汰歟、

但相尋願勝有申旨者、可被注申不〔　　〕」可爲社家進止云ゝ、
雖然願勝不及陳申歟、不法對捍弥以重疊、」仍去建長年中
同久繼社務時社司能直・社僧長源法橋等、爲社家之」雜掌、依訴申子
細、願勝被召上其身、既欲令遂對決之處、」年貢抑留之科依
可令露顯、於社家可遂結解之由出請文之」間社家之雜掌等愁
令上洛了云ゝ、此上者願勝遑望〔　　〕」可遂結解之處、下着
庄家之後、不及上洛之上、不法對捍弥□〔以カ〕」倍增、依之社家雖
下遣符召更以不令敍用、狼藉之至奸謀□〔之〕」企非言語之所及哉、
兼又久繼逝去之後、能繼承社務之刻、一庄」民等濟物高納之
由廻新儀之今案、致謀略之訴訟違背本」社命之間、且任先例
傍例、經　奏聞之處、召上庄民等可令□」成敗之由、雖被下
院宣、猶以企一味之結構、不令敍用之間、」被下遣官使勘解
由判官資職、召上爲宗之輩、被召尋子」細之處、或不堪自科
令逐電了、或被召渡使廳、或又全非自□」依願勝之勸、令同
心之由申之、於自今以後者、不可与願勝之□〔由〕」令書進起請文
之間、殊加懲肅之詞令免除了、凡願勝爲」塞自身之濫吹、剩
勸一庄民成神領滅亡之企、罪科之至」無物于取喩、子細見于
所進之狀等、凡社家之下知、難治之間、」去正嘉之比、重差

進氏人兼氏社僧寛宗等、令訴申之處［　］蒙正嘉元年八月四日召符御教書之後、徒送五ヶ月、及歳月迫逼、参上之間、早可遂對決之由被下御書下之刻、稱落馬之由、不申身暇、逃歸神領之住宅了、雜掌雖訴申子細、不事行之間、煩于旅宿長住令上洛了云々、其後弘長二年神主能繼逝去之刻、伺庄務之違目、先知行之仁所耕作置之田地二名（包正・是重）作毛押苅取之令押作下地了、此条爲未曾有之濫吹狼藉之間、次年至作麥收納之期、爲令相尋其子細、差遣本社神［人］二人（貞則・延眞）之處、願勝差向所立飼之、諸惡黨等庄民等散々令打損、殆可及死門之輩多之、本社神人還合恥辱了、此上者所令尋下之前後押領狼藉之企、都以不及明沙汰、本社神［人］僅遁交害令上洛了、凡於今者、依願勝之濫吹、公家武［家］一向御奉免之神領一所更以無合期之勤、尤不便之次第也、然者且任　官符幷關東御奉免狀及寛元御教書等之旨、一向可爲社家進止之由、欲被仰下、若猶被相貽御［　］者被差遣憲法使於庄家、願勝押領之田畠在家年貢不法未濟公事對捍之次第、狼藉濫吹之企、就令注進言上、且被斷罪願勝且可被令安堵社領歟、是則縱雖被成下、可遂對［　］御書下、願勝如先々寄事於左右、令遁避、出對不可事行之間、爲神領安鎭所望申憲法使也、但於多勢遠所御使［訴］社領祗候雜事難勤仕歟、早被仰付便宜之仁被［實］且成神領安堵之思、弥欲抽御祈之忠勤、仍勒事狀［謹言上］如件、

文永元年六月　日　　権祝從五位上賀［茂］

（卷二）

一五　賀茂社當役配分注文（前闕）　三二・三二・三

（端裏後注）「文永元年十二月御造營記之內」

しけはる　もろつく「奉」（自筆、以下同）　さねゆき「奉」
ゆきはる「奉」　かねうち「奉」　よしうち「奉」
ゆきなり「奉」

一御くるまき

東
やすいゑ「奉」　しけあり「奉」　ひさかけ「奉」
ひさもと「奉」　ひさちか「奉」

西
やすなを　しけとを「奉」　くになか「奉」
すけ中「奉」　ゆきうち「奉」

一　御つな
ともひら「奉」　かねつく「奉」　のりうち「奉」
しけひろ「奉」　うちつな「奉」　かねひろ
一　大まん
しけかす「奉」　さねかね「奉」　ときしけ「奉」
一　ゐしかへ
もろつく「奉」　さねゆき「奉」　さねひさ「奉」
かねうち「奉」　かものゐしあるへし
一　御たいまつ
すけさた「奉」　さたとき「奉」　とね一人
一　こほちきやうし〔行事〕
東
かけひさ「奉」　よしもり「奉」　ありやす「奉」　やすみつ「奉」
よしかね　おきひら「奉」　ひけひら「奉」　つきひら
かねひさ「奉」　わかひら　すけあつ「奉」　もりつく「奉」
すけゆき「奉」　すゐつく「奉」　もろやす「奉」　ゆきすゐ「奉」
なりすゐ「奉」　すけまさ「奉」　いまひら「奉」　かねなを「奉」
よしなか「奉」　つねすゐ「奉」　むねやす「奉」　これなか「奉」

これゆき「奉」　ゆきちか「奉」　ともよし「奉」　なりかね「奉」
もろうち「奉」　やすもち「奉」
南
ますひら「奉」　やすひろ　ひさゆき「奉」　中　ひら
うちひら　ちかひら「奉」　お　ひ　ら「奉」　やすひら「奉」
ゆきたね「奉」　すけむら「奉」　しけなを「奉」　ちかかね「奉」
よりひら　かねまさ《くによし》「奉」　やすなか「奉」　うちすけ「奉」
さたやす「奉」　しけむら「奉」　よしなり「奉」　のりひさ「奉」
しけかた「奉」　ともすけ「奉」　ひ　さ　よ　もろかね「奉」
たかつく「奉」　なかなを「奉」　よりうち「奉」　「奉」
これなを「奉」
西
すけみち「奉」　もろゆき「奉」　かねやす　ぬしひら「奉」
ひらつく　ちかとし「奉」　すゐひら「奉」　おとひら「奉」
くまひら「奉」　もりひら「奉」　としひら「奉」　としなを「奉」
「奉」　よしちか「奉」　ためひら「奉」　しけたか「奉」
かねはる「奉」　なりきよ「奉」　もろよし「奉」　の　り　よ「奉」
これやす「奉」　やすつね　うちゆき「奉」　ちかなか「奉」

よしやす「奉」　ありもち「奉」　のふもと「奉」　もちひて「奉」
つねやす「奉」

北

しけたう「奉」　しけとし「奉」　しけちか「奉」
とよひら「奉」　さたひら「奉」　きんひさ「奉」　なをひら「奉」
ひさとし「奉」　ともまさ「奉」　よしゆき「奉」　もろひさ
　　きよなを「奉」　きよゆき「奉」　ひ　さ　な「奉」
あ　り　よ「奉」　ひさひね〔ら〕「奉」　あきうち「奉」　つねみつ「奉」
しけより「奉」　つねもち「奉」　よしもと「奉」　ゆきつく「奉」
とも「な〔と〕」（擦消）し「奉」　たかよし「奉」　やすのり「奉」　よりやす「奉」
こほちきやうしの人〳〵ハ御つなの時に」わけられ候へし、
南ハ西へより、北ハ東へよられ候へし、
そうきやうし〔惣行事〕
貴布祢ゝ宜久世「奉」
散位重春「奉」
右各けたい〔懈怠〕なくつとめ給候へし、
文永元年十二月廿五日

（巻三）

一六　賀茂社祠官賀茂經久自筆書狀　一三一・六六／一〇四・六

（紙背附箋）「此書付篤久筆　森經久眞跡」

可爲社領之由、可申□〔請〕」廳〔官〕符也、定　勅許必□〔定〕」歟、
河津鄕自　故院讓給」所也、非門跡領、且以鄕」被寄社事先
例也、經久」奉公志異他、後菲事」一向仰付彼尊、除未來」
牢籠、爲社領經久子ゝ孫」ゝ知行、彼所可修追善」月忌、一
日經供養不可有」懈怠、光明眞言於金鷲寺」（以下禮紙）始行了、毎事追
善」事、他人懈怠と見て」勸進、又我とも可計略、」本院　新
院何御方御」子孫ニ御座候とも、法皇」御志皆被知食、円助追
善」の新申置、小所争可〔不〕有」相違哉、就中　新院御分」國也、
御計勿論歟、以此狀可」申入候、國役國司使」事、法皇御讓
歟、一向以」停止了、且院宣分明也、」狂▒〔憐〕申狀未明、不可
有」煩狀如件、
（異筆）「經久」　弘安五年正月廿四日　（花押18）（經久）

一七　(1)伏見天皇綸旨案　二九・二 四三・〇

（端裏書）「□〔綸〕旨案久永庄与出羽郷相論堺事」（異筆）「伏見院正應四年」

賀茂社申、社領石見國」久永庄与國領出羽郷相論」堺事、久世申狀副具書如此、子細」見于狀候歟、」早可打渡社」領之由、可令下知給之旨」天氣所候也、仍言上如件、隆守」誠恐謹言、

（異筆）「正應四」
二月十六日　左衞門權佐隆守

進上　三条大納言殿（實重）

一八　(2)三條大納言家實重御教書　三三・八 五二・五

堺相論事、廳宣副綸旨案」被遣候也、仍執達如件、

（異筆）「正應四」
二月廿四日　前伯耆守光經

一九　(3)伏見天皇綸旨案　二九・四 四五・〇

（端裏書）「久永庄堺事國司三条殿被進之宣旨案」

石見國久永庄与出羽郷」堺相論事、賀茂社司等」申狀副具書如此、子細見于」狀候、善願狼藉事、宸□」眞例可令申給之旨天氣所候也、仍言上如件、經守」誠恐謹言、

八月廿三日　右少弁經守

進上　右大將殿（三條實重）

二〇　(4)法印胤辨奉御教書　三四・二 五三・二

靈巖寺如日來」可被奉行之由」被　仰下候也、仍執達」如件、

（異筆）「延慶二」
十二月十日　法印胤辨

賀茂權祢宜殿

二一　(5)洞院右大將家實泰御教書　三三・〇 四九・一

（端裏書）「延慶三年十月廿六日到洞院〔右カ〕左大將家實泰御教□〔書〕」

菊万宮河副相傳」手繼正文、備　叡覽」被返下候由仰候也、恐々謹言、

（延慶三年）
十月廿六日　爲成（出羽守）

正祢宜殿

○本文書の筆蹟は次號文書と同筆である。

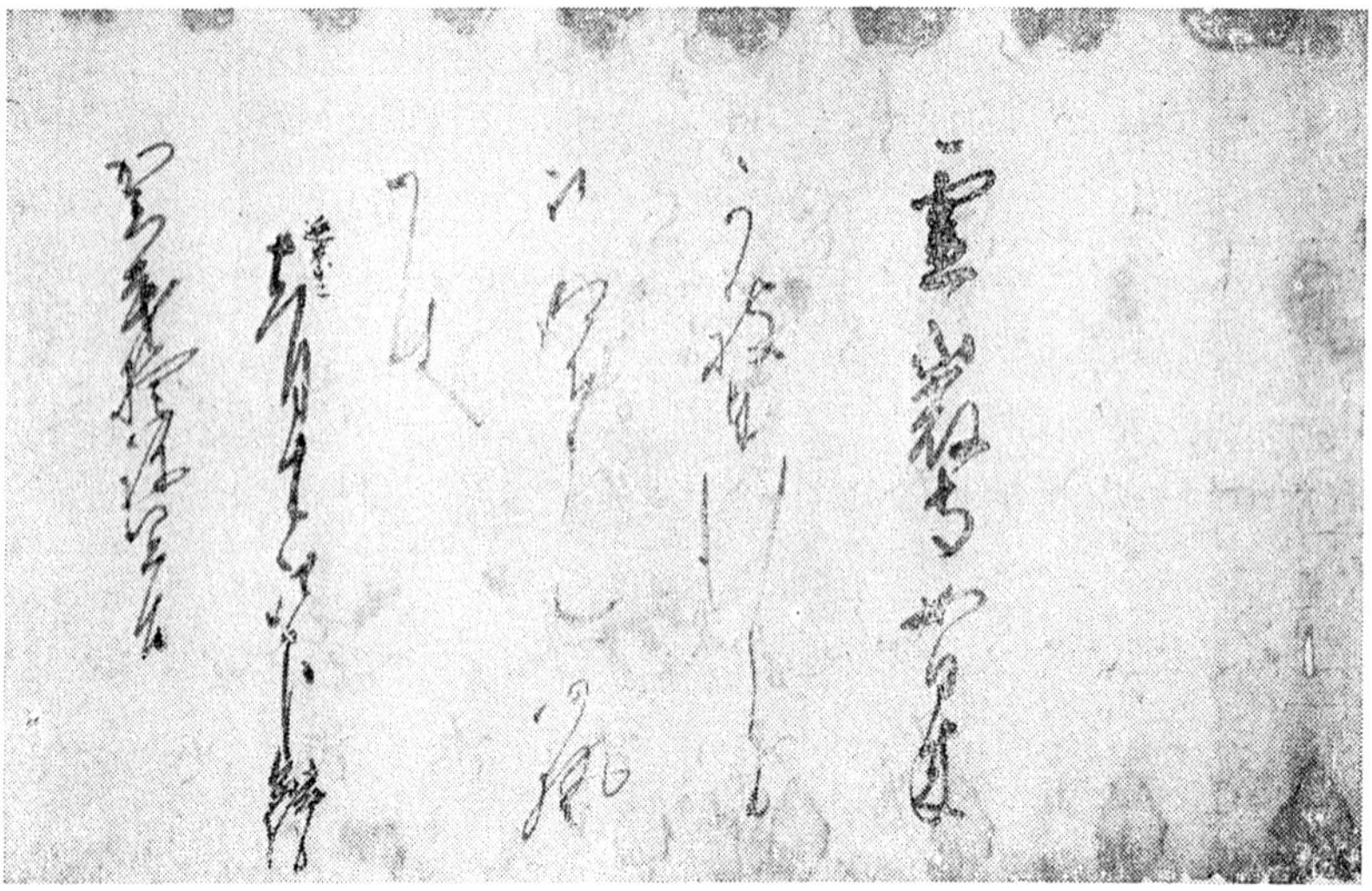

20號　法印胤辨奉御教書

二二　(6)洞院右大將家(實泰)御教書　三二・五 五〇・五

備前國尾張保仕丁」事、前〻御沙汰之趣、雖」爲不同、依御敬神、可被」避進于社家也、存此旨」可被抽精祈之由、被仰下」候也、仍執啓如件、

(異筆)「延慶三」
十二月十七日　出羽守爲成奉

謹上　賀茂神主殿

二三　(7)前右大臣家(花山院家定)御教書　三二・三 五四・四

備前國豐原庄內尾張保事、」代〻　勅裁由緒異他之上、神慮」依有恐、速如元所被返付當社也、」早令子孫相傳、云法華轉讀供料、云」五月競馬課役、全其勤殊可被」抽　天下泰平御願成就之精祈者、依」前右大臣殿仰執達如件、

正中元年十二月廿五日　前丹波守（花押19）

謹上　賀茂神主殿

二四　(8)御子左隆久置文　三二・〇〇 五一・〇〇

(端裏書)
「御子左中納言隆久狀」

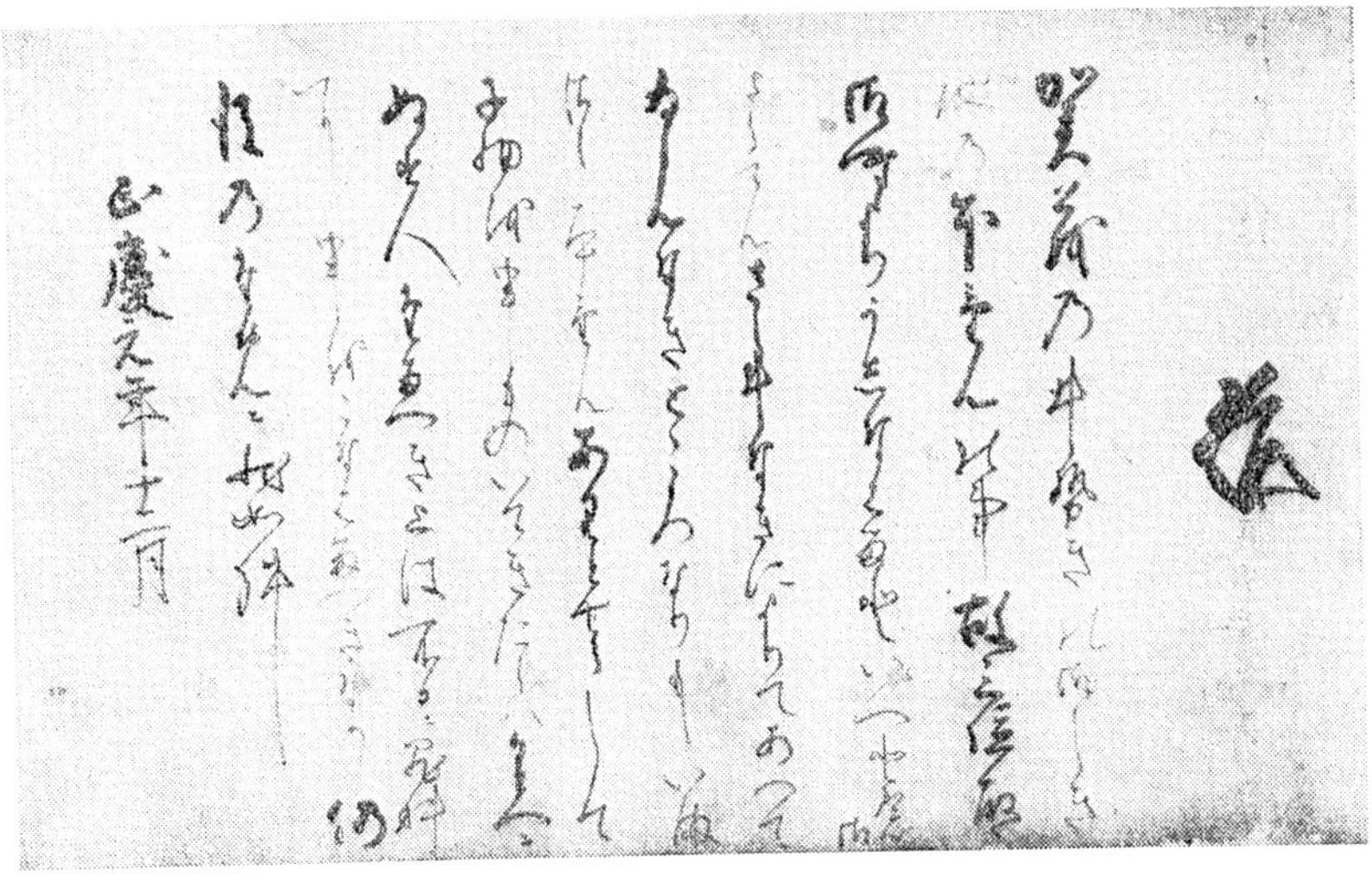

24號　御子左隆久置文

（御子左隆久）
（花押20）
賀茂乃井勢きの御しき」地乃本けん〔券〕の事、故三位殿之」御時
より、うしなはるといへとも、御」さうてん〔相傳〕さう井〔相違〕なきによ
りて、あへて」ゐらん〔違亂〕なきところなり、もしいま」さら本け
んありとせう〔稱〕して」子細を申ものいてきたらハ、ひとへニ」
ぬす人たるへき上は、不日ニ罪科」に申をこなはるへきなり、
仍」後乃ためニ狀如件、
正慶元年十二月

三五　(9)中御門前中納言經繼御教書　三三・七 五一・〇

當社氏人等、歟訴事、」猶不靜謐云〻、事實者」太不可然、於
張行之輩者、」被致誡沙汰之由、中御門前中納言經繼」御奉
行所候也、仍執達如件、
（正和二年）
九月七日　前伊賀守（成重）（花押21）　○花押の在否は損傷して不詳。
謹上　賀茂神主殿
○筆蹟は鎌倉時代末のものと推定する。

（巻五）

二六　(1)賀茂經久證狀

三三・〇 / 四三・七

池殿地事爲氏人等屋敷大」切之間、立替田地參段小於此地、」經久爲名主給之候、仍田所氏」人等注進狀相副之、如池殿地」寄進正傳寺仕候、若違乱事候者」可返給池殿屋敷候之上者、不可」有子細候、然者雖及末代候、被仰合」經久子孫等、可被致沙汰候、仍爲後日」支證謹狀如件、

嘉元三〔四〕年十月八日　經久（花押22）

二七　(2)賀茂行久・基久連署置文

三三・〇 / 四六・〇

田一段あさなおほ田河上」郷に候也、せう〔證〕文手つき〔繼〕」いやあり大夫かう〔寶〕りふミ〔文〕等」そへて、せうこの御房へさり〔避〕」まいらせ候、御一こ〔期〕の後には」正傳寺へなかくまいらせ候、」これより子孫又わつらひ」をなすへからす候、後のために」ことさらかやうに申をき候也、」あなかしく、

元亨元年十二月十九日　行久（花押23）

基久（花押23）

せうこの御房

二八　(3)賀茂基久消息

三三・〇 / 四〇・〇

御別相傳田內壹丁、正傳」寺へ御寄進のよしうけ」給候ぬ、子細候ましく候、」このよし申させ給へ、」あなかしく、

元亨四年九月廿日　もと〔基〕久（花押24）

良智御房

（巻六）

二九　(1)足利義滿御教書

三一・〇 / 四七・五

賀茂社領播磨國三ヶ御厨」間事、任今季六月廿一日安堵」旨、可被沙汰付宮鶴丸代之狀、」依仰執達如件、

明德四年十月七日　左衞門佐〔斯波義將〕（花押25）

赤松上總介〔義則〕殿

三〇　(2)足利義滿御教書

三一・〇 / 四六・七

丹波國由良庄本家職」事、任安堵可被沙汰付」片岡祢宜男平

雑掌之」状、依仰執達如件、

應永元年十一月廿六日　左衞門佐（斯波義將）（花押26）

細河右京大夫殿（頼元）

三一　(3)船木庄公文代茂久等連署契状　二九・五 四五・〇

（端裏書）「後小松天皇　神主廣久
應永十九年　舟木庄検注職之事」

船木庄御領家御方検注職事、

右子細者任御下知之旨限五ヶ年、」於中参年可致其沙汰、令契約之」申上者、於向後更以不可有異儀」者也、仍爲後日、名主百姓等連判」之状如件、

應永十九年十月　日

公文代 茂久（花押27）

西阿（花押27）

實阿（花押28）

衞門（花押28）

三二　(4)稱光天皇綸旨案（宿紙）　三四・〇 四二・〇

今度就造宮神寶等之事、」經　奏聞之条天氣無異儀者也、任先例」宜被遂給造〔宮脱〕畢」、依〔仍〕状如件、

應永卅二年七月三日　右中辨奉

賀茂森前神主舘

三三　(5)足利義教御判御教書　三三・〇 五一・〇

賀茂社領、若狭國宮川庄」本家職事、所返付片岡」祢宜富久也、如元令領掌、可専」神役之状如件、

永享二年十月十一日

右近衞大將源朝臣（足利義教）（花押29）

三四　(6)足利義教御教書　二九・五 四七・〇

賀茂社領若狭國宮河庄本家」職事、早任還補御判之旨、可」被沙汰付片岡祢宜富久代之」由、所被仰下也、仍執達如件、

永享二年十月廿日　左兵衞佐（斯波義淳）（花押30）

一色修理大夫殿（滿範）

三五　(7)後花園天皇綸旨案（宿紙）　三二・五 四三・〇

今度、就造宮神寶等」之事、經　奏聞之条、

天氣無異儀者也、任先例」宜遂給造〔宮脱〕畢、〔仍〕依狀如件、

永享六年十月三日　右中辨奉

賀茂森前神主館

○この文書は三二號と同筆である。

三六　(8)甘露寺親長御教書　二九・四 四〇・五

爲御祈禱、御馬一疋」被牽□□被□□」〔甘露寺親長〕按察殿所候也、仍執達」如件、

〔異筆〕「寛正貳」
九月十六日　親繼奉

賀茂□□館

三七　(9)若狹守護山名教之遵行狀　二九・四 四六・二

賀茂社領伯耆國□」河庄之事、任被仰〔下之〕□□」旨、可被渡付社家〔雜〕□」掌之狀、如件、

寛正五年五月四日　〔山名〕教之（花押31）

進美濃守殿

三八　(10)姓未詳忝雲書狀　三四・六 五一・八

尚〻今まてハ子細しかと」不存候處、大形ニ存候、今少」存寄子細御座候間、万事奉」存候、以上、

先日以後者不申承、御」床〔敷〕布令存候、抑浮田社之」事、如何御沙汰候哉、承度存候、」此比反古之中にて見出候事」二社と相見申候、但三社にても候ハんと」存候、推量有之事候間、自由之」事候へとも、何とそ御才覺奉」頼存候、樣子をハ以面上可申候、」我等如此申候、子細も此以前よりハ」ふかく成申候、別而貴殿奉頼」之間、其御心得所希候、恐〻謹言、

〔閏〕壬二月十四日　忝雲

○無年號であるが、近世初期の筆である。

三九　(11)松下茂久授蹴鞠免許狀　三三・六 四九・〇

自今日爲蹴鞠」門弟、家說一流」相傳候、
任　賀茂大明神」昭鑑、無疎意者也、」仍而畢言如此、

天文廿四年卯月日　松下民部大輔 茂久

八正寺寶壽坊

四〇　(12)甲斐某年貢皆濟狀（竪切紙）　三〇・二 一四・〇

今歳之年貢米五斗三升七合
慥ニ請取申候、皆濟にて御座候、以上、
十一月四日　　甲斐（花押32）
石見守殿参

○近世初期のものである。

（巻七）

四一　後崇光院貞成親王御筆和歌寫　三一・二 四四・〇

八幡神哥
朽のこるふしみ〔伏見〕の花ハさきにけり
おなしこゝろの春ハつねとも

返歌
なおたの□〔む〕めくみの露のうるおひて　色そ
くち木のさくらいきて○花くさかへん　御詠に
たのみこし神のめくみに山櫻
おりしる春のはやしるへせよ　治仁
埋木に花さく神のめくみあらは
枝もさかへよ千世の春まて　貞成

應永廿一年二月廿九日乃暁、八幡住人」夢想尓、容顔美麗の童子此和哥於」三反詠て能ゝ可覺と示現云ゝ、仍」自八幡、伏見殿尓注進之、同三月八日」御所様御社参、神詠之反哥、各三人」詠之、社頭仁奉納之、

箱ノ御上書　八幡神詠 大通院 葆光院 後崇光院 御返哥　後崇光院御筆

○筆蹟は貞成親王筆を忠實に模している。

（巻八）

四二　(1)室町幕府奉行人連署奉書（折紙）　二七・五 四六・五

賀茂社領若狹」國宮河庄領家」職、和州發向兵粮」段錢事、

先度」被仰之処、重及」譴責云〻、太不可然、不日可被止」催促之由候也、仍」執達如件、

永享九
九月廿三日　（飯尾）為種（花押33）

（飯尾）貞連（花押33）

守護代

四三　(2)室町幕府奉行人連署奉書（折紙）　二八・二　四六・五

備前國竹原庄幷」尾張保等事、預置」奥西院上原對馬」守云〻、而當知行之」上者、可被直務之旨」申之、被入聞食之由」候也、仍執達如件、

嘉吉元
九月廿四日　（飯尾貞連）性通（花押34）

（飯尾爲行）眞妙（花押34）

（飯尾爲種）永祥（花押34）

賀茂社神主殿

四四　(3)室町幕府奉行人連署奉書（折紙）　二八・八　四七・五

（端裏書）「後花園院　文安四年　播州室塩屋年貢ノ状」

播州塩屋年貢事、」雖及度〻催促、」未事行云〻、所詮」神事之已後重可」被仰之上者、先可被」遂社役無爲之節」由候也、仍執達如件、

文安四
五月四日　（飯尾）為數（花押35）

（齋藤）凞基（花押35）

賀茂社片岡祢宜殿

四五　(4)室町幕府奉行人連署奉書案（折紙）　二七・二　四六・八

賀茂社末社奈良」社神主職事、被成」院宣幷奉書被仰付」益（賀茂）久、日供神事以下致執」行、以余計爲兩局外」居料知行之処、号兵粮」米、管領被管〔官〕違乱」事實者、太不可然、所」詮境内神領上者、堅」相支可被沙汰付益久」之由、〔被脱カ〕仰出候也、仍執達如件、

文明元
九月廿八日　（飯尾）元連在判

（布施）貞基在判

当社祠官御中

（折下紙背）「正文三通
案文三通」

四六 (5)室町幕府奉行人連署奉書（折紙） 二七・二 四七・〇

賀茂末社奈良別宮」領境内田地内八段半」事、浦野七郎左衛
門」尉押妨候也、太無謂、所」詮後退彼違乱、全」所務可被
専神用之」由被仰出候也、仍執達」如件、
文明三
八月十二日 （飯尾）元連（花押36）
（飯尾）之種（花押36）
当社神主森殿

四七 (6)室町幕府奉行人連署奉書 二七・〇 四五・八

賀茂末社奈良社神主職同」社領等事、（賀茂）父益久任知行之」旨、
可被領知之由所被仰下也、仍」執達如件、
文明九年七月廿六日 （飯尾元連）大和前司（花押37）
（布施英基）彈正忠（花押38）
賀茂森殿

四八 (7)室町幕府奉行人連署奉書 二七・〇 四六・五

奈良社領堺内田地事、神主賀茂」貞久帯奉書之処、茨木總次
郎」押領未休云々、太無謂、所詮不日退」彼妨、渡付貞久代、
全所務、可被」専造營之由所被仰下也、仍執達如件、
文明九年七月廿六日 （飯尾）大和守（花押39）
（飯尾爲信）加賀守（花押40）
聰明丸代

四九 (8)室町幕府奉行人連署奉書（折紙） 二七・〇 四六・三

奈良社領境内田地」事、神主貞久領知之」處、方々押領未休
云〻、」太無謂、所詮不日年貢」諸公事物等、如先〻嚴」密沙
汰渡貞久代、可」専造營之由被仰出候也、」仍執達如件、
文明九
七月廿六日 （飯尾）元連（花押41）
（飯尾）爲信（花押42）
當所名主沙汰人中

五〇 (9)室町幕府奉行人連署奉書 二八・一 四八・〇

竹内旧跡賀茂境内敷地」事、當知行云〻、弥可被全領知」由所
被仰下也、仍執達如件、
明應六年二月廿九日 大和守（花押43）

左京大夫局代

前備濃（マヽ）守（花押44）

五一　(10)室町幕府奉行人奉書（折紙）　二六・八　四五・五

賀茂社領城州」境内散在田畠幷」寶幢院領敵方」被官知行分、同於」闕所地者、任社例舊」規、可被全所務之由」候也、仍執達如件、

永正四
八月十二日　（飯尾）之連（花押45）

［　　］氏人御中

五二　(11)室町幕府奉行人連署奉書（折紙）　二七・五　四五・二

於當社、神事同御」祈禱方以下事、如」常令出頭、弥可被」抽懇祈之由、被仰出候也、」仍執達如件、

大永五
四月十七日　（諏訪）長俊（花押46）
鶴範（花押47）

［　　］御師竹内殿

五三　(12)室町幕府奉行人奉書（折紙）　二七・四　四六・五

（端裏書）「大樹義稙公」

牢人等令徘徊云〻、」然者此砌可被抽戰功、」万一許容族在之者、」可被加御成敗、若於忠節」者、訴訟之儀可被申上候者也、」仍執達如件、

享祿參
十月廿六日　（飯尾）元連（花押48）

賀茂社家中

五四　(13)室町幕府奉行人奉書（折紙）　二八・七　四七・五

賀茂社西長壽寺」事、爲社家檀方、可被」専寺家造營之段、」先年被成奉書、無相違」處、競望之族在之云〻、以外」次第也、所詮退非分妨、全」領知、可被抽御祈禱精」誠之由候也、仍執達如件、

天文二
十月十二日　（飯尾）元連（花押49）

［　　］氏人中

五五　(14)室町幕府奉行人奉書（折紙）　二七・三 四四・二

賀茂社預堂事、」爲御祈願寺處、」孝阿弥申掠　公方」御下知、競望条、無謂」旨被成奉書處、」若州賀茂庄森」知行分、爲替地相押」段、以外次第也、所詮退」彼妨、如先々可被全領」知由也、仍執達如件、

天文十二
　十二月廿二日　（飯尾）爲清（花押50）

森左京大夫殿

五六　(15)室町幕府奉行人連署奉書（折紙）　二七・二 四四・五

当氏人彦壽大夫申、」明久敷地内米五斗」事、嚴重帯賣劵、」至去年、十六ヶ年、」當知行無相違之處、」就德政、可及違乱」旨其沙汰在之云々、爲」事實者、太無謂、早」可被退其妨之由、被仰出候也、」仍執達如件、

天文十六
　十一月廿六日　（松田）盛秀（花押51）
　　　　　　　　（松田）藤頼（花押52）

賀茂社
　竹内殿

五七　(16)室町幕府奉行人連署奉書（折紙）　二七・五 四五・三

賀茂社氏人福石大夫」申、去天文七年明久」屋敷内丈數在之事、」令買得、當知行処、加州」金津庄以公文分之内、号」擧利平、掠給、〔棄〕奇破御下知」云々、殊更地子錢之儀者」每年十月廿日以前申」定之納所之処、以十二月」廿二日奉書、令催促段、」旁以無謂、早可退其妨、」若又有子細者可明申」由、被仰出候也、仍執達如件、

天文十六
　十二月廿九日　（飯尾）盛秀（花押53）
　　　　　　　　（飯尾）盛就（花押54）

當社神主三位殿

五八　(17)室町幕府奉行人連署奉書　二八・〇 四四・〇

賀茂社祠官森事、今度不慮」相果之条、早彼遺跡爲社中取立之、」可被抽　公武御祈禱精誠之由、所」被仰下也、仍執達如件、

天文十八年九月十一日　（飯尾堯連）大和守（花押55）
　　　　　　　　　　　（中澤光俊）掃部助（花押56）

當社一社御中

五九　(18)室町幕府奉行人連署奉書　二八・〇 四一・〇

賀茂社森跡事、爲一社中」可取立之旨、先度申請御下知畢、」然出頭之上者、早彼遺跡知行分等、」如先〻可被存知之由、所被仰下也、仍執達」如件、

天文十八年十二月四日　大和守(飯尾堯連)(花押57)
掃部助(中澤光俊)(花押58)

當社祠官慶松丸殿

六〇　(19)室町幕府奉行人連署奉書(折紙)　二七・五 四五・〇

賀茂社領若州宮川」內賀茂庄事、孝阿与」森賀久間、依令落居、」去年對賀久、被成奉書訖、」然就賀久横死、爲遺跡」慶松丸出頭之上者、如先〻」可存知之旨、被成御下知候条、」早可被全彼代所務之由、」被仰出候也、仍執達如件、

天文十八
十二月十七日　(飯尾)堯連(花押59)
(中澤)光俊(花押60)

武田大膳大夫入道殿(元光)

六一　(20)室町幕府奉行人連署奉書　二七・五 四四・五

賀茂社領若州宮川庄當社領內事、」福松大夫号帯讓狀、及訴訟之段、太無謂、殊」福松大夫母依咎人、以一社一同之儀、令誅之訖、」於繼其跡者、可爲同罪者欤、爰被尋下社中、」對福松大夫、爲被仰聞、雖被召之、無出對之」間、猶爲淵底、被差日限、被相觸候處、不請取之、」令在國、不居住在所之旨申之条、乍致訴訟、如此」自由御法在之者哉、所詮早退彼競望、可被全領知之由、」所被仰下也、仍執達如件、

天文十九年三月廿四日　大和守(飯尾堯連)(花押61)
掃部助(中澤光俊)(花押62)

當社祠官森慶松丸殿

六二　(21)室町幕府奉行人連署奉書(折紙)　二九・〇 四五・五

賀茂社領若州号賀茂庄」事、以　(足利義晴)萬松院殿御代」例、今度寺社本所領、雖被」借召之、於當社領者、先年」被相除之上者、任先」　御代御成敗之旨、被」免許之畢、弥全領知、」可被抽御祈禱丹誠之由、」被仰出候也、仍執達如件、

天文廿貳
十二月五日　（諏訪）晴長（花押63）
（飯尾）貞廣（花押64）

賀茂社
森左京大夫殿

六三　(22)室町幕府奉行人連署奉書　二八・二 四五・五

賀茂社領若狹國賀茂庄号本家分、」爲先々諸公事免除、守護使不入地當知〔行〕□」上者、弥可被全領知之由、所被仰下也、〔仍〕□」執達如件、

永祿十一年十一月十二日　（飯尾貞遙）右馬助（花押65）
散　位□

森左京大夫殿

六四　(23)室町幕府奉行人連署奉書（折紙）　二七・五 四四・五

建仁寺十如院雜掌申、」若州賀茂庄本家分」代官職事、數代任存知之旨、」被成奉書之処、及異儀云々、」爲何樣哉、重而可爲御成敗、」若又有子細者、可明申之由、」被仰出候也、仍執達如件、

永祿十二
三月四日　賴俊（花押66）
（諏訪）晴長（花押67）

白井民部丞殿

六五　(24)室町幕府奉行人連署奉書（折紙）　二八・五 四六・〇

建仁寺十如院雜掌申、」若州賀茂庄本家分代官」職事、今度對白井民部丞、」被成問狀奉書之處、無競望之旨、」令出對之上者、任先々筋目對彼」雜掌被仰付訖、可被存知之由、」被仰出候也、仍執達如件、

永祿十二
三月十九日　賴俊（花押68）
（諏訪）俊郷（花押69）

森左京大夫殿

（卷九）

六六　(1)賀茂大神宮政所下文　二七・〇 四五・〇

大神宮　政所下　百姓職事
合壹段者岡本郷伊与瀨
半　中村郷御墓　兵衞次郎所

右件下地者松田也、然者毎年十月」本役九百文、任先例、無懈怠之儀、」可有其沙汰者也、不法無沙汰儀者、」百姓職不可有相違者也、凡一条」以北田地等事、一代以社務下知、」末代備龜鏡段、一社通法也、」仍爲後證下知之狀如件、

嘉吉三年七月日

神主賀茂（花押70）

六七　(2)賀茂大神宮政所下文案

二七・〇
四二・五

（端裏書）「安文〔案〕」

太神宮政所下新開田事

合壹段者　岡本鄉內
一原野六斗

右文安三年興行之下地也、然間貴布□〔禰〕」社巠〔巫、以下同〕八女比大路殿ニ永代令寄進之、□□〔ヨメズ〕」一期之後者、彼社御前之巠八女雖爲□」可致相續也、仍爲後證下知狀如件、

文安三年十二月廿日

神主賀茂在御判

六八　(3)小山鄉圖師職補任錢免許狀

二八・〇
四三・〇

免除

小山鄉圖師職補任錢事

右鄉ゝ圖師給田者、往古」貳段宛所被定置也、然間」当鄉分于今無相違之」處ニ、前社務遷替之刻、」壹段勘落之間、無足之由、」歎申之、非無其謂、仍代始之」新足、向後免許之狀如件、

寶德元年九月　日

神主賀茂（花押71）

六九　(4)賀茂大神宮政所下文

二八・〇
四三・四

太神宮政所下　補任

小山鄉圖師幷岡本鄉小使職」等事

左衞門大郎所

右彼兩職者、相續領掌之上者、」向後不可有相違者也、然者早」鄉內宜承知、敢以勿違失、故」下知之狀如件、

寬正七年二月　日

神主賀茂（花押72）

七〇　(5)肥後守久清契狀

二七・七
四六・〇

（端裏書）「文明十年肥後守久清　證文」

今度のあくたう〔悪黨〕本人ニ」より〔與力〕き、いさゝかも仕ましく候」上者、以後事惣中同心儀」おもて、水魚のことく御祈禱お」可申候、仍爲後證狀如件、

文明十年十二月廿日　肥後守 久清（花押73）

七一　(6)賀茂社氏人等重訴狀

二六・〇
四二・〇

賀茂社氏人等重謹言上、

右當社領江州船木庄者、爲日供料所、」当知行無相違之處、山徒明靜・慶運無謂」長享元年九月四日、掠　御奉書給之間、爲」社家、依子細申披、同八日仁被成　御奉書、頂」戴仕、代官入部之處、明靜彼庄成妨之間、」重歎申候處、被立召符、於奉行所御糺明之」時、明靜号借狀而令出帶安〔案〕文之面一（マヽ）候、於」社家不及覺〔悟〕語之条申披者也、然上者、社家」理運之旨被仰付処、任雅意同年十月廿七日」与十一月四日兩度相語大勢押寄、嚴重之」御制札打破、御奉書燒失、在所悉令放火、」剩氏人等數十人討捕事難其咎遁、不恐」上意致緩怠狼籍（マヽ）事、前代未聞所行也、」依是、既於明靜慶運可被加誅伐、被成」御下知處仁、今度又掠　御奉書給、令强入部」致譴責事、言語道斷次第也、所詮於彼明靜」者、重而被加誅伐、於社領者、如元可全領知之」旨被成御下知者、忝畏存、弥天下泰平爲奉」抽御祈禱精誠、粗言上如件、

延德參年十月日

○この文書は袖の部分が破損しているので、端裏書の判讀は困難である。

七二　(7)鳥居大路諸平契狀

二六・八
四二・五

能州土田庄公用半分事者、」依有子細、爲惣中公物分、然間」就此方、神用旧借錢自野開井小五郎方」彼庄使之事、無謂申候者、爲一味」儀上者、涯分可申止候、仍狀如件、

明應六年六月七日　鳥居大路 諸平（花押74）

惣中御中

七三　(8)賀茂大神宮政所下文　二八・〇 四一・五

太神宮政所下

右落田方祝部圖師職事、依有子細、」中間共中江所令下知實正明白也、然者任」先規、令懃〔勤〕其役、可専古法者也、惣而無」聊尓無沙汰之儀、全諸公事、永代不可有相」違之儀者也、仍爲後證龜鏡、下知狀如件、

明應六丁巳季七月五日

泰久（花押75）
友平（花押76）
繁久（花押77）
諸平（花押78）
棟久（花押79）

七四　(9)賀茂社務奉行奉書（折紙）　二七・〇 四四・五

松行時田之」事、自前〻」諸公事免之」上者、段錢以下」可成其心得之由」候也、仍狀如件、

大永元
九月九日　社務内奉行（花押80）

松行時人數（マヽ）

七五　(10)三淵藤英書狀（折紙）　二七・五 四三・二

若州賀茂庄本」家分之儀、於當知行者、」任御下知之旨、不可有」異儀候、爲新儀、自余」被相構之段、不可然候、」近年如有來、可」有社納事肝」要候、恐〻謹言、

三淵大和守
極月六七〻日　藤英（花押81）

森左京大夫殿
御宿所

七六　(11)升家藤家書狀（折紙）　二三・七 三九・五

森家跡之事、」可然仁躰可被仰付之」由、先日被仰出之處、」相背　上儀、爲各」可相定由被申候、言」語道斷儀候、此家之」事者、御師云別而」有子細之条、相替」自余之仁候哉、殊更」九月御祈禱可被」申候間、急度今」明日中御返事可」被申入候、恐〻謹言、

九月十一日　藤家（花押82）

升家右衞門大夫

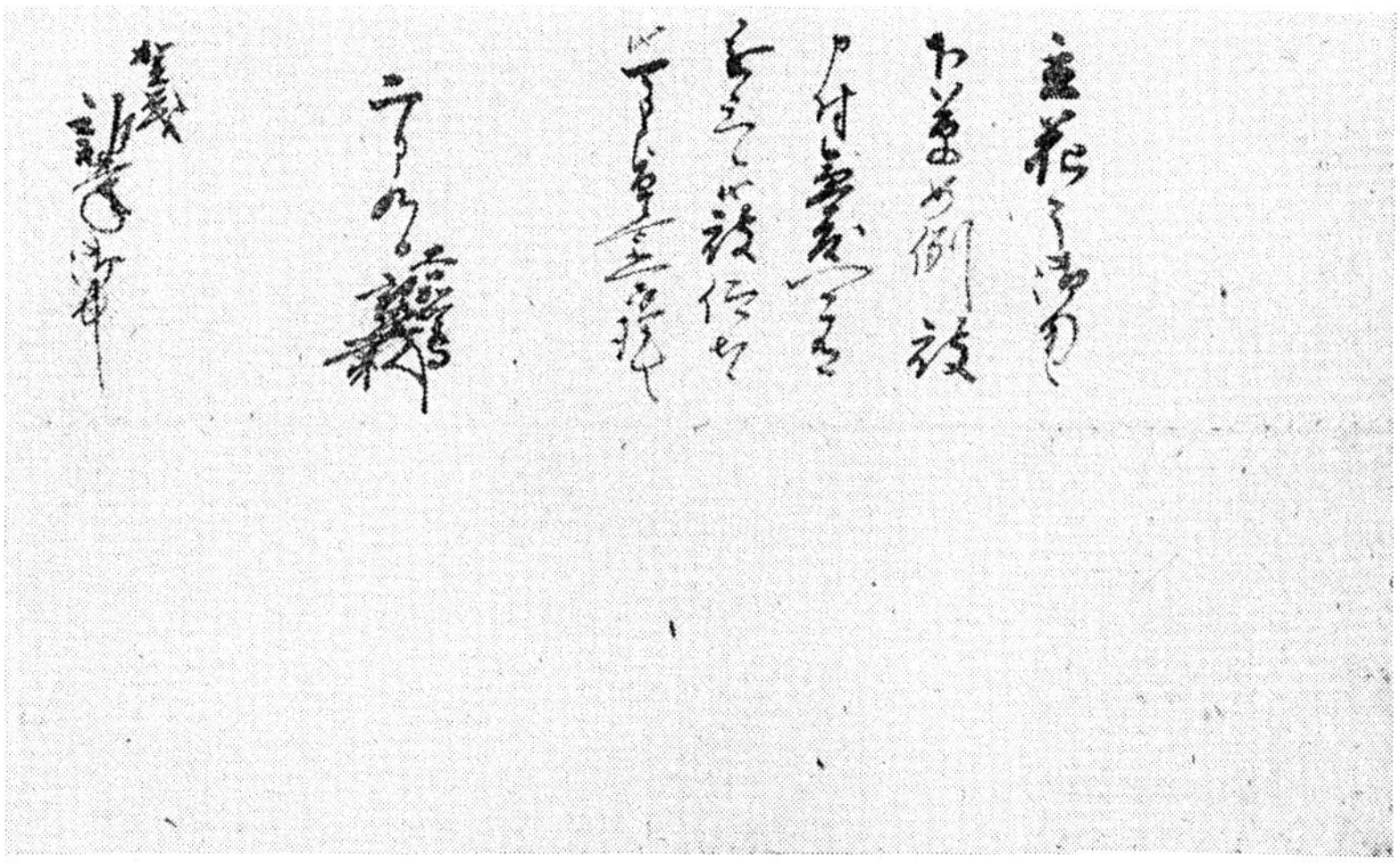

78號　大口親久書狀

加茂
雑掌御中

七七　⑿磯野員昌書狀（折紙）　二三・八 三九・〇

賀茂上分於藤」郷之内、以帳面」参十石渡進之候、」郡内諸侍手前」より相立分之事を、」如先規直務ニ可」被仰付候、不可有」異儀候、恐惶謹言、

磯野丹波守

天正貳
十二月廿日　員昌

賀茂民部卿殿
御宿所

七八　⒀大口親久書狀（折紙）　二七・五 四四・〇

立花之御用候、」下草如例被」申付、急度可有」進上之由、被仰出候」由可申上旨候也、恐ゝ謹言、

大口加賀守
二月九日　親久（花押83）

賀茂
雑掌御中

七九　(14)大口親久書状（折紙）　三〇・〇／四八・八〇

従　禁裏様」被仰出候、子細候間、」只今程　御出京」被待申候由可申」由候、恐ゝ謹言、

六月八日　大口加賀守　親久（花押84）

賀茂　神主殿

八〇　(15)大口親久書状（折紙）　三〇・〇〇／四四・〇〇

今度自　禁裏」被仰出候、御祈禱」馬代、御師森方へ」可相渡之由被仰付間、」明日早ゝ可被請取候、」爲其令申候、恐ゝ謹言、

六月廿四日　大口加賀守　親久（花押85）

賀茂森殿　御宿所

（巻一〇）

八一　(1)賀茂社由緒記　二七・五／二八六・五

文明八年八月廿三日　當社炎上、抑」　當社炎上のおこりと云ハ、社司等諸國の」神領をおさめなから、神事を闕怠せしめ、」神木をきりとり、私宅をかさり、榮花にほこ」る事紙面につくしかたし、西賀茂の水」邊に山庄〔莊〕をかまへ、遊女をあつめ日夜朝暮、」酒宴こうそく（マヽ）の道〇をもはら〔專〕とす、されハ氏人中」神事をけたいせしむる条、神慮はかりかた」きむね、異見を加ふるところに、忠言みゝに」さかうなれは、かへりてうちうと〔氏人〕をうちはたす」へき企これあり、氏人中このよしを聞て」しかあらは此むねを奏　聞せんと申とこ」ろに、社司等これを聞て、さあらハいそひて」うちはたすへしとて隣郷をかたろふ、」又氏人中此よしを聞て、くわきう〔火急〕なる事な」れハ、先社頭にこもる、しかありといへとも」社司　神前をも恐れす、社頭におしよせ」すきまもなくせめけり、されともたやすく」うちはたすへきやうなかりし所に、加勢の者」申けるハ、うちうと等をうちはたすへき事」此分にしてはなりかたし、社頭へ火矢をいか」けて、やきうちにいたすへきかと申けれは、」社司申けるハ、たとひ社頭をやきはらいて」なりとも、うちはたすへきちりやく〔智略〕をめく」らしたまへと申けれハ、さあらハ火をか」けよとて、　神殿に火をかくる、あ

るは、うち〔討〕」しに〔死〕するもあり、又ハやきこみ〔焼込〕にあふもあり、」以上三十六人、一時か間に灰塵となりにける、」しかあれハ、社司等件の三十六人の首を」山本の大路にならへ置、しりきれ〔尻切〕をはきな〔履〕」から、かの首ともをけまハり〔蹴廻〕けれハ、残る氏人」中見聞して申けるは、いかにしてか此いき〔憤〕」とうりを散せんと、一命をすてゝ社司をうた」むけいりやく〔計略〕をめくらす、又社司ハ西賀茂の」うちに瓦屋の寺にあつまりて、評議仕ける」ハ大略むねとの氏人等ハうちはたしぬ、残る」氏人ハ此曉おしよせ、うちはたすへしと評」定す、こゝに當社の供僧に圓光坊といふ」僧あり、此僧坊瓦やのかた〔片方〕へなりけれハ、社司の」ミちたん〔密談〕を聞て、氏人中へ告しらす、氏人中」このよしを聞て、さあらハかれら來らぬ以前に」こなたよりうちよせんとて、かの瓦やにおしよせ、」社司を少々うちにけり、しかるところに残る」社司・氏人相ならんて此旨を奏　聞す、兩方」申旨をきこしめされ、理非はいかやうにも」あれかし、先　神殿をやくほとの罪科ハある」まし、かようの神敵ハ前代未聞なりとて、」すなはち氏人中に、賀茂一社の儀は末代に」いたるまて進退仕り、神事祭礼をとりおこなふ」へきむね、　仰出さるゝなり、誠に　神慮にかな」ひぬると、氏人中歡喜のおもひをなせり、又爰」に藤木の氏經といふ氏人、子五人以上六人、社」司のミかたをしける、いはれゐかんとなれは、」氏經にハ目代、五人の子ともにハ五鄕の鄕司を」永代もたすへきよし申けれハ、さうなく頼」まれにけり、又、氏經か嫡子に伊勢守成氏と」いふもの、これも五人のうちにて社司のみかたを」しけるか、氏經父子悉落行けとも、なを」在所にとゝまりてありけるを、おの〳〵こ」れをうちはたすへしと評議す、此伊勢ハ」大力のものなれは、たやすくうちかたしと評」定しけるところに、豊後守成顯、それかし」伊勢をうつへしと申、すなはちいせか宿所に」おしよせ、くミうちにして首をとらるゝなり、」件の恩賞に、伊勢か屋敷を感狀にそ」へて、氏人中より成顯に褒美せらる、誠に比」類なき手柄なりと、人皆申あへり、またかの」氏經ハ播磨の國へ落行けり、さてそのゝち」社司等氏人中へ懇望申けるは、せめて　神」前の役をは、面々にあておこなはるゝやうにと」申ゆへに、さあらハ懇望の狀をせられよとて、」一筆をせさせて　神前のやくをゆるしけり、

よそにても猶こそたのめあらたなる
　わけいかつちの神のちかひを
氏經、ふるさとやゆかしかりけん、此歌を」よみて、旧友のもとへおくりける、このほかふ」る里をしのひて、文ともあまたありけり、
明應九年五月廿一日　　観平判

右社司の懇望狀を、西池刑部少輔季治」沙汰人の時ぬすミとりて、神主尊久に」つかわすと也、尊久ハ季治聟なり、
元和七年四月十三日書寫
従五位下賀茂淸古判
右文明記ハ、淸古の跡中大路甚助朋氏家に傳ハる、又寫」一巻、評定衆中の櫃にあり、予、成顯の家系をつゐて」成氏か敷地、且感狀を傳へ侍り、よて今一軸とし、其」まきのはしめに件の記を寫し加へ、終りに成顯・成」氏等の系圖をしるす、これ吾子孫をしていよ〱敷地」・感狀のよしある事をしらしめて、ひたふるに相つ」たへんこと、まさに龜の御山ときハまりなかるへき」事をほりす。あなかしこ、つゝしみて怠る事なかれ、

享保七年正月
大田社禰宜従四位上行豊後守賀茂縣主保臣記
○この料紙は霞を引いた装飾紙七枚を用う。さらに後掲の「片岡禰宜系圖」もまた同質の装飾料紙を使用している。

八二　(2)賀茂大神宮侍所下文　二七・六 三八・八

太神宮侍所下　屋敷之事
合壹所者　西東六丈　北南十一丈　限東宮内少輔地
　限北佛光院地　限西寶喜庵地道限南大道
右件屋敷者、古伊勢守（マヽ）雖爲知行、今度」依令惡行、爲衆中被誅罸上者、社務繼平」与氏人中、相共被闕所行之訖、然間、依競」望豊光大夫成顯令下知之處實正也、然上者、永」代知行不可有相違者也、仍爲後證龜鏡、下」知之狀如件、
文明拾年十二月　日　　散位淸朝（花押88）
散位保助（花押86）　散位久明（花押88）
散位宗澄（花押86）　散位淸主（花押88）
散位道直（花押86）　散位實直（花押89）
散位兼顯（花押87）　散位氏直（花押89）

散位清基（花押89）

二七・六
六八・五

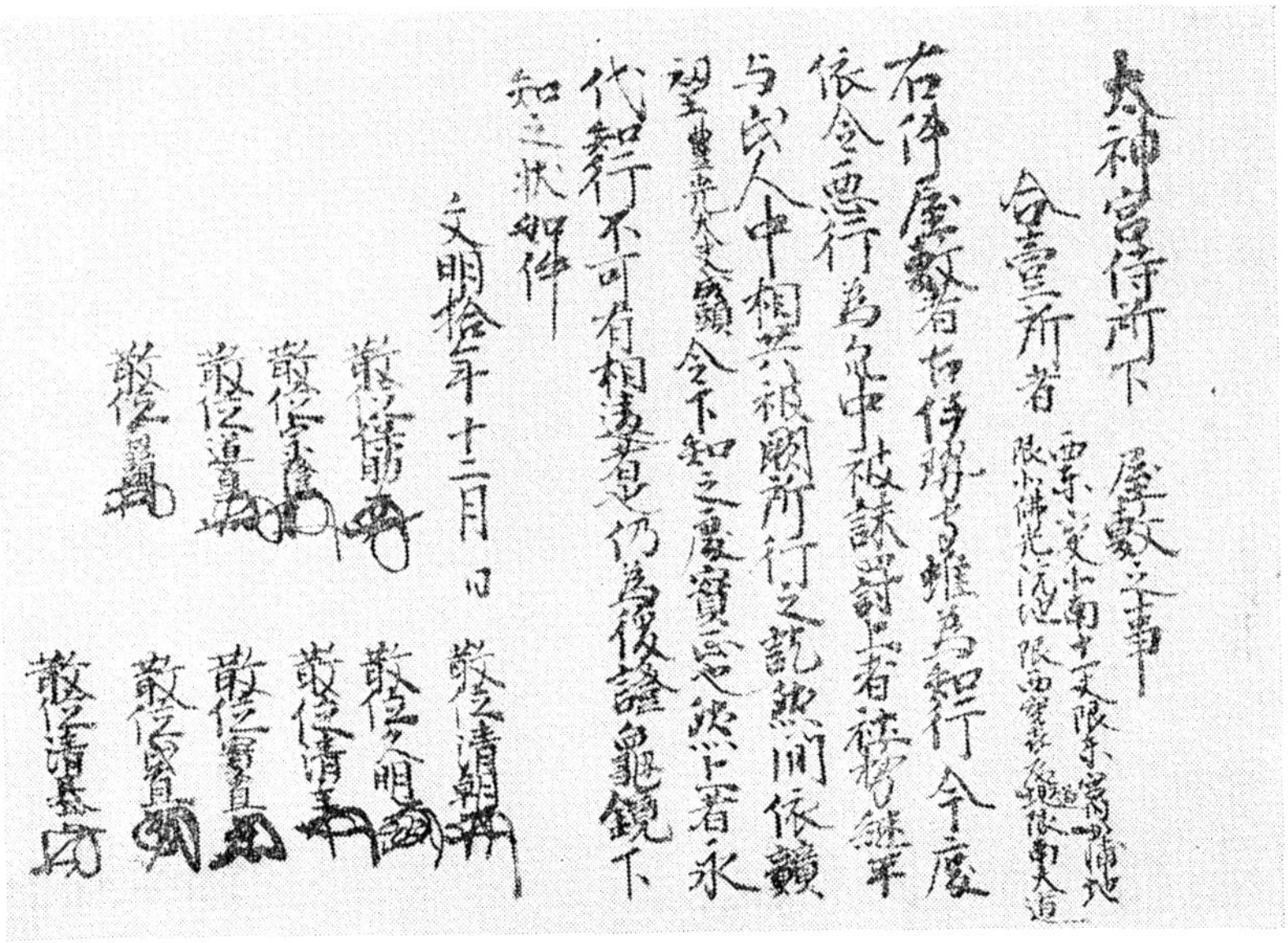
大神宮侍所下　屋敷之事
合壹所者
右件屋敷者自侍所雖為知行、今度
依令悪行為名中被誅罰上者、
与衆人中相共被閣所行之訖、然間依頼
望豊光大夫盛顯令下知之處、
代知行不可有相違者也、仍為後證亀鏡下
知之状如件
文明拾年十二月　日

82號　賀茂大神宮侍所下文

八三　(3) 片岡禰宜系圖

片岡禰宜師重三世之孫
近有大夫遠基長男

- ・遠顯　松有　掃部助　光夜叉
  - 資顯　文安四三十九死
    - 成顯　豊光　豊後守　長享元十二廿五任豊後守
      - 豊顯　豊光　掃部助
        - 常顯　従五位下　掃部助　豊後守
          - 子孫繁多
        - 佐顯　五郎　豊前守
          - 子孫繁多
        - 増顯　従五位下　豊光　豊後守
          - 重顯　正五位下　内藏頭　今大夫　大和守　元和三九十一卒年九十
            - 只顯　正五位下　内藏頭　寛永十五二十七卒年六十二
              - 庸顯　従五位上　菊藏　内藏頭　延宝四年六廿九卒年六十一
                - 法顯　従五位上　左大夫　内藏頭　元諸―又道―　元禄十五七廿八卒年六十一　無継子保香四男保臣相續家督
      - 次顯　七郎　豊後守
      - 友顯　六郎　筑後守
      - 善顯　五郎　但馬守　内藏助

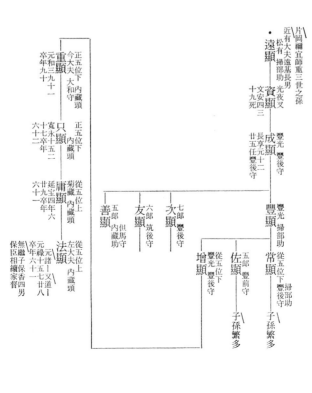

祝氏經五世孫
安曇川太郎氏世男
藤有
・惟氏――彦一 和泉守
彦氏――彦松
季氏
　├彦千代
　│氏繁
　├彦夜叉
　│茂氏
　└式部少輔
　　氏經
　　├有德 伊勢守
　　│成氏
　　│元氏弘
　　├氏助
　　├氏秀
　　├淨壽
　　│氏―
　　└新兵衞尉
　　　氏―

（成氏）文明八年爲社司味方、不遂宿意、一族悉雖落行于他國、成氏一人猶住于賀茂、氏人中欲討之、然依爲强力、容易不能討取、徒送星霜之處、終爲豐後守成顯被刎首。

・氏經　文明八年八月、与力于權祝重則、太田禰宜、治部少輔勝平、雅樂助滿久等當所土一揆、依不遂宿意、有遺恨、与氏人張本人也、中不和之間、同十年逐電、猶爲遂宿意、下向于中國、憑武士奉公、一日得便宜、寄一封書於賀茂、宝幢院阿闍梨披見、書中有一首哥、
ヨソニテモナヲコソタノメアラタナル
別雷ノ神ノチカヒヲ

○この片岡禰宜系圖は、前掲賀茂社由緒記と同筆にて賀茂保臣の筆であるが、巻一〇の一巻は一通の文書原本（八二號）を利用して、「賀茂社由緒記」「片岡禰宜系圖」の二つをそれに添付したものである。賀茂保臣が意圖したところは何であろうと、このように古文書原本を他のある目的に利用したものは類例少なく、その點では文書利用の特例として誠に珍しいものと思われる。

（巻一一）

八四　(1)千代若大夫他十七名連署湯屋田賣券　二六・三 三四・〇

永代賣渡湯屋田之事
合壹段者河上鄕在所庄田
右件田地者、自往古依爲惣社家身躰、爲神用、」直錢六貫文仁永代令沽却処明白也、但、本役者、」每年正月十四日以前仁御結鎭錢八拾文可有」納候、然者至子ゝ孫ゝ、全可有永領者也、仍爲後證」龜鏡、賣劵之狀如件、
明應八年九月六日　千代若大夫（花押94）
參河守（花押90）　讃岐守（花押92）　初音大夫（花押94）
伊豆守（花押90）　越後守　□〔總カ〕德大夫（花押94）
豐前守（花押90）　加賀守（花押92）　幸光大夫（花押94）
越前守（花押90）　宮內少輔（花押92）　肥前守（花押95）
河內守（花押91）　左京亮（花押93）　備後守（花押95）
彈正少弼（花押93）　阿波守（花押95）

八五　(2)爲壽軒周吉田地賣劵　二六・〇 三九・〇
（附箋）
「竹鼻コト」

永代賣渡申別相傳之事
合壹段者　在所　限東溝　限西三十九段
烏帽子垣內　限北伊勢作南繩手
右件田者、坊主爲買得相傳当知行于今」無相違者也、雖然、
依有要用、直錢七貫」五百文ニ本支證二通相副、一職進退共
仁」永代賣渡申處明白也、幷本役諸公事」以下一圓有間敷候、
若於子ゝ孫ゝ違乱」背出來者、可被處盗人御沙汰者也、仍」
爲後證永代放劵狀如件、
享祿參年庚寅十一月十六日　爲壽軒周吉（花押96）

八六　⑶拜馬料加增證文　二七・三 四一・〇

拜馬料加增之事
合伍貫文者
右此子細者、米のわし〔和市〕」高によつて申合候、四升」の法より
安候者、不及申ニ候、」四升の法迄者、何時も此」分にて可有
候、仍爲後日狀如件、
永正元年四月廿五日
松下兵部大輔
廣久（花押97）

社務鳥居大路
友平（花押98）
松下三位
棟久（花押99）

八七　⑷金津庄使錢算用狀　二六・〇〇 四一・〇〇

（端裏書）
「永正八 五月 金津錢算用狀」
注進永正八年五月就金津庄使之錢算用狀之事
合
永正八年五月
壹貫貳百文　借錢使職中
以上
遣方
壹貫文　兩度一獻評定衆同さしそへ之御人數迄
貳百文　錢主礼
以上壹貫貳百文
右大略算用之狀如件、
永正八年五月廿九日
筑後守（花押100）兵庫頭（花押103）
大炊頭（花押100）千代在〔マヽ〕大夫（花押103）

但馬守（花押100）　慶福大夫（花押104）
若狭守（花押101）　加賀守（花押104）
備前守　　　　　　左京進
備後守（花押101）　内藏助（花押105）
修理亮（花押102）　左京亮
甲斐守（花押102）　雅樂助（花押105）

八八　(5)鳥居大路爲平賣券案　二七・〇／三五・二

（端裏書）「案文」

永代賣渡申塩屋庄内本所下地事
合貳段者但内壹段者佛性寺分ほん無／壹段者中筋村荒神ノ西
右下地者、就京都賀茂社役儀、」直錢拾貫文仁限永代肥塚和泉方」息女松仁賣渡申所在地明白也、然而」段別壹斗參升宛、出役此方江沙汰」候て、末代可有進退、然上者、於子孫」不可有其煩者也、仍永代沽券狀」如件、

天文六年丁酉　　鳥居大路
三月三日　　　　爲平

八九　(6)三丁大夫宗久・三河守種久連署賣券　二七・〇／三四・〇

永代賣渡うちおゝい講一分之事
合壹分者
右件講一分者、爲我ゝ相傳無相違、然者」依有要用、直錢壹貫五百文ニ妙慶へ」永代賣渡申處實正明白也、然者全」可有永領者也、若於此講一分ニ違乱煩」申輩有之者、何時成共盜人御罪科ニ」可被行者也、仍爲後日永代沽券之狀」如件、

天文十五午年二月九日　三丁大夫 宗久（花押106）
　　　　　　　　　　　三河守 種久（花押106）

九〇　(7)竹内明久競馬料契狀　二四・五／四一・五

松下茂久競馬新幷檢斷田」之入立引替、雖無兩人合點候、」就我等色ゝ申儀、被勤社役上」者、任數久・茂久一紙之旨、如」前ゝ領知へ被下人可被召候、」若茂久被上洛、於違乱者、我」等涯分申分、可進之候、仍爲後日」一筆之狀如件、

天文廿一壬子年卯月廿八日　竹内三位 明久（花押107）

孫六殿

式部大輔殿兩人へ進申候、

九一　(8)賀茂眞久書状　二六・七 四四・八七

先度者山本殿御下之時、」貴札委細拜見仕候、殊五明」拜領畏入候、仍當御公用」七拾貫文、山本將監殿へ渡申」京着仕候、慥ニ被仰付、御請取」可被下候、相殘分來春」申付、早〻之運上申、可致皆」濟候、次百疋令進覽候、誠御」祝儀計候、此等之趣可得貴」意候、恐惶謹言、

十二月十九日　眞久（花押108）

竹内殿まいる貴報

九二　(9)勝願院忠舜競馬料契状　二七・五 四四・八

就竹内殿御家競馬、貳疋馬之儀、」高嶋安曇川庄公用依無到來、」去年貳疋之馬之儀、從森殿惣中へ」御上候、向後高嶋之事御存知有間」敷之由候間、可被得　上意由候處、拙者」無勿躰由申候キ、然者以他借、神事之儀、」可相調由承候間、以玉慶軒祠堂錢、」貳疋之馬之儀、相調申候、到〔後カ〕〻安曇川庄」到來之時、競馬料已下遂算用、相」濟候者、其砌惣中よりの一筆返遣」可申候、仍爲後日之状如件、

永祿九年正月廿八日　勝願院 □〔忠カ〕舜（花押109）

社中御役者中

九三　(10)民部少輔將平甲斐守氏説連署書状　二七・二 四二・五

尙〻申候、若田舍江御下向」被成候者、田地可爲同前候、已上、

御手代田地之儀、鳥居大路殿江」爲御合力被參候段、於家子衆」畏存候、然者目出度御知行」少も相上候者、彼之田地無異儀」惣中江可返遣候、此等趣御披」露所仰候、恐〻謹言、

天正拾三年六月六日　民部少輔 將平（花押110）
甲斐守 氏説（花押111）

沙汰人參

九四　(11)沙汰人・評定衆・宿老連署書状　二九・五 四六・六

当所百廿日ノ日數之義付、当春三千若衆ゟ」木工允へ、日數相定候かと被屆候處、女房衆ゟ返事」四五日之逗留にて小野へ被參候間、御歸次第ニ御使まて」返事可申之由、被申候へ共、

其已後返事無之ニ付而、若衆」者春之日數闕如候ニ付而、双方被申分雖在之、菟角」木工允小野ゟ被歸候時、若衆江届無之義越度候条、」彼方へ御日供ヲなかせ〔中瀨カ〕甚助礼ニ被出候て、御濟候へと」御社官中宿老評定衆御理申候処、御目出祝着」申候、後日ニ加樣ニ返事無之人ミ者、任法度旨往來」田可相果申者也、

慶長四年
十二月十七日

沙汰人　民部大輔（花押112）
同　主馬首（花押113）
同　主膳允（花押114）
評定衆　藤德大夫（花押115）
同　刑部少輔（花押116）
同　越前守（花押117）
宿老　出雲守（花押118）

三千若衆
御中

九五　(12)菊松大夫等連署契狀　二九・〇／四二・〇

（端裏書）
「貴布祢田紀伊」

今度紀伊守貴布祢田出入付而、」若衆肝煎申候刻、引替錢御座候處ニ、」則算用狀上申候、然者、紀伊守貴布祢」田作德之内を以、引可申之由畏存候、」相濟次第ニ重而算用狀上可申候、仍」狀如件、

慶長十七年十二月廿七日　菊松大夫（花押119）
大監物丞（花押120）
隼人正（花押121）
右衞門大夫（花押122）
加賀守（花押123）

評定衆御中
參

九六　(13)賀茂松下通久書狀　二七・三／四一・八

（端裏書1）
「タメヤスノ筆ト申傳タリ」
（端裏書2）
「宮內大輔從四位下松下通久後改元久

永禄元年十二月卅日叙従五位下　年四歳
同日補神主
天正十八年正月五日　叙従四位下
元和九年十一月朔日卒六十九
」

就室河内公用之儀、差下山本」与左衛門尉候、仍御祈禱卷數幷」五明二本致進覽候、誠表祝儀」迄候、近年依錯亂無音申候、然者」屬御存分之由候條如此候、彼公用」被仰付社納候者、弥御武運」長久可目出候、尚使者可申入候、」恐惶謹言、

十月十七日　通久［印］(1)○黒印・陽文「通久」、三・○×二・五センチ。

赤松下野守殿
人々御中

九七 (14)岡左京祈禱料起請文　二七・〇 五六・〇

當社御祈禱料幷御初穂
配分之次第
一銀子拾匁以上、錢ハ壹貫以上、米ハ」壹俵より以上、右此分鳥〔大〕少路神主取分
一伊勢之御初穂、銀子米錢」右一色　岡左京取分
一本社幷末社之蒔錢、散米、」右何も　傳十郎取分

右三ヶ条之外、従先規御子之」取分ニ候間、銀子米錢ニよらす、何方」にて候も初穂參候ハヽ、祈念之趣を」聞届候て、左京にても、傳十郎にても、」神前ヘ御酒を備ヘ、殘る銀子米錢、同」左京・傳十郎指を付候て、年寄衆ヘ」直ニ預ヶ可被置候、御手續有間《まゝ》てハ我等預り」候間、各其心得可有候、若此旨致相違候ハヽ、」聞付次第ニ改易可致候、
右御定之條々、若於背者、
日本國中大小之神祇、殊ニハ」當社幷末社　御罰可罷蒙者也、」
仍起請文如件、

寛永十三丙子十月　岡左京（花押124）
鳥〔大〕少路修理大夫様 參

九八 (15)北小路望知書狀　三二・〇 四五・〇

(捻封うわ書)「〆　鳥居大路出羽守様　北少路□□ 望知」

貴簡忝拜見仕候、寒氣之節」御堅剛被成御座、珍重奉存候、然者、」御念入候御書中之趣、殊更」金子三百疋被懸其意、」忝奉存候、貴顔ニ御禮可申上候、」恐惶謹言、

十一月廿五日　望知

九九　(16)盃よろつ次第注文（折紙）

二五・八
三六・五

盃よろつの次第
ちこの分
鶴光
てんほうりん子
三てう西子
大弼
兵部
木工
中務
内記
圖書
雅樂
平野
もり
上北面分
右京
あさ山
兵庫』
三級
鳥井〔居〕大路
此兩人ハ座敷の」時によりて、
上北面ハたとへハ會の間」なとにてハ、上たんに居」候時ハ、北のはつれの座」敷へ、少ハあかるへし、」中間に居候時ハ、下」たんへもあかるへからす、勿」論同座敷へハ少も」はいるましき也、此分」の法度申渡すへし、

○應永頃の筆蹟である。

（巻一二）

一〇〇　(1)賀茂競馬祝詞

二七・一〇
三九・八

これの所に宮はしらをふとたてゝたかまの原ニ」みことをかけハ〔まヵ〕くもかしこきわけいかつちのうゐ」のひろ御まゐニ、こうれいとして四月のよき日をもて」おく山のやつゐさかきあふひの御かけかつらの、御」かけをもて、きよめかさりて、

かものあかたぬしをも」とゝして、おとこをハあれおとこと
なつけ、おんなをハあれ」おんなとなつけ、よハのいなゆふ
たすきかけ、ひたいあて」して、やましろのくに、やつのこ
ほりの御こともたち」ならひにいくさとをひきいて、あいと
もにたてまつる、
はしりむまのかす、
祝馬十馬　所い馬十馬　おい馬十馬　所い馬十馬
祢宜馬十馬　所い馬十馬　おい馬十馬　所い馬十馬
司馬十馬　所い馬十馬　おい馬十馬　所い馬十馬
あをくものたなひくきハまて、しらくものゆきふす」きハま
り、たミのけふりのたつきわまり、みち」ミちあまりいほ馬
あまり、いつ馬れいによて、」つとめたてまつるを、たいら
けて、てらしおハし」ましてハ、すへらきのたからの御くら
い、ときハ」かきわに、よのまほり日のまほりに、まほりさ
い」わへたてまつり、おハしまして、もんふ百くわん」あめ
のしたにいたるまて、くにいゐまほりさいわへ」たまへ、こ
とわいて申さく、れいによてたてまつる」はしり馬、よこは
しりせす、つまつきせす、」のりしはら、まへまほり、うしろ
まほりにまほり、」さいわへたまへ、

一〇一　(2)賀茂競馬祝詞　二七・二 四六・〇

○前號文書と同筆、同文につき省略する。因みに筆蹟はともに應永頃のものと思われる。

（巻一三）

一〇二　織田氏奉行人連署奉書（折紙）　二五・〇 四一・〇

爲　公武御用途」被相懸段別事
右不謂　公武御」料所并寺社本所」領、同免除之地、」私領、
買得屋敷、」作得等田畠壹反」別一升宛、自」來月十五日・廿
日」以前、至洛中」二条妙顯寺、可致』運上候間、若不依少
分」隱置族在之者、永」被沒收彼在所、於」其身者、則可被」
加御成敗之由、被　」仰出候、仍狀如件、
明智十兵衛尉
（元龜二年）九月晦日　光秀◇（黒印・陽文・印文未詳2）
嶋田但馬守

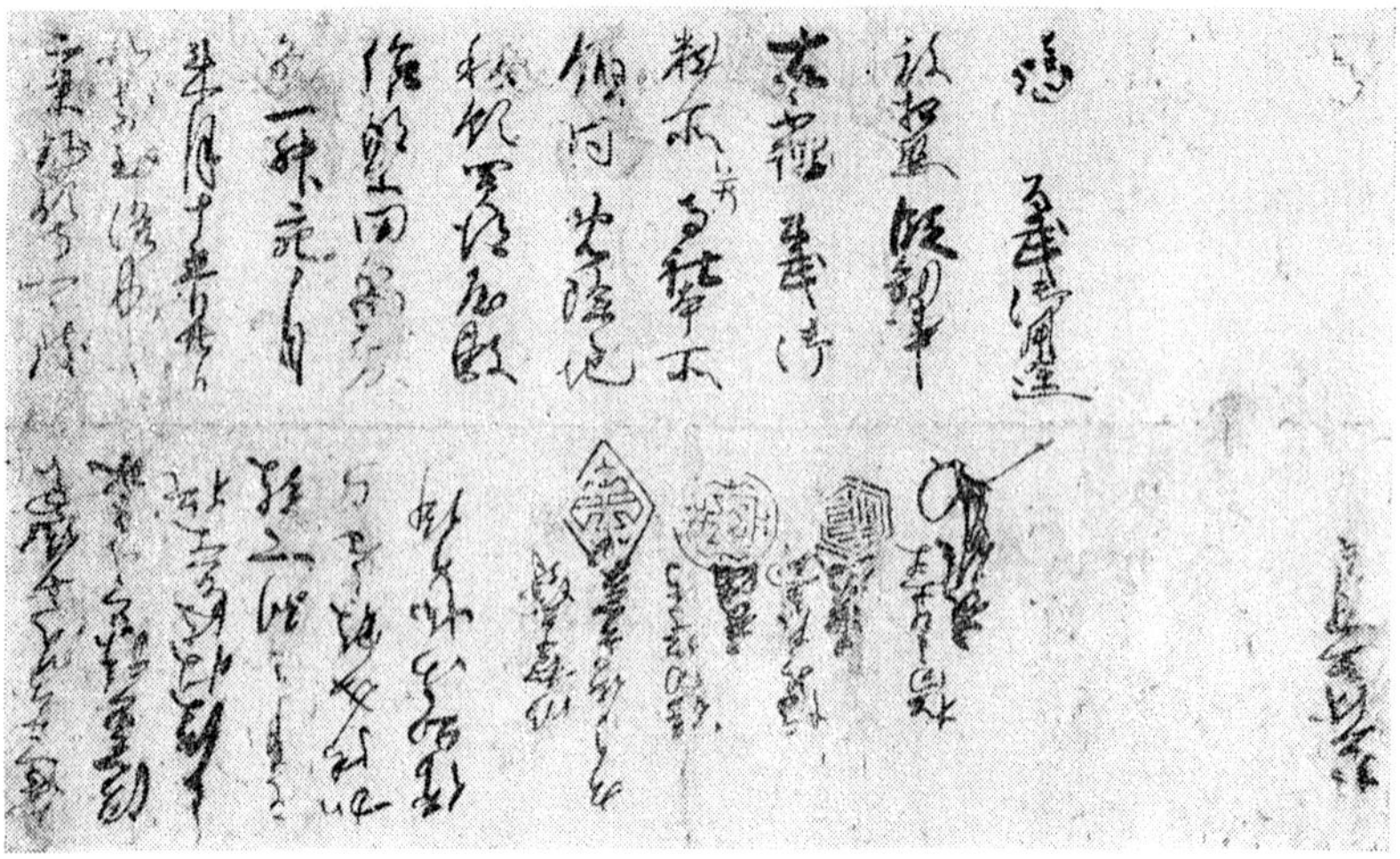

102號　織田氏奉行人連署奉書

秀満〇（黒印・陽文・印文未詳 3）

塙九郎左衛門尉

直政〇（黒印・陽文「福」4）

松田主計大夫

秀雄（花押125）

賀茂惣中

まいる

（巻一四）

一〇三　(1)前田玄以自筆書状（折紙）　三〇・〇　四六・八

其方庭之」植木共、

禁中御庭へ」可移候之間、成」其意、誰〻ほり二」来候共、其

理」可被申候、恐〻謹言、

民部卿法印

八月廿一日　玄以（花押126）

賀茂

神主殿

御宿所

一〇四　(2)前田玄以自筆書状（折紙）　二七・〇　四三・五

當所竹之」事、河原」長者則相」極候間、于今」不可有違乱候」
条、可成其」意候、猶替」事候ハヽ、可』被申越候也、」謹言、
正月廿一日　民法 玄以（花押127）
賀茂社家中

一〇五　(3)前田玄以自筆書状（折紙）　二七・八 四三・〇

（附箋）「天正十三年
前田玄以
船井郡内廿石知行」

丹州舟井郡」護摩之畑村之」内を以、貳拾石」可有知行候、」
恐々謹言、
天正十三
後八月廿八日　民部卿法印 玄以（花押128）
賀茂 森殿

一〇六　(4)前田玄以書状案（折紙）　三〇・〇 三〇・五

當社境内公儀毎」年上竹事、自今」以後御免之上者、竹」木
等一切不可堀〔掘〕採、」伐採縦誰々雖爲」所望、不可有同心、況（マヽ）」
沽却義於在之者、」可爲曲事、爲修理」用所之時者、遂案内」
可被隨其者也、』
慶長三
九月十八日　（前田）徳善院 玄以
賀茂役者中

（巻一五）

一〇七　(1)京都所司代板倉勝重書状（折紙）　三六・〇 五三・八

以上
一筆申越候、於其」地、禁中樣之」大御乳人親父式部少輔」
屋敷、年貢米ニ相」定、彼地主三代已前」より年貢無相違、」
于今納所候て、當年家」立直候所ニ、地主なに」かと申ニ付、
其元之衆」曖被申由候、樣子相」尋、各寄合被相濟」可然候、
自然公事ニより』候てハ可有如何候哉、」被得其意、無申分」
樣ニ尤候、恐々謹言、
板伊賀守
三月廿六日　勝重（花押129）
上賀茂役者中

一〇八　(2)京都所司代板倉勝重印判状（折紙）　三五・五／五三・〇

尚々其元にてか様之儀」無爲各々被相濟候様ニと」申候へ共、無其義
候、」切々」同前将監上候付て、」（以下行間書）田地之儀者、其元之様子」無案内候間、
惣中寄合」則五朱と申遣候へ共、□（ヨメズ）くニ」申不相究様ニ申候間、うら判」
遣候へハ、今日双方罷出候、公事」庭にても、右馬助きこへさる」事か、
左候へ共、弥残衆へ尋、」公儀へも訴候御目付衆御座候間、」可有御沙汰
御座候と存、如此早々御返事候也、」以上、

其地岡本将監」同右馬助田地出入之」義、爰元へ参候衆も」
廿四人者将監申分」尤候由申候、又四人者」右馬助申分尤之
由候間、」めい〱ニ各被書付」越可被申候、其元残衆者」爲
八朱候間、能々書分」双方被致判形、早々」可有御越候、爲
其如此候、」以上、

卯月十六日　板伊賀◯（二重郭黒印・陽文「勝重」5）

上賀茂
社家中』
松下兵部大輔殿
森左京大夫殿
鳥〔居脱〕大路大膳大夫殿
まいる

一〇九　(3)京都所司代板倉勝重印判状（折紙）　三五・五／五四・〇

以上

将監右馬助出入之」儀と存、松下・森」兩人被參候間、社人
衆贔屓〱ニ物毎我か」儘ニ被申付而、双方之」書付を取、江
戸へ」指上候て、年寄衆」返札次第ニ急度」可申付候、併達」
上傳候ハヽ、御前之」様子難計候、惡」事ハ判形之者も」同
前之罪科ニ而』可在之候間、貴所」右之者三人談合」候て、被
相濟候ハヽ、」尤候、若於不濟ハ、」社人衆書付をも」取、双方
共ニ江戸へ」指上可申候条、兎」角今明之内に」被相濟て、
可預」返札候、恐々謹言、

卯月十八日　板伊賀◯（二重郭黒印・陽文「勝重」5）

鳥居大路殿
まいる

（巻一六）

一一〇　(1)紙背女房消息　二四・七／三九・七

（附箋）「天文十八年四月十四日御禮　慶松丸

傳奏　中山大納言孝親卿　　尊久十三才」
（端裏書）
「天正六」
⑤ちこ〔稚兒〕
まいり　③御入候ハん
候ハん　すへく候、④
する
①御文のやう〔樣〕うかかひ〔伺〕
⑥
とき　まいらせ候て候、
なを〳〵
くわ　御心へ〔得〕候よし〔由〕
しく
御申入候　申へく候、
へく候、　御たいめん〔對面〕
かしく、
所ハ
となり〔隣〕
にて②
（異筆）
「十一」
（結封うわ書）
「　（切點）
たれ〔誰〕にてもへ
申給へ」

二　(2)紙背女房消息

二四・七
三九・四

（附箋）
「天正六年九月十日御札　千勝丸
轉奏　勸修寺中納言晴右卿　尙久八歳」
⑤而や　③おほし〔思〕
候うち　めし〔召〕候ぬ
の　へく候、
まへ〳〵④
①御文のやう〔樣〕うかゝい〔伺〕
⑥やたハ
□□に　まいらせ候て候、
しく　十日に御れい〔禮〕申候ハん
御申入候　する、
しよし
御心へ候　御心へ〔得〕候、又ちん〔陣〕はい〔拜〕の
へく候、かしく、事ハたゝつたへまいらせ候、②
（異筆）
「十二」
（結封うわ書）
「　（切點）
たれにても申給へ」

112號　感神院政所下文

〔三〕祇園社文書〇山城國　六巻一〇八通

（巻一）

一三　(1)感神院政所下文　三四・五 五〇・五

感神院政所下

可令早任相傳旨、進退領掌山城國東藏庄領主職事

右、當庄者爲嚴重神領、顯承法眼相傳所帶也、而社僧長円」
稱有顯〔光カ〕□奉書、相語山徒等、乱入庄家及惡行狼藉之間、」就訴
申公方、預嚴密裁斷畢、而長円猶屬方々權勢、廻」無窮計略
之間、社役闕如、神領失墜、社家衰微、何事如之」哉、所詮、
早於長円者、爲平僧之身、過分狼藉之企、非常篇」上者、忽
解却社僧之号、所令停止社邊經廻也、然者早〔大別當〕□□□」法眼顯
承全領掌、莫怠神役、故以下、

建長八年八月　日

〔別當〕□權少僧都（花押130）

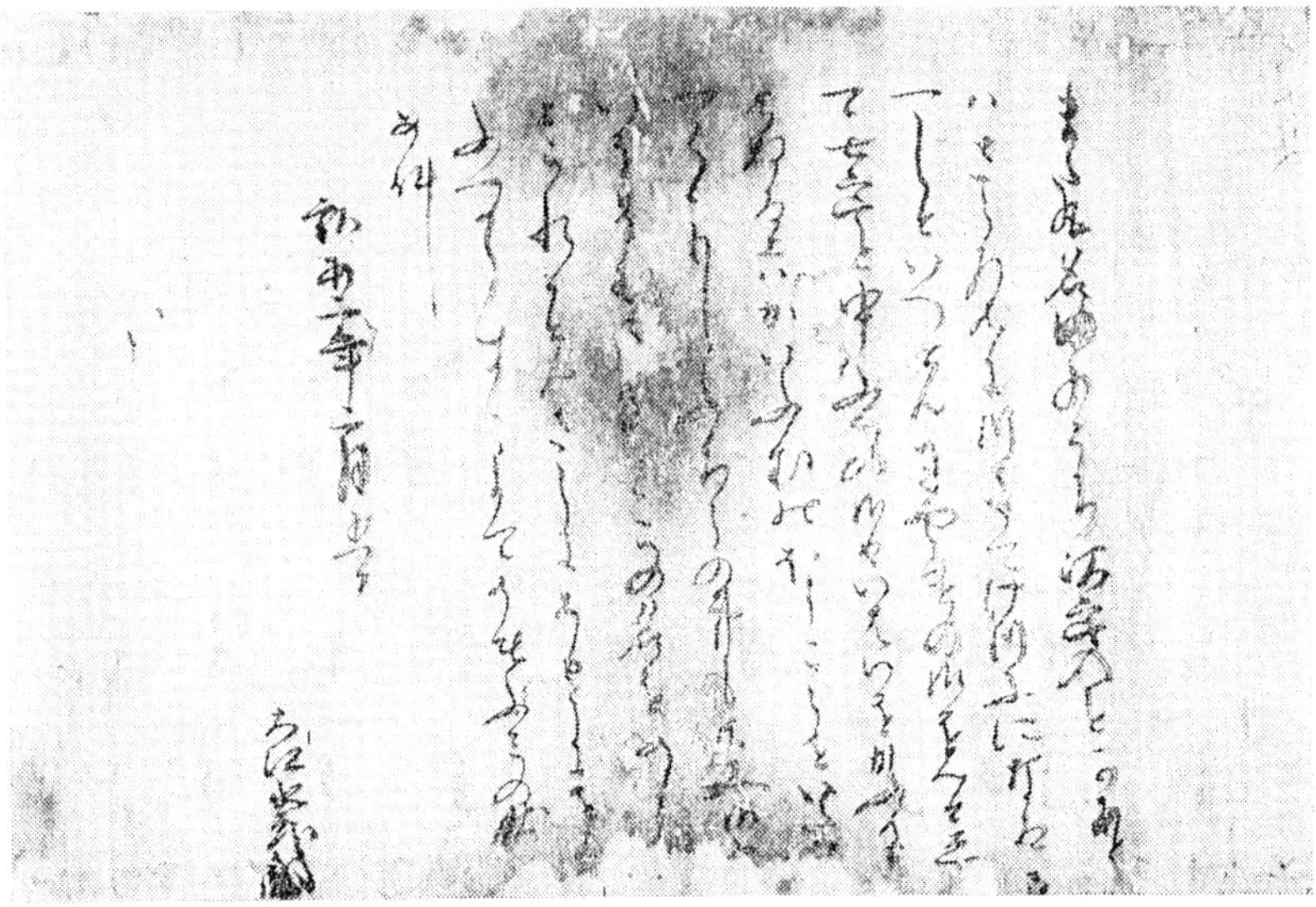

113號　大江永茂請文

社務執行法眼（花押130）
一公文權都維那（花押131）
二公文權都維那（花押131）
三公文大法師（花押131）

一一三　(2)大江永茂請文　三〇・三 四五・三

（端裏書）「□□請文」

また丸名田のうち、次郎入道かあと」ハ、さうろんにつきて、けつ所になる」へしといへとも、りやうけ〔領家〕の御をんとし」て、七郎と中ふんの御せいはいをかふり」候ぬる上ハ、かいふむ〔涯分〕のほうこうをいた□〔す〕」へく候、もしふちう〔不忠〕の事も候、又御め」いをそむき候はゝ、この名をめし」上られ候とも、さらにそせう〔訴訟〕にをよ」ふへからす、よてうけふミ〔請文〕の状」如件、

弘安二年二月五日

大江永茂（花押132）

一二四　(3)秀憲田地賣券　二九・五 四二・五

うりわたす地事

錢拾貫文うる也、

右、件地者、秀憲さうてんの地なり、□〔今カ〕少用あるによて、錢拾貫文佐渡」(裏花押133)阿闍梨御房御方うりわたしまい」らせ候、たのさまたけあるへからす候、」もハら秀憲方さまより、彼地子」細あるものならハ、いち〔二〕はい〔倍〕のわきま」ゑをし候へく候、きたみなミへ」二丈、西東九丈五尺にて候、ほん」けん〔券〕てつ〔手〕〔継〕きあいそへて、まいらせをき候、」仍爲後日汰沙〔沙汰〕、たつ所狀如件、

正和五年丙辰九月十三日　秀憲（花押134）

○本文書の紙背文書として一三八號文書（八三頁）に別に掲げる正慶二年閏二月十七日の左衞門尉某文書裏書がある。

一二五　(4)丹波波々伯部保田畠坪付　三三・五 五二・〇

波々伯部保内顯増別相傳田畠等坪付

合

一所參十代西窪
一所貳十伍代瓜生
一所拾代池田
一所肆反シシホノ垣
一所壹反貳十伍代源進作
一所肆十代寺田
一所貳十代寺田
一所肆十代貞清
一所壹反伍代房前
一所壹反シシホノ垣北西寄
一所壹反紀藤垣内西寄
一所肆反サタカクキ
一所壹反大歳森前
一所壹反池田
一所貳段參十伍代東田
一所貳十伍代〔闕〕開落
一所貳段房垣　除之、
一所貳段シシホノ垣内除之、
一所壹段内中檢校垣二十五代畠也、　除之、
畠分
一所貳十五代十郎垣
一所參十伍代幡市森北
一所貳段紀藤垣内北寄
一所貳反寂仏房垣内西寄
一所肆反東田

已上田畠三町五段十五代

右、別相傳坪付如斯、

正中參年二月十三日　法眼顯□〔増〕

二六　(5)久阿彌陀佛屋地讓狀　三〇・七 四四・〇七

ゆつりわたす屋地事

在阿弥陀院西南頬但四至丈數等ハ本劵ニ可見、

右、件屋地者、久阿弥陀佛相傳之私領也、」然而地者、東寄半分但丑寅角かく、屋者うりかいの」あたい米ふんとをハ、あか御せん〔前〕にゆつり」わたす、也劵をハあねたるあいた、ねゝ御」せんのかたのゆつりしやうにつく、本劵ニ」うらをわり〔割〕をはぬ、仍爲後日龜鏡、ゆ」つり狀如件、

正中三年四月六日久阿弥陀佛（花押135）

二七　(6)法眼某和與狀案　三三・七 三五・三

（袖書）
此事奉行章有判官去出田地二反可和与之由、ロ入之間、□□□」十二月十七日於章有宿所、寄合備前立者〔竪〕玄雄、取替和与狀畢、」奉行章有仍本證文二通取之了、和与狀者、自他用自筆了、又両方狀共」封裏書銘畢、

和与狀案

丹波國波々伯部保内田地六段事、捧正安二年二月廿一日」

・同三年二月十二日故顯尊法印質劵狀、於使广〔廳〕被訴申之間、□〔番ヵ〕」訴陳之處、被棄捐彼訴訟、當方預聽裁畢、此上者、雖無子細、」爲備前立者御房玄雄口入之間、以和与之儀、田地貳反岡西永代」所去与菊鶴殿也、仍彼證文二通被返出之上者、更不可有子細、若」万一致違乱者、可被經上裁之狀如件、

嘉暦元年十二月十七日　　法眼在判

二八　(7)前長門守重藤卷數捧狀　三一・四 三八・五

仙洞并春宮御方」長日御祈禱御卷數」御進入了、恐々謹言、

十二月廿八日　前長門守重藤

（端書）「系圖案文」　○次文書の端書であって、本文書の「仙洞并春宮」以下「卷數」に至る一五字の墨痕が次の一一九號文書の紙背に寫り遺存している。

二九　(8)祇園執行歴代交名案（後闕）　三一・六 三七・〇

永保元年十月晦執行行円初度　　大治元年執行應円
同五年執行定慶　　保延四年執行賢円
天養元年執行源尊　　久安元年執行賢円
永暦元年執行良円　　同二年執行基仁
執行玄有　　執行昌玄

執行章円　執行顕玄
俊玄　昭円
感円　晴筭
円榮　顕承
盛晴　顕尊
晴增　顕舜
榮晴　晴喜
顕增　顕円
教晴　静晴初度元亨
顕詮　晴顕
晴春　顕深貞治五年三月廿七　初度
幸晴　顕秀
顕範　顕俊
□□　顕縁

○筆蹟は南北朝時代のものである。

一〇　⑼後醍醐天皇綸旨（宿紙）　三三・五　五〇・八

當社六月番仕」爲修理料所、任先例」可被管領之由、
御氣色所候也、仍執達」如件、
元弘二年二月廿十九日勘解由次官（花押136）
祇園執行法眼御房

一一　⑽足利尊氏御教書　三一・五　五〇・〇五

波〻伯部次郎左衛門尉爲光申、伯耆」國稻光保地頭職事、背先度」施行、于今不被沙汰付云〻、所詮、」任御下文、不日可被沙汰付之」狀、依仰執達如件、
建武五年二月六日武藏權守（高師直）（花押カ）
山名伊豆前司（時氏）殿

一二　⑾晴惠寶塔院供僧職等讓狀　三〇・〇〇　四八・〇〇

讓与　山城國東藏庄事以下
右、當社領山城國東藏庄・越前國越前」保、寶塔院供僧職以下委細目録在別、爲相」傳之所帶之間、永代所讓与孫弟晴賀」法眼也、云親類、云他人、曾不可申子細者也、」仍爲後日、讓狀如件、
康永三年六月七日
長吏法印晴惠（花押137）

(12)足利尊氏願文等案

二九・三
四六・八

一三三　（①足利尊氏願文案）（前闕）

宗き丶かたし、信かたし、こ丶に直示の宗を行すといへとも、」いまたこれをしやうせす、この事ハりをおもふに、身ハ地水」火をあつめて、大小の不浄をつ丶めり、心ハ生々世々ニなれ」きつる、愛念執着につなかれ、本覺の月くもれるかことし、」仏神た〔あ〕いことなりといへとも、内外一なり、此愛執〔念〕執着の」雲をハらひのけさせ給て、仏道をしやうせさせ給へし、此」たひ死の期いたらハ、おしみ申へきにあらすといへとも、」いまた語〔悟〕道得法にあたハさるうへ、せめてハ此道ニすこ」しの心やすき所ニて、わさともか丶る愛別離苦のさかひを」すて丶、いのちおしとも存せす候へとも、人身うしなひや」すく、法位ハ又心やすからさるゆへに、又生死に沈輪〔轉〕せん事、」歎の中のなけき、恨の中のうらみなり、加様にさと〔論〕し」夢想の事候によりて、く〔組〕□〔み〕いと〔絲〕のよろい〔鎧〕一りやう〔領〕・たち」一ふり〔振〕・弓矢、御寶殿にこめ候なり、又四季御神樂」ならひに、大般若・仁王かう〔講〕そのあし〔用脚〕をさため候へく候、」左兵衛督源直〔義〕━尊〔氏〕━かいのりのために、信〔眞〕讀大般若、」社僧の中にてよませらる、又武藏守師直〔高〕御かくらをまい」らす、これしかしなから尊〔氏〕━かきたうなり、

康永三年十二月十五日

正二位源朝臣尊〔氏〕━御判

○荻野三七彦「足利尊氏自筆願文」（『日本歴史』三〇五號）參照。

一三四　（②足利尊氏御教書案）（後闕）

等持寺殿　奉行須賀左衛門尉

御本尊十一面渡申候、被安置其御坊、別而可」被致御祈禱精誠候、今度御夢想希代事候、」仍御□□□□りけに候、返々御祈禱不可有

○この文書は一二三號の料紙に連續して書寫されている。

一三五　(13)祇園執行顯詮書狀土代

三一・七
四九・七

御吉書事謹承了、

今日吉日候由承候之上者、

社家方三ヶ日精進間、近日可始行候、御精進別火

三ヶ日御精進　御別火

又可爲三ヶ日歟、可得御意候哉、
可被始行候、社家公文所
又可爲同前候、來八日
於社家可執行候也、次
冠者殿誦經等事、可
存其旨候、可得御意候哉、恐々
謹言、十一月四日　顯詮

一三六　⒁祇園執行顯詮書狀土代　三一・五・二五　五二・二

靜晴事、無　勅免次第、去
遮被仰座主之處、勅勘事不存知之由、被申候歟、
六月被成　綸旨於貫首御房
猶
而○彼靜晴以祠官儀、明日可隨
其沙汰候、令迷惑候、爲之
勅願神事之祝役之由、○於座主
於貫首
於貫首支申候之處、重無被仰下之旨候間、無子細候之由、依相存
及御沙汰候之間、雖支申候、依
于今令居被官云々、可然候、
不道行候、神事令違乱候、㤙
重被成嚴密　綸旨於貫首、可
遵行神事候、以此旨申御沙汰候之様
可得御意候、恐惶謹言、

八月卅日　法印顯詮上

進上　若狭守殿

一三七　⒂祇園執行某書狀（後闕）　三〇・〇　四六・五〇

先日入御意喜入候、」御次之時、御立寄候者、殊本」望候、抑
六角町文書十四枚」幷高辻東洞院地券六枚」以代官令進候、」
自他忘却候へハ、」御返事を委細可給候、さ候ハすハ」此狀
之可被勘付候、此正文等」御内ニ預進候也、京の事、」如情候
間、無沙汰の事も候ぬと（以下禮紙書闕）

一三八　⒃室町幕府政所執事連署奉書（折紙）　三二・三　四九・三

（足利義詮カ）
鎌倉殿春季御」祈　祇園社御神」樂事、當社御師」執行法印
所勤」仕也、粁足任例」可有其沙汰之由」候也、仍執達如件、

文和二年二月卅日
（佐々木導譽）
導□（花押138）
（二階堂）
政元（花押139）
（粟飯原清胤）
道最

政所

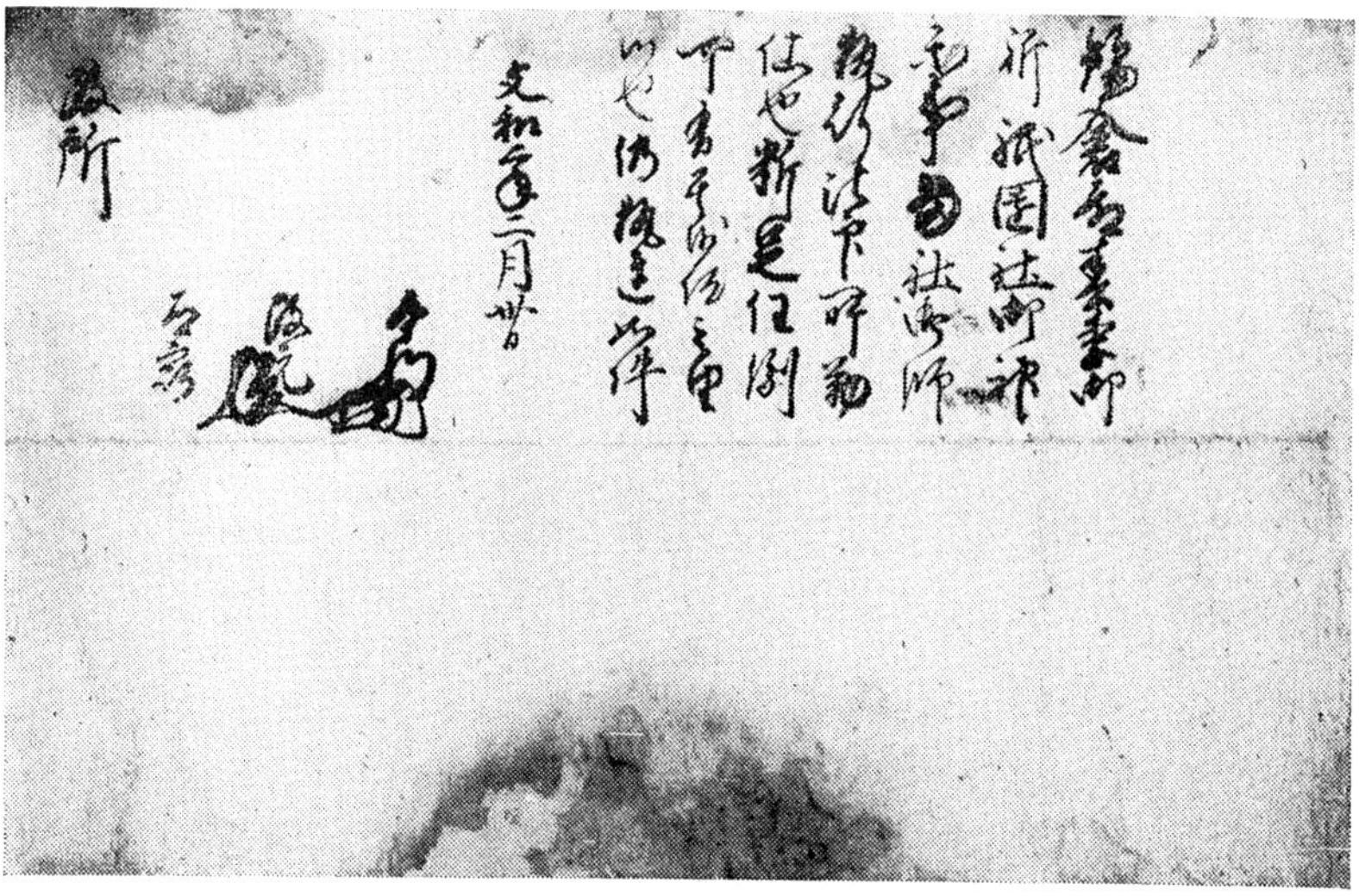

128號　室町幕府政所執事連署奉書

一二九　(17)後光嚴天皇綸旨案　二九・〇　四七・二

（端裏書）
「木寺殿御所帯云々」

木寺宮御所帯云々

（源在子）
承明門院幷龜山院御遺領半分御管領」不可有相違者、天氣
如此、以此旨、可令申入中務（卿カ）□」親王給、仍執達如件、

文和二年十二月廿九日　左衞門佐御判

丹波國井原庄　五条天神神主職

依事繁略之、　○以下餘白。

(18)後村上天皇綸旨等案　二八・七　四七・三

（端裏書）
「自南方給綸旨已下靜晴御敵方所見十六通」

一三〇　(①後村上天皇綸旨案)

南方綸旨靜晴給之、
彼籌策事、悤令上洛、可令計沙汰給之由、」天氣所候也、仍
執達如件、

七月五日　左中將光基奉

祇園執行少納言法印（靜晴）御房

一三一（②後村上天皇綸旨案）

御祈禱事、披露之處、目出候、弥可被致精誠候、」兼又御護
一裹、入見參候、返〻神妙之由、内〻被」仰下候也、謹言、
三月十一日　景村奉判
祇園執行少納言法印御房　静晴事

一三二（③足利直冬巻數返事案）

兵衛佐殿御教書
御祈禱巻數一枝令入見參候了、殊以目出度候、仍」執達如件、
正平九年九月八日　修理亮判
祇園執行御房御返事　静晴事

(19)足利直冬御教書等案

二九・〇
四七・八

一三三（①足利直冬御教書案）

同前
祈禱事、差進幸晴於出雲國安來候条、」尤以神妙、弥可抽精
誠之状如件、
正平九年九月廿二日　判
祇園祠官法印御房　静晴事

一三四（②足利直冬御教書案）

紀州爲凶徒退治、所發向也、殊祈禱可被致」懇誠之状如件、
貞和三〔四〕年卯月廿二日　直冬判
少納言法印御房　静晴事

一三五（③後村上天皇綸旨案）

綸旨
爲被始御祈禱之子細、懸一七ヶ日於社頭、可被」致勤行之
旨、
天氣所候也、仍執達如件、
七月五日　左中將光基奉
祇園社執行御房　静晴事

一三六（④沙彌道普巻數返事案）

歳末巻數一枝入見參候了、仍執達如件、
貞和四年十二月廿五日　沙弥道普判
少納言法印御房　静晴事

一三七　⑵⁰某申状案（後闕）　二七・三／四三・八

當社領就西大門南類〔頬〕敷地之儀、従
建仁寺菟角之子細依被申、御不
審之間、令啓候、誠不及覺悟次第候、
既一乱以前天下無爲時節、諸在家与寺之間、
無紛寺門地者、被構候築地以下歴ニ〻殘有事候、若\
堀を支證と被存候哉、是又北西者
神輿依爲御幸道、諸在家惡水等
落候溝を、一乱已中後野成候間砌爲寺家無要
當社領地之內害候とて、爲被成廣堀儀者、曾以別
儀不可有候、則如此子細、可申儀候ヲ諸
敷地申付候者、其外年寄共召出、
此間之時宜相尋候間、延引之様候（以下禮紙書闕）

○筆蹟は南北朝時代のものと認む。

一三八　(21)左衛門尉某文書裏書（(3)の紙背文書）

このもんそのほか、一ちやうのちのもんそ〔条地文書〕も」やきて〔焼〕候、こ〔殊〕
とさら更のち〔後〕のために、このもんそに」うらかきをし候、
しやうきやう〔正慶〕二ねんのち〔閏〕の二月十七日
さえもん尉（花押140）
（裏判）（花押141）

（巻二）

一三九　(1)足利尊氏御教書　三〇・五／五〇・五

祇園社執行法印顯詮雜掌」申越中國堀江庄地頭職事、」訴状
副具書如此、土肥左衛門入道濫妨云〻、」早止彼妨、沙汰付雜掌
於下地、可被」執進請取之状、依仰執達如件、
文和二年十月十九日　散位（仁木頼章）（花押142）
井上左京權大夫入道殿

一四〇　(2)寶樹院御房宛某書状　二九・五／四一・五

祇園社開發社領」内白川錦少路南頬」田地事、快能法眼一期」
際、以別儀可被閣之由」承候、先以爲本意候、」他事期後信
候、恐〻謹言、

九月十一日　□《ヨメズ》（花押143）

寶樹院御房

一四一　(3)頼譽書状　二八・三　四五・二

就祇園領丹州」波々伯部事、當谷」集會事書」如此候、子細見于」状候欤、恐惶謹言、

八月廿七日　頼譽（花押144）

丹州守護殿

一四二　(4)顯宣書状案　二八・四　四〇・五

於祇園社日光之御社上、」今月廿六日巳剋、鶏《申》」妻鳥如夫鳥時造候之由、」社中者申候之間、如此令」註進候、此趣可得御意候、」恐々謹言、

五月廿九日　顯宣

飯尾左衛門《之種カ》大夫殿

（巻三）

一四三　(1)乘心去状　二九・五　四〇・八

きをんのやしろ西のもんのうち南の」わきゑひす《夷》のやしろ《社》の事

右のやしろハ、乘心こんりうの小しや也、よて」いまにくわんれい《管領》さういなく候、しかるをたうしや」しんよ《神輿》のしよ《處》分ゆつりよう《譲状》のかわりとして、御」ハうちう《房》へさり《去》しん《進》しやう《上》候上ハ、《し脱》しんるい《親類》と申」た《他》人と申、いき《異議》お申上へからす候、しからハゑい《永》」たい《代》御くわんれい《管領》しさい《子細》あるましく候、たなもり《棚守》」しき《職》に於きてハ、たい〳〵《代々》ほうこう《奉公》のみ《身》にて」候へハ、御をん《恩》としてあつけ《預置》をかれ候へく候、御」よふ《用》のときハ、めしあけ《召上》らるへく候、このよし《由》」御ひろう《披露》候ハヽ、かしこ《畏》まり入候、よてさり《去》しやう《状》如件、

おうあん《應安》くわんねん十二月廿五日　乘心（花押145）

かつさとの《上總殿》へ申上候、

(2)後光嚴院院宣等案

一四四　（①後光嚴院院宣案）　三〇・六　四八・五

三条白川敷地、去三月廿一日所被下伊顯」綸旨被召返了、如元可令領知之由、

新院御氣色所候也、仍執達如件、
應安四
十一月二日　權中納言（柳原）忠光
白川侍從殿

一四五　（②足利義滿御教書案）

伊豫國粟井庄・但馬國〻分寺・備後國」三津庄・大和國結崎唐院田畠・三條白河」敷地等事、任今月二日院宣之趣、可被領」掌之狀、依仰執達如件、
應安四年十一月廿一日　（細川賴之）相摸守御判
白河侍從殿

一四六　（③某寄進狀案）（後闕）

寄進
三条白河敷地事
右敷地者、伊氏數代相傳家領也、而爲訪亡」父菩提、所奉寄附當寺也、永代知行不可」有相違之狀如件、
御判
（紙繼目以下闕）

(3)足利義滿御教書等案

二九・七
四八・〇

（端裏書）
「御判案文」

一四七　（①足利義滿御教書案）

御教書案
祇園社御師職付神寶以下幷造營」奉行事、顯詮法印所給御教書等」炳焉也者、師跡相承、不可有相違之狀、」依仰執達如件、
應安七年五月十二日　武藏守御判〇細川賴之は應安五年武藏守に還任。
當社執行宰相（顯深カ）僧都御房

一四八　（②足利義滿事書案）（後闕）

（足利義滿）
鹿苑院殿御事書案
祇園社執行顯深僧都事、當社代〻」師職異于他之間、當職幷六月番仕以下」每度就執　奏、被下　勅裁、武家施行畢、」仍可加扶持也、此趣可得御意之由」可申入座主宮矣、
（紙繼目以下闕）

一四九　(4)明雄坊舍敷地賣券

三一・四
四九・三

（端裏書）
「ミやうをうのうりけん」

沽却　坊并敷地事

合壹所者　在祇園百度大路西頰中程　口南北四丈五尺　奥東西廿丈

四至境（マヽ）見本文書、

右、件坊并敷地者、明雄重代相傳之私領也、然而」依有要用、代錢貳拾伍貫文仁、限永代、相副」次第相傳手繼證文具書等、所奉宗俊首座賣」渡實正也、不可有他妨者也、若有違乱輩時者、以本錢」一倍、廿ヶ日內可致其沙汰者也、若懈怠之時者、所」持所領住庵可被押取候、其時更不可及一言之」子細、仍爲後日龜鏡、賣劵之狀如件、

永和四年戊午七月十七日　賣主明雄（花押146）

一五〇　(5)後圓融天皇綸旨（宿紙）　三二・一 四七・〇

當社六月番仕職」爲修理要脚相傳、」管領不可有相違者、天氣如此、悉之、」以狀、

康曆元年十二月廿九日　勘解由次官（花押147）

祇園執行僧都御房

一五一　(6)祇園執行顯宥祈禱次第　二八・八 四八・一

永德元年辛酉歲

後圓融院

鹿苑院殿（足利義滿）

青蓮院殿

座主無品親王道圓

別當法印道尋

御祈禱次第

大般若經轉讀每日一部

仁王般若經每日三部

三所御本地呪每日三千遍

已上

祇園執行顯宥

一五二　(7)崇光上皇院宣案　二九・四 四二・一

（端裏書）「院宣日野西殿御奉行　案文」（切封墨引）

社務執行職并六月番仕」一公文職以下所職・所帶等、不有」改動之由、新院御氣色」所候也、悉之、以狀、

永德二年五月廿七日　按察使（日野西）在判（裏松資康）

祇園宰相僧都御房

一五三　(8)足利義満御判御教書案　二九・二／四五・〇

祇園社領諸國庄薗田畠洛中邊土」敷地相副目錄事別紙之、

右、伊勢造宮付諸寺社、御禊大嘗會臨時」恒例課役諸國段銭地口、將又守護催促」軍役兵粮人夫以下、悉所有免除也、」社家存此趣、致興隆、可專神用之狀如件、

嘉慶二年十二月十七日

從一位源朝臣（足利義満）御判

一五四　(9)足利義満御判御教書案　二三・八／四二・二

○前號文書と同文につき省略。

一五五　(10)年代記断簡　三三・〇五／五〇・〇

嘉慶二
戊辰

一　二条攝政良基薨去

一　近衛（兼嗣）　薨去

一　三条大納言實繼薨

一　管領左衛門佐義ー（斯波義將）御參詣伊勢□□下向□

一　〔九脱〕月十〔六〕五日去夜御所室町殿（義満）爲富士御覽、御下向、

己巳　三　康應二月九日改元

庚午　明德元

□就西洞院天神社祇園末社管領事、自室丁〔町〕殿被下御教書於」御安堵給間、明德元午十二月日神主圓詮男〔甥〕弁母儀□〔比〕□□〔丘尼ヵ〕」理淳棚守被用也、

○本文書に抹消を意味すると思われる斜線四本がある。また料紙中央に縦の折目が遺存しているのは、かつて袋綴本の一葉であったことを證している。

一五六　(11)足利義満御判御教書等案　三九・六／四六・〇

（①足利義満御判御教書案）

御判御下知案

祇園社執行僧都顯秀申末社五条」西洞院天神社事

右、爲當社以往之末社、顯秀相傳之条、」勅裁以下分明上者、早可令爲本社沙」汰之狀如件、

明徳元年十二月三日
従一位源朝臣（足利義満）御判

一五七（②足利義教御教書案）（後闕）

勘解由小路殿御教書案
祇園社末社五条天神社奉行職事、所」被附顕秀僧都也、早
任御〔教脱〕書之旨、可被」沙汰附之状、依仰執達如件、

一五八（③畠山基國書下案）（前闕）　二八・八　四六・七

付寶壽院法印顕源代之状如件、
明徳三年九月六日　侍所畠山殿（基國）御判
齋藤掃部允殿
伊地知民部丞殿

一五九（④足利義持御教書案）

勘解〔由脱〕少路殿御□□〔教書〕武衛
祇園末社五条天神社奉行職事、」早任去年二月六日安堵幷
當知行、可」沙汰付寶壽院玉壽丸代之由、所被仰下」也、
仍執達如件、

應永十三年閏六月十七日　沙弥（斯波義教）御判
侍所赤松上總入道（義則）殿

一六〇　⑿法印顕源置文　三三・七　五〇・〇

顕深遺跡事、先年雖申置、顕秀僧都」不調不孝非器不可説
之間、神慮にもそむき、」上意にも不可叶、仍令違變之、
孫弟あかゝ丸に」永代所讓与也、然者、所職所帯記録・文
書・坊地以下」一事をもらさす管領不可有相違者也矣、
一あかゝ丸貳拾未満の程ハ、紀氏女更衣、法名本榮、顕深妹あかゝ丸母、」毎事
ハからひて、ふちすへし、自余のともから」異儀あるへか
らす、かつて此置文をそむく□□□□〔へからすカ〕、
一面ゝ一期領主としてハからひをく条ゝ、書状の」むねを
そむくへからす矣、
一顕源管領内住宅ならひに雑具等、又しき地以下なかく」
讓与事、少ゝこれあるへし、任計置之旨、不可有異儀矣、
一愚身閉眼のゝち、顕秀其わつらひをなさハ、訴申公方」
可被處罪科者也矣、
一遺跡等事、玉園和尚幷角堂長老・吉田三品（卜部兼熈）、北□□□」有

談合、無牢籠之様、可有料簡者也、仍置文如件、
明德參年十一月十日　法印顯源（花押148）

一六一　⒀興福寺衆徒群議事書（後闕）　三六・二 五七・四

（端裏書）
「南都藥師寺申狀」
興福寺官符衆徒群議偁、
南都藥師寺領播磨國土山庄者、神事法會要脚」其寄異于他之條、先々事舊畢、爰當庄新地頭」祇薗執行領家進止、京上夫用途惣追捕使職、」雜免等、雖有押妨之企、先地頭廣峯民部大輔」濫妨之時、應安年中被召出兩方文書、被究御」沙汰淵底、任正安二季閏七月六波羅下知、被打渡」下地於南都雜掌、于今當知行之由、自藥□〔師〕寺」就支申、〔申脫カ〕入無御改動之處、結句重去月廿四日□□〔申狀〕」執行代官有元和泉守之家人長井五郎左衛門尉領家」管領爲國名幷安室田已下、無故令濫妨之間、爲」相尋事子細、在庄神人罷向之處、無是非、以兵具及狼藉之」条、先代未聞惡行也、早於件執行幷有元和泉守者、」被處流刑、至下〔手〕主人長井五郎左衛門尉者、被召渡其身於」南都、於當庄地頭職者、可被付南都者也、御沙汰若令遲」引者、可及大訴之旨、群議如斯、」

（卷四）

一六二　⑴祇園社遷宮條々事書　三〇・八 四七・八

祇園社遷宮条々 應永二年
一　假殿可有新造歟、可爲神輿造替之行事所歟、」不然者、可爲神殿東之寶藏歟、可被召御占事
一　假殿在所事
一　日時可被尋事
一　遷宮御具足等幷平絹十疋・白布三十端・蘆筵等」雜具事
一　神路垣事
一　立香麝香臍一
一　神供事
一　神躰御座構事
一　供奉祠官袈裟淨衣等下行物事
一　同酒肴事
一　役人長講承仕以下淨衣等事

一　宮仕神人等祿物事
一　神樂新足幷神馬・御劒等事
一　大般若轉讀事
一　供奉祠官祿物等事
一　警固事
　　此外条々、

一六三　(2)室町幕府奉行人連署奉書案　二八・八／四九・四

(端裏書)「御書下」
祇園社領自余國々略之、「攝津國金心」寺等、外宮役夫工米事先々」免（○「夫」の字の紙背に裏花押(535)あり。）
除之上者、早可被停止催促之」由、所被仰下也、仍執達如
件、
　應永三年十一月三日　左衛門尉判
　　　　　　　　　　　沙　弥判
　　　　　　　　　　　掃部頭判
造宮使殿

一六四　(3)祇園社御八講功勞申文(折紙)　二九・四／四八・四

(折返異筆)「大上坊口入」
所望申祇薗御八講事
　西塔東谷金林房卅九﨟 顯秀阿闍梨冬
山洛諸八講功勞事
　　略之、
右、所望申如件、
　應永八年八月日

一六五　(4)新日吉社造營料免除狀　三〇・〇／四六・一

新日吉社造營料足洛中地口事
右、所々等可止催促之由、加下知」候了、仍免除之狀如件、
　應永九年四月十六日　法印(花押149)
祇園社領分

一六六　(5)祇園社雜掌實晴支狀案　三〇・〇／四六・〇

(端裏書)「祇園社支申」
　祇園社雜掌實晴支申」三条白川田地事
右下地者、專爲當社根本開發境內地、延久以來」云中古、云

當　御代、支證連面〔綿〕也、隨而當知行于今」無相違之處、東岩藏雜掌如掠申者、爲神輿」造替、一旦御寄附云〻、奉行誰人哉、可有御糺明」歟、奏事不實申狀無故實至也、其上於神輿」造替要脚者、以山城國段錢造畢之上者、爭」以此地稱彼要脚哉、當方所給　御教書幷往古」代〻官符　勅裁等少〻備進之、若爲神輿造□〔替〕」被付之由支證在之者、尤可令出帶者歟、任雅□〔意〕」其上依奉行人注申、可令左右、先依引汲不及兩方之訴論、以二〻內〻訴狀申成御教書之条、奉掠　上聞之条、以外濫吹也、且以往古嚴重神領」無故被付不審至候、寺院之條、頗神慮難測、所詮、早任」道理、可爲一円之神領之由、重被下安堵　御□□〔教書〕」弥全神用、欲抽御祈禱精誠、仍支狀如件、

應永十年五月　日

一六七　(6)惣大工三條宗元申狀案　三〇・〇 四九・六

（端裏書）「宗元申狀」

目安

修理職惣大工三條左衛門大夫宗元謹言上

欲早被止代官源五男無理競望、任先例一圓」致沙汰　祇薗社造榮〔營〕間事

副進

一通　院宣安〔案〕曆應四年五月三日

右、於當社造替者、曆應年中祖父宗正被下　院宣」所致沙汰也、而近日自勸進方廻廊造榮〔營〕之間、」宗元致其沙汰處、源五男無〔自脱カ〕往古号修理大工、或」相語當社執行支申之条、言語道斷所行也、」爲代官、一旦申付處、及對論之條、無是非次第」也、然早爲後證、爲被成下　御教書言上如件、

應永十六年三月　日

一六八　(7)進仕某書狀　二八・四 四七・〇

（端裏書）〔應〕「進仕殿」永十七・七・十三」

御護茅輪一合　送給候条、」悅〔祝〕著之至、畏存候、猶〻」被懸御意候条、難申尽存候、」何樣如此次第、懸御目候て」可申入候、每事期後信時候、」恐〻謹言、

七月十三日　進（花押150）

御坊中

一六九　(8)室町幕府下知狀　二九・六　四七・七

（元端裏書）
「地口御免御書下、奉行方治部河内守殿應永廿一・十・五日」

祇園社領敷地在所注文

一　高辻烏丸一保四町　大政所
一　高辻東洞院南東頬　口二丈五尺
一　高辻東洞院北東頬　口五丈
一　綾小路高倉西南頬　口五丈
一　四条東洞院西北頬　口二丈
一　錦小路東洞院南西頬　口四丈四尺
一　六角東洞院北東頬　口五丈二尺三寸
一　六角町南東頬　口三丈八尺

已上八ヶ所

右、所々地口、任先例、可被止催促之由候也、

應永廿一
十月五日　（治部）則榮（花押151）

國府宮別當御房

一七〇　(9)宗修祇園領地子錢請文　二八・四　四六・九

請申祇園領地之事

合口東西七丈 奥南北二丈 者、

右、所請申實也、但御地子七百文分」毎年夏冬之二季ニ可擧申候、」若無沙汰候ハヽ、任法例、可預御」催促候、仍爲後證之狀如件、

應永丙午卅三年三月九日
請主　宗修（花押152）

天潤庵來薰軒

一七一　(10)室町幕府下知狀案　二八・二　四〇・九

祇園社領丹波國波々伯部」保諸公事人夫役撿斷等」事、爲家門繁榮所願成就、」以敬神之儀、令停止地下催促」之狀如件、

應永卅三年三月十七日

沙弥御判

執行僧都御房

一七二　(11)室町幕府奉行人奉書等案　二八・一　五七・四

（①室町幕府奉行人奉書案）

祇園社領丹波國」波ゝ伯部保諸公」事等事、任去」三月十七日御下知」之旨、可止催促之」狀如件、

応永卅三
六月十三日之資判

籾井民部殿

一七三 (②玄俊遵行狀案)

祇園社領丹波國」波ゝ伯部保諸公」事等事、任今月」十三日御折帋之旨、」可止催促之狀如件、

應永卅三
六月十九日玄俊判

白水殿

福田殿

○一七二・一七三號文書とも、下半を白紙にのこした一紙に書寫されているので、元折紙であったことを示している。

一七四 ⑿祇園執行顯緣用途請文案 二六・六 四二・九

請取　用途事

合柒貫柒百文者

右、祇園社領境内祇園中路西頰白川」錦少路未南頰田畠幷乾角道分口東西」壹丈、次金剛丸分加地子等、當年丙午歳分」所請取之狀如件、

永享元年己酉十一月十九日

應永卅三年丙午八月廿七日祇園執行

顯緣御判

仰九月十六日料足沙汰、」請取案如此、

一七五 ⒀室町幕府下知狀案 二八・六 四〇・一

祇園社領丹波國波ゝ伯部保」諸公事人夫役撿斷等事、」任先例、爲家門繁榮所願成」就、以敬信儀、可停止地下催促」狀如件、

永享六年十一月廿五日

(細川持之)
右京大夫御判

執行僧都御房

一七六 ⒁祇園執行顯緣請文案 二七・四 四一・四

(端裏書)
「攝津殿被遣之狀案永享九・卯・廿九」

(紙背)
「(切封墨引)」

祇園社領之内、四条五条間河原」畠事、犬神人自往古社恩之
由承候」歟、此内条尺犬神人与薩摩相論、付」下地○子細犬神人可薩摩支
相尋之由、蒙仰候間、則加下知候之處、捧一通候歟、
證事蒙仰無社家候」間、顯緣不存知候、可得御意候、恐〻謹言、
ヒヒ
卯月廿九日　　　　　　　錄
顯〔緣〕□請文
御奉行所

一七七　⒂少別當快秀請文案　　二八・四六・五六

（端裏書）
「榊房請文案　　嘉吉元・十・九」

祇園社正月修正初夜導師請文之事
右、導師○幷明六時已下得分壽福寺社幷百度」大塔一所之地子等之事、任
先規被仰」付候条、畏存候、▨▨▨▨○社家樣へ不法緩怠儀」候者、
雖何時候、被召放余人ニ可被」仰付候、其時不可及異儀候、
仍請文之狀」如件、
嘉吉元年十月九日少別當快秀

一七八　⒃岩夜叉丸代源承請文　　二八・四六・八〇

當社少別當職被加召候之条、」畏入存候、仍五月番仕所役」
五日御神供備進幷社家」御德分新足拾捌貫文申次分加貳貫文宛」事、
四月二日拾貳貫文相残」分五月廿日以前、可進上仕〔候〕□、」万
一此段不沙汰申候者、致〔至〕」五月番仕者、他人可被仰付候、」其
時一言不可及異儀候□」可有御披露狀如件、
文安貳年十二月三日源承（花押）
岩夜叉丸代　　○花押下半分を闕く。

一七九　⒄祇園感神院栅守職補任狀案　　二八・四六・一〇

感神院　　政所下
補任
右、西大門脇南頰一番小社夷之」社栅守職之事者、光千代丸」
被預下處也、不可有更他妨、」仍補任狀如件、
寶德三年五月　　日
社務執行權律師

一八〇　⒅感神院御八講請僧交名注文　　二八・四六・六〇

（端裏書）
「祇園八講僧名寶德參年」

感神院御八講僧名
一日　二日
（異筆）「虚空藏尾」
東塔北谷
星光坊
源祐　　　　祐憲同谷
禪明院侍從

三日　四日
（異筆）「八部尾」
\源星東塔北谷地蔵坊　（異筆）「虚空蔵尾」\良深同谷明輪坊
五日　六日
弁算東塔西谷練禅房　頼教同谷覚林房
七日　八日
\全祐横川椛尾谷号栄寿院　一人為社家可被嘱請、
寶徳参年分

（巻五）

一八一　(1)大工康吉重申状案　二九・一 四五・八

祇園社修理大工康吉謹支言上
右、当社修理大工者、久為両大工、御神殿」以下於諸堂小社、
代々致忠節、令専奉公」処ニ、爰惣官一圓ニ可致沙汰由申条、
猛悪至」極也、然自往古為両大工仕事、一社無其隠」候、殊
一御鳥居立申刻、惣官掠　公方様申、」雖（令）歎一圓沙汰申（仕由望申）、畠
山殿之御職時、利非お」被披聞召、任先規為両大工、可沙汰
仕之被（由可奉）」成下　御奉書（被仰下）于今無相違処ニ、又件惣官」掠　公方
様申条、言語道断次第也、所詮、任」往古例、〔忝〕奏為預厳重御
成敗、粗言上如件、
享徳貳（三）年十一月（五月）日

一八二　(2)社頭供花事申状案　二七・〇 四三・六

（端裏書）
「長禄二年四月八日社頭供花事申状案文」
祇園社就安居之供花事、被成下御」奉書候之処、社僧等悉雖
致参懃」民部小別当紹慶・弟子宮内卿小別当」賢慶・式部卿
小別当祐全此両三人」令違背御奉書之旨、不可致参懃」之由
申候、今日八日及申剋、可有闕怠」之間、注進申候、厳重之預
御成敗」候者、可畏入候、恐々謹言、
（長禄二年）
四月八日
飯尾左衛門大夫殿

一八三　(3)片羽屋神子等申状案　二六・五 四四・一

（端裏書）
「片羽屋神子申状 社家奉行いゝのおのひせん殿〔飯尾肥前〕 文正元・六・十九」
祇園社片羽屋神子等謹言上
右子細者、御神楽銭百文内十文者令進上寶殿、」内八文者毎

日爲御燈明料、所致其沙汰者也、亦廿」五文者号夫賃、執行
方座中于今無懈怠致」執沙汰者也、此外下女夫錢五貫文致其
沙汰了、然」座中神子者等一和尚八文、二〔和脫〕尚七文得分、自往古」
如此處、先年彼神子兩人死去刻、此得分無」謂座中預置、毎年
月五拾五文被借召之」段勿論也、然間、近年御神樂以下、事
外」減少之間、其子細連々歎申處、不能許」容、結句　公方
樣被掠申之條、以外造意」也、所詮、如元被返付座中、弥爲
致御祈」禱精誠、粗言上如件、
文正元年六月　日

一八四　(4)祇園社御供奉行大黑秀慶申狀（折紙）　二八・一 四七・八

祇園社日神供料所」江州坂田郡之内祇園之」保也、今度号大
嘗會料、」吉田殿爲奉行、使者」入部、年貢被押候間、」日神
供已及闕怠間、」自七月一日至十二月」御神供料所也、殊以」
大嘗會、其外諸役」御免除之　御判明鏡之」上者、弥可爲御
祈禱」者也、以此旨、早々所」可預御披露如件、
六月十八日　御供奉行大黑 秀慶法橋（花押153）
池田伊賀殿

一八五　(5)安居僧關係文書案　二八・一 四七・〇

（端裏書）「安居中」
別當へ狀之安〔案〕文
當社之僧安居參懃之事、先度」公文所注進之、交名之人數以
社役」之儀無可致其沙汰、若令無沙汰輩者、」可闕〔マヽ〕管候、
折帋也、是ハ飯尾下野方へ案文、
祇園社安居社僧參懃之事、以社役」之儀、祝言之人數無闕怠
樣可致其」沙汰、若無沙汰之輩在之者、注交名令」注進、可
被罪科、

一八六　(6)朝倉義景卷數返事（橫切紙）　一九・九 五一・一

於當社神前祈禱之」卷數・守・牛玉頂戴幷」五明一本給候、
怡悅之至候、」隨白綿貳屯進之候、委細」魚住帶刀左衞門尉
可申候、恐々」謹言、
十二月三日　（朝倉）義景（花押154）
祇園執行 寶壽院

一八七　(7)六角定賴卷數返事（橫切紙）　一七・八 五二・一

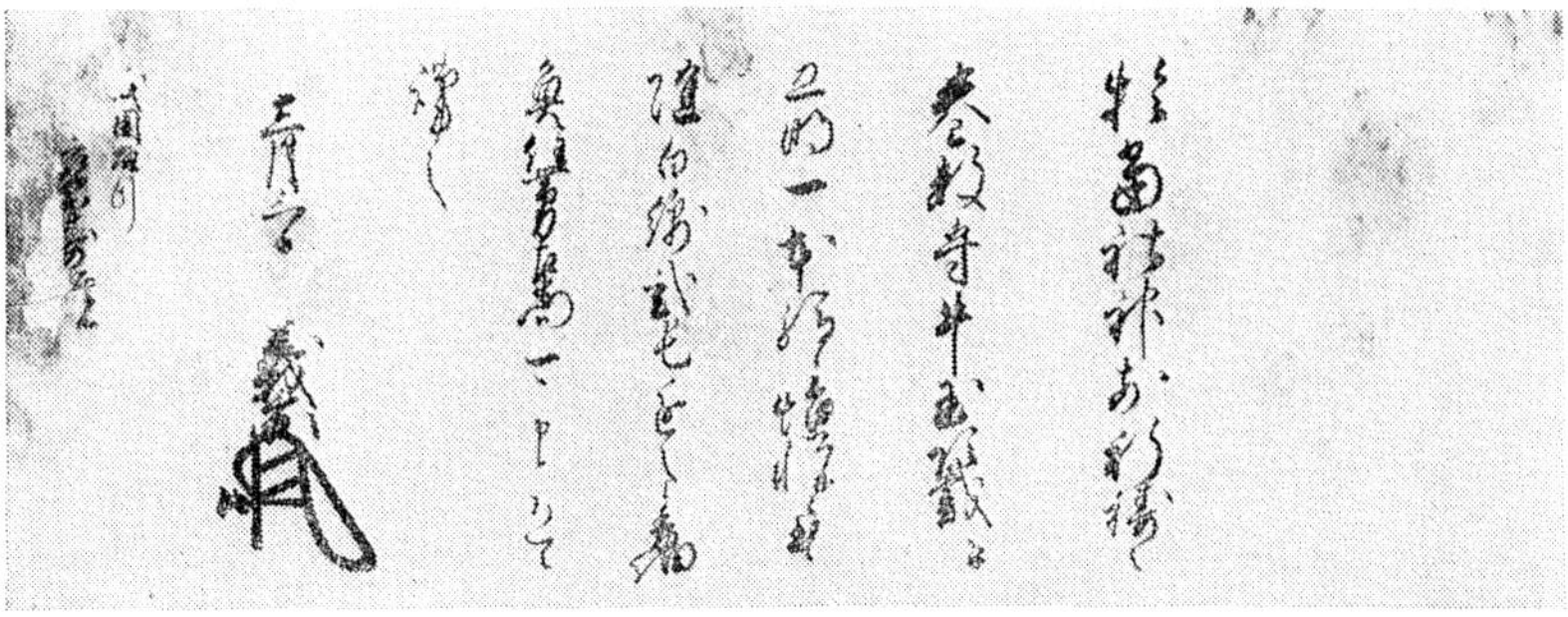

186號　朝倉義景巻數返事

當月祈禱之」巻數給候、祝着候、」猶三塚神右衛門尉」□□□(可申候カ)

恐々謹言、

九月廿二日　(六角)定頼（花押155）

祇園執行
寶壽院御返事

一八八　(8)室町幕府奉行人連署奉書案　二七・四五・五〇

(端裏うわ書)
「祇園社執行御房　下野守貞基」

今度當社炎上事、依疎略」及大變之旨、社僧以下訴申之、」度々神事于今退轉云々、太不可」然、早如先々嚴蜜(密)可被遂行」由、所被仰下也、仍執達如件、

應仁元年十二月二日　(飯尾爲脩)肥前守
(伊勢貞基)下野守

祇園社執行御房

一八九　(9)祇園社執行顯重申状案　二八・四七・七一

(端裏書)
「祇園執行所注應仁二　十」

祇園社執行權律師顯重謹言上

右、當社領丹波國波々伯部保者、爲日神供料所之」處仁、山

門西塔院南尾交衆安養房就借錢之儀」令押妨之条、理不盡之至也、其故者、先師顯宥雖」借錢申、先年御德政時、任御成敗之旨、就借書」起〔棄〕破之大法分一於進上仕、則被成下御奉書、伊勢」守裏判在之處仁、号山門南尾借物及異〔違〕乱事、」先度以目安雖申上、重而付借狀預御尋之間、」其子細於弁申上之處也、就當社用借錢仕時者、」諸借書之文言仁、山門之新足与乘〔載〕文事、不始于今次」第也、懸文言、德政已後及催促之間、重而申出御」奉書致其沙汰之處仁、既令催促停止之處仁、此一兩年」相語南尾申掠欤之間、就神慮付　公儀、旁以無勿」躰次第也、所詮、以此旨、預御披露者、弥可致天長地久」御祈禱之精誠狀、謹言上如件、

　　應仁二年十月廿六日

一九〇　⑽祇園社大工廣吉目安案　二七・〇　四四・二

祇園御大工源五廣吉畏言上

右、子細者、祇園社大工職之事、自往古于今」無相違處、先年大裏〔内〕紫宸殿御寄進時、」惣官就紫宸殿御大工、彼御殿仁相そい參候て、」我ゝ相共取立申、其以由緒、惣官兩大工号」末社以下、其外廻廊所ゝ御修理之時、相共仕候、」仍一乱中惣官死去以後、棟梁右衛門、依彼跡」於相續仕、今度就御造榮〔營〕、惣官相共奉公仕候、」雖然、如往古廣吉一圓大工職之事、可歎申處、」結句、右衛門公儀掠申、一圓之儀望申候事、」言語道斷之次第也、所詮、先規之儀一社へ御尋」候て、任理運之旨、無相違御成敗被成下者、」忝可存候、仍目安之狀如件、

　　文明十一年六月十四日

一九一　⑾教泉正藤地子筭用注進狀　二八・六　三四・三

社領　西大門屋地子筭用事

　合　文明十四年七月分

貳貫八百文　北頬分當季ヨリ五百卅三文增分又百文幸𠆢上納
貳百五十文　同作分
九百文　南頬分
百十五文　同作文
　已上肆貫六十五文內、肆百六文分一ニ引申候、
殘參貫六百五十九文內五百文石𠆢未進

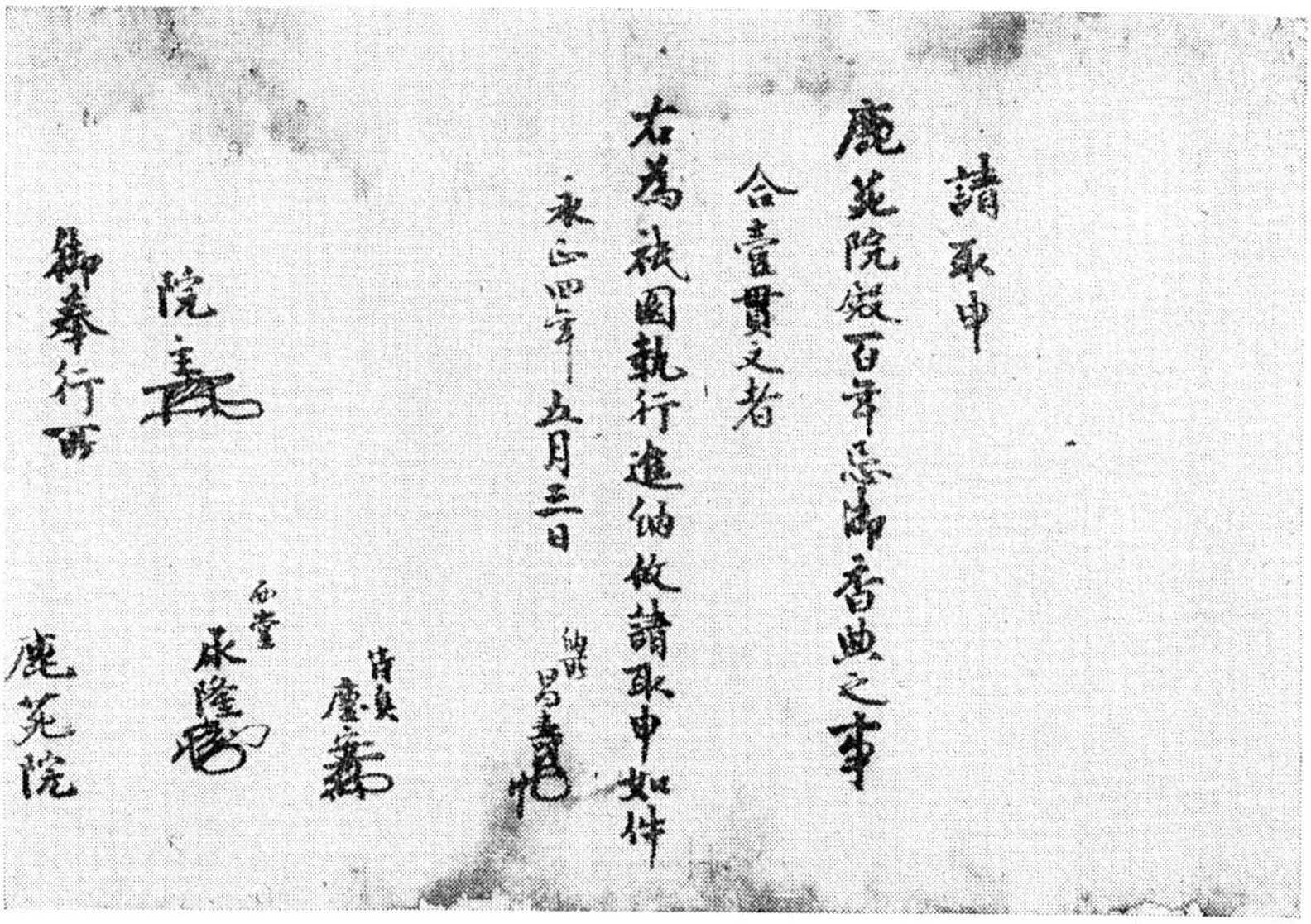
請取申
鹿苑院殿百年忌御香典之事
合壹貫文者
右為祇園執行進納攸請取申如件
永正四年五月三日　納所 昌壽
侍眞 慶安
西堂 承隆
院主
御奉行所　鹿苑院

192號　足利義滿百年忌香典請文

定殘參貫百五十九文内

貳貫九百文　度々ニ進納申候、殘貳百五十九文只今上申候、

文明十四年十一月十七日　教泉正藤（花押156）

進上　山本加賀守殿御申

一九二　(12)足利義滿百年忌香典請文　三二・一 四五・五

請取申

鹿苑院殿百年忌御香典之事

合壹貫文者

右、爲祇園執行進納、攸請取申如件、

永正四年五月三日　納所昌壽（花押157）

侍眞慶安（花押158）

西堂承隆（花押159）

院主（金溪梵鐸）（花押160）

御奉行所　鹿苑院

○この種の文書として珍しいものである。因みに『祇園社記雜纂』第五には本文書の寫しが見える。

一九三　⒀室町幕府奉行人連署奉書案　二七・〇 四四・六

（端裏書）「永正五十二月八日書申候、同十九日被仰付也、」
（端裏うわ書）「祇園社大勧進方万藏僧　近江守貞運」

祇園社大勧進事、爲德阿」跡、弥可勵修造功之由、所被」仰下也、仍執達如件、

永正五年十二月八日　飯尾 近江守（貞運）判在
松田 對馬守判在

當社大勧進萬藏僧

一九四　⒁山本源四郎清正屋敷寄進狀寫　二八・〇 三〇・八　（端裏書）「幷寫」

寄進狀

朝雲庵屋敷爲不動院御寄進、」其内自彼院半分此方（二人カ）へ雖有御」契約子細、此方分をも、同無量壽寺江」寄進申候、聊他之妨不可有之者也、」爲以後、親にて候者、不動院代官」折帋相副渡申候、仍爲後日、寄進狀」如件、

永正十三年二月　山本源四郎 清正（花押影161）

無量壽寺

參

〇本文書は近世の寫しと思われる。

一九五　⒂祇園執行顯增書狀案　二六・四 四三・九

當社領之内西大門之北馬場分之」事、細川岩栖院殿代借地、被」作馬場畢、以後返社之處、其砌又」京極殿彼馬場借用候て、以來兎」角不知行之事候、此度御」（被達）上聞、被仰付、如元致社務候者、弥」天下太平御祈禱之可爲專一候、」此旨御披露所仰候、恐々謹言、

永正十五
九月十二日　顯增

飯尾近江守殿

一九六　⒃祇園執行顯增書狀土代　二五・三 四三・五

當社領之内西大門之北馬場分」事、細川岩栖院殿代被借地、被」成馬場畢、其後又京極殿彼馬場」借用候て以來、（山村与力）兎角不
明智号京極方被官、致違乱候處、以兼又大内方至近日押妨候、
知行之事候」此度被達　御上聞、如元可爲社家」進退之旨、被成下御下知候者、弥」天下太平御祈禱之可爲專一候、」此

旨御披露所仰候、恐々謹言、

九月十二日　顕増（花押162）

飯尾近江守殿

一九七　(17)片羽屋座神子補任状案　二六・七 四三・五

補任

片羽屋座之神子」入衆之事、可任先例」之由、依仰所令補任如件、

大永四年六月三日　山本次郎左衛門尉 顕吉

与三郎之子与一時云々、

一九八　(18)祇園感神院小別當職補任状　二八・九 四三・八

感神院

補任　小別當職事

鍋千代丸

右、社役神用幷五月番仕」公用等事、可守先例、若」對社家不儀之子細在之者、可」改易者也、仍状如件、

元龜三年四月十日

社務執行權律師（花押163）

（異筆）「先年者山本加賀朝祐判形也、然共、我等直判□所上候、□□如此認候て遣候、

天正十六年三月日」

○上掲の一八六・一八七號の二通の料紙は竪紙・折紙・切紙等の何れでもなく、戰國時代以降に出現した新様式の料紙であり、未だ定った料紙の名稱はなく横切紙と假に稱しておく。

（卷六）

一九九　(1)祇園感神院補任狀案　二四・六 四二・六

（端裏書）「源介子」

社家在判

補任

感神院

片羽屋入衆竹千世丸男

右、社役神用可専先例、」聊對社家不可存疎意也、」若不儀〔義〕子細於在之者、可有」改易者也、仍補任如件、

天正六年霜月十四日　安吉判

二〇〇　(2)祇園感神院補任狀案　二四・六 四三・三

社家御判

補任

感神院

片羽屋入衆仙藤丸男

右、社役神用可專先例、」聊對社家不可存疎意也、」若不儀(義)子細於在之者、可有」改易者也、仍補任如件、

天正六年霜月四日　安吉判

二〇一　(3)祇園感神院補任狀案　二四・五 三九・八

社家御判

補任

感神院

片羽屋入衆太菊丸男

右、社役神用可專先例、」聊對社家不可存疎意也、」若不儀(義)子細於在之者、可有」改易者也、仍補任如件、

天正七年八月三日　安吉判

〇以上三通は同一筆蹟であり、天正當時の筆と認める。

二〇二　(4)正親町天皇口宣案（宿紙）　三三・一 四八・三

(端裏書)「口宣案」

甘露寺大納言(經元)

□(天)正十三年四月廿四日　宣旨

權大僧都淳盛

宜令贈敍法印

藏人頭左近衞權中將藤原(中山)慶親奉

二〇三　(5)祇園執行寶壽院祐雅申狀　二八・六 四四・一

謹而言上

祇園神前之御番、毎年六月・七月・八月・十月」霜月合五ヶ月之御番參錢之儀、當院進退仕候、」然處、梅坊順榮依致懇望、彼代官申付、扶持として」參錢之十分一幷守・牛王札賣錢飯米以下まて」下行仕候、今度梅坊死去仕候条、直務ニ申付候處ニ、」梅坊弟子定林坊と申者、代官持來と号して競」望仕候、一向無謂候、其子細者、先ゝ誰にても當院」はからひを以、代官申付候、其請文數通御座候、しかるを」梅坊我物之樣ニ

申成候事、不能分別候、其上定林坊ハ」梅坊跡目之弟子にてハ無之子細御座候、被聞召□」有様ニ被仰付候者、可奉忝存候旨、可然様ニ御披露」所仰候、以上、

天正十五年
十二月　日　祇園執行寶壽院
祐雅（花押164）

二〇四　(6)津田宗意祇園社賽錢契狀　三一・二　四四・二

祇園大政所之さい錢之事

きおんゑ七日より十四日までのさい錢ハ、」前ゝより我等存知申候、但七日のあさ」より午刻までのさい錢ハ、半ふんつゝニ」わけ可申也、きおんゑ相すき候年」のさい錢ハ、貳月・卯月、六月ハ、但きおんゑ」七日より十四日まてハ前ゝのことくさいせん」我等存知しり申候、八月・拾月・十二月、」右此分ハ常音可存候也、又壬〔閏〕の」月ハ、上十五日ハ此方存候、下十五日ハ其方」可存候、爲後日之狀如件、

文祿四年貳月四日　津田
宗意（花押165）

常音
まいる

二〇五　(7)幸千代丸棚守職請文　二七・八　四六・〇

祇園社西門南脇一番小社夷社事

右社者、社家御管領處也、但於棚守職」事者、代ゝ由緒異于他候間、被仰」付幸千代丸候条、畏入候、不可有」更他妨候、然間如先祖無懈怠」可致奉公候、若不法緩怠御緩〔謗カ〕」曉子細候者、雖爲何時可被召」離候、万一及違儀事候者、爲」公方様御沙汰、可預御罪科候、」仍爲後日請文之狀如件、

五月十九日　幸千代丸（花押166）

池田伊賀守御申

二〇六　(8)慶賢書狀　二九・三　四一・三

祇園社領丹波國波ゝ伯部」保内極樂寺掠申下地」事、社家當知行之上者」自彼寺雖有催促、不可」致其沙汰之由、可被加下知」旨、自御屋形被仰下候也、」恐ゝ謹言、

八月十七日　慶賢（花押167）

祇園玉壽殿

二〇七　(9)大江廣元擧狀案　二九・三 四八・五

右大將家（源頼朝）　公家御吹擧所見案文

祇園執行顯玄法橋申當社」領丹波國波々伯部保事、年」來相傳云、―――

院廳御下文候云々、仍遠江」國―――

可致沙汰之由、可有御下知」候也、顯玄依勤行、御祈禱候、」如此所令執申候也、恐々謹言、

五月十三日　前大膳大夫（長井大膳大夫廣元）判

進上　―――

○筆蹟は應永頃のものである。

二〇八　(10)行證奉書　二七・八 四五・五

祇園社僧安居參懃之」事、先度公文所注進交名」人數、以社役之儀可致」其沙汰、若於令無沙汰輩者、」可被闕管〔官〕之由、被仰下候也、」誠恐謹言、

四月五日　行證

日嚴院御坊

二〇九　(11)はやし光縁書狀　二六・四 四四・六

（端裏うわ書）（異筆）「馬場殿」

「鳥居坊　御房中　はやし 光縁」

尚々御出仕之時、此方へ之儀も、御礼」可被仰候間、可被成御覺悟事可然候、

公方樣へ御礼之儀先可然分候て」海老名殿へ披露之儀被申合候、此間者、」海老〔名脱カ〕歡樂候て無出頭候、加養性近日」可有出仕之由候、然者自是御左右可申」儀候も、聊無疎略候、內々其御用意」肝要存候、此由可預御申候、恐々敬白、

十一月十八日　光縁（花押168）

御房中

○以上二通の筆蹟は室町時代のものである。

二一〇　(12)多田玄怡書狀（折紙）　三三・五 四四・二

尚以屋敷支配之儀長兵衛ニ」申付候間、左樣御心得可」被下候、宇兵衛門殿へ申入候、大藏殿」唯今御名何と申候哉らん、」弥御無事御座候哉、一傳賴入存候、以上、

一筆致啓上候、其後者」御物遠ニ罷過候、弥兩御家内」御無爲ニ御座可有と珍重」此事ニ御座候、當地相替儀」無御座、家内無恙罷在候、」然者、拙者屋敷之儀、唯今迄」六兵衛ニ支配致させ申候へとも、」唯今六兵衛も家持ニ罷成」兩家之支配難儀之由、度ゝ」申越候へ共、可然者無御座候故」延引致候、唯今借屋ニ居申候」長兵衛と申者ニ支配申付候間、」自今以後家並之儀、」長兵衛ニ被仰付へきにて候、遠方ニ」罷在候故、諸事御苦労ニ」罷成候と存候、弥借屋之儀」諸事可然様ニ長兵衛ニ』被仰付可被下候、扨ゝ久ゝ」可掛御目、御床敷存候、少」罷登、積鬱得御意度」念願ニ御座候へ共、當地を離罷出候儀、不任我意と候故、」不及是非候、何様与風罷登」万ゝ可得御意候、尚期後音時候、」恐惶謹言、

九月朔日　　永井市正内　多田玄怡（花押169）

上河原右京様

山本宇兵衛門様

人ゝ御中

○本文書は文章上よりしても推察は出來るが、他方その筆蹟よりしても近世初期の寛永頃の文書であると推定する。

二二　⒀祇園社中覺書案　　二八・〇四〇・八〇

覺

一從社中　御社家へ得御意候事

東九條村之免きはの事

今庄屋從御社家御極被成候とて、」及五六年筭用不相極候間、筭用」仕候様ニ被仰附可被下候事

其上當社へ持來納申候様ニ」被仰付被下候ハヽ、可畏存候、此旨」御披露可預候、以上、

丙子年　十月二日　　社中

今江三右衛門尉殿

⒁祇園社申狀等案　　二五・九四三・一

二三　（①祇園寶塔院跡舍利塔發掘申狀案）（後闕）

去八日午刻自祇園寶塔院」跡、御舍利〔二基〕□□〔塔脱カ〕・同御佛三躰」藥師　文殊　十一面御長寸者二寸計」掘座候、御舍利塔者（二）基者、水精之御」塔、一基者、璃璃壺○〔留〕也、〔掘出申候、〕以此旨可」有御披露之狀如件、

二二三　（②祇園社奇瑞申状案）（後闕）

去十月廿五日くす〔楠〕のきのもとより、同」くすのきおい〔生〕いて〔出〕候、
き〔樹〕たけ〔丈〕六五尺はかり候、」五ほんきのもとにハ、五ほんおい〻
て候」三ほんのきのもとにハ、三ほんおい〻て候、又」御て
んの御まのとおりのきた二三ほん」おい〻て候、これにハ、
いろこ三きのもとに」御座候、三屋しもおの〳〵見申候、」
そのま〻御地をかけにてまつらち〔埒〕をゆい〔結〕」まわし候ておき申
候、此おもむきおもつて、

○以上二通は一紙に記してあって、筆蹟は同一であり、應永頃のものであろう。

二二四　⒂祇園神領押妨在所注文（後闕）　三三・五　四九・二

祇園社開發神領内田地幷高辻烏丸御旅所号大政所、」敷地等諸
人押妨在所事
一所　四條面北頬屋敷覺阿居住、
一所　四條面北頬
一所　錦少路（マヽ）南頬
一所　錦小路北頬
一所　車大路西頬
一所　六角白河中嶋
一所　四條面北頬
一所　三條面南頬

○筆蹟は南北朝時代のものである。

二二五　⒃萬里小路嗣房奉綸旨（宿紙）　三〇・八　四七・九

當社六月番仕」令管領、可致築垣」造營者、
天氣如此、仍執達」如件、
五月廿八日　右大弁（花押170）
（附箋）「万里小路頭弁嗣房右大」
祇園前執行顯詮法印御房

（禮紙書）遂〔逐〕仰、　三二・四　四八・八
當所非被付社家之儀、」爲御祈禱料所之上者、」師跡各別可
知行之由、」被仰下者也、

二二六　⒄某天皇綸旨（宿紙）（後闕）　三二・四　五一・一

當社二月番仕」職事被宛行、」毎月大般若經」轉讀析所上者、
不」可依座主遷替、早」任先度　綸旨、致」管領、可專御」
祈禱者、

○筆蹟は戰國時代のものである。

二七　(18)祇園執行顯縁申狀　二八・八　四五・九

祇園社御師執行職等支證撰出」候分、先進上仕候、一巻代々
御祈禱、」勅裁御教書幷靜晴御鎧犯用御」勘氣之御奉書、次
侍所狀等十三通一帖・」靜晴南方綸旨幷兵衛佐（足利直冬）殿御教書、次」
錦少路殿（足利直義）御教書、御敵方御祈禱所見」十六通進上仕候、以此
旨、可有御披露候哉、」恐々謹言、
六月廿六日　顯縁（花押171）
松田九郎左衛門尉殿

○この文書は前掲一三〇號以下一三六號文書と關係がある。

二八　(19)祇園社文書目錄案（前闕）　二七・〇　四四・一

一　諸國庄薗田畠注申邊土社領免除之御判
一通　嘉慶二年十二月十七日
從一位源朝臣　鹿苑院（義滿）殿御判也、
一　山城國鳥羽庄下司職替近江國冨永庄
内小山成願跡事御寄進狀一通
明德二年八月卅日
鹿苑院殿御判
一　管領御教書一通　細川殿（持之）
嘉吉元年閏九月卅日右京大夫（細川持之）判
一　執行職被返付奉書一通
應仁二年四月七日　下野守（布施英基）判
肥前守（飯尾爲脩）判

二九　(20)寶壽院社務職覺書寫（折紙）　三二・五　四六・三

覺

一　寶壽院社務職者、白河院永保年中社務職被」補、其後
後小松院至德二年　勅裁頂戴仕、山門之御門跡之御綺」稱
無之、社務座主相兼候社務」職にて、社中・門前・境內支
配仕候、
一　後小松院至德二年旅所敷地」神主職之　勅裁頂戴仕、唯

今、旅所ニ棚守先」置申候、

一　社僧之内ニ三綱・少綱と申名目計」御座候、少綱度〻入候、社僧之ハ補任」を、三綱度〻入候社僧ニ者、補任無之候間、」前司も折〻ハ社務之下知遁申度」相企候、

一　此度宝壽院被存候者、兎角○社中一統ニ」補任遣、下知相守候様、被沙汰度候、」此儀、被恐、　御奉書頂戴仕、上下望圖社役」相續仕候様、數年之願ニ御座候、」左も難相成候ハヽ、京都御所司代之」御下知状にも被下置候様願上度』存寄ニ御座候、何卒角を無にも、社定書を」頂戴仕度願ニ御座候、

一　旧例相考、寶壽院權僧正ニも」昇進之以後、社中相應之、」任官にも爲致、社務執奏之」御定を願上度被存候、右補任」無之社僧共、未社旅所棚守之者共、」當寺之立入折を以頼込、下知ヲ（マヽ）」遁申度企御座候てハ、後〻之諍論」相成候得ハ、社之分外聞右時節」を以、右意趣願上度御座候、」可相成候ハヽ、御當願ニ仕社代を以」願申度御座候、

猶　將軍家之御教書數通御座候、」追而入　御覽申候、

○以下餘白。なお筆蹟は近世初期のものである。

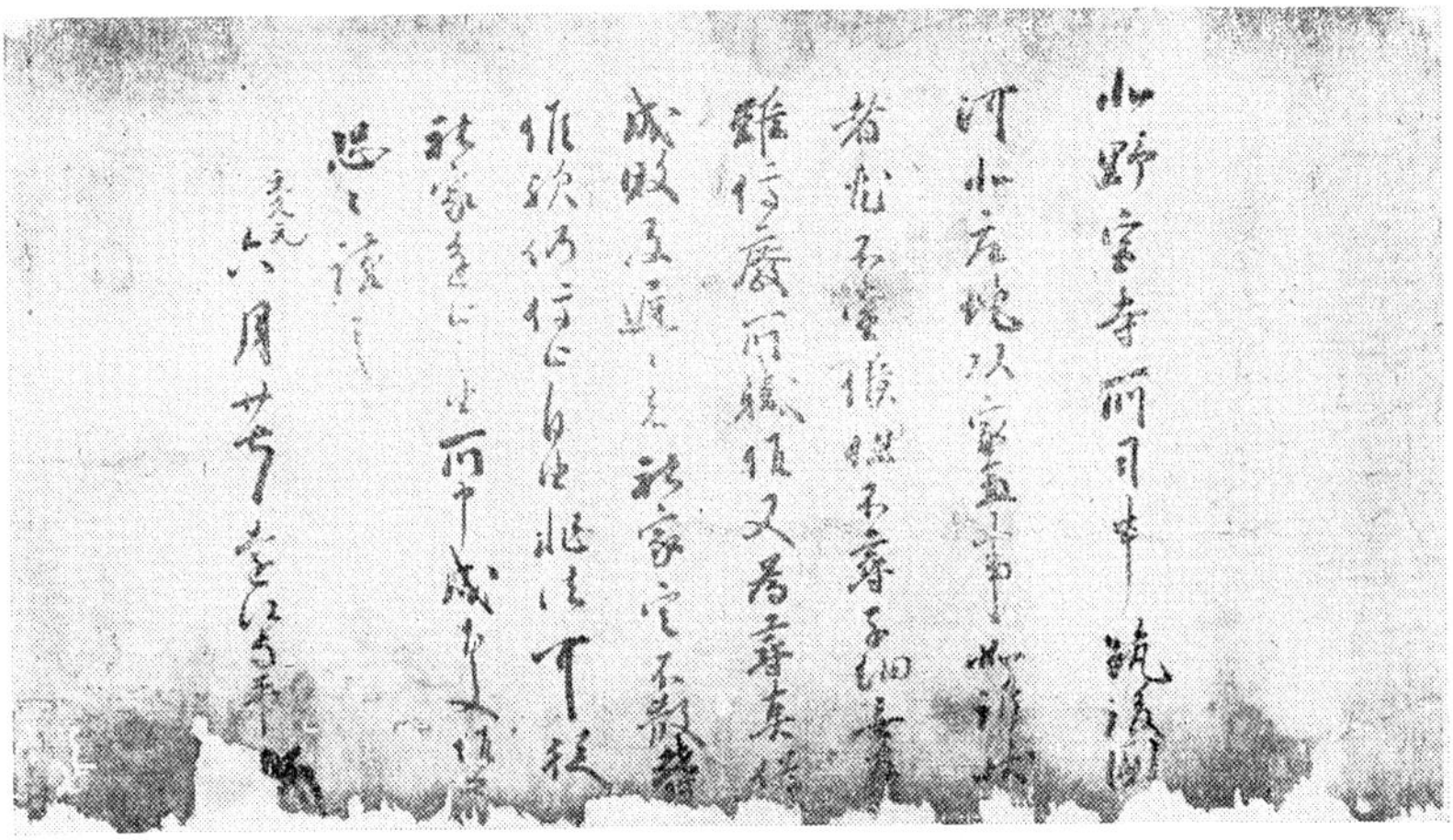

220號　北條時政書狀

〔四〕 山城國社寺文書　一卷四通

三三〇 (1)北條時政書狀　三三・〇 五七・二

北野宮寺所司申、筑後國」河北庄地頭家兼事、如訴狀」者尤不當候、但不尋子細無左右」難停廢所職候、又爲尋眞僞」成敗及遲ゝ者、社家定不散鬱」候歟、仍停止自由非法、可從」社家進止之由、所申成下文候也、」恐ゝ謹言、

(異筆)「元久元」
六月廿七日　遠江守平(北條時政)（花押172）　○花押の左半分を闕損す。

三三一 (2)賀茂淸久訴狀　三一・五 五一・〇

散位從五位下賀茂縣主淸久誠惶誠恐謹言

請殊蒙　天恩因准先例賞一流正統優宿老道理被拜任末社」氏神祢宜職狀

副進

一通　當家系圖

右清久謹考案内、賞一流之正統、優宿老之理運、預次第之拝任者、爲累」聖之德化焉、爰清久者、神主資保之玄孫、若宮祝久幸之嫡男也、而久幸逝去」後清久沉淪之間、家門忽絶、涕涙無乾、今社司有闕、可謂逢遭之秋、然」見近代拝除〔叙〕之例、或若齢之輩、或童形之族、如此之後進頻以達内擧、然間」登用之家弥昌、停滯之跡永沉、何況清久及七旬之衰邁悲數奇之断絶、」彼者年□〔久カ〕也、後榮有憑、此者宿老也、前途難期、就中去文永五年澤田」社司被始置之時、以能秀于時氏人、即被召加畢、而亡父久幸依立申嫡家之道」被召返能秀之宜所補久幸　勅許畢、是則　明時之勝躅、抑又來葉」美談也、清久爲彼久幸之一男、理運既全相續、此時若漏　朝儀者、何日繼門」葉乎、優老者社家之恒規也、地望誰稱非據、興廢者朝庭之佳猷也、」天憐何及豫儀、望請　天恩以清久被拝任者、將繼一流欲絶之祖風、奉祈萬歳無彊之　聖算矣、清久誠惶誠恐謹言、

延慶二年十二月　日　散位從五位下賀茂縣主清久

○紙背の文書は表裝に妨げられて判讀し得ない。

二九・六
四三・三

二三二　(3)六波羅御教書

近江國一切經保田雜掌道」円申年貢事、重訴狀具」書如此、子細見狀、就下知狀雖」遂結解不致其弁云々、太無謂、」所詮任員數、不日可弁濟之旨」可下知沙汰人百姓等之由、相觸地頭、」載起請詞可被申散狀也、仍執達」如件、

延慶四年三月卅日　越後守（北條時敦）（花押173）
右馬權頭（金澤貞顯）（花押174）　○花押の一部を闕く。

小串五郎左衞門尉殿

□嶋弥□

二三三　(4)興福寺年預實專申状

三五・三
五四・〇

就兵庫關所雜掌職三分二被出寺家、被」衆議條々事

一月宛貳千貫、爲檢校所之御沙汰、被付雜掌、可有」御沙汰之處、雜掌二千貫不事行、用執却〔脚〕致懈怠之」間、雜掌職三分二被出寺家候上者、付能治之雜掌、」於三分二分用途者、守月宛之旨、無懈怠可送納、諸納○」所方於所下之段者、可爲檢校所御計事

一月宛貳千貫分、若寺家雜掌不致其沙汰、又二千」貫分致其沙汰之段難治之上者、可被減少之由雖申」之、寺家不可致

沙汰、設可令減少段雖無子細、其時者」令返進檢校所、如
元爲院家之御計、減少雜掌職」可有御沙汰事
条々爲後日可申入之由、滿寺衆議所候也、以此旨可令」申
入給候、恐々謹言、
六月十日　　年預五師實專（花押175）
謹上　帥上座御房
○筆蹟上より永享頃の文書と鑑定する。

〔五〕日吉神社文書カ○近江國　一巻二通

二二四　(1)久泰屋敷畠賣券　三二・〇 四五・三〇

賣渡　中辻屋敷畠事
合半者
右、件屋敷畠者、爲久泰買得相傳私領之間、依」令相博支名
御領、申請御教書、直錢參貫」文仁限永代所奉沽渡越前々御
房實也、且」四至見本劵、仍相副御教書之上者、更不可有相」
違、爲後代龜鏡沽劵之状如件、
正慶元年六月三日　　久泰（花押176）
（異筆）「田所法橋（花押176）」

二二五　(2)日吉社兄部職充行狀　二八・〇 三八・四〇

充行　日吉社卯月祭礼末日御神供內」左方大宮御菓子棚兄部

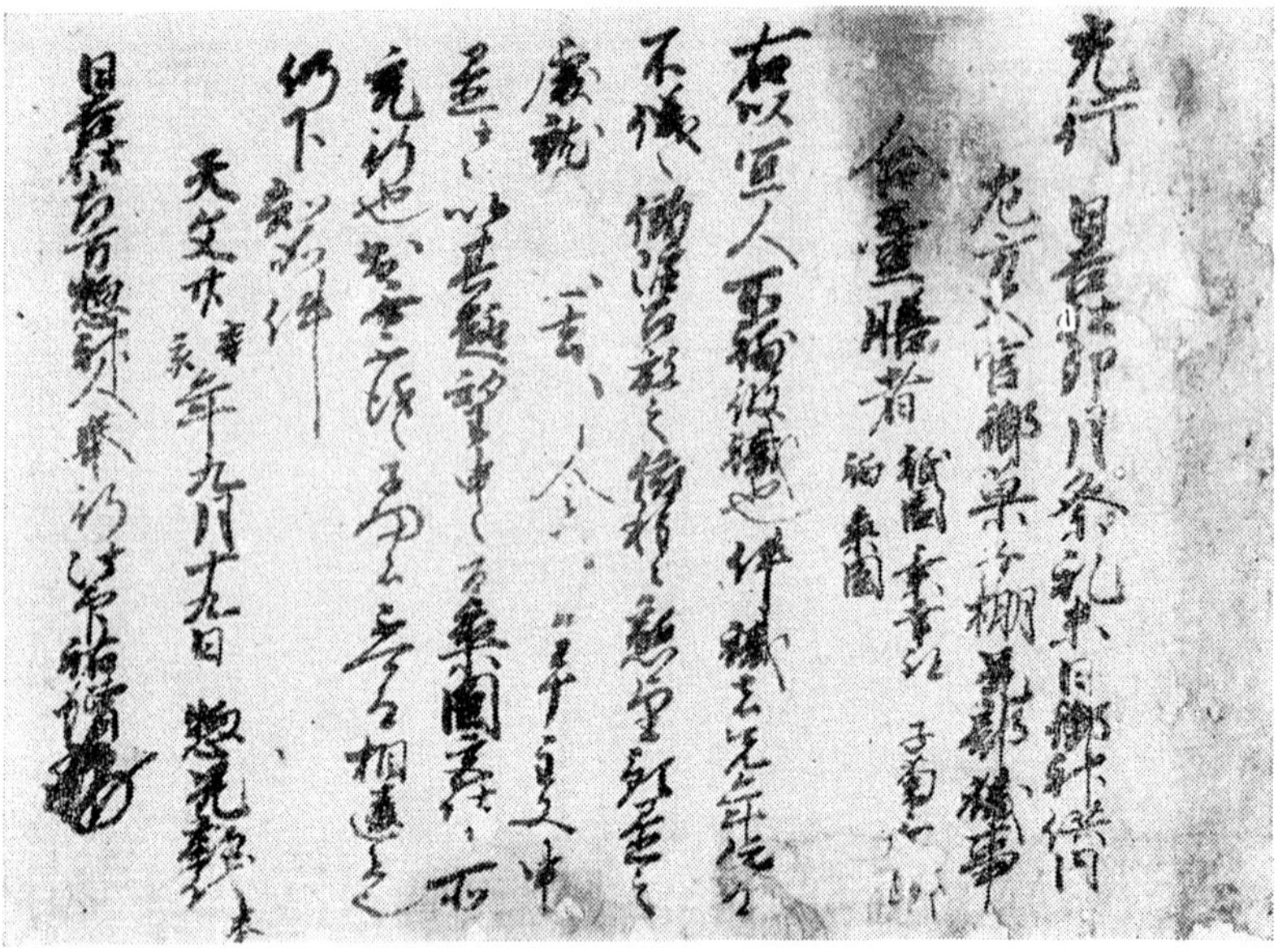

225號　日吉社兄部職充行狀

職事

合壹膳者祇園乘幸跡補乘圓　子菊乘跡

右、以宜人所補彼職也、件職者、先年依有」不儀之働、雖召放之、依種〻懇望、預置之」處、就□□去□〔年カ〕令□□畢、重又申」置云〻、以其趣望申候間、乘圓宮仕ニ所」充行也、於無不儀之子細者、不可有相違者也、」仍下知如件、

天文廿辛亥年九月十九日　惣兄部代奉

日吉社左方惣神人奉行法印祐增（花押177）

〔六〕北野神社文書○山城國　一巻九通

三六　(1)北野宮寺政所補任状　三五・二　五二・三

北野宮寺政所
　轉任　　權上座職事
　　　　　權寺主禪堯
右以人、轉任彼職之狀如件、
　永正十五年十二月十四日　　小寺主法師
別當大僧都法印大和尙位（花押178）　都維那法師（花押180）
執行上座法印大和尙位（花押178）　權都維那法師（花押180）
權上座法印大和尙位（花押179）
寺　主　大　法　師（花押179）
權寺主　大　法　師（花押179）

○方朱印「天滿宮印」（6）二八顆を全字面に捺す。

三七　(2)北野宮寺政所補任状　三五・〇　四七・〇

北野宮寺政所
　補任　　權上座職事
　　　　　權寺主禪興
右以人、補任彼職之狀如件、
　天文三〔四〕年十二月廿一日　　小寺主法師
別當二品大僧正大和尙位（花押181）　都維那法師（花押184）
執行上座法印大和尙位（花押181）　權都維那法師（花押185）
權上座法印大和尙位（花押182）
寺　主　大　法　師（花押182）
權寺主　大　法　師（花押183）

○方朱印「天滿宮印」（6）二八顆を全字面に捺す。

三八　(3)北野宮寺政所補任状　三三・三　四八・一

北野宮寺政所
　轉任　　權上座職事
　　　　　權寺主禪春

右以人、轉任彼職之狀如件、

慶長十二年十二月八日　小寺主法師

寺務入道親王（花押186）　都維那法師

執行上座法印大和尙位　權都維那法師

權上座法印大和尙位

寺　主　大　法　師

權寺主　大　法　師

〇方朱印「天滿宮印」（6）二五顆を全字面に捺す。

二三九　(4)北野社祕決（切紙）　一六・三 八七・五

（表題）「當社御十號祕決　禪親」

當社御實名相傳事

日藏上人天神ヲ信ヒ（マヽ）給ケレトモ」所願不成就爲《返へし》《タめ》眞言之奇持〔特カ〕ヲ」天神之御眞躰ヲ拜申」東寺ニテ奉懸　愛柒〔染〕ヲ一七日」被行時、現壇（マヽ）上五六歳小兒」時、上人何人問給、我ハ天神也」答給、其時上人御詠ヲ誦シ給、」我タノム人ヲムナシクナスナラハ天カ下」ニテ名ヲヤナカサン

天神御返歌

我憑ム人ノ願ノ叶ハヌハ其實」名ヲ知ヌ故ナリ

御十號

四惡趣《しあくしゆ》廣道《くわうたう》　人間《にんけん》道眞《しん》

四王天則《そく》眞　忉利《たうり》天良《りやう》道

夜广《やま》天利《てんり》道　都率《とそつ》天道信《しん》

樂反化《らくへんけ》道教《けう》　他化《たけ》自在天道直《ちき》

色無《しきむ》色界弘眞《しきかいこうしん》　神　實道

御詫宣

心タニ眞ノ道ニ叶ナハ祈ラストテモ」神ヤ守ラン

若《もし》人欲ニ了知《おもてれうちせんと》一　眞道《しんたう》トヲ現《なり》縱橫《しうおうと》ヤハカ

兩方七寶刹ノ國ニハ　本有胎《うノた》ニス花藏《なり》

（紙繼目裏花押187）

御辭《し》世文云

我無父母《ナウシテ》令出世　一切衆生皆引導《せんと》也

道非《ス》二心於日夜《テにちニ》　實名知《しらは》者應守護

口傳

當社御所作次第

觀音經一卷

般若心經三巻

御辭世文并光明眞言

常在靈鷲山　及餘処住所

我此土安穏　天人常充滿

御垂迹眞言

唵阿伽度阿羅漢自佛道

唵實道權現娑賀

唵眞道急々如律令

〔四〕

寶徳二年七月十六日以一流相傳授与」禪親訖、當社十号之祕決者雖」投千金、深納篋底莫出窓外」而已、

法眼禪春（花押188）

二三〇　(5)聖廟實名次第（切紙）　一六・五 二四・七

（端裏書）「天神御實名」

聖廟御實名次第

ワレタノム人ヲムナシクナスナラハ」天カ下ニテ名ヲハナカサシ

天神御返歌

ワレタノム人ノ願《ネカイ》ノカナワヌハ」ソノ實名ヲシラヌユヘナリ

四惡趣《シアクシユニ》　廣道《クワウタウ》」　人間《ニンケンニ》　道眞《タウシン》」

四王天《シワウテンニ》　則眞《ソクシン》」　忉利天《タウリテンニ》　良道《リヤウタウ》」

夜摩天《ヤマテンニ》　利道《リタウ》」　都率天《トソツテンニ》　道眞《タウシン》」

樂反化天《ラクヘンケテンニ》　道教《タウケウ》」　他化自在天《タケシサイテンニ》　道直《タウチキ》」

色無色界《シキムシキカイニ》　弘眞《カウシン》」　神《シン》　實通《シツタウ》」

心タニ眞《マコト》ノ道ニカナイナハ」イノラストテモ神ヤマホラン

御託宣《タクセン》文曰、

若人欲了知《モシヒトヲモハヽレウチセント》　眞道現縱横《シントタウトヲスシユウワウニ》

西方七寶刹《サイハウシツホウノクニヽハ》　本有胎花藏《ホンウノタイケサウナリ》

辭世文

我無父母令出世《ワレナウソフモセシムシユツセ》　一切衆生皆引導《イツサイシユシヤウミナインタウス》

道非二心於日夜《タウニアラスフタコヽロヲイテニチヤニ》　實名知者應守護《シツミヤウヲシランモノマサニシユコスヘシ》

御法施事

觀音經　一巻

心　經　三巻

常在靈鷲山《シヤウサイリヤウシユセン》　及餘処住所《キウヨシヨチウシヨ》

我《カ》此《シ》土《ト》安穩《アンヲン》　天人常《テンニンシヤウ》充滿《シユウマム》
唵アカトアラカンシフツタウ
唵實道權現《シッタウコンケン》ソワカ
唵シンタウ急々《キウく》如律令《ニヨリツリヤウ》

右、雖不輙相傳之儀、懇望之」間、難去令相傳者也、努々不」
可曁○深可祕藏耳、（外見、）

文正元年十二月日　禪豫（花押189）

永琳院法眼禪慶（花押190）

（紙背）
「右當社御實名之事○雖爲神職輩堅」伺其器用不可相傳云々、（爲社家祕祕。假令流布之憚異。世間流布候歟、）（輙）
然而山名彈正少弼」俊豊依御信仰可有御傳授之由御」懇望（就）
之条、且者令感御敬神懇篤矣、」難默止嚴命之間奉授之者（依）
也、」敢勿外見而已、
于時延德四年七月七日法眼禪豫（ニ）」

三二　(6)天神十號之祕號（切紙）　一一六・五／一一五・三

（表題）
「自禪康太田垣土佐守常朝授之」（本）

天神十之祕号
都率天《とそつてんニ》良好《よしかね》　忉利天《たうりてんニ》廣道《ひろみち》
四王天《しわうてんニ》則眞《のりさね》　夜摩天《やまてんニ》利道《ときみち》
魔王宮《まわうくうニ》良道《よしみち》　四惡趣《しあくしゆニ》廣道《ひろみち》
色無色界《しきむしきかひニ》弘眞《ひろさね》　樂反化天《らくへんけてんニ》道眞《みちさね》
太宰府《たさいふニ》通尙《みちなを》　北野《きたの》　道實《みちさね》

以上御十号

天神所作次第毎日

観音經　一巻

般若心經三巻

唵阿《おんあ》伽《か》度《と》阿《あ》羅《ら》漢自《かんし》佛道《ふつたう》廿一反

一辭世文云

我无《かむ》父母《ふも》令出世《りやうしゆつせ》
一切衆生能引道《いつさいしゆしやうのういんたう》
道非《たうひ》二《に》心於《しんお》日夜《にちや》
實名知者應守護《しちみやうちしやおうしゆこ》

唵實道權現《おんしつたうこんけん》娑《そ》婆《ハ》訶《か》
唵首直急々如律令《おんしゆしききうくによりつりやう》

われたのむ人をむなしくなす」ならハ、あめのしたにてなをハなかさし、」われたのむ人のねかひのかなはぬハ、」そのしちみやうをしらぬゆへかや、」こゝろたにまことの道にかなひなハ、」いのらすとても神やまもらん、

光明眞言

唵《おん》阿《あ》謨《ほ》伽《きや》尾《ひ》盧《ろ》左《しや》曩《な》摩《ま》訶《か》

母《も》捺《な》羅《ら》仁《に》摩《ま》抳《に》鉢《は》納《と》摩《ま》入《しん》縛《は》尓《ニ》

羅《ら》抹《は》羅《ら》仁韈《はり》多《た》野《や》吽《うん》

文明三年十二月十三日

三三　(7)天神十號祕決　一五・七 八七・八

（表題）
「天神御十号　天正七年　清子」

天神大事

御十かうさうてん

しにいはく、われふほ〔父母〕なくしてしゆつせ」せしむ一さいのしゆしやう〔衆生〕よくいんた〔引導〕」うせん、つねにふた〔二〕心あらす、日夜に」おいてしちミやう〔實名〕しるものしゆこ〔守護〕すへし、

よしいね　とそつてん　あミた」みちよし　ゐんまくう　ちさう」ミちさね　きた野　もんしゆ」みちなを　たいしやく　たいにち」ミちさね　あんらくし　十一めん」　ひろちか」さねなを」さねみち　くわこの千ふつの御中」みちさね」よしみち、くけつにいわく、十八の御時ハミちさね、」廿八の御時ハミちなを、ミやこにてハみち」さね、ちんせいにおいてハみちさね、くらひ」をえてハさねミち、

みきこのかう〔號〕をとなへたてまつらは、」けんせ〔現世〕にハもろ〳〵のしやうなんをまぬ」かれ、こしやうにてハかならすさいはう」の七ほうせつにいたるへし、

な無大しやういとく天まん大しさい天神、」心たにまことのみちにかなひなは」いのらすとても神やまもらん、」ふるさとハよもきかそまとあれぬらん、」ミちさねたえてとふ人もなし、」ふるさとハよもきかそまとなりぬらむ、

すかハらあれてみちなをもなし

ミきこの御ゐいをあさ夕ふた心なく」れうちしたてまつる物ハけんさいせにおい」てさいわひあることをあたへん、千さいをの」そくへし、ないてんけてん一たひきゝて」千こせんみらいせにともにちうたい八」ようのうへにおいてしやうが

くをしやうせん、」もし人ありてわか神しをかろくあなとら
ハ」わか十万八千のらいてんしんとうのけん」そくをつかハ
して、そのかうへをうちくたき」ありしゆしのことくすへし、
あひかまへて〱」くわいけんすへからす、さうてんなき人
にか」のしちミやうをミせしめて、けんろをハたち」まち御
はちをかうむるへきなり、ひすへし〱、
天神ひてん
な無しやうがくしんたうによらい、
　しゆし
くてんにいはく、くわんちほんにいはく、」わくうあれんにや
なうゑさいくうけんしい」きやうしんたうこれをひすへし、」
心たにまことのみちにかなひなは」いのらすとても神やまも
らん、
いつゝむつとをのしらたまきすつかて」人のまいれる
やしろ成けり
なむ天まん大しさいてん神、」御ほんちそんきやうくわんせ
おん」ふもんほんにいハく、そくけん大しさい天神」御ゑい
にいはく、
ふたらくのそのミなもとをたつねきて」むかしハこれと人に
しらせん
す無ならハ山した水にこかくれて」かけをうつすハ十やひと
つに
くけつにいハくこんほんいんミやう」をんろけいしはらきり」
しにいはくたんのいんしゆ千きんまく」てんひすへし〱、

大日本國七としやうらいの事
てんせう大神　　せうにん天わう
しやうとくたいし　こうほうたいし
をのゝたうふう　　やまとたけのみこ
かんせうしやう
　以上七人これなり、
ミな人のいのるいのりのかなはぬと、」そのまことあるなを
しらぬゆへ、
天正七年九月十七日さうてん申候也、
　　　　菅原氏清子

二三　(8)北野宮寺諸神次第（切紙）　一一・八 六七・七

(表題)
「北野宮寺諸神次第」

阿弥陀

御寶殿　十一面

吉祥天女

北野宮寺諸神御本地次第

三所皇子　一所阿弥陀

二所聖觀音

貴布祢　不動

老松　不動

十二所(異筆)「一不動　二同　九觀音　三大日　四大日　十一藥師　五地藏　八不動

六虚空藏　七マリシ天　十ヒシヤもん　十二弥勒𦬇」

十禪師　毘沙門

福部　地藏

尼《アマ》神　大日

御靈《レイ》

早鳥　毘沙門

今雄《ヲ》　吉祥天女

火御子　降《ガウ》三世

朝日寺　聖觀音

那《ナ》伊鎌《カマ》　金大日(異筆)「日吉 出雲 三輪」

毘沙門堂

一拳　不動

新經藏

周枳《キ》明神　千手

如法堂

一位殿　佛眼

一位殿　金輪

三位殿

一夜松

御池

輪藏

大判事　不動

正面經藏

南御門外
夷○三郎殿──不動
　　　　　　毘沙門

同
松幢　阿弥陀

御塔　普賢
法花堂　不空絹索《ケンジャク》〔羂〕
中門内
白大夫　阿弥陀
聖〔擦消〕□観音

二三四　(9)御手洗水次第（折本）　一八・〇〇　二六四・〇〇

御手洗水次第

七月六日七ツカシラ社参ス、則社」頭ウシロ北ノ妻戸當社大工ニ明サせ、」神殿大預参入畫〔陣〕内之陳御道具」取ノケテ後、小預内陳迄参入仕、則」サウヂサせ申候、御前御正面之御カウ」シヨリ初テ明ル也、一番ニ御正面、二番ニ」東、三番ニ西明ル、御妻戸モ一番北二番」東三番西明ル御前御カウシ明候㕝」神㕝奉行役、小預御道具ヌクイハ」キ役、

七日トラノ刻ニ小預迎ニ來時分」計行水メ、待ハ御鐘ノ時社参ス、蠟燭」ヲ以テ内陳参上ス、印鎰ヲハ東ヨ」リニ皇子殿御輿ノ御前ニ置也、サテ」御殿ヘ蠟燭ヲ持テ参、乾ヘシユシツノ」御カラヒツヲ明テ、御手洗御ハンサウ〔楾〕」同スタツミズシノ御妻戸外ヘ持テ出、」小預ニ渡ス、アライ奉ル、其アイダニ」小預イモノ葉ノ露ヲ大預ヘ進之候」ヲ、大預コレヲトリテ御硯ニ入、スミヲ」スリ、御テヌクイ御テナライ紙ハ内」陳ノ御棚《ツクエ》ニ置、其後小預御ハンサウニ」水ヲハタトヒトシク入ル、御テアライ」ニモ半ブンホド水ヲ入、スノコヲグシテ、」タツミズミノ御妻戸ノホカニ、コレヲマヲ」ク、其後内陳御棚《ツクエ》チウハウニヲキ」タテマツリ、大預スヲ御タライニウチ」渡シテ、御ハンサウヲモチテ、御タライニ」ハタシタルスノカタハラニ御テヌクイ」重メ上ニメ置、御手洗水ヲカケ奉」ル、其後御硯スミスリテ、料紙五枚」梶ノ葉七枚ヲカサネテ、硯箱ノフ」タニ入、御手巾ノ箱ノフタヲ身ニカサ」ネテ置者有、御テヌクイカサネメ上也、」何も御手洗水不進者也、

穐來六日未ニ舍《シウライリクチツイマタシメ》レ程《ホト》一
白露《ハクロ》如レ珠月似レ鈎《コトシタマツキニタリツリハリニ》
一感流年心寂苦《イッカンノリウネンココロモットモクルシム》
不レ同レ詩《カラスヲナジシ》一酒《サケ》ニ不《ス》レ消レ愁《セウセウレウヲ》

年ヲヘテアイミヌサキハ七夕ノ」カエルモ穐ゾ色マサリケル

（一行空白）

御手洗水之時節ニナリ、小預ニ諸人」支シツマリ候ヘト申付、
御殿中火シメ」ス也、
一手巾簀ノ上前ノ方ニ置、
一硯内陳北向テ置、
一御硯箱フタニ料紙五枚梶葉七枚」重而置也、
一御手洗水之時分ハ、御手巾箱ノフタヲ」ミニ重テ下ニ可置也、
一御手洗水カケ申一番七度後六」度十三度奉掛、合七番也、
一小預モチ参イモノ葉ニツヽミ候露」イモノ葉ノソ〔ツ〕ユヲ少ヤフリ、御硯ニ入」スリ申候、
一印鎰東ヨリ皇子殿之御前ニ置、
一サテ蠟燭ヲモチテ御唐櫃明奉、」御手巾箱取出、右之手ニテ箱ヲカ」カヘ、左ノ手ニテ蠟燭ヲ持方ヲミセ、御」前御棚ニ置也、
一此次小預ニ御棣同書洗内竹責〔簀〕ヲ」渡、小預請取、東妻戸外ニ而拭、
一サテ御殿御手巾方ヲミテ、東」ノ御棚御前之御棚トノキハニ有之、
一御硯小預ニ物とテ師子之東所」ニ置、惣而天童師子西へ盡退サテ」御前之棚少前ヘノケ申候、
一サテ御簾ヲ七八寸上テ奉拜、其後」ともし火、少入テ御硯ヲ取出、能〻墨」ヲスリテ、東之御棚東ヨリニ」北へ向テ置也、

（三行空白）

一御テヌクイノ尺七尺

（二行空白）

（以下異筆）
七日　　　　　　　　　　　尙禪

一未明三番鐘ヲ聞テ社参ス、夏堂ノ」妻戸ヲ開キ灯明香爐ヲコウテ、皮ヲ」持チ内陣江参上、灯明香爐」御前ノ机ニ置キ、西ヒザツキニテ拜ス、」而御シトミ及ヒ内〻陳ノ御戸」六日ノ如ク明ル、但前ノ御シトミノ」下ハ、其儘置也、双方御簾ヲロス、」而印鎰ヲ東之御輿之南北ニ」立之、扨火ヲ以六日ニ入置ク処之」御棣等之唐櫃ヲ明テ、先ツ御」硯ヲ取出シテ内陣之御机ニ置奉ル、」宮仕一和尚事也、而御棣御手洗、竹責〔簀〕ヲ取出メ」東ノ妻戸之外江持出ル、小預ニ」渡ス、御手洗等奉洗内ニ、小預」いモノ葉ノ露ヲ曲物ニ入レ梶ノ葉」共五枚當院ニ渡ス、請取テ曲物

ノ」いモノ葉ソト取出メ、底ヲ少シ破リ」御硯ニ皮露ヲ入、扨墨ヲスリ御筆」三對半但ウノ毛　御墨一挺入ル也、東御机ノ」東ヨリニ北向ケテ置ク、而梶ノ葉七枚料紙」五枚紙ノ上ニ梶ノ葉ヲ載セ、御硯箱ノ」蓋タニ入レ御硯ノ西ニ可置ク、自分ヨリ」持參スル御手拭筆等ノ入ル箱御手洗水ノ」間ハ机ノ下ニ置ク、而御手洗棙等宮仕」一和尚當院江渡ス、請取テ御前ノ」机ノ中位ニ奉置、竹簀ヲ御手洗之」上ニグス、扨一和尚ニ無程神事ノ間、人シヅマリ」神殿中火消シ候へと申付ル、當院」所持ノ火モ○夏堂江出ス、但爐籠ノ火ナラハ」＊後堂舍利御坐方ニ所置、而御手洗水」七棙奉掛、但一度〻ニ棙ヲ東ノ妻ノ」戸ノ涯江持出テ、一和尚ニ渡ス也、一老ハ」皮妻戸ノ内ニグス、七棙奉掛後御」手洗簀ノ上へ西ノ方御神右御勝手ニメ」御手長七尺サシ神書箱ニ有、拭重メ上ニメ奉置也、△扨御硯墨」能〻スリ、御筆一對半墨ニテ轉メ」内〻陣御簾七八寸上ケテ中位ニ」奉置、梶葉料紙硯ノ蓋ニ入御硯ノ」西ヨリニ所奉置、而能々拜ス御手洗ヲ東ノ妻戸ノ」ソバニ持出テ一番ノ香水頂戴ノ人」請ケニ來ル、度〻ニ香水ヲ社家請ケニ」來ル、後六度ハ一度ニ三度ツヽ、奉掛、如前一棙〻ニ東妻戸へ○七度相濟テ一棙ヾ和尚ニ御手洗」渡メ、一和持出ル、尚宮仕中江支配ノ時御」硯取置ク、梶葉ハ御硯ノ内江入料紙ハ＊」硯ノ上ニ置テ唐櫃ニ入レ治置ク也、御」手拭ハ此方江皮ノ御手拭等入レ候箱ニ」入レ持歸ル、可隨時、而内〻陳江入テ祈念、

(張紙、異筆)
「一番ニ七棙奉掛也、七棙共ニ一度之御水ヲ」かへニ東妻戸涯江出ル、七棙奉掛畢」テ○又東妻戸涯へ御手洗ヲ持出、一番之」香水頂戴ノ人江配ル、

二番ニ三棙奉掛也、三棙共ニ一度之御水ヲ」如前かへニ出ル、三棙奉掛畢テ、又如」前東妻戸ノ涯へ御手洗持出、二番ノ」香水頂戴之人へ配ル、

三番　四番　五番　六番マテハ二番」ノことく同前也、

七番モ三棙奉掛也、三棙共ニ一度之御水」かへニ如前出テ、三棙掛奉リ畢テ」御手拭ヲ如例折テ御簀ノ上ニ」置、是ゟ△御硯之事以下親法眼」尚禪記之通リ也、右御手洗水七」番ノ配おもひまきるゝ所有之」故、如此書加畢、

元祿十丁丑七月四日　法眼禪覺」（○張紙は＊印のある一五行の間に貼附す。）

扨一和尚支配相濟テ御手洗等」當院江渡ス、而取置也、而神供内」陣ニテ獻上、御手洗水一度〻ニ唱事在リ曰、

穐《アキ》來《ア》六一日未《タ》レ舎《シメ》レ程《ホトアラ》
白一露《ノ》如レ珠《タマノ》 月似レ釣《ハリニ》
一一感《ノ》流年心最《モ》苦《ム》
不レ同レ詩酒ニ不レ消《セウセ》レ愁《ヲ》

年をへてあひみぬさきそ七夕の
かへるも秋ハ色まさりけり

六日ニ會所江取出シト御宝物最前ノ通入レ置也、右ハ當年始而獻進ス、然直傳無之故、所〻」不案内欤、仍古今ノ書考、如此改者也、

延寶貳年
七月七日　尙禪（花押191）

（以下折本裏書）
七月六日　尙禪
唐櫃合五ツ

札在之
一番
勅額ノ本紙
新御裝束　會所へ出ス
平胡籙
御太刀
御鏡二面　會所へ出ス

二番
御手洗ノ道具

三番
節
御椋
御手洗
竹ノ簀
御硯貳ツ但御手洗水時ハ古キヲ出ス新ハ箱在

右御裝束
御幣等在之
右ハ虫ホシ不仕宮

四番
東福門院相摸〻之歌仙
御宸筆法花經
御緣起貳通出　右皆會所へ出ス

五番
御膳道具
御盃　貳ツ
御器　貳ツ

遷宮ノ刻ニ楷机ノ絹錦カイ」ヲ、イ、手輿ノ水引壁代有ヲ、イ」御弓　右ハ可隨時事可有替コト、
以上

六日
一朝飯後社參、夏堂江出仕而西ノ」妻戸ノ涯ニテ御戸開、作

法ノ」妻戸ヲ開キ香爐灯明ヲ」コウテ皮ヲ持チ内陣ヘ參上
ノ跡、ケス」香爐を內陣御机ニ奉置、」立歸テ於半疊拜ス、扨」灯
明を戌亥方江持チ」舞リ、內ゝ陳之小妻戶」を明ケ、灯明を
內ゝ陳江(マヽ)入レ、」而御　神前ニ往キ奉物、」扨內ゝ陳を出でて
跡を」さして置也、扨舍利」御仏前ニテ拜シ頂戴ス、而」北
ノ妻戶を開キ、扨東ノ」妻戶を開き、跡さし置タル」西ノ妻
戶合三方ヲ開き、」而祠官宮仕中へ舍利」頂戴サセ申、扨一
和尙を」呼候て、くらかけを相對メ」直シしとミを上ル、
一番中二番東三番西開ク」外陣ゟ宮仕以枝ヲしとミ」を上ル、
當院くらかけに」上りて、うへノくわんへとくと」かくる也、
而拜ス、扨唐」櫃をあけ、御棙御手洗竹ノ」簀を取出シて、
於正面」一和尙ニ渡ス、又同櫃より」古キ御硯取出て、又
於」正面渡ス、新キ硯も出ス也、
虫ぼし御道具
法花經　會所へ出ス、緣記二通　新院勅額本紙
歌仙　東福門院相摸寄進　同
御太刀　同
御裝束　古今　御鏡御膳道具

御幣等御弓舍利ノ兩方ニ掛テ在之、
　右何茂夏堂かた出ス、
扨身ヲ淸メ、內ゝ陳ノ前ノ」御戶しとみ之通次第ニ」明テ、而ほ
うきちりとり」を持テ小妻戶より參上、」內ゝ陳御さうじ申上
ル、」何か相濟テ、一和尙御硯」棙等洗候て、當院へ」渡ス、人不
見樣ニ唐櫃ニ」入置也、閉帳ノ次第、開」帳ノ如ク也、虫ぼしの」
御道具又如本入置、但」會所へ出ス道具ハ、明朝奉」納也、
（一行空白）
一六日出仕前ニ鐘をツク㕝、
延寶五丁巳年御手洗水神事ニ始之故、重而記之、
一番朝五ツ　二番五ツ半　三番四ツ
三番迄鐘ヲツク也、一番ニ仕度シ二番ニ」一社參詣三番ニ神
事奉行出仕也、
右ハ當年始而執行」所也、雖然直例(傳ヵ)」無之故、所ゝ不案內」
也、仍古今之書」物を考、今如此改」記畢、
延寶貳年七月七日尙禪
　〇以上界線を施し、その行間に書す。但し、張紙には界線を施さず。

〔七〕飯綱神社文書○信濃國　一巻三通

二三五　(1)武田勝頼印判状　三一・二　四五・五

定

飯綱御神領以先御印判「被寄附之上者、自今以後弥不」可有御相違、畢竟御当家御「武運長久之御祈念不可有疎略」之趣所被仰出也、仍如件、

天正八年
閏三月（十日）（龍朱印 7）跡部尾張守
奉之

千日大夫殿

二三六　(2)上杉景勝印判状　三四・七　五一・二

信州飯縄大明神江令寄「附社領之覺

一貳拾貳貫文　上野之内
一拾貫文　小鍋之内
一拾貫文　千田之内

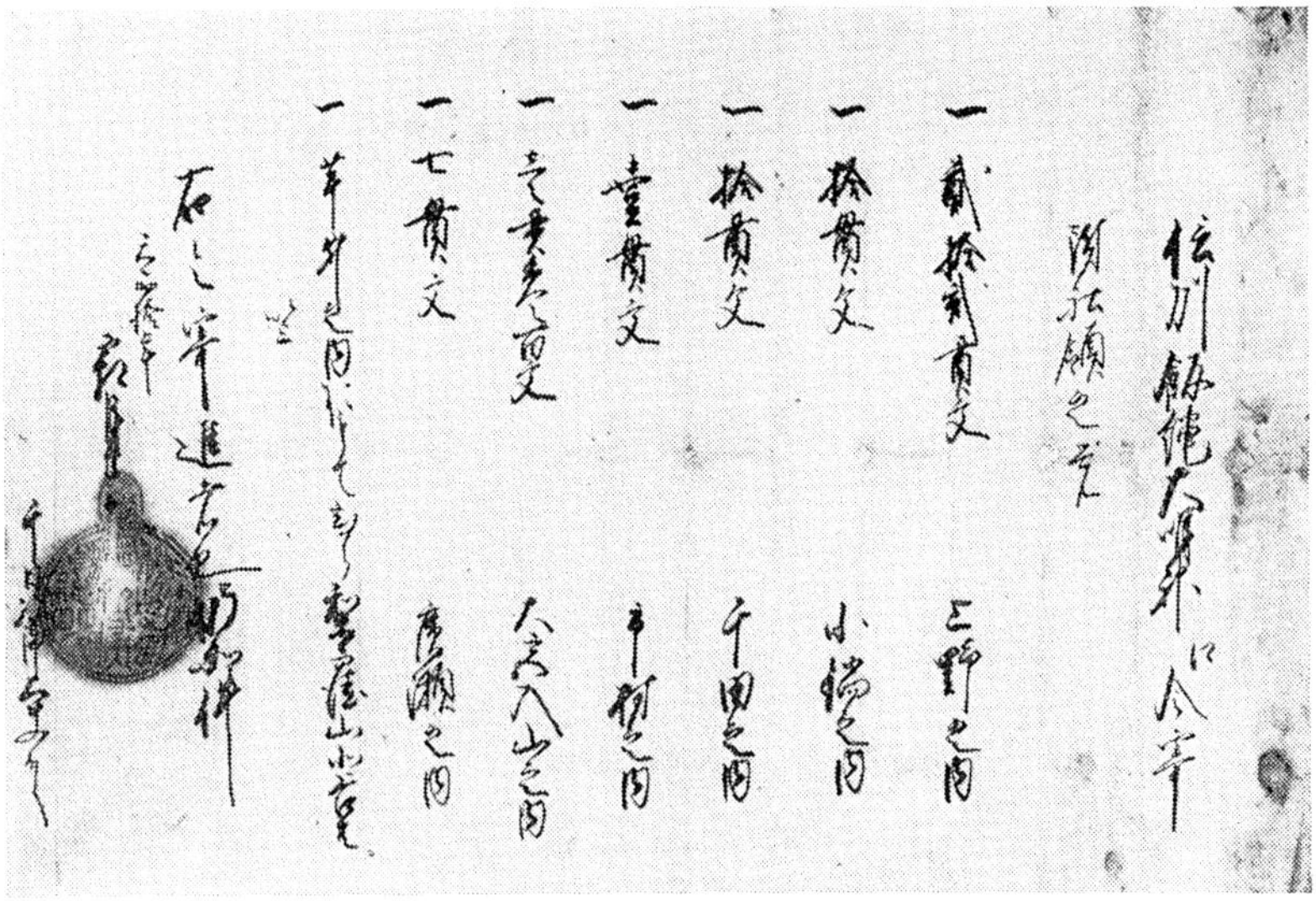

236號　上杉景勝印判状

一壹貫文　市村之内
一壹貫參百文　大宮入山之内
一七貫文　廣瀬之内
一草井之内おもてむら梨窪山北谷共ニ
以上
右令寄進者也、仍如件、
天正拾年
霜月廿日（朱印「將軍地藏 立願摩利支天 飯縄明神」8）
千日次郎大夫殿

○本文書の景勝は父輝虎の印を襲用している。

三二七　(3)大久保長安神領安堵書立　三四・三 三六・六

信州飯縄大明神領之事
合百石者　荒安村之内
右之分爲御神領被爲付置候、
御朱印重而申請可進之候、同伊毛井」村在家梨窪山先規之如
書付無相違」可被申付候、三右門・新助・弥左ェ門・四郎左
ェ門社頭」掃除已下仕候ニ付而、郷次之普請役」如前ゝ（マヽ）有相
違間敷者也、仍如件、

慶長九辰
七月廿一日　大久保石見守
長安（花押192）
千日大夫殿

〔參考〕
（極札）
「上杉中納言景勝朱印相違無之候、
丑八月三日　古筆了伴」
（附箋1）
「權現樣御代大久保石見守殿御證文」
（附箋2）
「此上包之義者、去ル申年　堀田備中守樣御掛リニ而御調ヘ被遊候節、此壹通計リ別段御包、林家江御鑑定之義御書面ニ而御賴被遊候哉と相存候、右之樣子ハ阿部伊勢守樣ヘ御掛リ之節、寺社御役人被申候ハ、林家ゟ御返書到來ニ付、段ゝ御引渡し被爲在候而、當時此方ニ有之筈ニ候得共、早速ニハ見出し兼候と被申聞候義御座候、」

○舊信濃仁科文書。

〔八〕 鳥居大路文書○山城國　未表裝八五通

二三八 (1)太政官符寫　三三・七 四六・〇

嵯峨天皇承和十一年十一月壬子、鴨上下」大神宮祢宜外從五位下賀茂縣主廣友等」依申請彼〔被〕下官符、其府〔符〕云、

太政官
應禁制汚穢鴨上下大神宮ノ邊河事
右得彼神宮祢宜外從五位下賀茂縣主廣友」等解偁、鴨川之流經二神宮、但欲清潔之、」豈敢汚穢而遊獵之徒就屠割事濫穢」上流經融神社、因茲汚穢之祟屢出御」卜難加禁制、曾不忌避、仍申送者大納言」正三位兼行右近衛大將民部卿陸奥出羽」按察使藤原朝臣良房宣奉勅神明攸崇」不可不愼、宜仰當國俾禁斷之、若違制」犯者禁其身申上容隱不申、國郡司幷」祢宜祝等必処重科不曾寛宥、

承和十一年十一月四日

二三九 (2)源頼朝下文寫　二六・二 四一・〇

(後筆)「付紙ニ頼朝公」　御判

下　播磨國　安志庄 室御庄　林田庄

可令早停止旁武士狼藉勤仕神役事
右件庄々御厨者、賀茂別雷社領」也、而近日依面々武士等之狼藉、有限之」神役及闕怠之旨、以社家之申狀、自」院所被仰下也、於自今以後者、早停止」彼等之妨可被勤仕神役、若又有武士」之押領外之狼藉、直可被經」奏聞之狀如件、以下、

文治二年九月五日

二四〇 (3)賀茂氏久宸翰讓狀寫　二八・〇 八一・〇

(端裏書)「氏久卿讓狀之寫」

讓渡
後鳥羽法皇御宸筆の御書四通之內、」氏久童の時遠所の御所へまいるへきよし被」仰下、又申上時、守護に內々西蓮房をも」て被仰合狀の案　御筆をもてこれをあ」そはさる一通、便〻(マヽ)につけて下給、御書三通」太田祝遠久依爲愛子讓渡也、

今天下を」しろしめす　君みな　法皇の御すゐにて」わたらせをハしさ〔ま〕せは、昔かやうに氏久は」めしつかはれまいらせけるものそともきこ」しめされは、子孫においてなとかハ一とのと」かも、おほしめしゆるされまいらせさらむと存」に、家の重寶更に是ニすきたるあるへからす、金銀もたくひはおほき物也、自余の子共」をさしおきて、これを譲事心さしの」ふかきかいたすところ也、思ひしるへし、兄弟」の中にこの御書をさゝくへき子細出來」時はみひらひて、こま〳〵とあそハされさらん、」一通ハ借渡へし、又この御書みまいらせん時」は手口をあらひ、白衣ならすして見ま」いらすへきや、もし人きゝおよひてみまいら」せんなと申さむに、ゆめ〳〵披まいらすへか」らす、ゆくすゑにハ万壽にたふへし、權祢宜」加冠者われかむすめにあひくして、思ふやうなら」はこの冠者になりとも二人か器量」をみて譲たふへき也、心にまかすへし、この」御書ハ文藏に納めおく家要撰第一櫃」のうちにあかうるしの小櫃に黄地の錦」袋にいれまいらせたる也、爲後日委細」所書置也、これをまほるへき状如件、

建治二年十月十日

賀茂氏久判

(4)足利尊氏御教書等寫

二八・四
四三八・二

二四一　（①足利尊氏御教書寫）

賀茂社領播广（磨）國室御厨下司」幷公文職事、室四郎朝兼致監妨」狼藉云々、早停止彼違乱、可全社家之」所務、若有子細者可注申之狀、依仰執達」如件、

建武三年十一月十八日　武藏權守（高師直）判

赤松入道（則村）殿

二四二　（②足利尊氏制札寫）

尊氏公御代御制札寫

禁制

賀茂社領播磨國塩屋庄

右於當所軍勢甲乙人等不可致濫妨狼藉、」若令違犯者可處罪科之狀、依仰下知如件、

觀應元年十二月日　武藏守（高師直）判

□□□□□

二四三 （③足利義満御判御教書寫）

御判　　鹿苑院殿

播磨國室塩屋・丹波國」由良庄本家職事、知行」不可有相違之状如件、

應永元年十一月廿四日

二四四 （④武田信賢遵行狀寫）　二七・九 四二・九

（封紙うわ書）
「（異筆）「嘉吉三年二月十二日」

賀茂前神主殿　　實長 奉」

賀茂社領若狭國宮川庄」本家職事、早任去五月十」九日御判幷御施行之旨、」可沙汰付下地於權祢宜」益久代者也、仍執達如件、

長祿二年七月十七日　　大膳大夫 信賢

內藤筑前守殿

○本文書は一葉の封紙の紙背に書写されているが、封紙は原本であり、反故の封紙に近世に書寫したものである。

二四五 （⑤室町幕府奉行人連署奉書寫）

賀茂社領江州蒲生郡船木庄」領家職号賀茂庄事、代官入部云〻、」早退押妨之族、年貢諸公事物」已下、如先〻嚴密可致其沙汰」之由所被仰出也、仍執達如件、

延德三

十一月廿四日　　（飯尾元連）宗勝判

當所名主沙〔人脱〕汰中　　爲親判

二四六 （⑥藥師寺元房禁制寫）

義晴公將軍之御代

禁制　　加茂社領幷境內

一軍勢甲乙人等乱入狼藉事

一相懸矢錢兵粮米事

一伐採山林竹木事

右條〻堅令停止訖、若有」違乱輩者、可處嚴科者也、」仍下知如件、

藥師寺与一

天文十五年九月十四日　元房（花押影）

二四七　（⑦賀茂尊久折紙寫）

賀茂社領攝津國有馬郡之内小野三ヶ」村事、依近年非分之押領、無社納之条」神慮難測候、然者彼在所代官職事、」青海野若狹守重治江申合上者、堅被」申付毎年可有全社納事肝要候、若於」無沙汰者代官職可令改易者也、仍狀如件、

永祿十二年六月六日　尊久

二四八　（⑧青海野重治請文寫）

賀茂御社領攝津國有馬郡之内小野三ヶ村事、就」近年非分之押領依無御社納、彼在所代官職拙者ニ被」仰付之由畏存候、然者爲請切每年拾貫文可致社納候、」若於無沙汰申者、代官職之儀可有御改易者也、

同之　青海野

森左京大夫殿

二四九　（⑨後宇多上皇院宣寫）

就病事流布、御袴御太刀一腰」御馬壹疋被引下候旨被　仰出候也、」院宣如此、悉之以狀、

嘉元三年八月八日　左中辨奉

賀茂御師舘

二五〇　（⑩甘露寺親長御教書寫）

爲御祈禱、御馬一疋被牽下之由被仰出候由」奉〔仰〕按察殿所候也、仍執達如件、

寛正二年九月十六日　弘繼奉

賀茂御師舘

二五一　（⑪室町幕府奉行人奉書寫）

御拜賀御祝當社神馬一疋鹿毛」被引進候也、仍執達如件、

永享二年八月六日　掃部頭判

賀茂社御舘

二五二　（⑫室町幕府奉行人奉書寫）

賀茂社御神馬壹疋鹿毛可」引進候由被　仰出候也、仍」執達如件、

永享二年八月十日　　伊勢守判

賀茂社御舘

二五三（⑬室町幕府奉行人奉書写）

賀茂社御神馬一疋栗毛御鞍置」自若君様（足利義勝）可引進之由」被仰出候也、
仍執達如件、

永享十三年正月十九日　　伊勢守判

賀茂社御舘

二五四（⑭室町幕府奉行人奉書写）

御太刀一腰御神馬一疋黒」可引進之由所被仰出候也、」仍執
達如件、

嘉吉元年十一月三日　　沙弥判

賀茂社御舘

二五五（⑮室町幕府奉行人奉書写）

賀茂社御神馬一疋鴾毛爲」大方殿様（足利義勝）御祈禱可引進之由」被仰
出候也、仍執達如件、

嘉吉二年五月十二日　　沙弥判

二五六（⑯室町幕府奉行人奉書写）

爲年始御祈禱御神馬壹疋鴾毛御鞍置」可引進之由被仰出候也、仍執
達如件、

嘉吉三年正月十六日　　沙弥判

賀茂社御舘

二五七（⑰室町幕府奉行人奉書写）

賀茂社御神馬一疋鹿毛御鞍置」爲年始御祈禱可引進之由」所被仰出
候也、仍執達如件、

嘉吉四年正月十六日　　沙弥判

賀茂社御舘

二五八（⑱室町幕府奉行人奉書写）

賀茂社御神馬一疋鹿毛御鞍置」爲年始御祈禱可引進之由」被仰出候
也、仍執達如件、

文安元年正月十七日　　沙弥判

賀茂社御舘

二五九　（⑲室町幕府奉行人奉書寫）

賀茂社年始御神馬一疋〈鴾毛被置御鞍〉」可引進之由被仰出候也、仍」
執達如件、

文安五年正月十一日　　　沙弥判

賀茂社御舘

二六〇　（⑳室町幕府奉行人奉書寫）

爲　賀茂社年始、御神馬一疋〈青毛御鞍置〉」可引進之由被仰出候也、
仍執達」如件、

文安六年正月八日　　　沙弥判

賀茂社御舘

二六一　（㉑室町幕府奉行人奉書寫）

御(足利義成)元服御祝賀茂社神馬一疋〈黒毛〉」被牽進之候也、仍執達如件、

文安六年四月廿日　　　掃部頭判

賀茂社御舘

二六二　（㉒室町幕府奉行人奉書寫）

賀茂社御神馬一疋〈鴾毛〉」可引進之由被仰出候也、」仍執達如件、

文安六年四月廿九日　　　備中守貞親判

賀茂社御舘

二六三　（㉓室町幕府奉行人奉書寫）

賀茂社神馬一疋〈鹿毛〉」可引進之由被仰出候也、」仍執達如件、

應仁三年十二月廿七日　　　伊勢守判

賀茂社御舘

二六四　（㉔室町幕府奉行人奉書寫）

賀茂社年始御神馬一疋〈青毛被置御鞍〉」可引進之由被仰出候也、」仍
執達如件、

寶徳貳年正月十三日　　　備中守判

賀茂社御舘

二六五　（㉕中村則久代官職請文寫）

賀茂御領美作國倭文庄」代官職事、申付候御補任」被成下候
畏入存候、然間御」公用任御月宛之帳文之旨、」毎年百捌拾
貫文運上」可申、就中諸公事・兩社」役・仕夫壹人・現夫又
壹人、代」壹百文に沙汰可申請切候之」上者、不熟損亡之
儀」相違有間敷候、萬一不法」懈怠之儀候者、雖爲何時」代官
職可被改易候、其時」公私付者一言之子細不可申候、」仍請文
如件、

大永元年十二月十日　　中村大和守
則久判

賀茂神主森殿　参

○以上のうち、二四九號文書以下二六五號文書までは一筆であって、近世の寫である。

二六六　(5)足利義満御判御教書寫　二六・〇 四〇・五

付紙
義滿公　御判

播磨国三筒御厨事、」任明徳四季六月五日男平」讓狀、宮鶴
丸可領掌之狀」如件、

明徳四年六月廿一日

二六七　(6)播磨守護赤松義則遵行狀寫　二六・二 四〇・三

播磨國室塩屋事、去月廿六日」御教書如此、早任被仰下之
旨、」可被沙汰付片岡祢宜男平」雜掌之狀如件、

應永元年十二月廿六日　上總介(赤松義則)判

宇野四郎殿

二六八　(7)賀茂社領播州鹽屋庄請文寫　二六・二 四〇・七

請申
賀茂社領播州塩屋庄事
右彼在所者、先規月宛公用京著捌拾」捌貫文也、雖然當時別
而申合、年貢米」社役方者半分、其外料足方等一円爲公用」
分可有直納、殘半分年貢米社役方、半分」者爲代官得分、可
致末代知行候、若未進」仁體者致催促可執進候、自然於地下
公事」篇之儀者、爲此方可操申候、如此乍申定」相違之儀出
來候者代官職可有改替候、」其時不可及一言子細候、仍爲後
日請狀」如件、

赤松下野守
文明拾參年十一月廿八日　政秀判

鳥居大路殿

(8) 貴布禰村百姓等請文等寫

二八・八
四七六・〇

二六九 （①貴布禰村百姓等請文寫）

（端裏書）
「永禄年中以後山請證文幷起請等」

請申當山之内柴事、當年」來年分貳貫文ニ請申者也、仍」請文如件、

永禄四年九月廿八日

きふねさと
さへもん五郎判
ゑもん太郎同
とう右衛門同

賀茂社頭御月行事
まいる

二七〇 （②小谷久次請文寫）

請申貴布祢山事、限北者白石」之尾骨、限南者鑰鳥居、從」癸亥才至丁卯才五ヶ年之間、」爲御社頭御修理料參貫五百文仁」請申者也、仍狀如件、

永禄六癸亥年四月十四日

小谷次良左衛門尉
久次判

賀茂社頭
月行事御中

二七一 （③姓未詳貞長折紙狀寫）

貴布祢山柴事、爲修理料幡枝里、」今度被申付候處、無謂爲一原野里」令違乱云〻、言語道斷次第也、所詮」從先規、任當社進退之旨、可被申付候由」被仰出候也、仍狀如件、

永禄六
後十二月廿八日　貞長判

賀茂一社御中

二七二 （④貴布禰村百姓等請文寫）

請申貴布祢谷山之事、かき取ヨリ宮山ヲ」かきり、戊刁年ヨリ巳之年まて四ヶ年之」間、御山手判外四石仁請申所實正也、」但古木松其外用木を相除立置」可申者也、但請申之内下柴おろし」申事有之者、請文を懸御目、則上可申候、」仍狀如件、

天正五年十二月廿四日

貴布祢谷
孫衛門判
執　次同
衛　門同
左近丞同

御沙汰人

修理進殿　　新九郎同
市　正殿　　与　七同
讃岐守殿
御評定衆御中

二七三（⑤御泥池里百姓等請文寫）

奉請貴布祢山黑木山草山之事
　合拾貳石六斗者奥口かけて
右奉請御山之儀、つちのとの亥乃年」よりミつとの卯才まて五ヶ年之限、爲請」米毎年四月廿日以前に判舛を以六石三斗」之分惣中へ御納所可仕候、〔殘〕ヲ六石三斗者」同年十月廿日以前に皆濟可申候、然者」松古來かつくいねおこし一切きり申」間敷候、若盜切者跡行仕證人御座候」者、爲過料請米一倍を以可被仰付候、」次御泥池里の下にて市原二瀬之者」共ニ、少成共おろし申候者、請人共可」被成御成敗候、仍奉請所之狀如件、
　慶長四年卯月日　御泥池里百姓請人
　　　　　　　　　弥三郎判　　与　三　郎判
　　　　　　　　　　　　　　　与左衛門同

与三右衛門同
彦　衛　門同
与　太　郎同
四郎左エ門同
又　三　郎同
七郎衛門同
衛　　　門同
惣中
　御沙汰人様御中

二七四（⑥くしま百姓等請文寫）

請申貴布祢常心山之事
合貳石四斗也
右之山斗者當年中ニ相立可申候、」〔茂脫〕少相違有間敷候、若無沙汰仕候ハヽ、」藤木右衛門大夫殿從可被成御請取候」山之儀ハ、來年三月朔日ニ上可申候、」其上常心山之内杉檜もミかふろ木」御山之立木、少もきり申間敷候、仍」請狀如件、
元和三年九月廿九日　くしま
　　　　　　　　　　常　慶判
　　　　　　　　同
　　　　　　　　　　与二郎同
社頭御月行事

備中守殿
河内守殿

二七五　（⑦岡本町百姓請文寫）

請申貴布祢谷山之事、境者梶鳥居」下ノ大岩ヨリ宮山限、甲子年ヨリ來辛未歳」之拾二月中まて七年之間、毎年山手」十壹石貳斗宛ニ請申処實正也、但山手ハ」四月廿日以前五石六斗可納所仕候、残」五石六斗十月廿日以前ニ相濟可申者也、」幷松木かふろきかつくひ相除立置可」申者也、若山手ニ付一人も無沙汰仕候ハヽ、」此衆中として相立可申候、他郷者壹人成共」おろし候ハヽ、御山手ニいちはい御とり可被成候、」其時一言之儀申間敷候、仍請状如件、

寛永元年十二月日

岡本町
左衛門五郎
同　三郎太郎
同　助　藏
同　三郎五郎
同　与三郎
同　小五郎

同　左エ門九郎
同　藤五郎
同　与　一
同　左近丞
同　新九郎
同　与三郎
同　三郎二郎
同　弥　七
同　久　藏

御沙汰人様
参

二七六　（⑧貴布禰里惣中申狀寫）

貴布祢之者共連判二通入御覽候、

今度賀茂殿様へ如在申ニ付、」御せつかんなされめいわく申候」所ニ、其様御ちさうニ付、御ゆるし」忝存候、以來何様之事も」貴殿様をたのミいり申候間、よき」やうニ御馳走して可被下候、然者則」かのれうそくのこらす上申候間、」よきやうニ御披露所仰候、以上、

天正廿年八月十一日

貴布祢里惣中
五郎二郎判

とり
衛門三郎判
左衛門九郎判
丹後介判
中大路甚介様

二七七 （⑨貴布禰里百姓起請文寫）

起請

一當社大明神之御山幷常心山之立木枯木」枝等ニ至迄、盗申間敷御事、就中神事之御」風呂之木者枯木を切可申御事

一面ヽ私之山境幷屋敷藪林等、少も御山江」寄申間敷御事

一雖爲橋之木幷惣構之用、御社頭之御中江」御訴訟申、其上ニて御奉行を申請伐可申」御事

右條ヽ於違犯之輩者、子ヽ孫ヽ召遣者迄、」大日本國中之大小神祇、殊ニ賀茂大明神」片岡大明神貴布祢大明神等之御罰罷」蒙、於現世者白癩黒癩之重病請、」於來世者無間地獄之猛火之中ニ入テ永」浮せ不可有之者也、仍起請文如件、

慶長六年拾月廿三日　貴布祢里 衛門四郎判
次郎九郎判　小太郎判
大良左衛門判　新右衛門判

次良三郎判　但馬判
左衛門判　小三郎判
新二郎判　和泉判
左近五良判　少介判
一左衛門判　丹波判
右衛門三良判　大郎三郎判
次郎衛門判　次郎大郎判
九郎三郎判　又右衛門
次良左衛門判　与左衛門判
与介判　三郎衛門判
九良衛門判　大郎次郎判
藤右衛門判　左近大郎判
与太郎判　藤五郎判
藤三良判　大郎右衛門判
与右衛門判

○鳥居大路家は上賀茂神社の舊社家である。

二七八　(9)豊臣秀吉判物寫　三一・四 三五・三

國〻當社領事、年來」任当知行旨、弥不可有相」違之狀如件、
天正十一
十一月廿二日　秀吉判
賀茂社
惣中
○本文書は近世の寫しである。

二七九　(10)山口宗長書狀寫（折紙）　二九・四 四一・八

当社境内御」検地帳面、爲造」立燈明御除之」条、無懈怠可令神」納事肝要ニ候、恐〻」謹言、
天正十三
十二月八日　山口治左エ門 宗長在判
貴布祢
惣中

二八〇　(11)賀茂氏勘例覺書案（折紙）　一六・二 四五・五

勘例
天文十八年四月十四日兒昇殿
賀久男
賀茂尊久　十三才
慶松丸
于時傳　奏中山大納言孝親卿
天正六年十月十日兒昇殿
尊久男
賀茂尚久　八才
千勝丸
于時傳　奏勸修寺中納言晴右卿
慶長十四年十一月十日兒昇殿
尚久男
賀茂用久　十一才
慶松丸
于時傳　奏烏丸大納言光宣卿

二八一　(12)院御所競馬裝束寄附目錄案　三二・八 九二・八

（端裏書）
「院御所　競馬裝束御寄附ノ目錄」

競馬ノ裝束
左方
一冠　付ほそゑい
おいかけ紫ノくみを三筋
一打かけ付赤キくみを六筋
一下重
一袖

一はかま付下重くみを二筋
一せみを付赤キくみを二筋
一太刀一腰
一鞭出仕鞭壹ツ打鞭　壹ツ
右方
一冠付ほそゑいおいかけくみを三筋
一打かけ付赤キくみを六筋
一下重
一袖
一はかま付下重くみを二筋
一せみを付赤キくみを二筋
一太刀一腰
一鞭出仕鞭壹ツ打鞭　壹ツ
以上如此被下候、
慶長十六年五月三日　森左京大夫
鳥居大路大膳大夫
右京大夫殿

二八二　⒀寛永年中社職勅答之寫　三〇・九 九八・〇

（端裏書）「社職勅答」
寛永年中勅答之寫
太閤　鷹司殿信房公
依　勅問承候、賀茂社司氏人申分否事
然者氏人勘於古今之例、職之儀訴訟申趣、聊非背」社法、于
爰就造營末社闕之所望候之条、無違乱者」宜令披露給者也、
關白　近衛殿信尋公
賀茂氏人可補祢宜闕否事、因准先例可有其沙汰」之条可然乎、
宜在聖斷矣、
前關白　九條殿忠榮公
仰旨跪以奉候畢、賀茂社司与氏人之義被任旧記、」可有其沙汰
乎、以此旨可令洩披露給、
内大臣　二條殿康道公
賀茂社祢宜職之闕、爲氏人可有相續否事
被任先例其沙汰可然歟、宜在聖斷矣、
重而決斷之時　勅答

前關白
仰旨跪以奉候畢、賀茂社司氏人祢宜之事
被任系圖可被達其望歟、宜在聖斷矣、
　內大臣
賀茂社祢宜職之闕、氏人所望之事
雖爲社司支之未見其證文、殊旧例近代亦ロ　宣」等有之由載
彼狀云、件例云斷絶職何事候哉、但」此等之例慥ニ可遂糺明
者乎、　勅許一段宜在聖斷矣、
　關白
賀茂氏人望社司闕之条、可爲何樣哉之事
二系圖不同、互有得失何是何非難定、雖然重說」爲氏人子孫、
被拜任權祝甚近例也、以彼見此所申有實乎、猶宜在聖斷矣、
　右大臣　一條殿兼遐公
賀茂之社職氏人可被補闕否之事、論說雖難一決、」近代之例
重說蒙權祝之　宣旨者何無其謂乎、但任職之儀宜在聖斷矣、
　第三度之　勅答
　關白
重說職之ロ　宣頂戴之上者、氏人申分有實乎、

前關白
被任系圖之旨、可被達其望者乎、
右大臣
有ロ　宣上者、氏人所申何無其謂乎、
內大臣
有ロ　宣之上者、於斷絶之職者、猶以無子細乎、
太閤
造替之砌云、斷絶職旁氏人申分有其謂乎、
權大納言　烏丸光廣卿、于時賀茂傳　奏
氏人有ロ　宣上者、繼斷絶之職事、尤可叶神慮乎、

二八三　⒁岡長吉契狀（竪切紙）　二六・七／二三・八

爲御合力御社領之內」五石、御願置被成候、雖然」社頭宮山
之義付、無沙汰」仕候ハヽ、何時成共可被召上候、」其時一言
之儀申間敷候、」仍爲後日如件、
寛永十三丙子霜月　岡長吉（花押193）
鳥居修理大夫樣
　參

二八四　⑮徳川家光朱印状寫　三九・五　五三・〇

播磨國揖西郡室津明神社領、」同郡室津村内参拾石事、任」先規令寄附之訖、全可收納、幷」山林竹木諸役等免除之、如有來」永不可有相違者也、仍如件、

慶安元年八月十七日
御朱印

二八五　⑯賀茂祭禮祈願祝詞案　三二・四　四五・二

掛毛忝毛御寶前畏見恐毛申佐久、」玉躰無御恙、殊禁裏・仙洞」御息災延命天下泰平國土」安穩萬民豊饒光志渡御座世」候畢、而數年今日之祭禮及」退轉之旨、氏子等痛身心處」、當年行幸正家・宗信起信心奉」爲再興、氏子周取分三家之」子孫御納受於垂給ェ登、奉禱」所之狀如件、

慶安三年五月五日

賀茂縣主從五位上
誠平

二八六　⑰當社神供幷拜殿月次之御番他配分掟　三二・二　四二・三

当社神供幷拜殿月次之御番」御初穗蒔錢散米等配分掟之事

一正月元日之神供調進、岡左京方ゟ可有沙汰事
一毎月上十五日拜殿御番、可致懃候事
一御初穗蒔錢散米等、如社法可有納禮事
右之趣於有之相違者、不寄何時社職可改易者也、」仍定狀如件、

承應二年
六月五日　(鳥居大路)誠平（花押194）

二八七　⑱鳥居大路誠平自筆書狀　二七・〇　三九・三

(結封うわ書)
「〆　林宮内様　鳥修理大夫
机下　誠平」

(以下行間書)
尙〻、毎度と乍申」從先度此方種〻御機(氣)遣を」掛申忝存候、我等」此度之本望御推量」被成候て可被下候、昨日御寄合にて之」御沙汰晩程具御物語」可申入候、以上、

一昨夜者早〻得御意」御殘多奉存候、然ハ昨日」御寄合ニ我等正祢宜之儀」傳奏御披露被成候へハ、何之」相違無御座、成　勅許被下」夜前傳奏拙者ニ御申渡」被成候間、可被御意易思召候、」此中者色〻御肝煎前後之」首尾御情入申候段奉忝存候、」何も晩程御禮ニ致伺公(候)可得」御意候、

(異筆)
「明暦元年未」
十月廿七日　(鳥居大路)誠平（花押194）

二八八　⑲鳥居大路誠平自筆書状　二三・二／三二・三

（結封うわ書）
「〆　林宮内樣　机下　　鳥修理太夫　誠平」

尚ゝ昨日晝之内ハ社頭」へ參り御札改め申、其後にて」（以下行間書）此日方ゝ同意候かたへ」一礼ニ參り申、初夜時分ニ」罷歸申候て、御書存し」おそく拜見申候、又とるも」傳奏一礼ニ飯後參候間」權之祝之儀急成義にて無御座候、」京ゟ罷歸可得御意候、」以上、

夜前ハ昨朝之爲御報と」慶書具致拜見候、然權之祝」之儀從傳奏松兵部允へ御使」參申候由尚無御心元奉存候、」夕部御尋申　存未會合ゟ」御歸參被成候歟、罷歸申候先以」いかやうなる儀にて御座候て、千万」無意許存候、伺〔候〕公承度存候、」其内機〔氣〕遣ニ存候故、乍自由」以書之如此候、恐ゝ謹言、

明暦元年未
十月廿八日　誠平（花押194）

二八九　⑳祠官森氏書状　二三・八／三四・〇

（結封うわ書）
「〆　梅山樣　森」

以上

只今御茵ノ事二はた令」申進候へとも、たしか三はた」にて可有之存候、壹丈貳尺」を三にきり候へハ四尺ツヽ」になり申候、いかゝ覺しめし候や、」きふねへもきつと過たる」ほとの御返事可被成候、乍」憚今なとか樣の事をかなた」こなた申あるく事にてハ」なく候よし、いかやうに候とも」神主下向して御吟味尤ニ候」由可被仰遣候、以上、

同時

二九〇　㉑鳥居大路維久書状　二九・七／四三・〇

（端裏書）
「〆　職久公　貴報　維久」

尚ゝ事廣く成申候や、同いおんみ□に」仕度候、只今なとかやうの吟味ハ大に」祠官のひけに候、何にてもそろ〳〵吟味仕候ハ、不入事も可有之候か、心もとなき事とても」しつかにひそかに御吟味御尤ニ候、穴賢□□、

今日祓御參勤御大儀之事奉存候、」然ハキ布ねゟ御茵之事、兩説申」來儀、何人之張行ニ候や、たとひ」壹はゝニ而候とも、もはやぬひもの」まて出來候上ハ、於今吟味不入事か、

一キ布ね奥ノ御茵ハ壹幅ニ候か、

一当社本宮御茵ハ貳幅ニ候か、

右当社御茵ノ寸尺、大樣四尺四方と」心得可然存候、然ハ古ゟ表壹丈貳尺」裏壹丈貳尺ノ物ニ候、さ候へハ見ニ不及、」

慥ニ貳はゝと奉存候、しかれとも御疑」を散せられんと覺
しめし候ハヽ、御一覽」可被成候、尚期拜面候、以上、
五月十三日　（鳥居大路）維久

二九一　㉒家屋敷賣渡請狀

請狀之事
虎松大夫保賴家屋敷、依有要用其方江」永代被賣渡所實正也、
若此屋敷ニ付」違乱煩申輩於有之者、我等爲請人与者」何時
も罷出、其明可申者也、次ニ家屋敷」当月廿八日ニ急度相渡シ
可申候、仍而」請狀如件、
萬治三庚子年
卯月廿六日　請人東光院珍宥（花押195）
同　長　三　良（花押195）
同　闢目隼人佐（花押195）
藤木因幡守殿　進候
○料紙の寸法は省略する。以下同じ。

二九二　㉓社領請米違亂詫狀

今度当社神山諸木之儀ニ付、背御定」乱ニいたし、其外とゝか
さる無作法之事」仕候故、以外御腹立ニ而、我等社役ヲ改易
被」成迷惑至極仕、三町年寄衆同脇宿老」中を賴、色〻御侘
詞申候處ニ、以御しひを御」同心被遊忝奉存候、然上ハ万一
於向後ニ御」定之旨ヲ相背候者、何方へも御侘詞ヲ」不申、直
クニ他所へ窂人可仕候、仍爲後日如件、
寛文貳年　岡　左　京（花押196）
寅六月九日
鳥〔居脱〕大路修理大夫様

二九三　㉔賀茂貴布禰相論裁許狀寫

覺
一貴布祢者從往古爲賀茂之攝社之由」旧記ニ相見、其上賀茂
之社人致所持候」證文歷然之上者、弥如先規可受賀茂之」
支配事
一貴布祢年中神事祭禮神供修理等、」從賀茂勤來之由無紛候
条、弥可爲其通事
一從賀茂相勤神事祭禮之外、貴布祢之」者爲私不可備神供事
一貴布祢社散錢幣物等、從賀茂支配」可仕事

一札牛王従賀茂沙汰之外、貴布祢之者」爲私不可調出事
一従賀茂参向神事執行之時、貴布祢之者共」如先規、役儀等可勤之事
一貴布祢之神殿拜殿并従賀茂之番所江、」谷之者無免許而不可濫昇事
一貴布祢谷山之儀、南者限梶取明神、北者」限奥御前後山、如前〻自賀茂支配」可仕、但貴布祢之神社於有所用者、」社家中以相談可伐之、爲私用一切不可」伐之、山之物成於有之者、右之社神用可」仕事
一従奥社之後山至芹生峠、如有來賀茂江」役米役錢を出し、貴布祢之者支配可」仕、但屋作用木等伐候時者、賀茂江相斷」可受差圖事
一貴布祢之者共、近年從吉田補任狀取之、」烏帽子狩衣着之儀、不屆候、自今以後停止之事
付、貴布祢之者拾人、向後立烏帽子布之」黄衣免許之、但以賀茂小司相達、神主」出許狀之後可着之事
一貴布祢之者共相背先例、依不隨賀茂ニ、」先年賀茂之社家中より、板倉周防守江」訴之處、貴布祢之者共、不屆令落着、」

及籠舎候訖、然處近年違背先裁許之条、」其科不輕候間、亦令籠舎之事
右條〻、今度依賀茂貴布祢相訴之、」糺明之上令裁許訖、永可守此旨、若於違犯者可爲曲事者也、
寛文四年六月四日
甲斐 御印
河内 御印
大和 御印
美濃 御印
豊後 御印
賀茂社家中

二九四　(25)社職料契約覺書寫

覺
一氏人中惣納五拾八石四斗八合六夕
是者、累年氏人雖支配之往來田、貴布祢田」家領等有之候間、今度取除之候事
一社僧中惣納九拾五石壹斗壹升七合
是者累年社僧雖支配之供田、寺領等有之」候之条、今度取除之候事

〔一脱〕柳芳軒・海藏院・竹林庵・祖芳院」四ヶ寺領、合九拾六石
九斗四升壹夕
是者社僧職無之而、社領之内取来候間、今度」取放之候事
右三〔條脱〕ヶ合貳百五拾石四斗六升五合七夕、」今度社職料新附之、
幷社司之内家領」無之、兩家江配附之畢、可存其旨、委細目
錄」如左、

社職料之覺

本社	拾五石	神主
同	拾三石	正祢宜
同	拾三石	正祝
同	拾貳石	權祢宜
同	拾貳石	權祝
片岡社	拾貳石	祢宜
同	拾貳石	祝
貴布祢社	拾貳石	祢宜
同	拾貳石	祝
新宮社	拾石	祢宜
同	拾石	祝
太田社	拾石	祢宜
同	拾石	祝
若宮社	拾石	祢宜
同	拾石	祝
奈良社	拾石	祢宜
同	拾石	祝
澤田社	拾石	祢宜
同	拾石	祝
氏神社	拾石	祢宜
同	拾石	祝

右合貳百三拾三石
高八石七斗三升貳合餘、梅辻備後
高八石七斗三升貳合餘、富野宮内
合拾七石四斗六升五合餘
都合貳百五拾石四斗六升五合餘
以上
一社職料社家中以相談、定免相年〻」等分可收納事
一社職料賣買之儀者不及云、不可入」質券事

一雖爲親子兄弟、向後以家領而別家江」不可分散事

右之旨、今度相定訖、堅相守此旨、不可違背者也、

寛文四甲辰年六月廿二日

甲　斐御印

河　内御印

大　和御印

美　濃御印

豊　後御印

城州賀茂社家中

二九五　(26) 鳥居大路誠平言上書

上賀茂神主 鳥居大路修理大夫

謹而書上

一賀茂別雷皇太神宮之社司者、當社垂跡」已來、男床之神主より鳥居大路家者嫡流、」的ミ相承之元祖歴然ニ御座候、拙者迄及三十代」断絶不仕候處ニ、去ミ年末家之松下・森・梅辻」三人申合、拙者共ニ隱蜜〔密〕仕、御當地江罷下、如何樣」之儀を御訴訟申上候哉、摠〔總、以下同〕領之系圖をちがへ、」本家を末家ニ申掠候段、末代迄鳥居大路家之」きずに罷成迷惑仕候事

一冨野・梅辻兩家家領無之由、被聞召上、去ミ」年家領被下

候、鳥居大路家者家領無御座」といへとも、嫡流之事に候故、代ミ我等迄神役相勤」申候、然といへとも家領無之候てハ、行末神役も難調」候而、我等家致斷絶候間、境内ニゆへなく押領」仕、社領餘多御座候間、御穿鑿被遊、相應ニ」家領被　仰付被下候ハヽ、承可奉存候御事

一拙者儀去年兩度迄御當地江罷下、寺社御奉」行衆江、右之趣御訴訟申上候得者、京都ニ而寺社」之儀、牧野佐渡守殿江被　仰付候間、罷上り御訴訟可申」上之旨被　仰渡候故、上京仕御訴訟申」上候得共、佐渡守殿御取上も無御座候ニ付、此度」例年進上之葵輪番ニ而、御當地江罷下候間、」乍恐以次而御訴訟申上候、右之通被聞召分、」鳥居大路家摠領之筋目相談仕、末代迄神役」相勤候樣ニ被　仰付被下候ハヽ、難有可奉存候、仍」如件、

寛文六年

午　四月六日　(鳥居大路)誠平（花押194）

二九六　(27) 鳥居大路家督相續契約狀

今度我等家督相續之儀、從」此方以懇望令讓与契約狀之

事
一鳥居大路家督付累代之家屋敷、」殊者幡州室明神普〔譜〕代神職」
御朱印古代之證文等相副譲与候、」此外家之書物等不残
一紙令附属事
一此度家督之義林正祝重豊・森權祢宜維久・井關飛驒介連久、
以口入堅遂契」約候、然者向後相互仁成親子兄弟之」恩、万
事無違變可存貞節事
一今度家督之義、我等令懇望處、」御同心令喜悦候、就中旦暮
之賄賂等」預助成、尤過分候〔巨細之契約状、又在別〕、抑室神」職家督
家屋敷等、他之妨毛頭無之、若」違乱之輩於有之者、我等
可遂糺明」候、仍鳥居大路一跡永代譲渡状如」件、

延宝六戊午歳八月十三日　　鳥居大路大膳大夫

順平（花押197）

井關飛驒介　連平（花押197）

森權祢宜　維久（花押198）

林正祝　重豊（花押198）

梅辻主計殿

梅吉殿

〔八〕鳥居大路文書

二九七　(28)室津年貢送り状

覺

高貳拾石御免四つ三分
一大豆　九石貳斗八升八合　但夫口共ニ
代銀五百拾六匁八分八厘
内拾五匁　年具〔貢〕代ニ引
殘而五百壹匁八分八厘
右之銀子慥ニ相渡シ申候、已上、
天和三癸亥年十二月廿三日

室津惣代　孫右衛門㊞
同　甚右衛門㊞
同　忠兵衛㊞
同　次左衛門㊞

鳥居大路修理大夫様

(29)松下順久口上覺等寫

(端裏書)
「元祿四年依御尋別　御朱印由緒書留（花押）」

二九八　（①松下順久口上覺寫）

口上之覺

松下家別　御朱印之儀、從往古爲家領」職料、美濃國脛長庄・雲州福田庄・」丹波國私市庄等知行仕候処、次第ニ令」零落、其庄〻他領ニ成候故、」秀吉公御代御訴訟申上、於丹波國」觀音寺村高廿五石、於城州西賀」茂村拾六石、合四拾壹石　御朱印頂」戴仕、　御當家弥無相違」御代〻之御朱印拜領仕候、以上、

元祿四辛未年
一月廿四日　前神主　松下民部大輔順久

二九九　（②林伊豆守口上覺寫）

口上之覺

林家知行之事、播州林田庄泉州」深田箱作庄・城州奈嶋鄉等、從往古」爲家料、職料領地仕候得共、年〻ニ」令零落候故、秀吉公御代願申候処、」於丹州船井郡青戸村之內九石五斗」・土塡村之內拾石五斗、合貳拾石之」御朱印被成下候、於」御當家無相違」御朱印拜領仕候、以上、

元祿四年三月廿四日　上賀茂　正祝林伊豆守

三〇〇　（③森連久口上書案）

森家別　御朱印之事、從往古伊与國」菊万庄・若狭國宮川庄・丹波國由良」庄爲家領、職料代〻致知行候之」處、次第ニ零落仕候ニ付、秀吉公之」御代ニ御訴訟申上、於丹波國土塡村」高廿五石、御朱印拜領仕候、」御當家迄御代〻之御朱印頂戴」仕罷在候、以上、

元祿四年三月廿四日　片岡社祝　森飛驒守連久

三〇一　（④岡本宮內少輔口上書案）

私家頂戴仕來候　御朱印地之儀御尋ニ付口上之覺

一右　御朱印地者私先祖宮內少輔保望と申者、」大閤樣御奉公仕り、知行貳百石頂戴仕り、」則大坂ニ罷在候得共、連〻年罷寄候故、」御訴訟申上、當所へ引込候ニ付、拙者向後天下」御安全上〻樣方御武運御長久之御祈禱」可仕候旨忝も仰を蒙り、西賀茂之內ニて」高五拾八石・當御社領之內にて五拾三石八斗、」始而御朱印を頂戴仕候、其後大權現樣以來御代〻無相違御祈禱之」御禮御卷數を獻上仕

り、毎年　御目見仕候」處ニ去ル寛文四年亡父宮內時、於御江戸」御吟味之上、向後ハ臨番之時計ハ尤罷下、毎年」之儀ハ御赦免被成被下候段、社家中何も御」存知シことく、唯今其通ニ御座候、其上私幼少」ニて親宮內相果申候故、委義曾以不存候、」併毎ゝ勤來り申候御祈禱之義、先祖」保望書置申候ニ付、勿論無懈怠私迄」五代相勤申候事、右之趣於御社中御了簡被成、可然樣ニ被」仰上可被下候、以上、

（元祿四年）
未三月廿四日　　岡本宮內少輔

御社中
御役者中

三〇二　(30)屋敷地賣渡證文案

證文之事

於室津當家普〔譜〕代相傳之屋敷所者、中町之內」裏町東者德乘寺、西者當家抱之內殘分之明地、」南者山、北者大道也、右之屋敷之內其方之類地之」方ニ而表通貳丈六尺、但シ四間也、裏通ニ而茂貳丈六尺」奥行者屋敷限、但シ筑地より山根迄、其上藪之」分者上畑通道限也、右之分德乘寺就類地ニ、」年來雖爲所望不許容之處、今度頻依懇」望所令分与實正也、右間數之通永代可有」御進退候、依之爲樽代銀子壹貫目令受」納畢、然上者万一至于後ゝ年違乱申輩於有之」者、從當家急度可申明候、仍而爲後日如件、

元祿六癸酉年
七月十日　屋敷主室社神主上賀茂
鳥居大路右京大夫　判
證人上賀茂
梅辻神主　判

播州室津
德乘寺

三〇三　(31)葵祭再興申狀案

今度御葵祭御再興被爲　仰付、社家中」雖有忝御儀奉存候、然者　勅使御參向神前之」儀式諸事嚴重ニ御座候ニ付、位階被成下候」氏人隨神役候輩三十人はかり、束帶着用」仕致勤仕可然旨申談候趣、無筋意地を立候」樣ニ達　御耳奉驚候、就夫御內意被爲仰」聞難有忝次第ニ奉存候、勿論申募所存ニ而無御座候、此度之御祭禮仰次第ニ神役」相勤可申候、此度下ニ而和談仕少も意地を」立申間敷候、若　佐渡守樣ニ而も御沙汰」御座候ハヽ、幾重ニも乍憚宜御取成被遊」被下候ハ

、難（マヽ）在可奉存候、以上、

元禄七戌年三月廿八日　上賀茂惣代氏人　藤木甲斐守

本多甚五右ヱ門殿　同　岡本下總守

松田五左ヱ門殿　同　西池玄蕃

同　闕目圖書

三四　(32)上賀茂村山論和談書案（折紙）

山城國愛宕郡上賀茂村与同」國葛野郡中津河中畑村与」山論ニ付而、御公儀樣へ申上候処、」御檢使被遣候上和談仕相濟」申候ヶ雙方へ取替申證文」之事

一表書繪圖ニ有之けやき谷」通りゟうつろか坂嶺通りくミ」の木尾山迄、繪圖ニ雙方印」判仕候、墨引を境ニ定西」之平者、中津河中畑村之」內山也、右墨引ゟ北南東」之分者、上賀茂村往古ゟ之」請山也、則山手米拾三石充」每年上賀茂村ゟ」　仙洞樣江直納仕候事

一先年切畑草山年貢貳石ニ而」年季ニ預ヶ申候場所、此度」長請ニ極壹石增都合米三」石充、向後每年霜月晦日限」上賀茂村ゟ中津河中畑村ニ而可」被相渡候、尤請取證文上賀茂」村へ可遣之事」

一右三石之山手米年々無遲」滯霜月晦日限可被相渡候、」若於遲滯者御公儀樣江可申」候間、其時一言之恨被申間敷候」事

右之通、雙方和談ニ而相極候」上者、山之儀ニ付子々孫々ニ至迄」六ヶ敷儀申懸間敷候、爲後日」仍如件、

元禄八乙亥歲九月三日　中津河村庄屋　佐左衛門　印

同村年寄　甚之丞　印

惣百姓　印

中畑村庄屋　三左ヱ門　印

同村年寄　市之丞　印

惣百姓　印

上賀茂村

惣百姓中

右之論山我々共参檢使被仰付、」見分之上吟味之內、雙方和」談ニ而相濟候趣承候、以上、

長谷川六兵衛手代　山脇孫左衛門　印

金丸又左ヱ門手代　野口久右衛門　印

平岡四郎左ヱ門手代
脇谷儀兵衛

三〇五 (33)播磨國社領證文

（表題）
「播磨國社領證文　播州揖西郡室社神主　鳥居大路右京大夫」

指出申證文之事

一當社領幷境内山林共、正保二酉」年以來少茂變地無御座候、
一御朱印地揖西郡室津村之内」高參拾石、

右之通、相違無御座候、爲後證」仍而如件、

元祿十一年寅八月　播州揖西郡室社神主　鳥居大路右京大夫㊞

脇坂淡路守殿

三〇六 (34)大神宮政所下文

太神宮政所下

補任　御讀經所三綱都維那職事

右職任社例令補任筑後坊照海」者也、寺家宜承知、敢以勿違失、故」以符、

元祿十二年十一月十六日

神主賀茂（花押）

三〇七 (35)鳥居大路家覺書案

（端裏書）
「申ノ七月十日惣代重豐・言顯持參也、御傳　奏依仰、連久・郡久被差出之書付之寫」

覺

一三月廿一日鳥居大路家近〻御沙汰奉願候由、」冨野三位・松下三位・水谷信濃守殿江罷出」申入候處、取次○渡邊甚五左ヱ門後剋可申聞由ニ而退出仕候事

一四月五日同上森飛驒守・梅辻備後守罷出之節、」上ニ鳥居大路家之儀播州室明神神主」職兼帶之家之儀ニ御座候、其上貴布祢」社之祝職も長〻闕ニ而御座候間、御沙汰」奉願候由申上候処、取次○深谷半左ヱ門後剋可申聞候間、」退出可仕由之事

一同六日水谷信濃守殿ゟ右兩人明七日四ッ時分」可參由申來、七日罷出候処ニ、○深谷平左ヱ門を以て鳥居大路家ニ」御朱印有之由○候ヤノ御尋候故有之之由申入候処、誰預り申○ヤノ事、同寫持」參可仕事、尤知行高之事、室明神」只今役人有之哉之事、室明神祭いつ比」執行之事、其節鳥居大路罷下候哉之」事、於賀茂ケ樣之凶例有之哉之事、」書付明日持參可仕旨被仰渡之事

一同八日右之儀書付冨野三位・松下民部持参申事
深谷平左衛門へ相渡し退出仕候事

依御尋申上候口状

一上賀茂鳥居大路家播州室津村ニ而社」領三拾石拝領仕候義、
大猷院様」御朱印　當御代御朱印頂戴仕、代〻」知行相
違無御座候、則寫貳通共奉入」御覧候事
一當御代　御朱印頂戴仕候儀、貞享年」中御江戸江罷下り、
寫指上候而罷上り、其」後京都御所司ニ而頂戴仕候事
一鳥居大路家　御朱印之儀者、只今梅辻」備後守預り罷在候、
此儀者鳥居大路大膳」と申者、病氣危急之節、御朱印幷古」
朱印幷證文等不殘、梅辻三位・同修理」ニ證文を以て讓り
渡申候故、修理ニ相續」致させ申候得共、早世仕其跡梅辻
三位次」男右京相續仕候、依之梅辻家ニ預り罷」在候事
一室明神御祭五月十三日ニ始り、同十七日ニ祭禮」執行仕候、
其節者鳥居大路罷下り、祭」禮儀式相勤申候事
一室明神之神前之儀者、鳥居大路より役」人貳人指置、諸事
相勤させ申候事
右之通ニ御座候間、名跡相立候様ニ、偏ニ奉願候、以上、

申
四月　　松下民部印
　　　　冨野三位印
御奉行所

覺

一天文十八年　義輝公御代、上賀茂森」左京大夫賀久と申者、
不慮ニ相果申候、」此賀久義夜中ひそかに殺申候由ニ御座
候」得共、相手不分明様子も知レ不申候故、」御公儀表江者
乱氣ニ而自害仕候様ニ」相濟、名跡御立被下候様ニ承傳申候、
則」此時鳥居大路家ゟ森家相續仕候事
一元和二年　台德院様御代、同所松下」修理生久と申者、京
都室町ニ而氏人」之内小六郎氏春と申者と喧咤仕出、」双
方共ニ相果申候、然共松下儀其弟」兵部大輔矩久、無相違
相續被仰付候、小六郎」儀者御取立願申候遺跡も無御座、
妻子も」無之候よし、其通ニ而相濟申候由ニ御座候、」只今
其筋目之者も不分明之事
右之通ニ御座候間、聞召被爲分、如先例」名跡御取立被
爲　仰付被下候者、七家之」社司一同ニ難有忝奉存候、
以上、

申四月

松下民部　印

冨野三位　印

一四月五日御奉行所
一七月五日安藤駿河守殿・水谷信濃守殿江罷出候、」鳥居大路家之　御朱印古證文等御」傳奏依仰、一社江預置申候由田中文右エ門・深谷平左エ門兩人ヘ御届申上候由申入候処、○後剋可申聞候ニ而、退出仕候事

一自分ニ二条御奉行所ヘ罷出候義、無用可仕旨、」畏而奉候、若被召候共、御届可申上之由、」是又畏而奉候、御奉行所ヘ申上候事、此外一言も相違無之候、以上
右之通相違無御座候、冨野三位・」松下三位・同民部罷出申候ヘ共兩人江被」仰下候間、加印仕指上申候、以上、

宝永元年七月　梅辻備後守郡久　印

松下民部常久　印

森飛驒守連久　印

松下三位順久　印

冨野三位就久　印

油小路大納言殿
御雜掌中

右鳥居大路家之儀、森飛驒守梅辻備後守」兩人江被仰付之趣、書出之間差上候以上、

寶永元年七月十二日　賀茂社家惣代
中大路掃部言顯印

同
林三位重豊印

油小路大納言殿
右御雜掌中

私云七月十日傳奏ヘ持參也、朱點直之分ハ仰ニ而、」後ニ七月十二日ニ書改持參之通り書入候也、

三〇八　(36)大神宮政所下文

太神宮政所下

貴布祢谷住人

嘉右衛門

右任先例之旨、使嘉右衛門」爲神人者也、向後着黄衣」可勤仕所役、敢以勿違失、」故以府〔符〕、

正德二年四月七日

神主賀茂（花押）

三〇九　(37)五家傳來舊記相續和談請文寫

（端裏書）
「享保七辛丑年記六一札ノ留」

今度五家傳來之旧記書物類一式、」其家之相續之者江被下置候者、可納」于三年文庫候、右子細者就旧記所」持毎度違乱出來之間、向後与」惣社家中、爲和談也、仍爲後」證如件、

享保六辛丑年二月廿七日

冨野備中守　季隆　判
梅辻石見守　氏凭　判
森但馬守　篤久　判
松下安房守　督久　判
鳥居大路修理大夫　盛平　判

三〇　(38)梅辻備後家領之覺

梅辻備後家領之覺

一高八斗貳升八合壹勺五才

一藪　壹ヶ所　壹畝廿四歩　菖蒲薗年貢米非藏人貳斗五升

一同　壹ヶ所　坪數　六坪六分　御薗口

右御吟味之節　御公儀江書上候通、氏凭へ被下候者也、

八ノ坪
一高五斗七升八合壹勺五才　梅ノ善九郎持

ハザマ壹畝二拾歩
一高貳斗五升　主持

中大路口
一藪　壹ヶ所　六拾壹坪八分貳厘

非藏人領年貢米貳斗五升

御薗口
一同　壹ヶ所　六拾坪七分

於一社遂吟味候處、如此ニ候也、

右之高八斗貳升八合壹勺五才、右役」可被相勤者也、

享保六辛丑年十二月十七日　社中□（黑印「賀茂」9）

梅辻石見守殿

三一　(39)先冨野屋敷地證文

屋鋪地證文之事

先冨野屋敷之內
壹所　在所中大路町西側地坪百八拾七坪壹分四厘六毛

四至　北者日向守狀直屋鋪ヲ限
南者木工權頭宗辰屋敷ヲ限
西者川前之居石ヲ限
東者中大路町大道ヲ限

右之屋鋪地、今度於一社入札之處、任落札之表」丁銀壹貫七拾六匁八厘九毛ニ、龜壽大夫兼尙へ、」繪圖相添長被賣渡処、實正也、然上者、全」可爲支配候、仍而爲後鏡證文如件、

享保七壬寅年九月十二日

□（黑印「賀茂」9）

沙汰人會所　池殿讚岐守保普（花押）
月奉行　岡本修理權亮清玄（花押）
雜掌　山本內膳正亮顯（花押）
月奉行　山本雅樂頭寄顯（花押）
雜掌　藤木隼人正聖顯（花押）
月奉行　關目伯耆守季鄉（花押）

同
松下大膳大夫督久（花押）

三二　(40)違勅者處分覺書

覺

一遠嶋　森飛驒

右者背　勅定候ニ付、去享保六年二月」十五日、隱岐國江遠

嶋被爲　仰付候、

一追放　飛驒子
森式部

右依飛驒咎、同日追放被爲　仰付候、

一京都近在遠慮　同
妻　子

右依飛驒咎、右之所ゝ遠慮被爲　仰付候、

以上

一遠嶋　梅辻備後

右者背　勅定候ニ付、去享保六年二月」十五日、隱岐國江遠

嶋被爲　仰付候、

一京都近在遠慮　備後
妻　子

右依備後咎、右之所ゝ遠慮被爲　仰付候、

以上

一遠嶋　鳥居大路左京

右者背　勅定候ニ付、去享保六年二月」十五日、隱岐國江遠

嶋被爲　仰付候、

一京都近在遠慮　左京
妻

右依左京咎、右之所ゝ遠慮被爲　仰付候、

以上

一追放　冨野治部

右者背　勅定候ニ付、去享保六年二月」十五日、追放被爲

仰付候、

一同斷　治部子
冨野大藏

右依治部咎、同日追放被爲　仰付候、

一京都近在遠慮　同
父
妻子
伯母

右依治部咎、右之所ニ遠慮被爲　仰付候、

一追放　松下民部

右者背　勅定候ニ付、去享保六年二月」十五日、追放ニ爲

仰付候、

一京都近在遠慮　民部養母
　　　　　　　　妻子
　　　　　　　　兄弟

右依民部咎、右之所ゝ遠慮被爲　仰付候、

以上

右者此度依御觸、歸參儀御願申上度、書付指出候間、」可然樣ニ賴入存候、以上、

享保十年巳二月
　冨野家相續
　冨野備中守㊞
　梅辻家相續
　梅辻石見守㊞
　森家相續
　森但馬守㊞
　松下家相續
　松下大膳大夫㊞
　鳥居大路家相續
　鳥居大路修理大夫㊞

一社御中

三三　(41) 社領境內御朱印覚書案

(端裏書)
「元文二年五月十四日於江戸寺社御奉行大岡越前守殿へ差上留、

上賀茂　御朱印之社領境內之書付　」

覺

一東照宮樣上賀茂幷所ゝ境內御一紙ニ被成下候」御朱印、

當社領山城國西賀茂之內參拾四石六斗、」上賀茂之內貳千五百三拾七石四斗、都合貳千」五百七拾貳石之事、全可社納、幷境內竹木」諸役等如先規、令免除了者、守此旨專神」事祭禮、弥可抽天下安全之精祈之狀如件、

元和元年七月廿七日　御朱印

上賀茂
　社家中

一右　御朱印之表

都合　貳千五百七拾貳石

內

三拾四石六斗　河上鄕西賀茂之內ニ在之

千六百四石五斗四升七合　岡本鄕上賀茂之內ニ在之

五百六拾壹石四斗四升五合　小山鄕上賀茂之外ニ在之

三百七拾壹石四斗八合　中村鄕上賀茂之外ニ在之

一社領境內と申候者、六鄕在之候、河上鄕・大宮鄕・小山鄕・中村鄕・」岡本鄕・小野鄕、此六鄕ニ而此內ニ本宮攝社末社神領山林」境內在之、往古ゟ今ニ至上賀茂支配仕來候、其分左ニ」書付申候、

河上郷之内　末社山森社境内一ヶ所幷小谷山一ヶ所在之」尤御朱印之表社領三拾四石六斗在之、

大宮郷之内　攝社氏神社境内一ヶ所末社小森社境内一ヶ」所幷領地等在之、但氏神社ヲ大宮社とも申候故、京町」之名ニ而ハ此通ヲ大宮通リ与申候、

小山郷之内　御朱印之表社領五百六拾壹石四斗四升五合」幷墓地竹木等在之、
此内七石壹斗壹升余之地方京町屋敷ニ被召上、」京千本村之内ニ而替地被仰付候、

中村郷之内　末社流本社境内一ヶ所御泥池村一ヶ所幷藪」林等藪ヶ所在之、尤御朱印之表社領三百七拾」壹石四斗八合在之、

岡本郷之内　上賀茂本宮權殿攝社末社舎屋等、社地社家居屋」敷等在之、幷社領山多在之、一連之山林ハ東西」拾八町計南北貳拾町計、一連之山林ハ東西貳拾」町計南北三拾町計、尤御朱印之表社領千六百」四石五斗四升七合在之、其外野中村ニ奇連之馬」場与申社領地一ヶ所在之、

小野郷之内　北小野之内攝社貴布祢社山林境內在之、西小」野之内上賀茂百姓共傳來所持之作職山二里」計在之、則貴布祢之裏通りニ而御座候、

右之通ニ御座候ニ付、御朱印之表ニ如先規与被」成下、前ヽ古證文之通今ニ至支配仕來候儀与奉」存候、尤右書付之通相違無御座候、以上、

元文二年巳五月十四日

上賀茂一社惣代
岡本下野守清茂印
同
岡本志摩守保堅印
同
鳥居大路出羽守應平印

寺社
御奉行様

三一四　(42)賀茂貴布禰相論訴狀寫

差上申一札之事

山城國愛宕郡貴布祢谷舌權之丞・舌助之丞・」舌彦之丞訴上候者、貴布祢明神者王城守護」之神ニ而大社ニ候故、往古より神供祭礼天下安全」之御祈禱仕來候処、寛文四年賀茂と出入ニ」及ひ、賀茂之社人如何樣之謀計申上候哉、」貴布祢者賀茂之攝社たる之由旧記ニ相見へ候、」如先規賀茂之可請支配旨、御裁許」證文被成下、何共迷惑ニ奉存候付、同六年より」京都幷江戸江茂御訴訟申上候処、同十一年於」江戸御評定所被聞召届、御吟味之上先」境內山林竹木者、如先規貴布祢支配可仕之」旨被仰付、則京都御所司代永井伊賀守樣」より御制札被成下候、夫より戸田越前守樣・」稲葉丹波守樣迄兩御三代御所司迄御制札」被下、致支配來候処、土屋相模守樣御所司代之」時分、從賀茂違乱申懸、右御制札從　公義御」建被下候之樣罷來、段ヽ賀茂ニ被掠、貴布祢」之者共及難義候付、御所司代御交代之度ヽ」願上候得共、御取上茂無御座候、依之四年以前寅」極月、於京都御箱訴訟申上候処、御奉行所江」

被召出あなたにて御裁断難被成候、江戸表江」相願候様ニとの御事ニ付、御添狀之儀相願、則被」下候ニ付御當地江御願罷出候、貴布祢者賀茂之」攝社与申上候得共、是ハ賀茂五社奉幣之内」末社貴布祢之旧記を以、本社貴布祢之様ニ申なし候」段、迷惑仕候、御吟味之上往古之通被成返被」下置候様訴上之候、

一上賀茂社家鳥居大路出羽・岡本志摩・岡本下野」答上候者、城劦一宮賀茂皇太神宮攝社之内」貴布祢社之儀者、往古より社幷山林境内共ニ上賀」茂一社之支配無紛、古證文等數通有之、御神」祭幷神殿舍屋御造營より御造營迄之間者、」上賀茂一社中より之沙汰として致御修理來候、」御遷宮之儀茂往古より上賀茂社家相勤來候、」元和年中より貴布祢谷之百姓共事を巧、京都」御所司〔代脱〕板倉周防守様江非分之御訴訟申上候付、」度々御吟味之上、彼百姓共非分相究、窂舍被」仰付候、其後寛文四年御當地江參上仕御訴訟」申上、双方古證文等段々御吟味之上攝社」相極候付、双方江御裁許狀被成候、往昔之通」不相替上賀茂より致支配來候処、御裁許狀之」旨を背、京都御所司〔代脱〕幷御奉行御替目之節者」御願申上候故、度々窂舍之上誤り證文被」仰付、則上賀茂社中江被下置所持仕候、然処今」度彼谷之百姓共之内六七人致一同、其内三人当」御地へ御願ニ參上仕候付、私共被召下何共難義仕候、」古來御裁許之通、被　仰付被下候様奉願候由」答上之候、

右双方被遂御糺明候処、寛文十一年於御評定所、」山林竹木計先貴布祢支配可致旨被　仰渡候由」申上候得共、御評定所御書留茂無之、貴布祢之者共」方ニ其節之御裁許證文等可有之処、其儀も無之」永井伊賀守様御所司代之節、貴布祢之者共江御制」札被下候由、賀茂支配不請證據ニ申立候得共、土屋」相摸守様御時代、賀茂より御斷申上、公儀御制」札相成、夫より以來賀茂之者共立合相建候、然れハ」御制札之儀却而賀茂支配之證據ニ候、且又」　御朱印之儀御代々貴布祢江別段ニ被下、其上先祖共」綸旨口　宣等被下致所持居候間、攝社ニ而無之旨」申上候得共、是以難相立、別　御朱印之儀者賀茂」社家共之内ニ茂、別　御朱印頂戴仕候もの有之候、」綸旨口　宣之儀も御改被成候処、寛文四年以前之」年号ハ、先御裁許之節御吟味有之、難立事与」相聞候、補任狀之儀、寛文四年以後之年号ニ而」有之、先御裁許狀之内貴布祢之者共、近年」從吉田補任狀取之、

烏帽子狩衣着之儀不」届候、自今以後停止之旨有之、猶以難相立」思召候、何レニ茂寛文四年之御裁許狀ニ、貴布」祢者往古より爲賀茂之攝社之由舊記ニ相見、」其上賀茂之社人致所持候證文歴然之上者、」弥如先規可請賀茂之支配与有之、貴布祢」谷山限り等之儀、其外ヶ条ニ逐一書載有之、」賀茂支配歴然之事候、依之今日牧野越中守樣」御内寄合御列席江双方被召出、貴布祢之者」爲指證據茂無之、難立儀御願申上不届ニ」思召候、急度御咎可被　仰付候得共、以御宥」恕此度者不被及其御沙汰候、賀茂支配之儀」寛文四年御裁許狀之通相守、重而出訴」仕間敷候、若相背候ハヽ、其節者急度御咎可被」仰付旨被　仰渡奉畏候、爲後證仍如件、

元文二丁巳年八月六日　舌彦之丞

舌助之丞

舌權之丞

寺社

御奉行所

三一五　(43)賀茂祭月當勘進言上書案

謹言上

來年賀茂祭月當御周關、此時被附于一社哉、」此以後雖爲御忌月祭被行哉、社記可致勘進之」旨蒙　御命候、

『後伏見院第二皇子、後伏見院者建武三延元元年四月六日崩』
光明院御宇　御十三回忌月

貞和四年四月十九日、此日御祭近衞使左少將輔氏也、」有具記於社記者如斯所見之外未考得候、但」御年忌月諸社祭官幣使等御參向之事、曆〔歴〕史」所見勘得之分大概注進仕候、

『嵯峨天皇第二皇子、嵯峨天皇者承和九年七月十五日崩』
仁明天皇御宇
御周忌月

承和十年七月十日丁酉奉幣、於天下名神令祈百穀」廿三日庚戌、是日遣使奉幣於伊勢大神宮爲祈秋」稼也、

『醍醐天皇第十一皇子、醍醐天皇者延長八年九月廿九日崩』
朱雀天皇御宇
御三回忌月

承平二年九月廿二日辛丑、依大嘗會被奉一代」一度大神寶於伊勢及諸社、

『醍醐天皇第十四皇子、醍醐天皇崩日見于上、』
村上天皇御宇
御二十三回忌月

應和二年九月七日壬戌、依伊勢大神宮遷宮奉神」寶等依內裏丙穢自神祇官進發也、十三日戊辰」奉神嘗幣於大神宮兼謝申、新宮正殿心柱誤」立之由須以十一日奉遣而依穢及今日、

『村上天皇第五皇子、村上天皇者康保四年五月廿五日崩』
圓融院御宇

御七回忌月
天延元年五月廿日癸酉、發遣宇佐使安藝守源」蕃平、廿三日丙子奉遣伊勢以下諸社幣帛使、」今日行幸八省院、

『円融院第一皇子、円融院者正暦二年二月十二日崩』

一條院御宇

御周忌月
正暦三年二月四日戊辰祈年祭、廿七日辛卯奉幣」諸社、

御三回忌月
同四年二月二日庚申春日祭延引、依禁中穢也、」四日壬戌祈年祭、十九日丁丑園韓神祭、廿一日巳卯」大原野祭、廿五日癸未發遣春日祭使、廿六日甲申」春日祭、

御七回忌月
長德三年二月四日己亥祈年祭、六日辛丑園韓神祭、」八日癸卯大原野祭、

御十三回忌月
長保五年二月四日甲子祈年祭、七日丁卯大原野祭、」十六日丙子依石清水・賀茂兩社行幸奉幣伊勢」以下七社、十七日丁丑園韓神祭、廿五日己酉依行」幸御○祈於七社、

御十七回忌月
寛弘四年二月四日辛未祈年祭、五日壬申春日祭、」十日丁丑園韓神祭、十二日己卯大原野祭、依當」圓融院御崩日延引、十七日甲申祈年穀二」十一社、廿四日辛卯大原野祭、廿八日乙未左大臣」詣春日社、

『一條院第二皇子、一條院者、寛弘八年六月廿二日崩』

後一條院御宇

御十七回忌月
萬壽四年六月廿三日壬辰、祈雨奉幣右大臣」參入官奏、

長元八年六月三日乙卯奉幣二十一社、依祈」年穀也、天皇行幸八省院、

『一條院第三皇子、一條院御崩日見于上』

後朱雀院御宇

御三十三回忌月
長久四年癸未六月、始立日吉祭內藏寮幣爲例、

『高倉院第三皇子、高倉院者治承五年正月十四日崩』

後鳥羽院御宇

御十三回忌月
建久四年癸丑正月廿七日攝政春日詣、扈從公卿十」四人前駈殿上人四十八人地下公達諸大夫不知數、

右御年忌之外御忌月賀茂祭使同臨時祭」使幷諸社祭使官幣使等御參向之事、歷史」所見繁多候欤、仍省略仕候、賀茂祭之儀年久」斷絶之処、爲天下泰平　御孫裔御繁榮之」御祈御再興被仰出候、因茲豐榮　勅使」御參向之儀一社一同偏奉願候、以上、

元文二年十一月　別雷社
神主從四位上行宮內大輔賀茂縣主保禮
祝從四位下行宮內權大輔賀茂縣主重治
右京權大夫從四位下賀茂縣主清茂
修理大夫從四位下賀茂縣主保萬

三一六　(44)播州室社朱印領口上書案

(端裏書)
「御朱印之事、依御尋元文五庚申年十一月日東御所へ上ル留　馬場隱岐守殿」

依　御尋奉差上候口狀

鳥居大路家筋江於播州　御朱印戴仕候儀者、」從往古播州室社之神主職上賀茂鳥居大路家筋ゟ」兼帶仕候故、御社領幷山林境内等支配致來り候、」且家領職料之儀、於他國領知仕候内、播州」安志庄・林田庄・室塩屋御厨幷江州船木庄」代〻知行仕社職相勤候得共、次第ニ致零落漸室社」支配仕、知行茂纔ニ收納仕候処、　大猷院樣御代以古證文之旨御訴訟申上候得者、」於播州室津高三拾石幷室社山林境内御免除」御朱印、大猷院樣・常憲院樣　公方樣被成下、無相違頂戴仕候、以上、

元文五庚申年十一月　上賀茂社神主 鳥居大路出羽守印

三七　(45)大神宮政所下文寫

太神宮政所下

加賀國金津御庄沙汰人百姓等

可早且守下知旨、且隨所務催促沙汰進御年貢等間事

右御年貢者、任先例可沙汰進旨、」所仰狀如件、

元文六年正月四日

神主　賀茂判

三八　(46)大神宮政所下文吉書寫

太神宮政所下

檢納加賀國金津御庄萬物等事

合

絹　万疋　米　万石

錢　万疋　綿　万兩

糸　万兩　布　万端

綾　万疋　麥　万石

大豆　万石　小豆　万石

右万萬等、富貴運送万年始、所納如件、

元文六年正月四日

神主　賀茂判

三九　(47)御朱印目錄寫

御朱印目錄

城州上賀茂社家惣代 冨野大藏權大輔 藤木若狹守

一上賀茂御社領高貳千五百七拾貳石　上賀茂社家中
東照宮様　御朱印　元和元年七月廿七日
台徳院様　御朱印　元和三年七月廿一日
嚴有院様　御朱印　寛文五年七月十一日
常憲院様　御朱印　貞享二年六月十一日
大御所様　御朱印　享保三年七月十一日
一高三拾石　播州室津明神社領　神主　鳥居大路出羽守
大猷院様　御朱印　慶安元年八月十七日
常憲院様　御朱印　貞享二年六月十一日
大御所様　御朱印　享保三年七月十一日
一高四拾壹石　松下民部少輔
台徳院様　御朱印　元和三年八月廿八日
嚴有院様　御朱印　寛文五年七月十一日
常憲院様　御朱印　貞享二年六月十一日
大御所様　御朱印　享保三年七月十一日
一高貳拾石　林宮内權大輔
台徳院様　御朱印　元和三年八月廿八日
嚴有院様　御朱印　寛文五年七月十一日
常憲院様　御朱印　貞享二年六月十一日
大御所様　御朱印　享保三年七月十一日
一高貳拾五石　森兵部權少輔
台徳院様　御朱印　元和三年八月廿八日
嚴有院様　御朱印　寛文五年七月十一日
常憲院様　御朱印　貞享二年六月十一日
大御所様　御朱印　享保三年七月十一日
一高百拾壹石八斗餘　岡本宮内
東照宮様　御黒印　慶長十七年八月二日
台徳院様　御朱印　元和三年七月廿一日
嚴有院様　御朱印　寛文五年七月十一日
常憲院様　御朱印　貞享二年六月十一日
大御所様　御朱印　享保三年七月十一日
一高三拾八石　中大路甚介　岡本下野守
台徳院様　御朱印　元和三年八月廿八日
嚴有院様　御朱印　寛文五年七月十一日
常憲院様　御朱印　貞享二年六月十一日
大御所様　御朱印　享保三年七月十一日

一門前境内地子以下　　西賀茂
供僧中

台徳院様　御朱印　元和三年八月廿八日
常憲院様　御朱印　貞享二年六月十一日
大御所様　御朱印　享保三年七月十一日

一高三石六斗余　　千手院

台徳院様　御朱印　元和三年八月廿八日
常憲院様　御朱印　貞享二年六月十一日
大御所様　御朱印　享保三年七月十一日

右之外

御朱印無御座候、以上、

延享三年

三〇　(48)葵祭下行米請取状

請取申御下行米之事

現米五百五拾壹石八斗者但京升也、

右是者當社葵祭、爲今年之御」○此處一字アキ下行米、請取申處、仍如件、

寛政十二申年二月　　上賀茂一社惣代
梅辻佐渡守㊞

鳥居大路河内守㊞

同神主
森　三　位㊞

川合太郎左衛門殿

田代織部殿

河内猪三郎殿

○三顆の印章の中、はじめの二顆は墨書の斜線をもって抹消しているので文書控であろう。

三一　(49)丹州埴生村相論訴状

乍恐奉願上口上之覺

一當村之儀、京都寺町　遣迎院殿　」上賀茂　林三位殿　園部殿領」嵯峨　等持院殿　當御地頭様」所〻入組之地ニ候へ共、一村同様ニ仕来り候處、」近年來山役小物成等過ふんニ」相掛り追〻困窮ニ付、村方一統申合」之上連印仕候而、儉約仕法之儀、そのべ」領御世話方松尾村内藤新吾殿・」下横田村石川治良右衛門殿江相頼申候處、」文政四巳十二月村當役十右衛門殿方へ」新吾殿御立越シ被下、何角御調らべ」之上彼是儉約之仕方被成候うち、」園部領之宗旨入用京領分之家別ニ」割懸有之候ゆへ、是理ニあたらざる之間、」

新吾殿幷村役所与相談之上、是ヲ相除キ」被申候處、當年閏正月六日園部百姓」一統寄合仕候而、右宗旨割故障なく」出銀申さるゝ歟、又左もなき時ハ村方」破談仕、向後他村同様与被申候故、」　御地頭様江も内ゝ御窺申上候処、其儀」全躰理ニあらざる之間、決而出シ候事」相不成、强テ園部領ゟ是ヲ被申候ハヽ、當」地頭ゟ相わきまへ園部役所江指出候間、」其旨御他領江得与申聞候様御差圖」被下候間、其通り園部庄屋江申候へ者、」其方之御地頭ゟ請取不申、矢張京」百姓之手ゟ出銀致スへくと又ゝ被申」候ゆへ、百姓之手ゟハ一切得出シ不申と」返答ニおよひ候へハ、左様なれハ此後」他村同様与被申、向後株内講緣等」迄相除、山水迄も被指留メ候ゆへ、」早速松尾新吾殿江物語り仕相頼ミ置」候へハ、其趣園部御役所江御屆被申」候處、御役所ゟ左様成事決而不相成、」今迄通り自他差別なく山水引來ル様与、」園部庄屋へ毎度御指紙罷越候へとも、」一向無聞入被居申候処、追ゝ根付時分ニ」相成、山ゝへ草刈取時節ニ相成候故、京領」茂八子林之助下草刈取ニ山ニ參り候處、」園部百姓小左衞門と申者、右林之助之荷籠」鎌ならひニ刈取草

迄はきとり、理無盡」成仕方ゆへ、直様松尾新吾殿へ右之由ヲ」相咄シ、此方之御地頭江も可訴旨申候へハヽ、」まづ〳〵相待呉候様被申、亦ゝ園部役所へ」被屆之由風聞承り候得共、此方へは何之」達シ無是、又ゝ其後京領源治与世悴」豊治郎・茂八子林之助・丈助世悴弥之助、」右三人連野山江こへ草刈取ニ參り候節、」又候是ヲはぎとり候へハ、園部百姓之熊藏・」和助与申者故、早速應對仕候得者、」村役衆中之指圖ニてはぎとり候与」答ェ被申候、余り度ゝ無法成仕方、そのべ」領分之宗旨入用此方ゟ出シ申候而者、」御地頭様之御面皮ニも相懸り可申与、」乍恐奉存候故、右出銀被致意趣ニて、」野山池水迄指留メ、毎度無法ヲ申掛」不敵なる仕方ニ候へハ、何共歎ヶ敷存居申候、」指當テ山水さし留メ被申候而者、此後」御田地之相續難出來候、ケ様なる事御願」申上候儀奉恐入候得共、御百姓相續キ」かたるニ、御田地荒地与相成形チ候」得与　御賢慮成被下、何とぞ百姓」相つゞき候様、以　御憐愍宜御勘考」成可被下候様、偏ニ奉希候、

丹州船井郡
本免埴生村

文政五年

午ノ八月

願主 庄屋 茂　八㊞
百姓惣代 傳之丞㊞

森三位様

御役人中江

一右前文願之通、毛頭無相違御座候間、何卒」御聞届可被下候、若シ　御聞届無御座候時ハ、」御當領百姓追〻減シ、小百姓にいたるまで」園部百姓与相成候事顯然ニ御座候、何共歎ヶ敷」奉存候間、此段以　御慈悲御威光」宜御裁許成可被下候、爲其京領」一統奥印形仕奉願上候、

以　上

遣迎院殿百姓
庄屋 忠右衛門㊞
惣代 庄　兵　衛㊞

林三位殿百姓
庄屋 平　　藏印
惣代 源　治　郎㊞

○便宜上より五個所の紙継目の表示は省略したが、その各紙継目表の上・下に庄屋茂八の黒印を捺す。

三三　(50) 太政官符寫

太政官符　五畿内七道諸國司

應以諸國寺院之梵鐘造大炮小銃事

右正二位行權大納言藤原朝臣實萬宣奉　勅

夫外冦事情固所深被惱

宸襟也、況於緇素何有差異、頃年墨夷再乘入」相模海岸、今秋魯夷渡來畿內近海、國家急務」只在海防、因欲以諸國寺院之梵鐘鑄造大炮小銃、」置海國樞要之地、備不虞速令諸國寺院各存時勢、」本寺之外除古來名器及報時之鐘、其他悉可鑄換」大炮、爲

皇國擁護之器及邊海無事之時、復又宜〔宣〕銷兵器以爲鯨鐘、」不存異議者、諸國承知、依宜行之、符到奉行、

權右中辨正五位上左衛門權佐藤原朝臣判

修理東大寺大佛長官從四位上

中務權少輔兼主殿頭左大史
小槻宿祢判奉

安政元年十二月二十三日

○鳥居大路文書は計二二〇通あり、そのうち八五通を収錄したが、その他は紙面と內容の都合によってこれを省略し、目錄のみを掲載する。

賀茂氏久宸翰讓狀寫	建治二年十月十日
賀茂氏久宸翰讓狀寫	建治二年十月十日
教忠卿記寫	文安二年五月
外宮殿內圖寫	永祿六年九月
賀茂社遷宮造替覺書案	文祿二年
神主職久敍任擧狀案	(年月日未詳)
賀茂社祠官之儀口上書案	明暦三年七月
賀茂貴布禰爭論裁許狀寫	寛文四年六月四日
賀茂權祝訴狀案	寛文四年十月九日
神社禰宜法度寫	寛文五年七月十一日
家領ニ付言上書案	寛文六年二月
西賀茂六ヶ所持山繪圖之書付	寛文十年六月二十七日
貴布禰社領伐採停止狀寫	寛文十一年七月二十五日
社司七家心得書覺案	(年月日未詳)
賀茂氏人七家職言上書案	(年月日未詳)
鳥居大路順平家督讓狀	延寶六年八月十三日
神殿遷宮祝詞案	延寶七年六月十八日
本宮正遷宮之圖	延寶七年
放生會圖	延寶八年八月十五日
社領境內御朱印下賜願書案	貞享元年七月一日
競馬會無事祈願狀	貞享二年五月
德川綱吉朱印狀寫	貞享二年八月十一日
社司某起請文案	貞享四年五月十五日
荒見川祓所作次第書寫	貞享四年
太秦牛祭文寫	貞享五年六月十一日
祠官氏人等敍位擧狀案	元祿元年十月
一擊軒歴代次第書案	元祿四年八月六日
賀茂社神事大禮覺書案	元祿六年十一月
賀茂社神事大禮覺	元祿六年十一月
敍位願口上書案	元祿七年二月十四日
葵祭生物穢服覺書案	元祿七年五月十三日
葵祭下鴨返祝詞	元祿七年閏五月六日
賀茂某口上寫	元祿八年四月十八日
賀茂某口上案	元祿八年四月十八日
氏人着袍他言上書案	元祿十年二月
走馬無事祈願狀	元祿十一年五月
寛弘以降貴布禰社官掌覺書案	元祿十二年十月
賀茂社人束帶衣冠着用例案	(年月日未詳)
鳥居大路家相續覺書寫	寶永元年七月六日
御尋ニ付返答書寫	寶永元年八月二十一日
祠官闕職代官願書	寶永元年八月
貴布禰社職代官申付狀案	寶永元年九月
貴布禰社役勤仕覺書案	寶永元年十月

鳥居大路右京横死ニ付口上書案　寶永元年十二月二日
社頭私式次第案　寶永二年九月九日
中宮寺建立次第書　寶永八年二月二十日
神供備樣之歌寫　正德六年四月一日
社司元服次第言上書案　享保三年二月十六日
五家藏書預り手形寫　享保五年六月十二日
一擊軒旦那定覺書案　享保五年九月十七日
重陽神供次第　享保五年
違勅者處分覺書案　享保六年二月二十五日
五家稱號相續誓戒定書案　享保六年二月
傳來文書相續覺案　享保六年三月二十二日
御朱印等相續覺書案　享保六年三月二十四日
節句相撲所作略記　享保七年九月
屋敷地證文　享保七年十月七日
內藏寮幣帛送狀寫　享保七年四月十九日
貴布禰社御內陣神器直樣圖　享保八年四月一日
祠官補職申狀案　享保八年十二月二十六日
社法立樣願言上書案　享保十三年二月六日
葵祭神主舞殿所作次第書案　享保十四年十月二十四日
葵祭神主橋殿次第書案　享保十四年十月二十四日
室津繁榮祈願祝詞　享保十六年二月
屋敷地讓渡證文　享保十八年二月
正禰宜松下氏職事書上　享保十八年七月
御饌之事他例式調書　享保十九年六月二十三日
慶長以降禁制寫　享保十九年十月
賀茂社儀式再興願書案　（年月日未詳）
賀茂貴布禰相論訴狀寫　元文二年八月六日
賀茂貴布禰相論訴狀寫　元文二年八月六日
松安顯號祈願祝詞　元文三年十一月十三日
賀茂社神樂調進料寄進狀案　元文三年十一月
賀茂社御神樂調進料寄附願書　元文三年十二月
銀子預り證文　元文三年十二月
造作願證文　元文四年三月
社職新補願言上書　元文四年四月十八日
社家御朱印拜領覺書案　元文五年十一月八日
內藏寮幣帛送狀寫　寬保二年四月二十日
上賀茂西四町訴狀寫　寬保三年十一月六日
林大學頭殿差出請文案　延享二年八月
神位改覺書寫　延享二年九月一日
松平大和守朝鮮來朝祈禱祝詞　延享四年五月二十五日
神宮寺池之圖寫　延享四年七月
賀茂氏久日御料祝言他寫　延享七年五月二十二日
宇佐宮社頭建立之次第案　寬延四年五月十二日
八幡宮權地淸祓次第案　寬延四年
奉公人金子請取狀　寶曆二年六月
銀子相渡證文　寶曆二年十二月

銀子預り證文	寶暦十一年一月
社家日記書抜	寶暦十二年
貴布禰社祈雨祝詞案	明和五年六月四日
養子貰請證文	明和八年三月
渡邊某埋葬祈禱祝詞	安永五年十一月九日
拜揖等次第書寫	安永六年三月十三日
賀茂社内印社造建祈願祝詞	寛政三年九月八日
下行米請取狀案	享和二年二月
祓除御幣祝詞案	文化元年二月二十四日
寺送り狀	文政四年五月
改寺送手形寫	文政四年七月
松苗某詩賦	文政八年十二月十九日
正遷宮次第他起請文	天保六年四月五日
忰御暇願口上書案	天保九年七月
森周防守知行所人數書上案	天保十一年六月
競馬會馬場一式圖	天保十五年五月
社役爭論裁許狀寫	天保十五年六月
上賀茂貴布禰相論訴狀案	弘化二年十一月二日
御朱印頂戴之例書	(年未詳)未二月二十七日
室津見性寺本尊賄地之事寫	(年月日未詳)
室津末社八幡宮正假遷宮次第	(年月日未詳)
神官正祝林重治懷紙	(年月日未詳)
攝社社司覺書案	(年月日未詳)
祠官森家跡式願書案	(年月日未詳)
記錄願書案	(年未詳)巳十月
貴布禰社官掌裁許狀寫	(年未詳)戌八月五日
鳥居大路家由緒書上覺	(年未詳)申十二月十五日
貴布禰社官掌文書目錄	(年未詳)辰四月
上賀茂社家某相續願狀案	(年未詳)酉三月十六日
祠官猶子出入證文案	(年未詳)申七月三日
鳥居大路屋地讓狀	(年月日未詳)
葵祭社司社役覺書寫	(年月日未詳)
社司參勤次第覺書	(年月日未詳)
當社之例幣之事	(年月日未詳)
賀茂神領目錄寫	(年月日未詳)
社中諸員數調書付	(年月日未詳)
田地作職書上	(年月日未詳)
御供米獻上目錄	(年未詳)辰六月
鳥居大路家相續相論條目案	(年月日未詳)
田地出入口上書寫	(年未詳)十月六日
賀茂盛平相論訴狀寫	(年未詳)二月二十五日
賀茂貴布禰相論訴訟口上書	(年未詳)酉十月二十七日
河登山相論返答書案	(年未詳)辰六月
大八洲國神代紀本文之圖	(年月日未詳)
播州室明神社之圖	(年月日未詳)
下鴨參社圖	(年月日未詳)

〔九〕諸社單一文書　一〇巻一〇通

三三　(1)春日社政所補任狀（僞文書）　二八・二　五四・五

春日御社政所補

　采女部春永

右春永爲譜代相傳神殿守子孫之上、」帶神人之職也、者爲神殿守之職、可」勤仕　社役之狀、補任如件、故符、

　保安四年正月卅日

神主正五位下大中臣朝臣（花押199）

○方朱印・陽文「社家私印」(10)（四・九×四・九センチ）一六顆を捺す。この文書は文體その他に疑いがあって僞文書とすべきであろう。さすれば僞文書研究の一資料としてまた參考になる。

三四　(2)後白河院廳牒　三一・八　一〇五・四

院廳牒　賀茂別雷社衙

可□□□〔早停止カ〕官兵并國中武士等狼藉、安堵」□□□〔庄民、令カ〕運上供祭年貢物社領庄庄事

┌　┘

　宮河庄　矢代浦

右、得彼社司等今月三日解狀偁、謹檢案內、」自去年秋之比、爲平家等打塞西海道、云御米」云供菜、不令運上之間、擬及御相折闕如之處、」社司等奔營東西、借用借上物、于今支御新」闕乏、而相待運上物之間、爲追討件平家被下向」□□□〔官兵等〕□〔然〕後御庄內乱入狼藉輩、損亡御庄令」□〔已カ〕散庄民等、不令運上御米者、社司等以何術」可備進日供御新哉、仍先日勒在狀、經院奏之日、」雖似有裁報、依不蒙分明裁報、重所令言上也、」但件狼藉事、觸申大將軍之處、各不可有狼藉」之由、雖被下知郎從物取等中、如此所致狼藉也」□者、彼大將軍之許停件狼藉、所殘御米可令」┌〔運上之由カ〕┘欲被仰下者也、望請廳裁、早可停止」件乱入之由、被下廳御下文於御使并大將軍許、彼」御庄┌　┘者、土民等進濟御米、令備進日供御新」┌　┘憲法之貴、弥欲奉祈万歲之御筭者、」任申請旨、官兵并使者相共、停止庄內狼藉、安堵」土民、宜令運上供祭雜物之狀、牒

送如件、衙宜」察狀、依件行之、勿違失、故牒、
□□□〔壽永三ヵ〕年二月七日　主典代織部正兼皇后宮大屬大江朝臣〔景宗〕（花押202）
別當權大納言藤原朝臣（花押200）　判官代勘解由次官兼皇后宮權大進藤原朝臣（花押202）
民部卿藤原朝臣（花押200）　右衞門權佐藤原朝臣（花押202）
參議修理大夫藤原朝臣（花押200）　左衞門權佐兼皇后宮大進藤原朝臣
右京大夫藤原朝臣（花押201）
□□□〔左宮城使ヵ〕左中辨兼皇后宮亮藤原朝臣（花押201）
□〔民〕部權少輔藤原朝臣（花押201）

○この文書は官宣旨の書式に準じて毎行の文字は、上から下へと大きさを順次に小さくしている。鳥居大路家舊藏文書。

三五　(3)關東御教書案

三二・三
一五四・八

（木製題籤甲面）
「春日
　御賢木」
（同　乙面）
「泰時文狀」
（端裏書）
「□兼二条中納言殿御教書案」〔九〕

八幡宮寺興福寺喧嘩事、今月十九日御教」書同廿八日到來、兩方申狀謹下預候了、大住庄住人〔山城〕」等居置山守於薪庄之間、御節供薪不可合期」者、言上事由、可蒙　聖斷候歟、將又竊可伺」見實否者、使者之人數不可過一兩輩之處」春日神人注進狀云、爲宗之輩七八人也、從類及四」五十騎云〻、宗清法印之沙汰頗似無思慮、爰」如南都衆徒解狀者、兵衞尉宗種無左右出箭」射之、拔刀突之、仍神人貞弘立逝去、爲次被疵半死半生、然者被遠流宗清・棟清、又可被禁獄下」手人等云〻、如宮寺所司解者、大住庄民加制止之外、」可採之木有無事、遣實撿使之間、加巡見罷歸之」時、於切堤邊待請之、貞弘取宗種之髻、依令蹽躪」爲遁當座之恥令突畢、就中貞弘者宮寺神人」宗末法師子息也、背本所現奇恠之間、逢其殃」歟、縱雖殞命、不能他社之口入云〻、兩方申旨參差」尤遂一決、可被載〔裁〕下之處、依南都鬱訴、春日」御賢木已可有御入洛之由結構云〻、先被」相鎭之、追可被糺明是非候歟、所謂、前〻之御成」敗、偏有所宥如、無所誡傍輩、弥蜂起之基候歟、」且使者率人勢罷向、事濫觴似不顧後煩、加之、」貞弘雖爲宮寺神人、於大住庄方被致害候了、然者」因幡國務被罷宮寺之沙汰、被召禁宗種者、南」都爭不慰鬱陶候哉、其後兩方立申之旨、一〻」被糺明、可被行所當之罪科候、若猶及發向者、被處」違勅、以武士被相禦之條、且非無先規、可被計」仰下候歟、抑

宗友者、先日被召候之時、暗跡逐電之」由風聞之處、如宗末
法印（師）白狀者、今度闘諍之」時、爲誘宗末加種〻之下知云〻、
積習之傍輩之」惡行、何相鎮候哉、凡宗友与貞盛〔弘カ〕本自爲敵人
之」間、連〻之喧嘩向後更不可絕之旨、其聞候、兩人共」可
被召出候、若不應召者、可補地頭於彼兩庄候哉、」以此等趣、
可有御披露之由、按察殿(將軍賴經)御消息所」候也、恐惶謹言、

(嘉禎元年)十二月廿九日　(北條)武藏守泰時

(北條)相摸守時房

○檜材製の題籤を軸とし、題籤の先端の駒形部分の甲面に「春日御賢木」、乙面に「泰時文狀」との墨書がある。本文書案は他に「春日社司祐茂日記」に收むるも、字句に多少の相違がある。本案の筆蹟は當時のものである。

三六　(4)石淸水八幡宮入寺僧等訴狀　三一・四　四三・三

(臺紙注記)「建武記年神領乱妨愁訴」

石淸水八幡宮入寺等謹言上

欲早被申　將軍家且任往古一圓神領、且依九旬談□〔義〕」斫足、
被停止藥師寺三嶋庄地頭多氣次郎義顯入道」非分濫妨、
令全長日勤行、神用攝津國理趣分金剛般若田間事

副進

一通　庄家沙汰人百姓等申狀

右當庄理趣分金剛般若田者、往古一圓之神領、談義九旬之」
斫足也、依之先〻地頭入部之時更以不及違乱之条勿論也、加
之」天下一同之所役　伊勢大神宮役夫工米猶以被免除之畢、」
宗廟異他之神用、嚴重無雙之斫足也、爰今度多氣次郎義顯」
入道恣立點札、往古一圓之神領剰擬令（抑留）年貢之条言語道斷之」
所行也、入寺等其子細度〻雖加問答、敢以不及承引、令押妨
往」古之神領之上者、急速被申于將軍家、被停止非分之違乱、
可全」當宮一圓之神領之由、被成下嚴密之御施行者、弥祈御
願專欲」抽忠勤矣、仍言上如件、

建武四年十月　日

○なお紙背全面に文字はあるが、裏打ちのため判讀し得ない。

三七　(5)崇光上皇宸筆願文(重文)　三二・七　四八・八

立願事

敬白　伊勢太神宮

右、爲心中祈請令成就、
所奉納　佛舍利一粒
也、卽是髻中之寶杲、
身內之極祕也、
尊廇哀愍納受、須令悉
地圓滿給、仍立願如件、
永和二年十一月十一日太上天皇興仁敬白
○伊勢神宮藤波家舊藏。

三二八　(6)一色道範（滿範）紺紙金泥經識語（一葉）　二六・九　一五・七

奉施入　住吉大明神御寶前
紺紙金泥妙法蓮華經一部八巻幷」般若心經阿弥陁經各一
巻
右意趣者、爲　天長地久、國土安穩、殊信心施主」武運長久、
子孫繁昌、息災延命、現當二世所願成就、」皆令滿足、所奉施
入、如件、
應永十一年甲申九月　日　一色修理大夫入道
沙弥道範（花押203）
○全文金泥書であり、銀界線を天地・行界に施すが經文は逸す。

三二九　(7)蜷川親孝契狀　二七・〇　三三・六

契約申　祇園社領近江國成安保事
右當所者嚴重之日神供料所候之間、於御年貢」者、無不法懈
怠、可致執沙汰候、仍自寛正五年甲申」歲、至同七年丙戌歲三ヶ
年之間、致所務御免物」拾石給、於其已後者、速可返付社家
中候、」若三ヶ年過兎角難澁之儀候者、任請文之」旨、爲御母
樣堅可預御成敗者也、其時更」不可一言子細申候、万一旱水
風損之時者、可下給」上使候、仍爲後日狀如件、
寛正五年六月　日　蜷川孫右衛門尉
親孝（花押204）
○舊祇園社文書。

三三〇　(8)當日神事呪子惣鄉掟　二四・八　四一・五

當日神事呪子之事
一当日出仕可爲四以前事
一四ヶ鄉五ヶ鄉出仕候て、神事可被始之事
一さしきうち〔棧敷打〕の時、當山木いさゝかも不可切事
一さしきへ弓不可被持事

一見物衆之中より物忩之儀候共、さしきハしつ」まり候て、
しつかにまいるへき事
一鄕中ニいか樣之儀候共、当日神事無爲ニ」被取成、於後日其
科可有沙汰事
右條〻、以鄕中評儀、所被定如件、
明應八年二月六日

和壽 光重（花押205）
上野 家久（花押205）
今宮 賴種（花押206）
かいてい 正大夫（花押206）
寺戸 又次郎（花押206）
魚坂 景利（花押207）
知河 道高（花押207）

三一 (9)伊勢大神宮廳宣

二七・一 四一・五

廳宣
可早任先例、致催促沙汰、令勤仕神役」外宮御領三重郡
*河尻御厨當年」上分米間吏
右、件御厨者、往古以來爲嚴重神稅在所」者也、然早任先規
本員數、遂究濟徵納、」可令專式日神役、勒狀如件、以　宣、
大永二年十月日
祢宜度會神主（花押208）
祢宜度會神主（花押208）
祢宜度會神主（花押208）
祢宜度會神主（花押209）
祢宜度會神主（花押209）
祢宜度會神主（花押209）
祢宜度會神主（花押209）
祢宜度會神主（花押210）
祢宜度會神主（花押210）
祢宜度會神主（花押210）

○紙面に方朱印「豐受宮印」(11)一五顆を捺す。本文中の*印「河尻」の二字は、他の文字を抹消して、書き改めている。

三二 (10)佐々木六角承禎義賢書狀

一九・五 四七・二

（折封うわ書）
「龍大夫殿　承禎」
（切封紙紐切點）
「──┼──」

封二九・二 一二・六

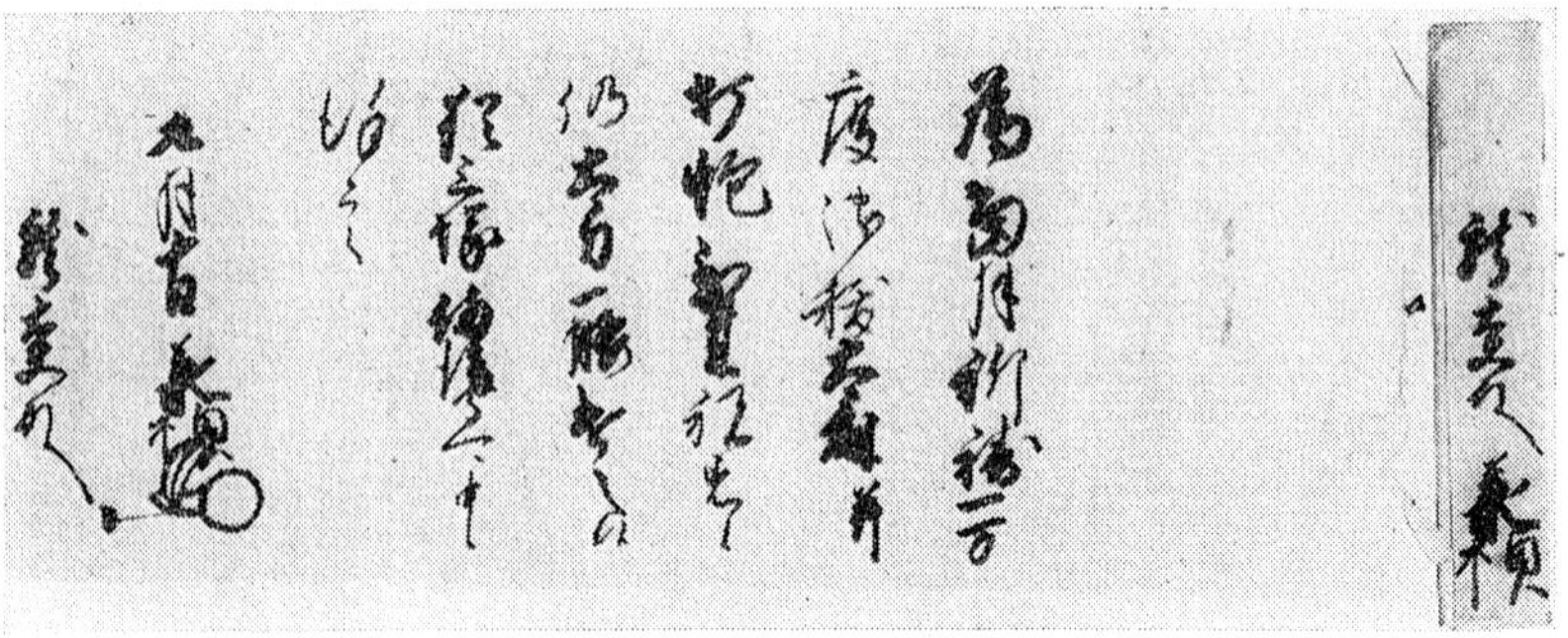

332號　佐々木六角承禎（義賢）書狀

（紙背墨引）
「｜―――」

爲当月祈禱一万」度御祓太麻幷」打蚫（鮑）到來、祝着候、」仍太刀

一腰遣之候、」猶三塚備後守可申候、」謹言、

九月十日　承禎（花押211）

龍大夫殿

○この文書は、切封の紙紐を完全に遺している。因みに龍大夫は伊勢大神宮御師であり、神宮文庫所藏「龍大夫文書」中には本文書の寫しがある。

第三部　寺院文書

〔一〕　觀世音寺文書○筑前國　二巻一一通

（巻一）

（表題）「觀音寺文書　甲」（世脱）
（題籤甲面）「早良奴婢例文」○檜材製
（同　乙面）「觀世音寺」

二八・五
三七・八

三三　（①筑前國政所牒案）

國政所牒　觀世音寺三綱
合奴婢伍人奴三人婢二人　價稻肆仟陸佰束
奴久佐麿年卅八　直稻壹仟貳佰束准銀卅兩
奴種守　年十七　直稻玖佰束　准銀廿二兩半
奴多利麿年十五　直稻玖佰束　准銀廿二兩半
婢宅賣　年卅六　直稻壹仟束　准銀廿五兩
婢小黑賣年七、宅賣之女、誤脫漏帳、今追附帳、直稻陸佰束准銀十五兩
以前得部內早良郡司去七月廿二日解偁、得部內」額田鄕戶主三家連豐繼申狀云、亡父息嶋別當」觀世音寺之稻損失捌仟貳佰參拾束、今息」嶋交死、不堪備偁、仍男豐繼・母早良勝飯持」賣等二人、上件奴婢且報進寺家者、郡依申狀」勘所申、事是有實、仍除本籍、謹請處分者、」政所依申狀、具狀故牒、
天平寶字三年八月五日史生從八位上額田部連　「君万呂」（自署、以下同）
正六位上行少監中臣朝臣「伊可万呂」
正六位上行大典伊部造　「社麻呂」

（紙繼目印）

三四　（②三家連豐繼解案）

筑前國早良郡人夫三家連豐繼解　申進奴婢等券立事
合伍人奴三人婢二人酬直稻肆仟陸佰束　准銀一百一十五兩
奴賀比麻呂年卅一　直稻壹仟貳佰束
奴奄美　年十五　直稻玖佰束
奴粳麻呂　年十五　直稻玖佰束
婢宅賣　年卅七　直稻壹仟束
婢小黑賣　年六　直稻陸百束
右、觀世音寺之稻代物、進納既畢、仍錄事狀」依式立券、以解、

天平寶字二年十二月廿二日

奴婢主三家連豐繼

母早良勝飯持賣

證人早良勝足嶋

三家人大足

郡司依狀勘當奴籍帳幷年紀、事既令實、仍放附、

天平寶字二年十二月廿二日主帳外小初位上平草部

擬大領外從七位下三家連　在判

擬少領無位早良勝　在判　弟子

彼時上座半位僧定信

（紙繼目印）

前寺主複位僧　國師使僧在判

三一五　（③三家連豐繼解案）

早良郡額田鄉人夫戶主三家連息嶋戶口三家連豐繼解申稻代物

進奴婢等事

合伍人奴三人　婢二人

奴賀比麻呂年卅一　充直稻壹仟貳佰束　准銀卅兩

奴奄美年十五　充直稻玖佰束　准銀廿二兩半

奴粳麻呂年十五　充直稻玖佰束　准銀廿二兩半

婢宅賣年卅七　充直稻壹仟束　准銀廿五兩

婢小里〔黑〕賣年六　充直稻陸佰束　准銀十五兩

惣充價稻肆仟陸佰束准銀一百一十五兩

右、豐繼父三家連息嶋預觀世音寺稻」事仕奉、此上件稻不進

身命死亡」今男子豐繼件奴婢等、補代物、於寺家」進入既畢、

仍錄具狀申送、以解、

天平寶字二年十二月廿一日奴婢主三家連豐繼

母早良勝飯持賣

證人早良勝足嶋三家人大足

郡司依狀勘當奴籍帳幷〔年脫〕紀、事既合實、仍放附、

（紙繼目印）

天平寶字二年十二月廿二日主帳外小初位上平草部

擬大領外從七位下三宅連在判　黃金

擬少領无位早良勝　在判　弟子

彼時上坐半位僧在判定信

前寺主複位僧　國師使僧在判

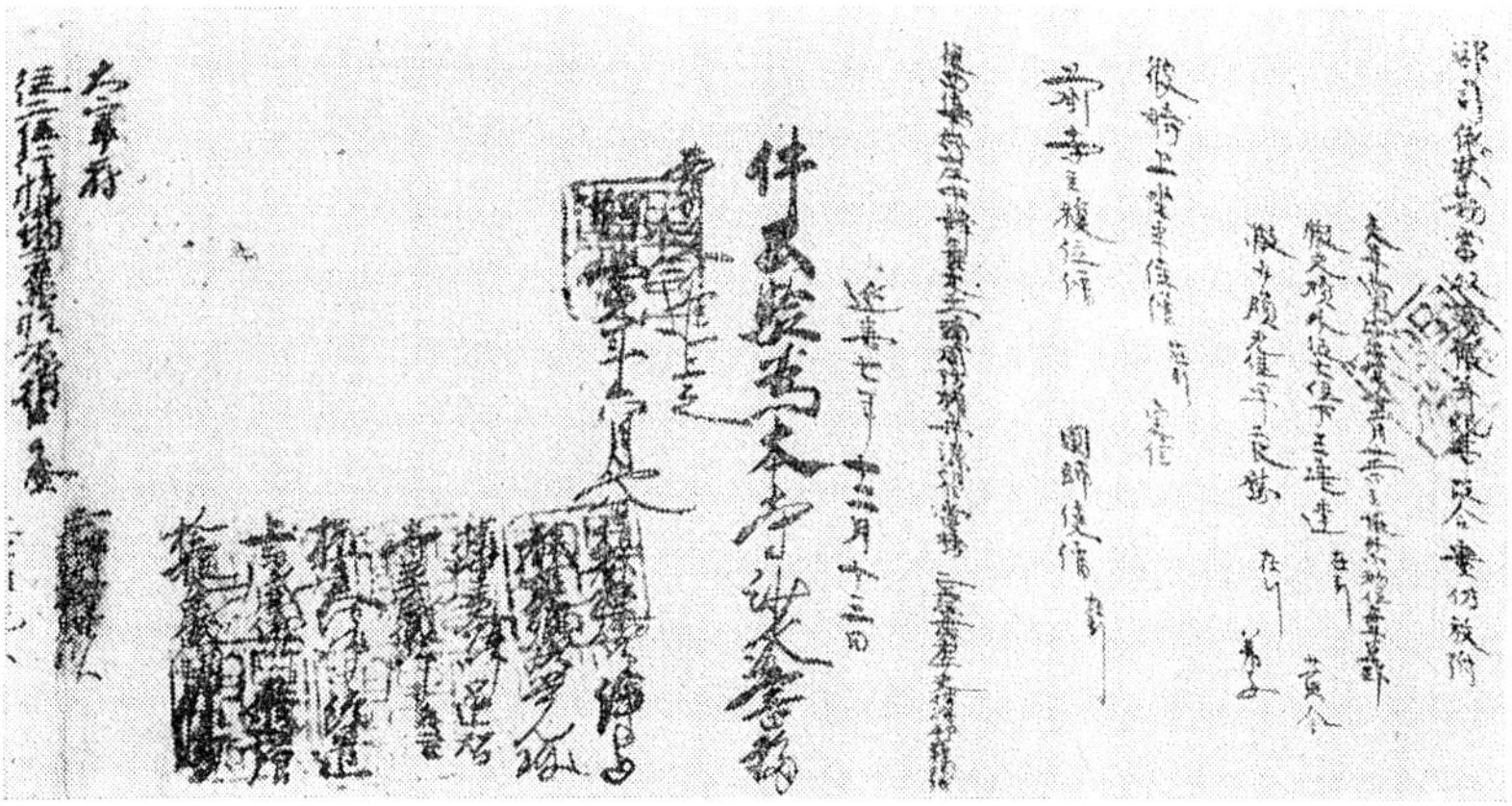

336號　觀世音寺公驗案檢校三綱署判

從四位下行左中辨兼木工頭周防權守源朝臣當時　正六位上行左少史伊福部宿祢
邦弼

延喜七年十二月十三日

三三六　（④觀世音寺公驗案檢校三綱署判）

件公驗爲本寺沙汰書移」案文進上之、

保安元年六月廿八日權都那從儀師（維賢）「淨与（マヽ）」（自署、以下同）(212)

都維那從儀師「覺玢」(212)

權寺主大法師「暹智」(212)

寺主威儀師　在京

權上座大法師「經暹」(213)

上座威儀師「暹增」(213)

檢校大威儀師（草名）「源尊」(213)

正六位上行大典藤原朝臣

（異筆1）「大宰府

從二位行權中納言兼權源朝臣（重資）（花押）

少貳兼筑前守從五位下源朝臣」（異筆2）「從五位下行大監紀朝臣

從五位下行大監秦宿禰（花押214）

從五位下行大監紀朝臣（花押214）

從五位下行大監御春朝臣（花押215）

少典（闕）」

○巻一の各料紙の紙継目に、印文未詳の觀世音寺印(12)一顆が紙継目印として左に傾斜して捺してあり、また同印九顆が年號「保安元」に一顆と、觀世音寺檢校三綱連署に八顆が各文字に重ねて捺印されている。なお巻末には小梠檻邨の藏書印二顆がある。

(巻二)

三〇・五
三五二・七

(題簽)「觀〔世脱〕音寺文書　乙」(小梠檻邨筆)

(端裏書)「七枚」

三三七　(①觀世音寺牒案)(前闕)

「合水田八町二段四歩□無誤田五町三段四 故高子内親王家庄相妨田三町 在筑前國席田郡

牒、件經新田、以去延暦十一年三月十三日施入於寺家、自爾以降□□國郡圖」帳注附永寺田、以其地永□用彼經料、耕佃已年序、□今故高子内親王」家庄專當荒城永人等、庄家田相論□□□因茲、寺依寶〔庄カ〕中辨糺之、」須依牒狀、勘
　　五日牒偁、件庄故高子」内親王家庄也、今估進□寮家、被別當右大臣宣偁、寮牒送於國、令勘」申町段步數、利〔マヽ〕割使不及當正品直等者、仍勒〔勅カ〕使從□□下伊勢朝臣春」冨牒送如件、衙察之狀、慇懃使勘附廻報示、□□依牒狀以同年」六

月九日下符郡司与便〔使カ〕者共勘注、即副拂附□□言上已訖、但據」寮牒勘之者、庄田之内不可有寺田、依圖□□之者、麁〔マヽ〕田之中注寺」家□□□□□因茲、不可辨行、□□須寺家申府廳裁、隨裁下辨行」之者、望請　府裁、下符於□、依實勘糺之、今錄具狀、以牒、

貞觀十年二月廿七日　都維那僧在判

講師智圓　上座僧　在判

讀師定如　寺主僧　在判

別當少貳　大監三原朝臣在判

大典坂上宿禰在判

三三八　(②筑前國牒案)

筑前國牒　觀世音寺

不能辨行故高子内親王家庄田貳拾捌町參段佰肆歩之狀

牒、寺今月五日牒廿一日到來偁、件□以去延暦十一年三月十三日爲一切」經新□、施入於寺家、自爾以降、附國郡圖帳、注寺田、以其地利宛用」彼經新、已年序久遠、□〔而カ〕前齋院庄稱申家田、頃年妨煩件田、因茲、寺」以去年十一月一日可勘辨之

迯之狀、下知郡司、卽得郡司同月九日解」偁、去承和十四年校圖帳目錄被載寺田如數、但坪附相誤、以彼本劵」文申於國者、國衙察狀、早依實被辨糺、以絶論緒者、國須依牒狀、」勘辨行之、而得內藏寮去年三月五日牒偁、件庄故高子內親王家」序（マヽ）也、今沽進於寮家、被別當右大臣宣偁、寮牒迯於國、令勘申」町段步數利害、便不及當土品直等者、仍勒〔勅カ〕使從八位下伊勢朝臣春」富牒迯如件、衞察之狀、慇懃捜勘附所報示者、國依牒狀、以同年六」月九日下符、郡司与使者共勘注、卽副坪附帳言上已訖、但據寮牒勘」之者、庄田之內不可有寺田、依圖帳勘之者、者（衍カ）庄田之中注寺家」治田、彼此數年難一定、因茲、不可辨行、今須寺家申府廳」裁、隨裁下辨行、以牒、

貞觀十年二月廿三日　少目忍海造爲秀

守紀朝臣恒身　掾　興世朝臣

介永原朝臣　掾　紀朝臣

權介長峯宿禰恒範　權掾有良朝臣

大目大中臣朝臣松守

權大目刑部造

權大目佐伯造

三二九（③內藏寮博太庄牒案）

內藏寮博太庄牒　觀世音寺政所

不堪參向之狀

右、得今月十一日帖、依早速參向、可辨定一切經田七段席〔田〕四部六圖三」里廿八坪云、須隨帖旨參向、辨申向、近者扶身受瘡病、不堪進、」退致怠、然此田放高子內親王御處分七十七町余內也、處」分帳在一通國明白也、而今号一切經田、年〻所被妨取」之田二町六段、（一町九段先〻被取、七段今年被取、）但以今年被取七段者、以去」八年百姓等令開也、不納其地子、但自來年者可納地」子、加以件庄田、依數雖被取、長人等不有所可愁、何者」此田長人之非長財物、而寺度〻給帖偁犯佛物罪、」豈空少矣咎積成灾、罪重害身、不可不愼、云此庄」預等、非所妨申、又副使雖參進於寺、無可論申」事、今望、寺家之号一切經田、錄所被取之、町段坪」付之狀、寺之別當三綱幷府判、被給於庄〻、則以是」進上於寮者、則与寮与寺、可相辨給、又國田祖〔租〕之」迫、被切勘庄家、望早被取之狀、報帖被給於庄、將」兎田祖〔租〕迫、仍今錄具狀、附還使申上、以牒、

貞觀十年十月十二日庄預荒城長人

三四〇　（④前齋院高子內親王家牒案）

前齋院高子內親王家庄牒　　觀世音寺政所

合被障妨田參町參段

六圖三里廿八坪七段　今年三月廿三日帖所〔被〕載、

四里二町六反

十八坪八段　十九坪五反　廿八坪二段

廿九坪四段　卅坪七段

右、件等坪從去年前所障取、雖然」未勘國圖、

但田實寺預僧定俊師作

牒、得寺家今月廿三日牒偁、荒城岑主爲勘間〔問カ〕彼」寺一切經田六圖三里廿八坪七段、經年序奸作」之由、所召者、須隨牒旨參向辨之、今撥〔檢〕案內、件」田以去嘉祥三年八月十七日被載閇處分帳、所」被行也、從爾以降經十八箇年、如此無妨之、而今」稱寺家田、拾坪障妨、此庄專當等任心難辨定、」今須与閇處分帳國圖共理到辨定間、件牒旨不」堪承引、仍還牒如件、以牒、

貞觀九年三月廿六日專當春花福長

檢校介永原朝臣　　別當荒城長人

三四一　（⑤筑前國田文所班圖坪付注文添文案）

田文所

檢席田郡仁壽二年班圖

六圖三里廿八坪　觀世音寺治田不注、高子內親王治田不注、

同里廿九坪　觀世音寺治田不注、高子內親王家治田不注、

同里卅坪　觀世音寺治田不注、高子內（マヽ）親王家治田不注、

同里卅四坪　觀世音寺治田不注、高子內親王家治田不注、

四里十八坪牟多田　觀世音寺治田注二段、高子內親王家治田不注、

同里十九坪　觀世音寺治田不注、高子內親王家治田不注、

同里廿八坪　觀世音寺治田不注、高子內親王家治田不注、

同里廿九坪　觀世音寺治田注二段、高子內親王家治田不注、

同里卅牟多田　觀世音寺治田注七段、高子內親王家治田不注、

以前、仁壽二年班圖帳撥〔檢〕引注色目如件、

貞觀十一年十月十五日書生穗浪常吉

神奴春吉

頭穗浪

財部貞雄

三四二　(⑥大宰府符案)

大宰府符筑前國司
應早辦行觀世音寺一切經料田壹拾町捌段貳佰陸拾肆步在席田郡、
三圖三里十三坪四段　同里廿九坪一町
四圖二里卅一坪二段　三里五坪二段
同里卅一坪二段　三里五坪十八坪(マヽ)三段
同里十九坪一段
五圖四里廿二坪四段　同里廿四坪四段
同里十五坪七段百卌四步　同里十四坪四段二百步
三里廿七坪五段一百八十步
六圖四里十八坪二段　同里十九坪四段
同里廿八坪七段　同里廿九坪四段

同里卅坪七段　八里廿七坪一段
同里卅四坪三段百步
已上七町七段二百六十四步無妨
高子內親王家庄妨取二町一段
六圖三里廿八坪七段　同里廿九坪三段
同里卅坪七段　同里卅四坪四段
伊勢守源冷(マヽ)家妨取五圖三里廿三坪一段
右、得彼本牒偁、件料田自元來爲寺家田、作來年久、」又明注圖帳、而高子田〔內〕親王家庄專當荒城長人稱庄」家田妨取之、因茲、寺可辦行之狀、以去二月五日牒送於國、」國同月廿三日返牒偁、據庄牒勘之者、庄田之內不可有寺田、」依圖帳勘之者、庄田中注寺、彼此相違、難取一定、仍不能辨」行者、寺依牒狀、以去九月申府、引勘圖帳明注寺家田也、」望請下符國司、早被勘糺者、國宜承知、早速辨行、不得」疎略、符〔到脫〕奉行、(マヽ)イ
從四位上行大貳　茂世王　從六位上行小典宮枝者(マヽ)宿禰貞行
貞觀十年閏十二月廿五日

三四三　(⑦觀世音寺公驗案檢校三綱署判)

件公驗爲本寺沙汰、書移案文、」進上之、
保安元年六月廿八日權都〔維脫〕那從儀師「淨譽」(216)
都維那從儀師「覺珍」(216)
權寺主大法師「暹智」(216)

寺主威儀師　在京
權上座大法師「經暹」(217)
上座威儀師「暹增」(217)
檢校威儀師「源尊」(217)
(異筆1)「大宰府
正六位上行大典藤原朝臣
從二位行權中納言兼權源朝臣(重資)(花押218)(異筆2)「從五位下行大典紀朝臣
少貳兼筑前守從五位下源朝臣」　從五位下行大監秦宿祢　(花押219)
從五位下行大監紀朝臣
從五位下行大監御春朝臣　(花押220)
少典闕
從五位下大中臣」

○卷二の紙面に印文不詳の觀世音寺朱印(12)九顆が前卷文書と同樣に捺してある。また卷末に小椙榲邨の藏書印二顆がある。

〔二〕　尊勝寺領香庄文書○近江國　(重文)

六卷三五通

(卷一)

三四　(1)鳥羽上皇院宣　三一・五　五三・五

尊勝寺雜役免廳宣」遣之、恒例所役不可闕」怠之由、宜令下知給者、依
御氣色執達如件、
(異筆)「長承二年」十一月廿三日　勘解由次官　(花押221)　〔奉〕□
謹上　執行法眼御房

(紙繼目裏花押222)　(同上223)

三五　(2)近江國司廳宣　三一・五　五六・三

廳宣　愛智郡善田庄司
可早令請募尊勝寺雜役免御香田肆拾陸町事
御香田十六町

雑役免卅町
右件免田不可改本請坪之由被下　院宣畢、」仍如元以庄内請
坪可令請募、但於七町貳段」者先日免除畢、其殘三十八町八
段同可令請募、」若如數不滿作年者、以庄外公田可令請募之
狀、」所宣如件、以宣、
長承二年十一月廿二日
中宮亮兼大介藤原朝臣(顕輔)（花押224）
(紙繼目裏花押222)　(同上223)

三四六　(3)近江國司廳宣　三一・五　五一・六

廳宣　愛智郡司
可早任　宣旨并先例以寄人所作請坪切滿、尊勝」寺御香御薗
庄田伍拾陸町事
長野・善田・蚊野等鄕內拾町
八木鄕內肆拾陸町
右件御薗庄田於廿六町者、依長治元年宣旨免」除官物租稅、
於卅町者任保安元年宣旨弁濟一」色官米捌斗伍升、於國庫之
外免除、臨時万雜」(公脫)事所令勤御香雜器之兩役也、而件本免雖」
可請募本領坪〻、件坪〻或常荒或川成、仍」開發所殘之本領
傍坪請募之後及國司七代」更以無窂籠而今郡司寄於事權勢、
不令切」(脫アラン)寄人之所作之由有寺家之訴、事實者甚以」非常也、早
任宣旨并先例以寄人所作之請坪」可令切滿田數之狀所宣如件、
綸言有限、」不可忽諸、以宣、
天治二年八月　日
大介藤原朝臣(宗兼)（花押225）

三四七　(4)近江國司廳宣　三〇・六　五五・五

廳宣　愛智郡司
可早任　院廳御下文且切滿得田
伍拾陸町且御使相共打定牓示尊勝寺」御香御園事
在八木鄕吉田庄內
四至　丑寅柒条伍里□(壹)坪丑寅角　辰巳同伍坪辰巳角
　　　未申同柒里參拾伍坪未申角　戌亥參拾壹坪戌亥角
使書生清原季政
右詳子細見　廳御下文、早打定牓示」追年加檢注、於不足者
以注請坪〻公田可」切滿田數之狀所宣如件、郡司宜承知、依
件」用之不可違失、以宣、
保延四年十一月　日

右衛門權佐兼大介藤原朝臣（憲方）（花押226）
（裏書）「伍拾陸町內
本免廿六町
雜役免三十町
每年加檢注可令切滿」

（紙繼目裏花押222）……（同上223）

二四八　(5)近江國愛智郡司解　三〇・五 五五・五

愛智郡司解　申請　御广〔廳〕宣事
壹紙被載尊勝寺領御香御薗一圓內得田不足、」且尋本領、且以注滿坪〻、可切滿伍拾陸町事、
右任　院廳御下文幷御廳宣、無相違可切滿田數」之狀謹所請如件、
保延四年十二月三日散位中原（花押227）

（紙繼目裏花押228）……（同上229）

○この文書の奥、三分の二は餘白白紙のままに残されている。

二四九　(6)近江國香薗田數目錄　三一・二 四五・二

（異筆）「下　田所
（花押230）」

愛智郡尊勝寺御香御薗一圓內檢田所
注進保延五年作田數目錄事
合肆拾捌町玖段參佰歩
得田四十四町七反
損田四町二反三百歩
除不輸田
三条院田三町
定庄田四十一町七反
本免田廿六町
雜役免田十五町七反
右件（田脫）數目錄注進如件、
保延六年三月廿五日啚師僧（自署）「義昭」
書生甲何（カ）（花押231）（裏書）「末行」
使
右衛門尉大中臣（花押231）

（紙繼目裏花押223）

二五〇　(7)近江國司廳宣　三一・四 五二・〇

廳宣　愛智郡司

可爲永停止入勘不論作否以肆拾陸町尊勝寺御香御園一圓」
内定田事
右件庄田五十六町也、而吉田御庄内被打」□〔定〕牓示了、彼内四十
六町之由代代廳宣」明白也、早不論作否、爲起請田數不」可成異
論、於殘十町者且尋本領、且」任注請坪付可切滿田數之狀依
院宣下知如件、郡司宜承知、不可違失、」以宣、

保延六年七月　日

右衛門權佐兼大介藤原朝臣〔憲方〕（花押232）

○この香庄文書のうち巻一、二、三の三巻はすべて手繼文書として傳來したものであるから、紙背に紙繼目判がある。第一巻には運慶の他に三名の花押が見える。また、手繼文書であるため、紙繼目をすべて表示する。

（巻二）

三五一　(1) 尊勝寺公文所下文　三〇・六 五四・五

尊勝寺公文所下　御香御薗
可早任　院廳御下文御使相共檢注四至」打定牓示事
使專當勢實
右子細詳見御下文、者早御使相共檢」注四至内可打定牓示之
狀如件、寄人」等宜承知、依件行之、勿致阿容、故下、

保延四年五月　日小寺主法師

公文主殿允中原（花押233）
公文法師（花押233）
勾當從儀師

（紙繼目裏花押222）――――（同上223）

三五二　(2) 近江國司廳宣　三一・二 五六・五

廳宣　愛智郡司
可早　院廳御使共檢注四至打定牓示尊勝」寺香御園事
在八木郷善田庄内
四至 東限愛智山 西限七條八里堺 南限八條堺 北限六條南二坪並北坪
六條三里十二箇坪　四里十二箇坪　五里十二箇坪
七條四里　五里　六里　七里
山壹處字廣岡　船坂　大波計
愛智野
使書生淸原季政
右御園子細見　院廳御下文、者檢注言上四至」可打定牓示、

其內見作於五十六町外之余田者任御」下文之旨令弁濟官物於
國庫、可令停止臨時雜」事、但至于年來請募散在本田者、爲
公田㥄可令」隨國務之狀所宣如件、郡司宜承知、依件用之、」
不可違失、以宣、

保延四年五月　日

右衞門權佐兼大介藤原朝臣（憲方）（花押234）

（紙繼目裏花押222）……………（同上223）

三五三　(3)鳥羽院廳下文　（異筆）「召使近貞」　三一・五　二八三・一

院廳下　近江國在廳官人等

可早使者相共立券注進尊勝寺香御園」四至內田畠在家打定
牓示事

在管愛智郡八木鄉善田庄內

四至 東限愛智山 西限七條八里堺 南限八條堺 北限六條南二坪並北坪

六條三里十二箇坪　四里十二箇坪

五里十二箇坪

七條四里　五里　六里　七里

山壹處字廣岡　船坂　大波計

愛智野

使公文官文殿大原助正

右件御園司少內記大江通盛去三年六月」廿五日解狀偁、當園
者先父大學頭通國朝臣」以私領奉寄御寺（尊勝寺）之日、不輸免廿六町
雜役」免卅町所被定置也、而本領田內見作不」幾之間、寄人（紙繼目裏花押222）（同上235）（同上223）
之作田以五箇條十八箇里之內作」田募滿五十六町以降、國司
八代更無牢籠、去」長承二年前司顯輔朝臣立善田御庄之間、
年來」之御園領併被打籠畢、仍注子細令訴申之」尅、雖庄內
被裁免四十六町又畢、而定置坪坪」方付之故、後年不耕作當
坪也、然間御園田追年」不足、其上擬追仕在家役之間、鎭被
打立更無落」居、仍恒例之寺役動致懈怠、御願之淩遲何事」
如之哉、今所申四至內五箇里也、何有其訴哉、於」東山者雜器
續松等材木於彼山所令採也、尤」可爲御園內、彼五箇里多爲
常荒之上、無指堰」溝、每年見作僅五十餘町、追年所請國檢
田使也、」田數之不審更不可有歟、雜役免分官物段別一」色官
米八斗五升檢田雜事公鄉半分也、先例幷」傍例有限、改易不
可有、凡爲絕將來之狼藉、庄田」五十六町可被一圓之由、就（紙繼目裏花押235）（同上223）
被仰下、重所言上也、抑」依除免此御園田、大國鄉見作九十（同上222）

餘町田代二百町」荒野五百餘町南牓示之外、打加彼庄畢、今
所申」之五箇里不及打加田數之半分、縱雖訴申可有」邊迹也、
況乎一圓之條、彼庄不訴申、子細先日委」言上畢、早遣御使
打定牓示、糺返押取官物臨時」損亡物等者、永止後日之牢籠、
弥勤將來之寺役」者、以解狀之趣被尋問國司之處、卽令在廳
官人」勘申云、件香御園訴申以善田庄內六條一箇里・七」條
四箇里可一圓事、彼五箇里被打入彼庄內之日、」依寺家之訴、
於御園田者雖庄內、如本以寄人所作」田可令請募之由、任國
司廳宣、被下　院宣畢、隨卽」於其代者、以大國鄕九條七八
九里・十條三四五六七八里・十」一條六七八九里幷十三箇里
見作田代等、南四至之外」打加牓示既畢、然者以彼庄見作田可
請丸(取)之處、定」置坪坪方付之間、每年不作滿之由訴申歟、今加
入」之大國鄕者十三箇里又所申可一圓由者五箇里、」不及其半
分、何況如解狀者、善田庄不爲其訴、然者」旁有勤無愁歟者、
……(紙繼目裏花押222)……(同上235)……(同上223)……
使者相共立劵、注進四至內田畠等、」打定牓示、至見作田者每
年請檢田使、如解狀申請不」輸租田廿六町雜役免卅町幷五十
六町、各依先例」可致沙汰、若其外有餘田者、任傍例弁濟官
物於國」庫、可停止臨時雜役、兼又非法所取之物、慥可令糺」
返之狀、所仰如件、在廳官人宜承知、不可稽失、故下、

保延四年五月廿日　　主典代織部正大江朝臣(通景)（花押236）

別當大納言兼民部卿中宮大夫　　判官代散位平朝臣
(附箋、以下同)「忠教」藤原朝臣（花押237）

權大納言兼陸奥出羽按察使　　皇后宮權大進兼攝津守
「實行」藤原朝臣（花押237）　　藤原朝臣（花押247）

權大納言源朝臣「雅定」（花押238）　　相模守兼治部少輔平朝臣

權大納言藤原朝臣「實能」（花押238）　　日向守高階朝臣

中納言藤原朝臣「伊通」（花押239）　　常陸介藤原朝臣(知通)（花押248）

權中納言藤原朝臣「顯頼」（花押239）　　右衛門權佐兼近江守
藤原朝臣(憲方カ)（花押249）

參議皇后宮權大夫兼右兵衛督　　勘解由次官兼隱岐守藤原朝臣(親隆)
「家成」藤原朝臣（花押240）　　（花押249）

宮内卿源朝臣「有賢」（花押240）

參議左近衛權中將兼備前權守源朝臣「忠基」（花押241）

内藏頭兼播磨守藤原朝臣（花押241）
……(紙繼目裏花押222)……(同上235)……(同上223)……

修理大夫兼右馬頭藤原朝臣

大膳大夫兼伊豫守藤原朝臣（花押242）

美作守平朝臣(忠盛)（花押243）
皇后宮亮兼土左守藤原朝臣(顯保)（花押243）
散位藤原朝臣
武藏守藤原朝臣
備中守藤原朝臣(家長)（花押244）
左近衞權中將藤原朝臣(公隆)（花押244）
前美作守藤原朝臣
左近衞權中將藤原朝臣
加賀介源朝臣(師行)（花押245）
左中辨兼文章博士越中介(權脱)藤原朝臣「顯業」（花押246）
右少辨兼左衞門權佐皇后宮大進播磨介藤原朝臣「朝隆」（花押246）

○下文の様式に準じて各行は上から下へと順次に大字より小字にと書いている。元所藏者田中勘兵衞筆の附箋が添附されている。

三五四　(4)鳥羽院廳下文　三一・八　一六四・七

(附箋)「一院廳御下文」
院廳下　近江國吉田庄司幷在廳官人等
可早令且切滿得田伍拾陸町、且任本家點定旨、」使者相共打定牓示尊勝寺領御香御園事
在管愛智郡善田御庄内
丑寅牓示七條五里一坪丑寅角
辰巳牓示同五坪辰巳角
未申牓示同七里卅五坪未申角
戌亥牓示同卅一坪戌亥角
使　召使高橋爲里
右件一圓地、立券先畢、早打定牓示、一切停止他妨、」永爲御園、偏可令勤寺役也、但彼内毎年之見」作不可過四十餘町之由、御園司少内記大江通嗣」所申也、加實檢不足本免、公田内且尋本領、且以」注請坪坪、無相違可切滿田數也、官物率法檢田」雜事可依去五月之下知、兼又御園寄人等、所」勤重役也、採山木苅野草者、不可加制止之」狀、所仰如件、庄司等承知、不可違失、故下、
（紙繼目裏花押250）（同上251）（同上252）
保延四年十一月十六日　主典代織部正大江朝臣(通景)（花押253）
別當大納言兼民部卿中宮大夫　判官代散位平朝臣（花押254）
(附箋、以下同)「忠教」藤原朝臣
權大納言兼陸奥出羽按察使　攝津守兼皇后宮權大進

藤原朝臣「実行」（花押255）　藤原朝臣〔顕時〕（花押254）
権大納言源朝臣「雅定」（花押255）　相模守兼治部少輔平朝臣
権大納言藤原朝臣「實能」（花押256）　日向守高階朝臣
中納言藤原朝臣「伊通」（花押256）　常陸介藤原朝臣
権中納言藤原朝臣　右衛門権佐兼守〔近江脱〕藤原朝臣〔憲方〕（花押265）
宮内卿源朝臣　勘解由次官兼信濃守藤原朝臣
中宮亮藤原朝臣「顯輔」（花押257）
参議左近衛権中將兼備前権守藤原朝臣
内藏頭兼播磨守藤原朝臣〔清隆〕（花押258）
修理大夫兼右馬頭藤原朝臣〔忠能〕（花押259）
大膳大夫兼伊豫守藤原朝臣〔忠隆〕（花押259）
美作守平朝臣〔忠盛〕
皇后宮権亮兼土左守藤原朝臣〔顯保〕（花押260）
散位藤原朝臣
武藏守藤原朝臣（花押261）
……（紙繼目裏花押262）……（同上263）……（同上264）……
備中守藤原朝臣〔家長〕（花押261）
前美作守藤原朝臣
左中辨兼文章博士越中権介藤原朝臣「顯業」（花押266）
加賀介源朝臣
右少辨兼左衛門権佐皇后宮大進播磨介藤原朝臣「朝隆」（花押267）

三五五　(5)法眼運慶自筆裏書

此本文書ハ運慶カ女子如意讓狀ニ」具て、藤原氏〔冷泉局〕の手より預讓得、」此裏書をして御前□〔一〕期之間ハ」奉預、他人もし此文書をとりて」さまたけをなさは、ぬす人ニ」ことはる〔斷〕へし、但如意もし」人まね〔眞似〕の事なんとあらは、運慶か」子共の中ニ、御前〔冷泉局〕の御心ニかな〔適〕」はむもの、此庄を可知行也、

正治元年十月晦日　　法眼運慶（花押268）

此巻ハ二十枚也、仍各封續目了、

○保延四年五月二十日付鳥羽院廳下文（三五三號文書）の紙背の裏書である。字面全體に横に三本の抹消の墨線がある。

三五六　(6)藤原氏女裏書

このさう〔庄〕はうんけい〔運慶〕かむすめ〔女〕」如い〔意〕にゆつるといへとも、あいたかへ〔相互〕の」けいさう〔契狀〕をそむき〔背〕てらんはう〔亂暴〕を」いたすによりて、とりかへし〔取返〕て」せうけん〔承元〕三年八月十三日に中なこん〔納言〕」の

きみ〔君〕そん上〔尊浄〕にゆつり〔譲〕たてまつり」をはぬ、たゝしわらハ〔妾〕一こ〔期〕
のほとは」しりて〔知行〕候へし、もしよのすゑ〔世末〕」に、うんけいかこ〔運慶子〕
とも〔供〕なと、ほんもんそこ〔本文書〕」うらかき〔裏書〕をし、ゆつりふミ〔譲文〕ありと
い」ひて、さた〔沙汰〕することあらハ、ぬす人〔盗〕に」ことはる〔断〕へし、
ふちわらのうち〔藤原氏〕

○保元元年八月二日付大江通光處分状・天永三年四月十七日付竝びに長治元年七月二十日付の兩通の大江通國讓狀の紙背に記された裏書である。この巻二もまた全巻が手繼文書のままの姿に成巻になっていて、紙繼目判として運慶花押の他に大江通景他一名の花押が各紙繼目裏にある。

（巻三）

三五七　(1)源氏女（兵衛督局法名尊勝）讓狀　三二・〇〇／九五・〇〇

ゆつり〔譲〕わたす〔渡〕あふみ〔近江〕のくにゑちの〔愛智〕」こほり〔郡〕香庄壹所事
たいく〔代々〕のしたいせもん〔次第證文〕をあいく〔相具〕して、」一この〔期〕ゝち〔後〕あさ〔阿生〕にゆ
つりたてまつる所也、」たのさまたけ〔他妨〕あるへからす、こ乃う
ち」わけく〔分々〕申をき〔置〕候ゆつり〔譲〕状へちく〔別々〕に」かきて候、ゆめ〔努〕
く〔々〕さういなくさた候へし、」をのく〔各々〕一この〔期〕ゝちハ本庄に
かへし〔返〕」つけ〔付〕候へし、又ふたん〔不断〕念佛の事別に」かきをき候、
たしかにさた候へし、又あさ」御一このゝちハ〔期後〕、こほうし〔小法師〕に
御ゆつり候へく候、」ふたん念仏たいてん〔退轉〕せすさたし候て、」
これのこしやう〔後生〕とふら〔弔〕へとおほせ〔仰〕られ」をく〔置〕へく候、この事

（紙繼目裏花押269）……（同上270）

ともたしかに〔確〕」よくさた候なんとて申つけ候へく候、」返く
そのさういあるましく候、かき〔書〕なをす〔直〕こともなく候、ねんか〔年〕
う〔號〕月日をなし〔同〕」事にかき候、
弘安五年三月　日　　　　みなもとうち〔源氏〕（花押271）

三五八　(2)藤原氏女讓狀　三一・八／一〇一・三

（附箋）「香庄讓狀」

ゆつりわたすあふみのくにえちのこをり」そんせうしの御り
やうこうのしやう一所か」こと、このしやうハわらハ〔妾〕（冷泉局）かはゝ〔母〕
のて〔手〕よりゆつり」えたる〔得〕ところ也、そうかくそうつ〔僧都〕とさうろ
ん〔相論〕」することありしとき、うんけいかむすめ〔運慶女〕」如い〔意〕をこ〔子〕にし
たりしによりて、如いにゆつり」あたへしとき、うんけいか
けいしやう〔契状〕に如い」こせん〔御前〕にあひく〔相具〕したらん人にても、こ（マヽ）と
こ〔子〕」とも〔供〕にても、又た人〔他〕にても、このさうをしらん」する人、

ゆめ〱こせんの一このあひた、さまた」けをなすへからす、
またうんけい《〔運慶〕》かよにも、」このことをへんかいしまいら《〔變改參〕》せす、
ゐんせんゆつりしやう《〔院宣譲狀〕》ありとも、ほんけん《〔本券〕》にうらか《〔裏書〕》」きを
したりとも、いかにも御さた候へし、」かくのことくのけいさ《〔契》
う《狀〕》をそむき《〔背〕》てらんはう《〔亂暴〕》」はうをいたし、さまたけ《〔妨〕》しかハ中なこん《〔納言》
の」きみそん上《君尊浄〕》をこ《〔子〕》にしたてまつり《〔奉〕》たれハ、」さた《〔沙汰〕》してたひ《〔給〕》た
れハ、かた〱《〔方々〕》大事に思ひ」たてまつるによりて、なかくゆ
つりたて」まつりをはぬ、たゝしほんもん《〔本文書〕》そは、」わらハ《〔妾〕》か
（紙継目裏花押269）（同上272）
一このあひたハあつかりをきて」候へし、又わらハかいきて
候はんあひたは、」わらハかさたにて候はんする也、もしこ
の」やくそく《〔約束〕》をたか《〔違〕》へさせ給ひ、へんかい《〔變改〕》を」させ給ハゝ、
いかなるさたをもし候ハん」する也、又こあまこせん《〔故尼御前〕》のゆい《〔遺》
こむ《言〕》によ」りて、た《〔田〕》二丁をはこせほたい《〔後世菩提〕》のためニ、」まいられ《〔參〕》
んハう《〔方〕》に、なかく《〔永〕》ゆつりたてま《〔讓奉〕》」つりたる也、わらハ《〔妾〕》か一こ
のゝち、このしやう」をしらん《〔知行〕》する人、ゆめ〱《〔努々〕》さまたけ《〔妨〕》を
なす」へからす、この申たる事ゆめ〱たかへさせ」たまふ
へからす、のちのためにほんもん《〔本文書〕》」そにもわらハ《〔妾〕》うらかき《〔裏書〕》し
つ、ゆめ〱この」したへ《〔次第〕〔い〕》、たかへさせたまふへからす候、

せうけん《〔承元〕》三年八月十三日　ふちわらのうち《〔藤原氏〕》（花押273）

三二・〇　五二・〇

二五九　(3)尼尊妙譲狀

ゆつりわたす
そんせうしのかうのさう《〔尊勝寺香庄〕》一所」かこと《〔事〕》、あふみのくにえちの
こ」ほりのうち
右、このさうハあまそんめうか《〔尼尊妙〕》」てゝのさうてん《〔父相傳〕》のところを
ゆつ」りえたるなり、あまそんめうか」ひとりむすめ《〔一人娘〕》れんせ《〔冷》
い殿《泉〕》にした」へ《〔次第〕〔い〕》のせうもむ《〔證文〕》をあいそへ《〔相添〕》てゆつり」わたすとこ
ろなり、ゆめ〱たの」さまたけあるへからす、のちの」せ
うもむのために、かきおく《〔書置〕》とこ」ろなり、
けむきう《〔建久〕》五年三月廿五日
あま《〔尼〕》
そんめう《〔尊妙〕》
（花押274）

三〇・七　五三・七

二六〇　(4)大江通光處分狀

（外題）「母乙姫可被憐愍、（大江通光）（花押275）」

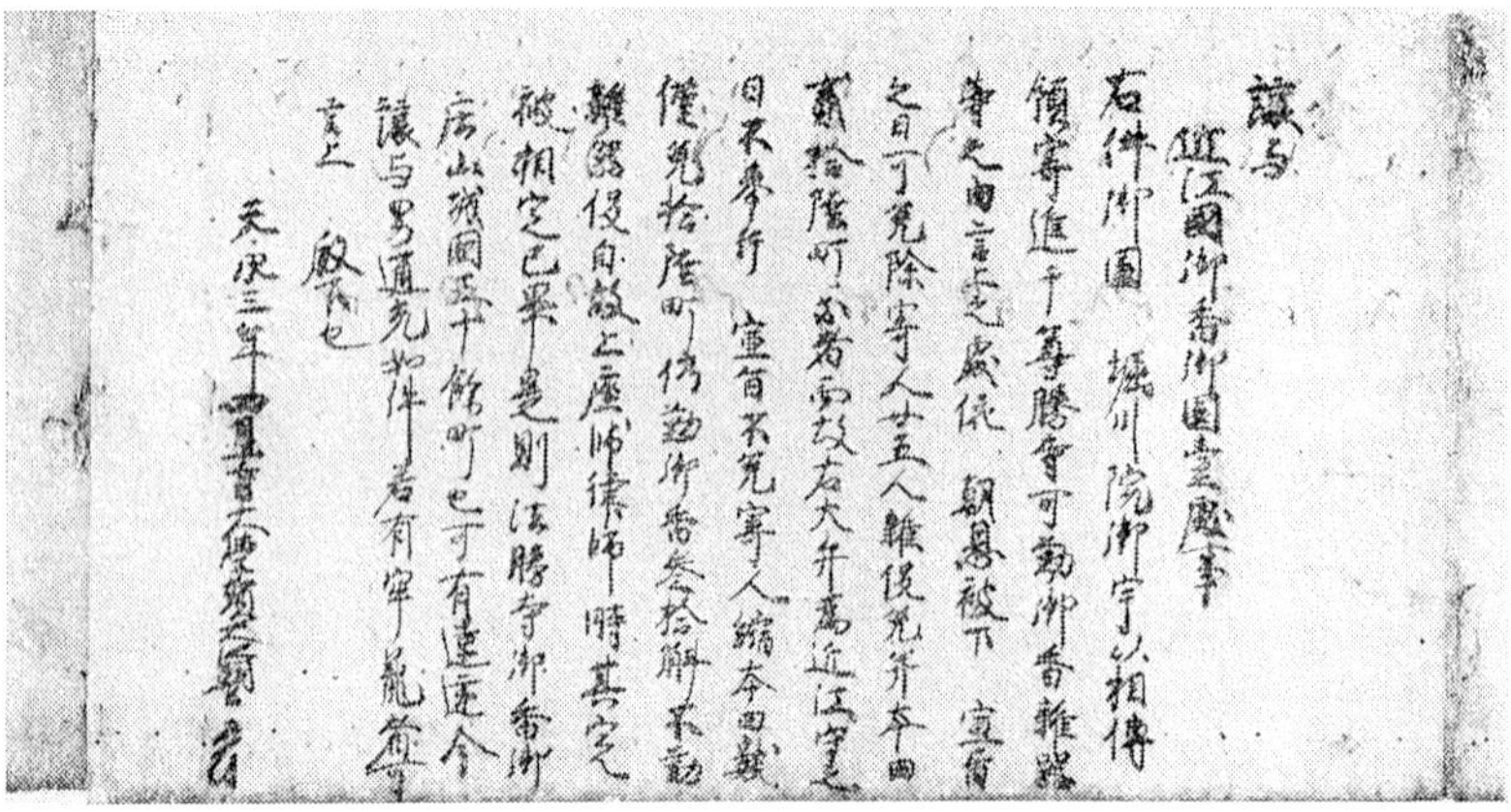
361號 大江通國讓狀

處分給庄壹所事
在近江國愛智郡尊勝寺御香御薗
右、件庄親父大學頭朝臣（大江通國）以相傳」私領寄進御寺（尊勝寺）、而子ゝ孫ゝ
相繼可」令執行庄務之由、所被申下」宣旨也、而女子伊豆前司
上處分」畢、但見存之間、可進退之狀」如件、
保元三年八月二日散位大江朝臣（通光）（花押276）
（紙繼目裏花押277）……（同上278）……（同上279）
○外題は大江通光の自筆である。

三六一 (5)大江通國讓狀

三一・〇〇
五三・〇〇

讓与
近江國御香御園壹處事
右、件御園 堀川院御宇以相傳」領、寄進于尊勝寺、可勤御
香雜器」等之由言上之處、依 朝恩被下 宣旨」之日、可免
除寄人廿五人雜役免并本田」貳拾陸町等者、而故右大弁爲近
江守之」日不奉行 宣旨、不免寄人、縮本田數、」僅免拾陸町、
仍勤御香參拾斛、不勤」雜器役、自故上座師律師時、其定」
被相定已畢、是則法勝寺御香御」庄山城國五十餘町也、可有
還迹、今〔令カ〕」讓与男通光如件、若有牢籠者可」言上 殿下（藤原忠實）也、

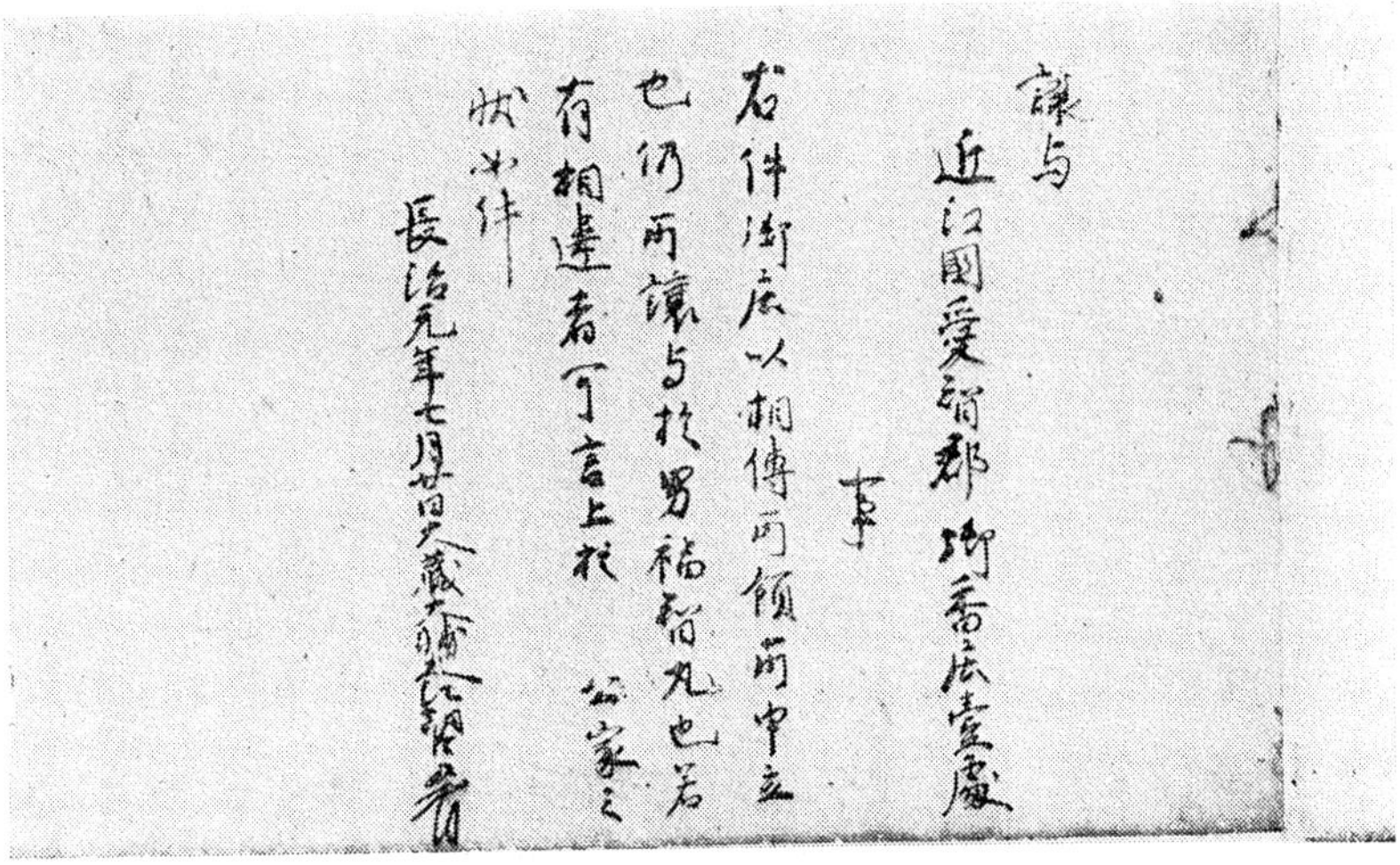

362號　大江通國譲狀

天永三年四月十七日大學頭大江朝臣〔通國〕（花押280）
（紙繼目裏花押277）……（同上278）……（同上281）

○大江通國は「大江朝臣朝綱四代孫、策、文、從五位上、大學頭、伊豆守」（尊卑分脈）。大江氏の改姓のことが吾妻鏡（建久三・四・十二）に見える。

三六二　(6)大江通國譲狀　三〇・五　四七・八

譲与
近江國愛智郡　御香庄壹處」事
右、件御庄以相傳所領、所申立」也、仍所讓与於男福智丸也、
若」有相違者、可言上於　公家之」狀如件、
長治元年七月廿日大藏大輔大江朝臣〔通國〕（花押282）

三六三　(7)法眼運慶自筆裏書

この本文書ハ、運慶か女子」如意ゆつりさう〔譲狀〕にくして、」ふちはらのうちのてよりゆつり」とるといへとも、このうらかきを」してこせんいちこ〔御前一期〕のあひたハ、」あつけまいらす、他人もしこの」文書をとりて、さまたけをなさハ、」ぬす人ニことはるへし、」たゝし如いもし人まねの事なんと」あらは、うむけ

いかこともの中ニ」こせんの御こゝろニかなはむ人、」このさうをしるへし、

正治元年十月晦日法眼運慶（花押283）

このつゝきのうち三枚也、各つきめに」封しをはぬ、

○保元三年八月二日大江通光處分狀、天永三年四月十七日竝びに長治元年七月二十日兩通の大江通國讓狀の紙背に裏書となっている。字面全體に横に三本の抹消の墨線がある。また紙背繼目判には運慶・三寶院成助他一名の花押がある。

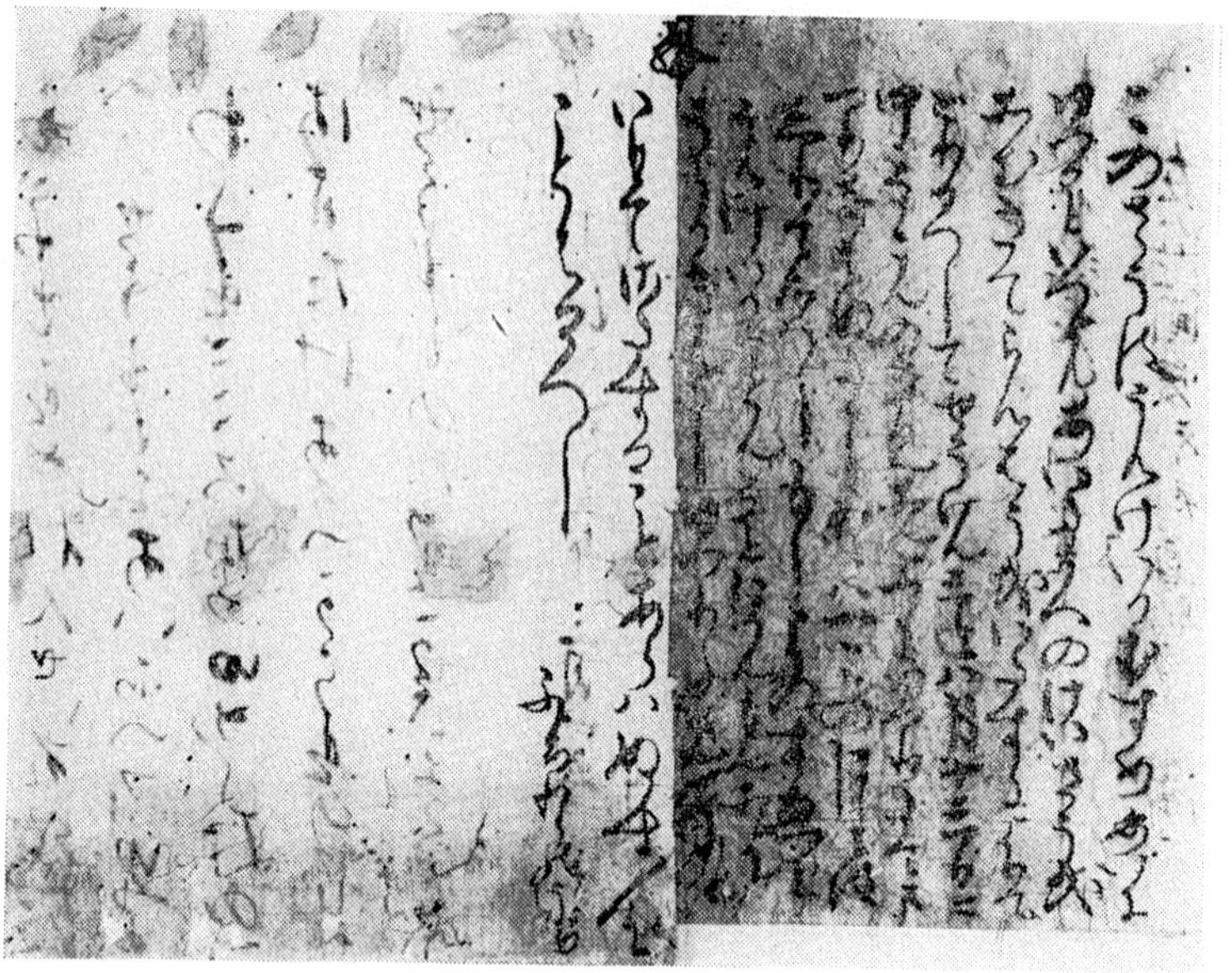

364號　藤原氏女裏書

三六四　(8)藤原氏女裏書

このさうはうんけい〔運慶〕かむすめ〔女〕如い〔意〕に」ゆつるといへとも、あいたかへのけいさうを」そむきてらん〔亂〕はう〔暴〕をいたすによりて、」とりかへして、せうけん〔承元〕三年八月十三日ニ」中なこん〔納言〕のきみ〔君〕そん上〔尊浄〕にゆつりたてま」つりをはぬ、たゝしわらハ〔妾〕一こ〔期〕のほとは」しりて〔知行〕候へし、もしよのすゑに」うんけいかこともなと、ほんもん〔本文書〕そに」うらかき〔裏書〕をし、ゆつりふみありと」いひて、さたすることあらハ、ぬす人に」ことはる〔断〕へし、

ふちわらのうち

○長治元年七月二十日大江通國讓狀の紙背にある。また紙繼目判と

して三寶院成助の花押一つが料紙の上方にある。「巻三」は手継文書のままの成巻であって、紙継目判には成助・運慶他一名（但四名の花押がところを異にして一つずつ見える）の花押がある。

（巻四）

三六五 (1)権大僧都尊淨譲状

三二・〇五〇・五

譲与近江國ゐちのこほり香庄」壹所事
右庄ハ、本主尼尊蓮房(冷泉局)次第證文」相具て譲給ところ也、子細か乃譲」状に見たり、仍今代〻手継證文」をもちて一期之後、兵衛督殿」ゆつりたてまつるところ也、此内少」分つゝの物きくかゝ両人にあて給事」候、子細別帋にかきて候也、彼両人」一期之後ハ本庄に返つくへき也、又」母事よく〳〵はくゝみさたしあるへし、

寶治二年三月　日

権大僧都(尊淨)（花押284）

三六六 (2)尼正智譲状

三二・〇四八・五

(附箋)「正智任尊勝房素意譲經賢律師状」

あふみのくにゐちのこほり」かうのしやう一しよの事
正ち〔智〕いちこの〻ち、こりやう〔故領〕」けにしむき〔家西向〕(禅尼尊勝房)の申〔置〕をかゝるむ〔旨〕」ねにまかせて、ゝつきもんそを〔手継文書〕」あいくして〔相具〕、ちうなこんのりし〔中納言律師〕」の御房へゆつりまいらせ候、正ち〔智〕一この」ほとハ、いさゝかもいらんあるま」しく候、あなかしく、

ゑんきやう〔延慶〕二ねん二月十六日（(正智)花押285）

三六七 (3)権律師經賢譲状

三二・二四八・八

譲進上　近江國愛智郡香庄以下遺跡事
右庄者、故西向禅尼尊勝房相傳更無相違之」地也、仍當時禅尼正智又あさと号ス、一期之後者、經賢」童名小法師可相傳領掌之由、故西向禅尼譲状分明也、而」經賢所労相侵存命難知、仍香庄以下遺跡事」相副證文等、悉所譲進上三寶院太政法印御房(賢助)」也、經賢若及大事者、可有御管領、自幼少至」于今師資芳契不淺、仍所譲進上也、若前後相」違事候者、可被返下經賢候也、兼又當庄年」貢内少〻分譲老母尼幷尼覺法房又美乃房經賀」候也、雜掌職又同譲与覺法房候、經賢故養母」尼依申置之旨候、彼雜掌職公事等免之候也、」仍状如件、

延慶二年八月廿三日　　權律師經賢（花押286）

三六八　(4)三寶院賢助讓狀　三二・二　四九・〇

讓与　近江國香庄事

右件庄者、相傳私領也、仍」所令讓与成助禪師、更不可」有他妨之狀如件、

文保貳年正月五日

前僧正（賢助）（花押287）

三六九　(5)三寶院成助賣券　三二・〇　五一・六

（端裏書）「三寶院太政禪師沽却狀」

沽却　尊勝寺領近江國愛智郡香庄領家職事

右件庄者、太政大臣禪師御房成助相傳御領也、」本寺ゝ用貳拾伍石・不斷念佛供粁拾石」之外敢無課役、而依有御要用子細、宛」直錢陸佰貫文相副代ゝ手繼以下調度」證文幷安堵　勅裁、限永代一円不輸令沽」却清福丸給者也、更不可有他妨、若此」外稱有文書之輩出來者、可被處謀書」罪科也、仍爲永代龜鏡、勒證文放劵之」狀如件、

文保三年己未二月六日　　法橋宗守奉

（成助）（花押288）

〔參考〕京都大學國史研究室所藏文書に、安堵勅裁に該當する次の「後宇多上皇院宣」がある。

近江國香庄相傳」知行之由、被聞食」了之旨　院宣所候也、仍執達如件、

文保二年九月十三日（吉田宣房）（花押）奉

太政大臣禪師御房（成助）

三七〇　(6)僧實舜賣劵　三一・五　五一・五

沽却　近江國愛智郡香庄事

右當庄者、云領家職、云預所職、實舜童名清福」一円相傳之私領也、而依有急用之子細、」宛直錢柒佰貫文、相副本劵手繼幷」安堵勅裁等、所奉沽却兵衞督公御房」實也、本寺ゝ用貳拾伍石・不斷念佛」供粁拾石之外敢無課役、然者後ゝ末代」更不可有他妨、仍爲永代龜鏡放」劵之狀如件、

嘉曆三年戊辰七月廿二日　　僧實舜（花押289）

三七一　(7)香庄相傳系圖　三二・二 五一・二

（端裏書）
「香庄手繼等」

香庄相傳系圖

大藏大輔大江朝臣通國　長治元年七月廿日 讓大學頭于時福智丸

大學頭大江朝臣通盛　天永三年四月十七日 讓子息通光

散位大江朝臣通光　保元三年八月二日 讓女子尼尊妙

尼尊妙　建久五年三月廿五日 讓女子冷泉局　藤原氏女事也

藤原氏女　承元三年八月十三日 讓養子中納言僧都尊淨本名靜譽

中納言大僧都尊淨　寶治二年三月　日 讓兵衛督局法名尊勝

兵衛督局　弘安五年三月　日 讓字阿生法名正智

阿生　延慶二年二月〔十六日〕□□□ 讓中納言律師經賢

中納言律師經賢　延慶二年八月廿三日 讓三寶院僧正賢助于時法印

三寶院僧正賢助　文保二年正月五日 讓太政禪師成助

『安堵院宣文保二年被下之』
太政禪師成助　文保二年二月六日 沽却清福丸

僧實舜　童名清福丸　嘉曆三年七月廿二日 沽却兵衛督阿闍梨禪澄
『安堵　綸旨元亨二年被下之』
『重安堵　綸旨嘉曆元年被下之』

『安堵　綸旨嘉曆三年被下之』
『重安堵　院宣曆應二年被下之』
兵衛督阿闍梨禪澄

辨律師禪譽　童名遠壽丸 應安六年十一月三日受讓

○このところ野線なし。

（異筆追記）
「万壽丸　禪譽讓之文書 應永十五年」

（巻五）

三七二　(1)後醍醐天皇綸旨　三二・五 四八・七 封三〇・五

（封紙うわ書）
「清福殿　權右中辨（花押）」

尊勝寺領近江國」香庄如元可致知行」者、」天氣如此、悉之、以狀、

元亨二年十一月廿一日　權右中辨（柳原資明）（花押290）

清福殿（實舜）

○封紙は上下を剪取って表装されたので、折封か結封かなどのことは不詳である。以下各號文書も同じ。

三七三　(2)後醍醐天皇綸旨　三二・五 四九・〇 封二三・二

（封紙うわ書）
「兵衛督公御房　右中辨「範高」」（草名）

尊勝寺領近江國」香庄任相傳知行、」不可有相違者、」天氣如此、仍執達如件、

嘉曆三年九月十六日　右中辨（平範高）（花押291）

兵衛督公御房（禪澄）

三七四　(3)光嚴院院宣

三二・三　五五・五
封三二・三

（封紙うわ書）「兵衛督阿闍梨御房　權中納言「隆蔭（草名）」」

尊勝寺領近江國愛」智郡內香庄任相傳、」可被知行領掌者、」
院宣如此、仍執達如件、

暦應二年七月十八日　權中納言（四條隆蔭）（花押292）

兵衛督阿闍梨御房（禪澄）

（卷六）

三七五　(1)三寶院賢俊自筆置文（後闕）

三一・〇　五一・五

（端裏書）「賢俊僧正」

尊勝寺領近江國香庄」事及訴陳、就文殿勘進」重〻被經御沙汰、猶預　勅裁」上者、不能左右、然而向後自他」為申承、內〻一途以賢淳律師」承之趣、殊為本意候、仍為無後」訴、雜掌出對新熊野長床」衆故良龍僧都并尼阿波文」保三年二月六日狀三通獻之、」此外縱雖有相殘文書、宜為

（紙繼目裏花押293）

（附箋）「以下缺失」

○この文書の後半にあたる「禮紙書」は醍醐寺三寶院に現存するが、この本紙と禮紙をつなぐ紙背繼目判は両紙を繼ぐことにより完全に一致する。

〔參考〕三寶院賢俊自筆置文禮紙書（醍醐寺三寶院藏）

反古、凡此相論事曾雖」不庶幾雜掌等及不慮之確執之條更非本意候、但又」如此事自他無力事候欤、」所詮兩方如此一途申談之上者、」於当庄事向後至門弟等敢」不可申子細候也、仍為後證」狀如件、

暦應二年九月三日　賢俊（花押）

三七六　(2)足利尊氏御判御教書案

三一・〇　四七・〇〇

御教書案　奉行三須雅樂（左近入道道喜）

兵衛督僧都禪澄雜掌勝円申、」近江國愛智郡香庄事申狀」具書『三寶院雜掌』遣之、目賀田新右衛門尉」以下輩得伊与堅者宣珎語、致」濫妨狼籍（藉）云〻、早退彼輩、沙汰」付下地於雜掌、可執進請取狀、若」不承引者、任定置之法可有其沙汰」狀如件、

延文二年十月十六日　御判（尊氏）

佐々木大夫判官入道殿（氏頼）

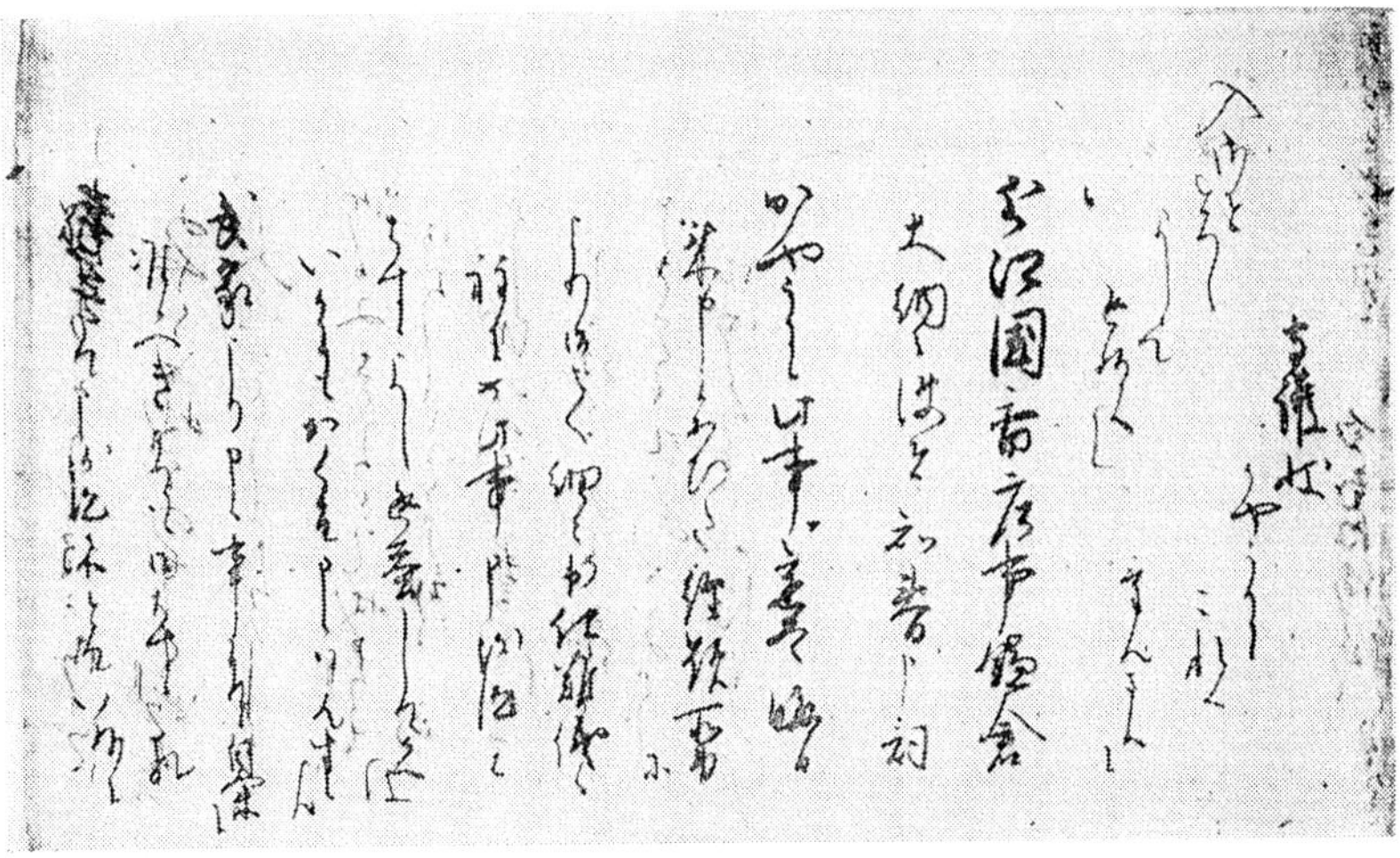

378號　勸修寺經顯自筆申文案

三七七　(3)足利義詮使者申詞　三一・〇　五〇・五〇

(端裏書)
「鎌倉大納言使者申詞」

延文三年正月廿五日鎌倉大納言使者(小田)知春申詞

近江國香庄事、領主禪澄參南」方、爲闕所之由守護(佐々木)定信雖令」注進、爲本所領之間閣之了、可有」○御寄附土御門天神社之旨、被下　綸旨之樣」可　奏聞之旨申之間、(勸修寺)經顯所勞」細々出仕難儀之間、傳　奏事」申入子細、如此事不申沙汰之旨」返答之處、自武家申之上者、」不可准自余、猶別可申沙汰之」由重申候也、

三七八　(4)勸修寺經顯自筆申文案　三一・〇　五〇・七〇

(端裏書)
「勸修寺進禁裏狀案」

①守護狀
かやうに候、
これへ
②〔見參〕けんさんに
③入させ
をハし
まし候て
返給候へ
く候、

近江國香庄事、(足利義詮)鎌倉」大納言使者知春申詞」かやうに候、

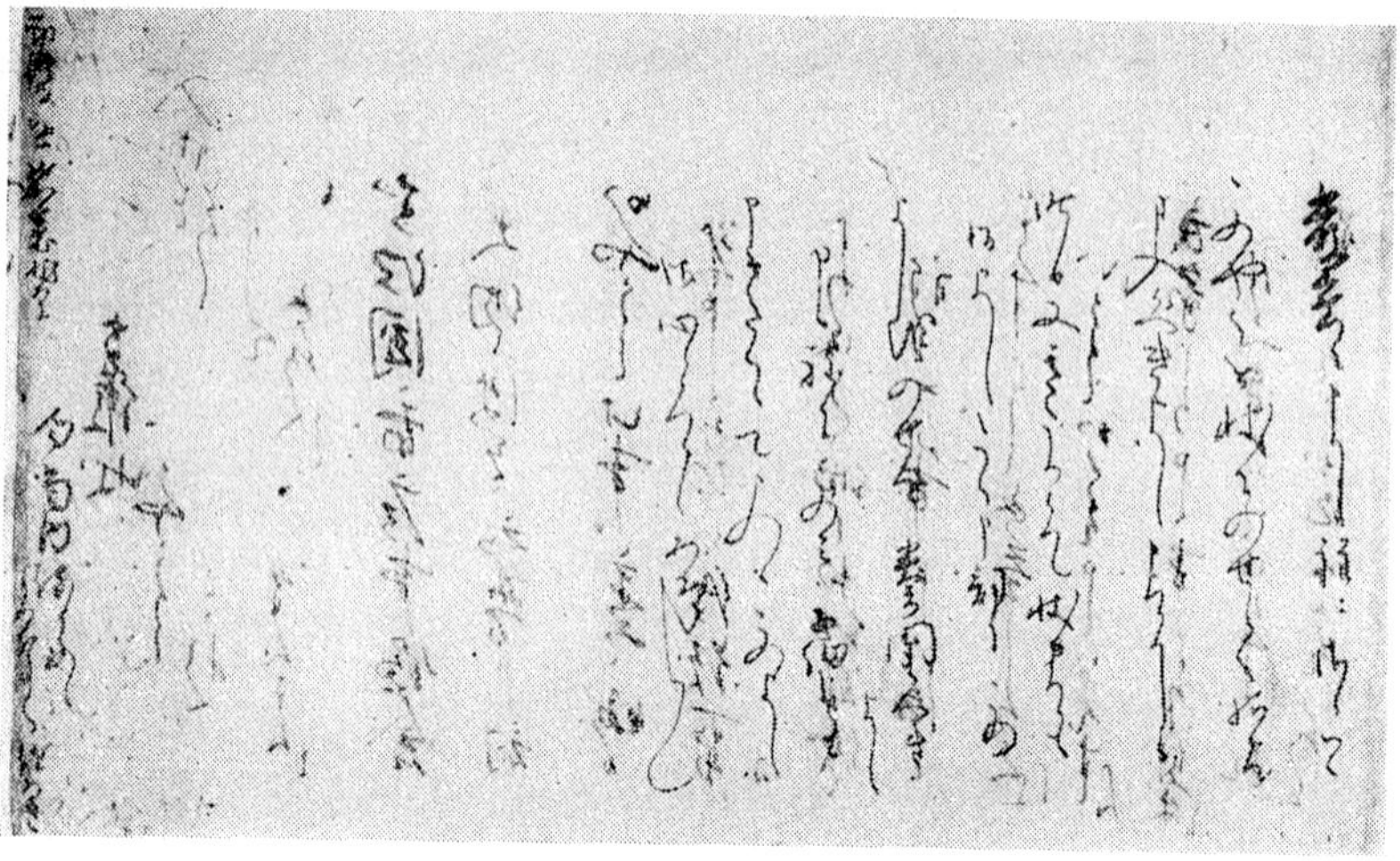

378號　勸修寺經顯自筆申文案(紙背)

此事舊冬晦日」來申候あひた、經顯所勞に」より候て細〻出仕難儀候」程に、如此事申沙汰候」はす候よし返答して候へは、」いかにもかく候て申候ハんすらん、」武家より申候事にて候、自余に」准候へきにても候はす候、猶」別して申沙汰候へとて、以外に」〔以下紙背〕嚴密に申候し程ニ、さ候ハヽ、」このやうを狀にのせて給候て」申入候へきよし申て候しか、」昨日又きたり候て、狀までも」候まし、たゝ申詞にこの」よしをのせ候て　奏聞候へきよし」申候程に、さのミハ子細をも」申かたく候て申入候、このよし」御心へ候へく候、あなかしく、

〔端裏切封うわ書〕

「勾當內侍との〔殿〕〻

　御つほね〔局〕へ　經あき〔顯〕」

○本文書は前號文書と同筆である。以上六巻三五通は、醍醐寺旧藏である。

〔參考文献〕

荻野三七彦「近江國香庄文書の研究」(『日本中世古文書の研究』所收)、同「運慶の謎」(同上書所收)、同「醍醐寺と近江香庄」(『早稲田大學大學院文學研究科紀要』九輯)、同「勸修寺經顯申文案について」(『日本歷史』一五六號)、同「賢俊僧正自筆置文について」(『田山方南華甲記念論文集』所收)。

〔三〕東寺文書○山城國　一巻一〇通

二七九　(1)太政官牒　二九・四 四九・三

〔太政官牒〕□□□□　〔東寺〕□□

⊓　　⊔

⊓　⊔〔年〕⊔事

⊓　⊔藹□眞言宗　東大寺

⊓　⊔年十二月廿五日解狀偁、件定」

⊓　⊔權大法師泰覺辭退替、以件源俊」可補任之狀、言上

如件者、正二位行權中」納言兼治部卿太皇太后宮大夫源朝臣」

俊明宣、依請者、寺宜承知、依宣行之、」牒到准狀、故牒、

〔寛治〕四年五月十六日正六位上行〔右〕少史大江朝臣（花押）

□行右宮城使右少辨正五位下兼攝津守源（自署）「朝臣」　○花押の一部のみ殘す。

○字面に方朱印「太政官印」二顆を捺す。

二八〇　(2)太政官牒　三〇・七 五五・二

（異筆）「到來同年八（九）月廿八（二）日」

〔太政官〕□□□牒」東寺

補任定額僧事

⊓　⊔大法師位弁覺藹年眞〔言宗〕□□⊓　⊔

⊓　⊔彼寺去正月⊓　⊔狀偁、謹⊓　⊔」⊓　⊔三

撰堪法器之者、所⊓　⊔」⊓　⊔

採□補⊓　⊔」⊓　⊔補⊓　⊔辭退替、

定額⊓　⊔」⊓　⊔恒例御願、奉祈天下泰

平之由者、」⊓　⊔位行中納言源朝臣顯雅宣、依請者、寺宜

承知」依宣行之、牒到准狀、故牒、

〔大治〕三年七月十一日〔正六〕位上行右小史中原朝臣（花押294）

右少辨正五位下藤原（自署）「朝臣」

○字面に方朱印「太政官印」三顆を捺す。

二八一　(3)太政官牒　三〇・七 五五・五

（異筆）「到來六月廿日」

□□□□〔太政官牒〕」東寺
「　　」補定額僧事
「　　」大法師位仁舜臈年眞言宗　東大寺
「　　」去年十二月八日奏狀偁、謹檢案內、定□□〔額僧〕「
「　」「　　」補也、而仁舜「　　　」「　　」請天
恩、被補嚴仁辭退替、「　　」令勤寺家恒例御願、奉祈
天下泰平之由者、從二位行權大」納言兼民部卿藤原朝臣忠教
宣、奉　勅、依請者、寺宜承知、」依宣行之、牒到准狀、故牒、
大治五年二月七日正五位下行左大史兼筭博士能登介小槻宿祢（花押295）牒
正四位下行右中辨源「朝臣」〔自署〕
○字面に方朱印「太政官印」三顆を捺す。

三八二　(4)太政官牒　三〇・七　五一・二

「到來六月廿日」〔異筆〕
□□□□〔太政官牒東カ〕寺
「　」補定額僧事
「　」大法師位仁嚴臈年　眞言宗　東大寺
□□寺去年十二月廿六日奏狀偁、謹檢案內、「　　」「

「　」所擧補也、而仁嚴「　　」「　」「　」
望請天恩、被補源範辭□□〔退替カ〕「　」「　」□□□□〔令勤仕寺カ〕家恒例
御願、奉祈天下泰平之由者、從二位行權」□〔大〕納言兼民部卿藤
原朝臣忠教宣、奉　勅、依請者、寺宜承知、」依宣行之、牒
到准狀、故牒、
大治五年二月七日正五位下行左大史兼筭博士能登介小槻宿祢（花押296）
正四位下行右中辨源「朝臣」〔自署〕
○字面に方朱印「太政官印」一顆を捺す。

三八三　(5)太政官牒　三〇・七　五五・五

□□□〔太政官〕牒東寺
□〔應〕＊補定額僧事
傳燈大法師位□寶臈年　眞言宗　東□□〔大寺〕
「　」彼寺去大治四年「　」「　」「　」內「
「　」□□□〔定額僧カ〕職者、撰「　」「　」□然是「　」道法
尤足採「　」「　」恩、被補任賢辭退之「
「　」□者、將令勤寺家恒例御願、奉祈天下泰平」之
由者、權中納言從三位源朝臣雅兼宣、奉　勅、」依請者、寺宜

承知、依宣行之、牒到准状、故牒、

天承二年七月八日正五位下行右大史兼竿博士播磨介小槻宿祢（花押297）牒

從四位下行右中辨兼備前介藤原「朝臣〔自署〕」

○方朱印「太政官印」三顆あり、うち一顆は＊印個所に右斜に捺す。

三八四　(6)太政官牒　三〇・七　五五・〇

「到來保延元年十一月二日〔異筆〕」

□□〔太政〕官牒東寺＊

應補定額僧事

傳燈大法師位心覺年臈眞言宗　□□□〔東大寺〕

「　」彼寺去年十二月□□〔廿八〕日奏「　」「　」額僧職

者、撰「　」「　」「　」令補也、而心覺久學

道法尤」「　」「　」□之處、旁當其仁、望請天恩、被補寛運」

辭退之替、定額僧職者、將令勤寺家恒例」御願奉祈天下泰平

之由者、權中納言從」三位源朝臣雅兼宣、奉　勅依請者、寺」

宜承知、依宣行之、牒到准狀、故牒、

天承二年七月八日正五位下行左大史兼竿博士播磨介小槻宿祢（花押298）牒

從四位下行右中辨兼備前介藤原「朝臣〔自署〕」

○方朱印「太政官印」三顆あり、うち一顆は＊印個所に右斜に捺す。

三八五　(7)太政官牒　二九・九　五一・八

□□□〔太政官〕牒東寺＊

應補定額僧職事

傳燈大法師位寛然年臈眞言宗　東大□〔寺〕

□得彼寺去五月廿日奏狀偁、「　」□者、「　」

之者、所舉補也、「　」「　」□採用拜任之處、旁當其仁「

」□□□闕替、定額僧職者、將令勤寺家□□□□〔恒例御願カ〕」

奉祈天下泰平之由者、權中納言從三位藤原朝臣伊通宣、」奉

＊勅、依請者、寺宜承知、依宣行之、牒到准狀、」故牒、

長承二年十二月卅日正五位下行左大史兼竿博士播磨介小槻宿祢（花押299）牒

左少辨正五位下藤原「朝臣〔自署〕」

○方朱印「太政官印」三顆あり、＊印個所には左斜に各一顆を捺す。

三八六　(8)太政官牒　二九・八　五二・二

「到來同三年三月十九日〔異筆〕」

□□□〔太政官〕牒東寺＊

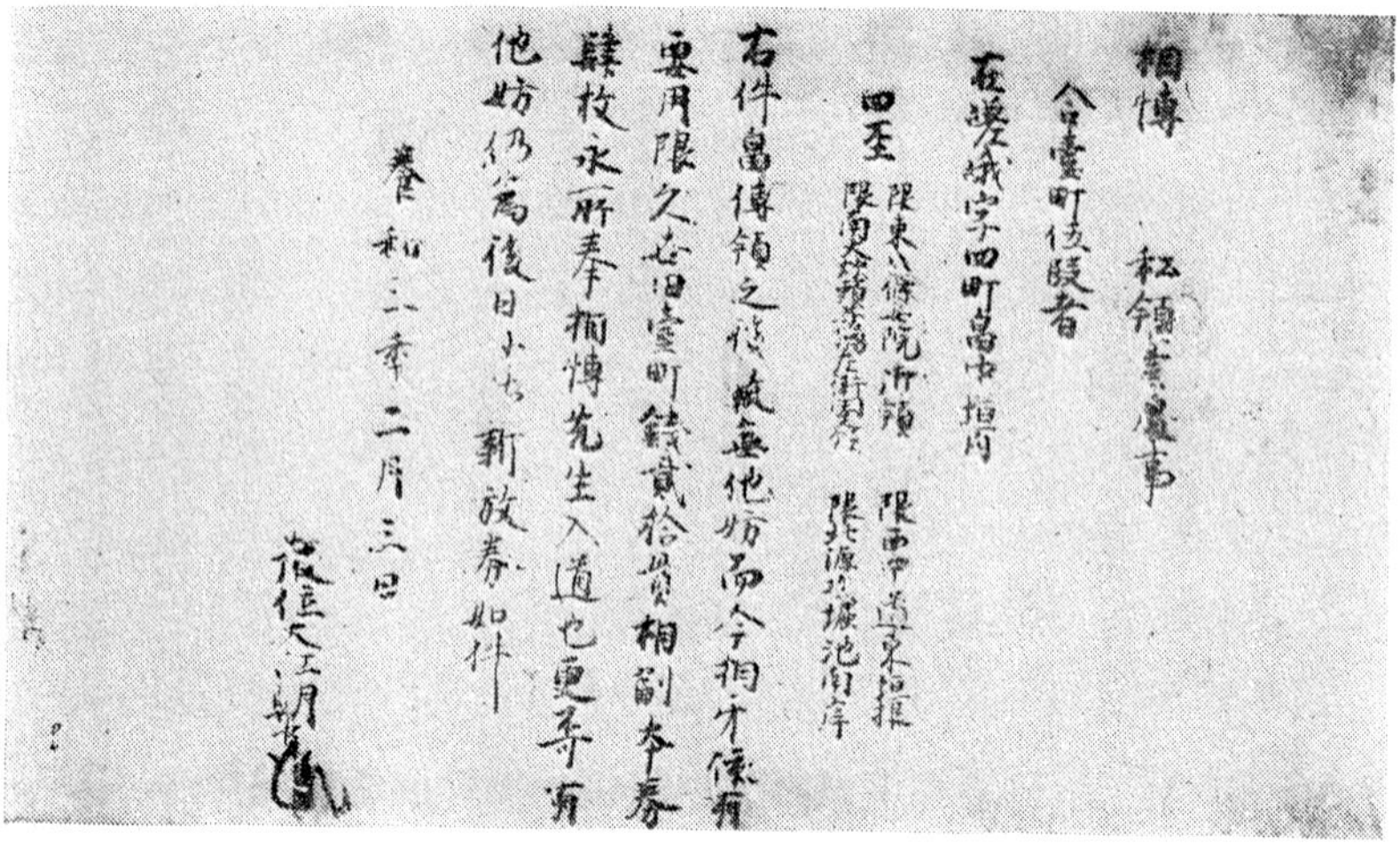

388號　大江某私領相博狀

應補定額僧職事

傳燈大法師位貞實年臈 眞言宗　東大寺

□得彼寺今月十四日奏狀偁、謹檢案□〔內〕□□□」□□□法器之

者、所擧［　　　　□」［　　　　□之處、旁當其仁［

□」□□譽辭□〔退カ〕之替定額僧職者、將令勤寺□〔家恒例カ〕□□」□□〔御願〕、

奉祈天下泰平之由者、權中納言從三位藤原朝□〔臣〕」伊通宣、奉

勅依請者、寺宜承知、依宣行之、牒到」准狀、故牒、

長承二年十二月卅日正五位下行左大史兼𥫩博士播磨介小槻宿祢［　］（花押300）牒

左少辦正五位下藤原「朝臣」（自署）

○方朱印「太政官印」三顆あり、＊印個所には左斜に各一顆を捺す。

三八七　(9) 太政官牒

三〇・八　五六・〇

〔異筆〕
「到來保延元年九月三日」

□□〔太政〕＊官牒東寺

應補定額僧傳燈大法師淳覺辭退替事

傳燈大法師位源運年臈 眞言宗　東大寺

□得彼寺別当法印大和尚位權大僧都宗□〔海〕去正」□□狀偁、謹

檢案內、件定額僧者、是寺□□□」□□□□大法師、欲補任

□□□□□□□□」□□□之仁受學兩部大法諸尊瑜□□□□□
□」□□□足爲其器者、所擧補也、望請天□〔恩〕、以源運大法」
□〔師〕被補任定額僧職、令勤仕御願者、正二位行權大納言」兼太
皇大后宮大夫源朝臣師賴宣、奉　勅、」依請者、寺宜承知、依
宣行之、牒到准狀、故牒、
長承四*年三月十四日修理左京城判官正五位下行左大史兼筭博士播磨介小槻
宿祢（花押301）牒
右少辨正五位下藤原「朝臣」（自署）

○字面に方朱印「太政官印」三顆あり、*印個所袖に右斜、奥は左斜に各一顆を捺す。

三八八 ⑽大江某私領相博狀 三〇・七 五一・〇

相博　　私領壹處事
合壹町伍段者
在嵯峨字四町畠中垣內
四至 限東八條女院御領 限西中道東垣根 限南大炊頭幷橘左衞門大夫領 限北源次堀池南岸
右件畠、傳領之後敢無他妨、而今相互依有」要用、限久世田
壹町錢貳拾貫、相副本劵」肆枚、永所奉相博先生入道也、更
不可有」他妨、仍爲後日□□〔沙汰〕、新放劵如件、
養和三季二月三日
散位大江朝臣（花押302）

〔四〕永隆寺文書○大和國　一巻二通

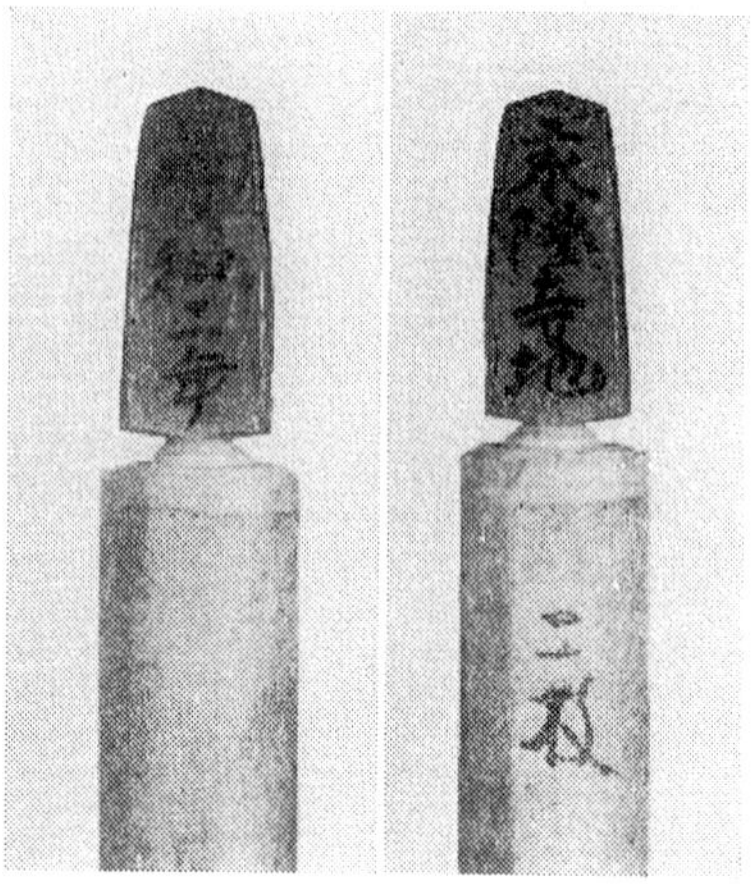

〔四〕　永隆寺文書の題籤

（木製題籤甲面）「永隆寺地」
（同　乙面）「養和二年」

三八九　(1)僧廣順去状　　三一・三　五三・〇

（端裏書）「二枚」

渡与　私領家地壹所事
合柒尺間拾壹間參尺者
四至在本劵、
在永隆寺開發之內、
右件地者、僧廣順相傳私領也、而限」出擧米長講斗定貳拾斛之代、相具」本公驗、永渡与律宗俊勝法師畢、仍」爲後日沙汰、放新劵文之狀如件、
平治元年十二月廿三日僧（花押303）

三九〇　(2)僧教嚴山地賣劵　　三〇・七　五三・二

（端裏書）「＼タノミね」〔キ〕

沽却　永隆寺開發山地事
合柒尺間拾壹間參尺者
四至　限東屋東際　限西教嚴際目／有道一丈
　　　南限古築垣　限北件寺迫田際
右件山地、依有要用、限直本斗米三石、黑」毛父牛壹頭・綾壹疋・釖〔鈍〕色二重衣一領・細布」肆丈、永所沽却僧廣順也、仍相副新劵所」賣度〔渡〕進之狀如件、

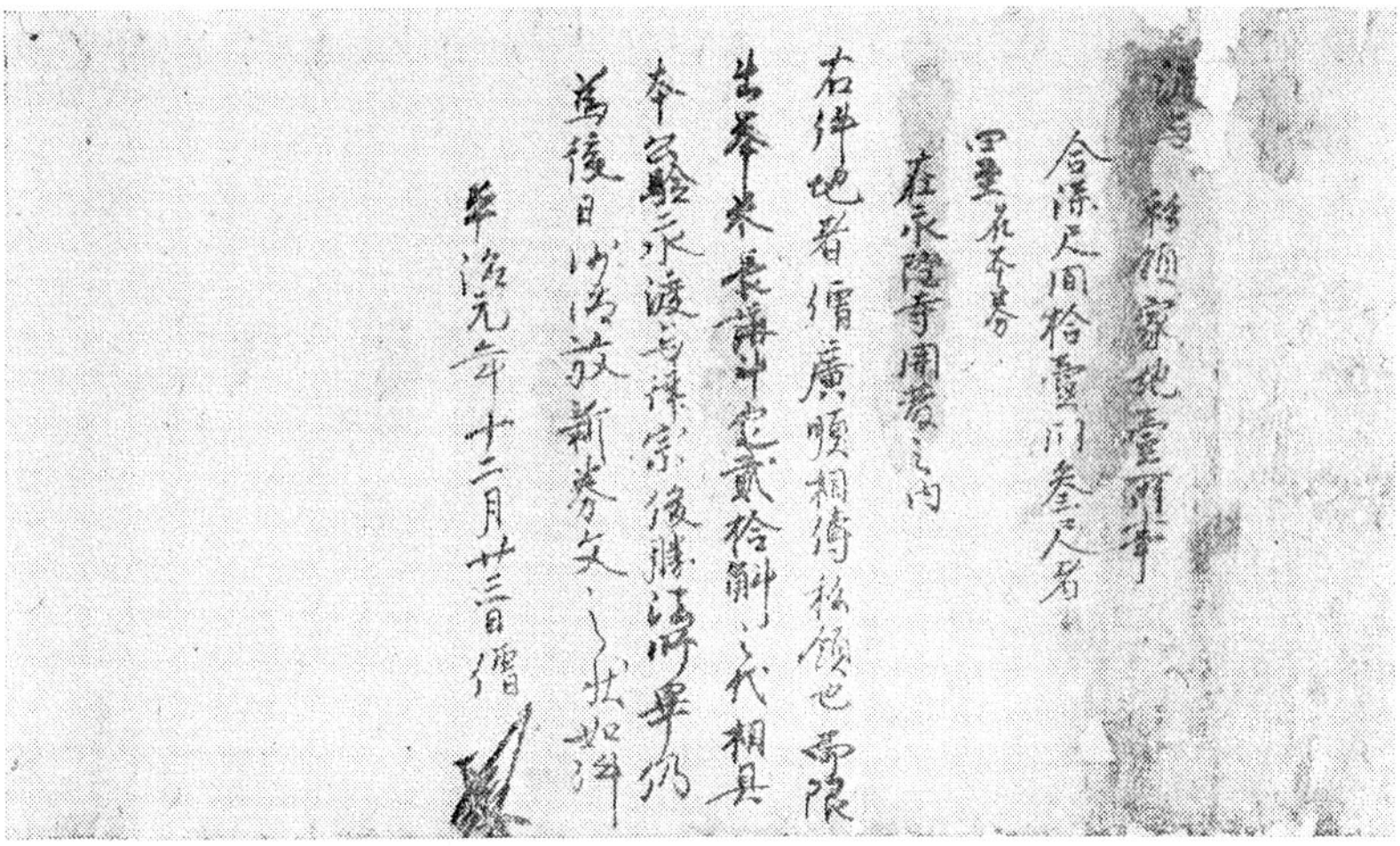

389號　僧廣順去狀

久安二年十一月廿五日僧教嚴（花押304）

一男僧（花押304）

二男（略押305）

中三（略押305）

（花押305）

〔五〕醍醐三寶院佛舍利相承文書○山城國　一卷四通

三九一　(1)僧正勝賢申文案　二二八・九四　二二二・九

故僧正注進九条殿狀也、
範俊僧正所進寶珠事

右、件寶珠者、曩高祖遺告之作法」銀瓶內納數粒佛舍利、以五色線絡封之」重納銅筥、又以五色線絡結之、是則」相承之口決也、凡者於彼所造之作法有○二說、」一者、如遺告說、永無見其舍利、一者如當」時之作法、是爲自他欲令拜見之時」奉出之、二說共以有甚深益、更不可論」勝劣眞僞、」仍大師者兩說共被用之、」先靑龍阿闍梨相傳之珠、如遺告之說」以彼珠者早籠名山之岫、人以不知所在、永」期未來際、爲鎭護國家之重寶、一切有」情非情、誰不蒙利益云〻、次者、東寺大經」藏甲乙瓶舍利、代〻長者守之、後七日」御修法幷晦御念誦等、聖朝安穩天下」泰平御願、只以之爲本尊、兼又緇素爲」結緣、時〻奉出之、諸人皆拜見之、敢無隱」密之儀、然者兩說其證已分明也、然不知」此子細之輩、纔伺遺告文、偏執一隅、苟」傳嫡〻祕決、守師〻相承、何及疑滯哉、」委曲更難載竹帛、今依嚴旨難背、」粗注進如件、

建久三年四月十日　僧正勝賢

三九二　(2)勝光明院寶藏寶珠筥目錄案

(元端裏書カ)
「勝光明院寶藏寶珠筥目錄」

金銅筥一合納方八寸許、深四寸許、鑞繪ヲ堺尓打、

一銀筥一合口三寸許、淺蓋、角入ノ四方ノ筥也、以五色線絡縢之、

有納物祕而不書之、

一黑漆小筥一合口三寸許、深蓋、角入ノ丸筥也、以平組縢之、有錦袋赤地、

玉一果〔裹〕以赤小袈裟裹之、

金小塔一基籠紫檀小筒〔筩〕中、以組卷〔糸脫カ〕其上、納佛舍利九粒、白芥子五粒、

金銀・瑠璃・虎魄已上各一果〔裹〕、眞珠三粒已上一裹、以紙捻結之、

金一裹寂少分

丁子抹香一裹

五穀香藥類一裹

此外檳榔子一果〔裹〕　水精一破〔マ、〕　桂心析一　人參一切
鬱金一裹　已上不裹之、

一銀蒔鑁繪小宮一合口三寸許、有錦折立、深蓋、角入ノ丸莒也、以白糸縢之、
麝香臍一
銀折鳥ノ羽ノ麝香抹香　人參　桂心已上各裹紙天、以紙捻結合之、
瑠璃　貝　銀ノ銅薄已上一裹
一檀紙一裹
金　瑠璃　虎魄　水精　眞珠已上各一裹
物實一果〔裹〕其勢如橘、頌平ナリ、其膚似牛王、不知何物、
已上本納也、此外金銅莒鎰、膚檀紙納之、
物骨一折其色赤　不知何物、

今加入勝賢僧正注文一通」加封畢、
件金銅莒、以赤袈裟膚之、納八角」赤辛櫃也、本勝賢僧正時付封、無勅勘」封、又無目錄、
去元暦之比、大夫尉源義顯〔義經〕謀反之時、」醍醐座主權僧正勝賢奉　法皇詔、」賜件寶珠、於本寺勤仕御祈、其後」不返納、遂以崩御、粗依得其告、建久」三年四月八日己酉、遣藏人頭中宮亮」藤原宗賴朝臣於彼僧正宿房清淨光院」奉請之、奉安置于內裏、同十日於」大炊御門冨小路亭、勝賢相共奉開〔マヽ〕」之、僧正依爲籠僧不能參內也、卽如本奉納、僧正相共納之、」付愚封返奉內裏、同十四日乙卯、於」二間奉開之、備　叡覽、卽於御前書」此目錄、加納辛櫃畢、勅封之外、又付愚封了、

關白兼實

○三九一・三九二號文書は料紙三葉に同一筆蹟をもって連續して書き寫されており、共に天地ならびに各行間に界線が施してある。

三九三　(3)東寺佛舍利相承記

(附箋)「遍智院僧正御自筆相傳」○この附箋の下端には闕損あり。

(異筆)「此御舍利奉入加本所封了、黑色ニテ大ニ細長也、」

東寺御舍利壹粒帥律師憲深相傳

右舍利者、先師權僧正年來所持也、入滅之」剋、付屬故實繼大僧都之隨一也、實繼」入滅之時、付屬故九殿〔條カ〕殿僧都良海、殿僧都」入滅之時、付屬憲深律師了、憲深律師」本尊正觀音供養布施、傳于成賢了、

于時承久元年七月廿六日

三九四　(4)權僧正親玄相承佛舍利記寫

(端裏書)「舍利事正應五年六月廿七日」

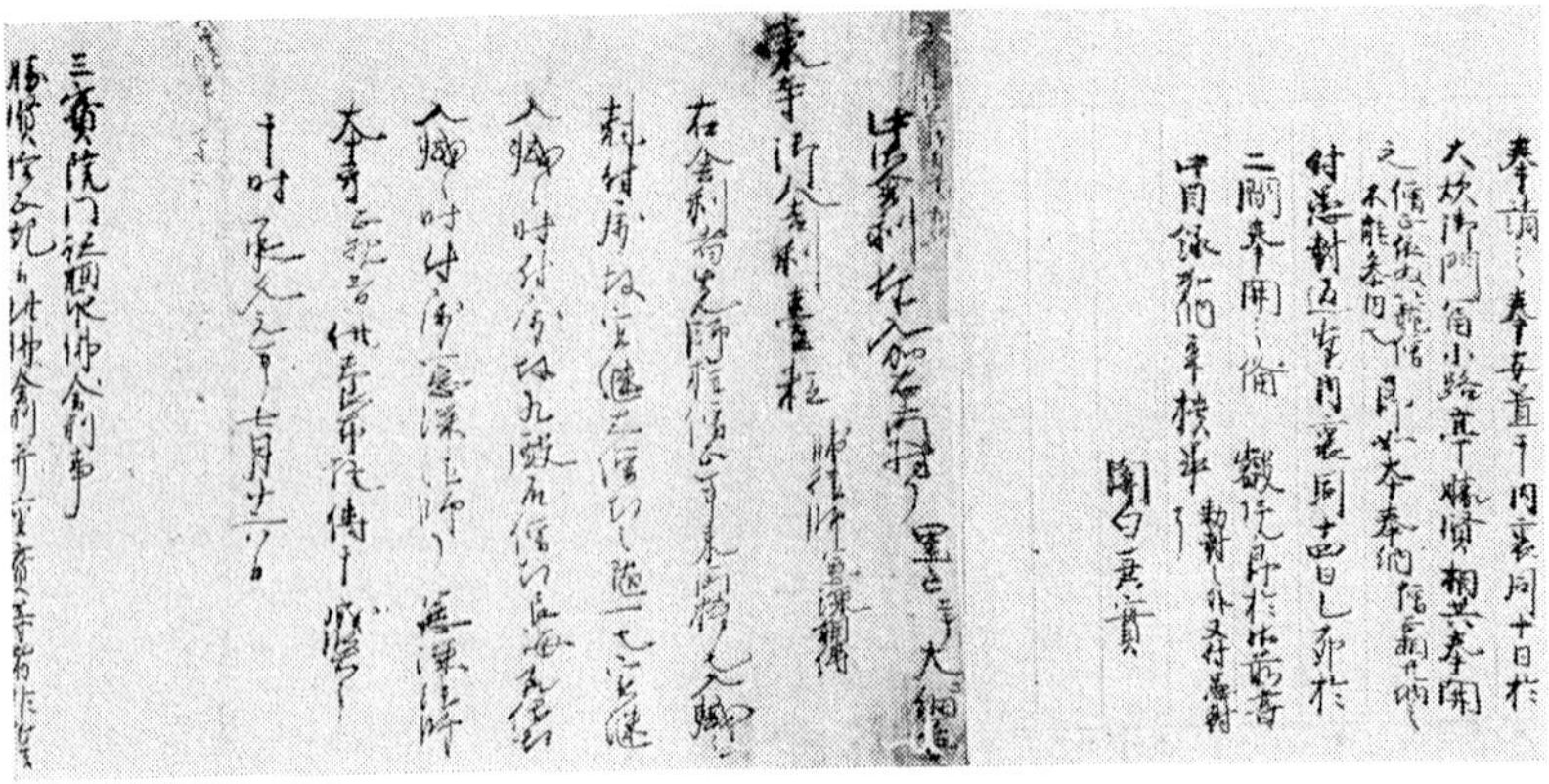

393號　東寺佛舍利相承記

三寶院門跡相承佛舍利事

勝賢僧正記云、此佛舍利幷重寶等者、非附法」正統者、不可讓与之、非師資附屬者、不可傳持之、」令違犯此誡者、明王天等可令加治罰之之云々、」進教僧都狀云、右院家各別之間、所分讓親快法眼」之狀如件云々、

親快法印記云、右書籍日記幷重寶等雖不及」目錄注文、傳得之人爲無不審、粗記之、又云、沒後若」雖不慮之沙汰出來、更以不可傾動、縱雖同宿弟子、」不得讓者、爭恣令進退領掌乎云々、

右、件佛舍利重寶等、自祖師勝覺僧正以來至親玄」九代相傳之重寶也、就附法正統傳持之條、記錄分明也、」就中卅二粒佛舍利者、勝覺僧正令安置三寶院三種之」重寶內也、分布三粒(也)□」而今施藥院使爲師檀契約」異他、仍卅二粒內以一粒奉渡之了、未來際不可有疑」殆、故記委細之狀如件、

正應五年六月廿七日權僧正法印大法師(カ)親玄在判

(奧書)「此記者祖師前大僧正御自筆也、尤爲後葉之支證者歟、于時應永十七年四月四日記之、前大僧正聖快」

(別紙)「右寶珠佛舍利等之事一軸、皆以祖師先德之眞蹟也、

今度加脩補、後葉深祕藏、而努不可令他散者也、
天保甲辰仲秋之日　弘基僧正末資弘阿傳領」

〔六〕興福寺關係文書○大和國　一卷一五通

三九五　(1)播磨國留守所符案　二七・八 三二・〇

目代大宰少貳中原朝臣（花押）○花押下部を闕く。

留守所符　福田保

可早任　宣旨狀、停止新儀妨、大部庄堺事

國使散位重清

副進

宣旨一通　廳宣一枚

右件子細、見　宣旨幷御廳宣狀、任彼狀、早」可令致沙汰之
狀如件、「以符度了、」（元異筆カ）

建久三年九月二日 

○この文書の右端に紙繼目裏花押の一部（右半分）が遺っている。

三九六　(2) 新陽明門院(亀山院女御藤原位子)御領目録案　二七・五 三六・六

自知足院禪尼被傳進領

美濃國　山上
美乃國　武義
參川國　志貴上條
越後國　大嶋
冨家殿內　志水
冨家殿內　五條

此所々、可爲新陽明門院御領、

弘安三年十一月廿八日　在御判

(藤原道家)
詫間庄　自東山殿被進 靡殿

○東山領は藤原道家領である。

三九七　(3) 武藏殿知行目錄竝元亨四年記(後闕)　三二・八 五〇・〇

(紙背)
「元亨四年十一月〔廿四日カ〕」

武藏殿知行所々事　書檀帋一枚

武州庄々事

〔丹後稲富〕
たんこいなとみ
〔桂殿〕
かつらとの
〔津國〕〔位田〕
つのくにのゐてん
〔猪熊〕
ゐのくま
〔河邊カ〕
かわへ
ひらかき
けら
ふるかわ
しゝうのいけ

〔鷹、以下同〕
广司殿十一月十二日曉春日御度了、廿日夜還御其間ニ南都へ進文在之、」同廿一日及曉參上、广司殿へ南都御沙汰事承之、」元亨三〔四〕年十一月廿三日局へ被召、近衛南殿、內々申次、前兵部權少輔惟知」卽參上、自戌時及丑時分唐門向ノ西ノ二間ノ椰〔廊〕ノ北ノ端ノ板ニ令參候了、御前ハ北ノ御所ノ御簾」內ニ御座、条々御問答、同廿四日參广司殿、此子細申入了、同惟知ニ御文書事」申之、今夜依御會事不申入之云々、同廿四〔五〕日惟知条々又申入了云々、今夜又」廿五〔六〕先夜之所立条々御問答御文書案被下之、大嶋事申之、」同廿五〔六〕日朝御文書殘被下之、同日

参𠆢司殿へ被御文書進□〔置カ〕了、」富來入夜領承了、同廿七日下向南都了、同廿八日依重日不申之、

○一紙すべて同一筆蹟である。

三九八　⑷慶重書狀　二九・五〇／四四・五

一円滿院宮令旨如此候、」早寺商人等事候、〔々カ〕可令尋給候」由候也、

一先日所〻申候範眞申」文永　長者宣幷少田在所」注進狀令進之候、相構〱」中綱一人、仕丁一人可給候由□」申之候、

一松尾覺忍房被下向、使者上洛仕候哉、」爲存知申子細候、

恐〻謹言、

十一月廿七日　　慶重

○裏書あり、四〇一號文書參照。

三九九　⑸源英賣劵　二九・七／二九・六

ウリワタス　北からチノ東□□ノ敷地壹所」事

合貳間者各七尺間定、四至ツホツケ〔坪付〕本ケム〔劵〕ニアリ、

右件敷地者、松石太郎殿手ヨリ源英」良宮〔宗〕房仁貳貫文ノシツ〔質〕物ニヲキ〔置〕テ、參ケ年」ヲカキリ〔限〕テ、ナカサ〔流〕レタル所ナリ、シカルヲマタ」サリカタク、本主松石太郎殿所マウ〔望〕」セラル丶ニヨテ、錢肆貫貳佰文ニ源英」良宗房ノ手ヨリ、松石太郎殿ニウリワタス」所狀如件、

元德貳年《カノヱムマ》　十二月晦日　　源英（花押306）

四〇〇　⑹竪義者英胤唯識問答抄（前闕）　三四・〇／四九・八

四問

問、纂云《サンニイワク》、亦《マタ》不應《ヲウ》分別、但諍《タヽシジヤウカクシ》覺思是思非思文《シヒシトイエリ》、意何《ソ》、

答、數《ウ》論《ロン》所立覺惠非思量是《ノカクエヒシノ》、无常故因《コノハ》亦不レ可《シ》ニ分別一、但諍《アラカウカ》ニ」覺惠思非思一《ノヲ》、故云此文意也《ユエトコト》、

五問

問章云《ニ》、識言惣顯《コンソウゲン》一切有情各有《カクヲ》八識云〻《イエリ》、心何《ソ》、

答引ニ唯識論說《ノト》一識言《ノハ》、惣顯《ソウシメ》一切《ノ》有情各有《ニ》八識《ト》云、此文意也、

問、斷云《タンニ》、既許《キコ》无常○亦遮亦表《ヤクシヤヤクヘウ》○文《トイエリ》、心何《ソ》

答、无常言通《ノハストシヤ》ニ遮表《ニ》一云《フ》、此文意也《ノノ》、

所立唯識義章、初夜研學竪義者英胤、

〇室町初期の筆蹟である。

四〇一　(7)興福寺會所下文（(4)の裏文書）

會所下　進官西窪田庄
可早任例弁濟薦三十枚事
右薦者、來十月維摩大會料也、同一日以前」任例可令弁濟之
狀、依　政所仰□〔下〕知如件、
弘安二年八月一日　［　　］

〇文面を墨線にて抹消するが、まさに原本である。

四〇二　(8)興福寺門跡御教書案

二八・五
四六・〇

（端裏書）「案文」
堯慶寺主遺跡御後見職并」佐保田庄同御給田・安滿庄・大泉
庄」以下所〻經營、一方名主納所奉行之」地等、悉以如元被
仰付候、仍爲後證」被下安堵候、可令存知給之由、其」沙汰
候也、仍執達如件、
文安貳年八月十六日　法橋〻〻
謹上　尊滿殿

四〇三　(9)舜美カ書狀

三二・〇〇
四二・〇〇

（結封うわ書）「（切點）憲乘公　舜美〔カ〕」
尙〻度〻御念入預御使札、忝奉存候、」且又永正七年午十二月九日之受戒
會」（行間書）之節ハ、東大寺之和上ニ而候哉、當寺之和上ニ而候哉、」其許之御日
記ニ而相知候ハヽ、御勘被成下置」可被下奉賴候、以上、
御狀忝致拜見候、如仰昨日者、」御受戒會御首尾能相濟、何」
茂大慶仕候段、御察被下候懇御座候、」尙以貴公御所勞、追日
御快然、」弥重奉存候、然者戒和上へ捧物取ニ」遣候儀、先日
貴公へも御相談申候通ヲ」一昨日申遣候処、兎角明日之會」式
之事ニ候ヘハ、事外取込候間、會式」相濟候而之事ニ仕くれ候
樣ニとの事」ニ而」末落居ニ御座候故、今日又〻此方共」了簡
仕候而、使ヲ遣申候、末返事無御座候、」夫故捧物之事も、受
取ニ不遣候、尙返事」承屆候而、自是御案內可申上候、恐惶
謹言、
六月廿九日　（花押307）

四〇四　⑽亮實奉門跡御教書

二五・八
四三・〇

追而、」奉行指合之間、以當」番被仰出候由同前也、
當年會勾當理運」相當之間、可被仰付由、被」申入候、被成
御意得候、」可有拜領由、御氣色所也、」恐々謹言、
八月朔日　亮實
越前權上座御房

四〇五　(11)宴慶書狀　二六・〇　四一・〇

御報旨披露仕候、領內切」通被仰付之由、尤思召候、於然者、」
不退寺事、奈良並ニ諸」役從　御門跡被仰付之段、自」先々
不珍儀候間、奈良中」路次事、彼門前ヘ相應程」可被仰付候
条、被得其意候」樣ニ能々可申入由所候也、恐々謹言、
十月廿四日　宴慶（花押308）
筒井殿

四〇六　(12)興福寺記錄（斷簡）　二四・五　一三・八

延德四年三月六日捧款狀、弉舜停止所」依去々年大會讀
師役也、三月十三日轉仕」之旨、兩門別會等ニ披露也、
一弉舜子興舜、延德四年三月十日任通目代、
一上座法橋菊乘、明應九年五月十二日死去西金堂、大行事、」前權上座
法橋弉乘、同年六月一日任上座補、
右弉乘ハ、弉舜の書誤ト見ル、次第を以立候ヘハ」弉舜之
座也、權上座前官之例如此、

四〇七　(13)延海書狀　三三・〇　三一・七

當寺法花會來卯月」中旬之比可有始行候、」貴寺講師等之事、
被」相調、如前々蒙仰候者」弥重候、定日之事者」重而可申
入候、恐々謹言、
二月廿六日　延海（花押309）
二條注記御房

四〇八　(14)興福寺修南院宛書狀　一七・八　三八・二

光明院家知行分□□」玄可爲代官、得□〔分カ〕」石別ニ貳分半幷□
□」御報左分壹石之通□□」尤忝存候、於然者、菊□□」儀
申調候、若相違□□」御存分候、爲其一□□」可預御披露候、
恐々□□、
十二月十九日　光□□

修南院殿

豊前公御房

四〇九　(15)某書狀斷簡（後闕）　一九・四 一三・五

御神樂兩度□□」拾壹貫文引充、合百□□」進入申候、御請取□□

〔七〕興福寺領阿波國庄園文書　一巻二通

（表題）（小槻匡郁筆）「興福寺所管阿波國庄園文書」

四一〇　(1)阿波國觀音寺訴狀案（後闕）　三三・五 五二・六

（端裏書）「書上土代」

二季御神樂料所円樂寺領幷十九条事、」勅答之趣、以使者狀披露滿寺之處、被衆議偁、円」樂寺領六ケ所內、江州善理、沼波兩所者、當知行雖無相」違、只非分之濫妨也、阿波國觀音寺・東拜師兩庄者、依」惡黨人僞謀、被收公之間、彼論人曾無其實、則」前御代以本所号、被付法勝寺、和泉國靑見・菟田二ケ所者」一旦管領、隆勝僧正依非分申沙汰、又同以前篇、所被」付長講堂也、理運相傳之本領主、全無所存知、併」有由緖之當知行主、以無其仁之上者、只是朝恩之」地歟、然者無料之本領主云、相傳分明之劵契云、」正應安堵之勅裁、擎數通之證文、寄進」勅願之料所之上者、須致又〻勅恩、

被奉神之」礼奠否事、宜爲　聖斷者哉、相傳之實正未」達
叡聞之程、支證悉隱之、政道爲之難」窮、然今捧於劵契、雖
申立於相傳、徒被閣」便宜之料所、不被寄　勅約之要脚之条、
神慮」尤難測者歟、於此間事者、殊仰神威、專存公平、」委曲
具得御意、廿八日期限相通之上者、急速可有」御　奏達之旨、
滿寺一同衆議所也、

四二　(2)興福寺別會所下文　　三三・五　五二・七

(元端裏書カ)
「阿波國富田下文案」

興福寺別會所下　　春日御社領阿波國富田庄幷津田嶋神人百
姓等所

可早任先度下知旨、停止泰兼法師使者濫妨、爲雜掌未吉」
沙汰、令運上御供所造營材木幷用途等事

右、去正月之比、泰兼法師御供所造營材木幷用途等、於淀津
奪取畢、」自由狼藉可被處重科之由、令言上子細於(九條道家)殿下政所
之處、於泰兼」法師者、已以　大明神御敵人也、罪科不輕之由
被仰出畢、雖然、」　御參宮之後、云寺家御辭退、云當時寺家
御初任、連ゝ忩ゝ之間、」沙汰自然遲ゝ、爰泰兼法師乘勝、引
率數多人勢、乱入庄家、致種ゝ濫妨、令追却雜掌代等云ゝ、事
若實者、所行之至、甚以奇恠也、凡」當庄者一向寺社進退也、
然者若有愁訴者、可令訴申寺社、將又」可令言上　殿下政所
之處、不達　上聞、違背寺社、令掠申訴訟於」關東之条、非
啻奉輕　神威、已招違勅之責者歟、梟惡之企、取喩」無物、
設若隨掠申可及　御沙汰者、可令言上事由於　殿下政所御、」
幷可被尋仰子細於寺社歟、而糺明子細、可令注進給之由、以
被仰出」六波羅之狀、無左右庄家押妨之条、豈沙汰法哉、兼
演俊相語守護」代等事、未曾有奏事不實也、泰兼与守護所親
昵之因緣尤深云ゝ、」設雖有可語子細、豈可然哉、何況寺社下
知之上、相語守護等之条、爲」何哉、是偏泰兼法師無道之餘、
爲令掠申訴訟、所巧出奸計歟、所詮、」自今以後者、於号泰兼
法師使者之輩者、悉可令搦進、兼若有同心寄」宿之類者、速
追却庄內、可令沒收所領也者、早任先度下知之旨、爲雜掌」
未吉之沙汰、無懈怠可令備進御供所材木幷作事用途等之狀、
依衆徒御僉議、重所仰如件、

寬喜二年六月十三日

別會五所大法師（花押310）

（別添紙）「

□(13)□（小椙榲邨藏書印）

このふたひらの文書は、もと興福寺の文倉に」をさめたりし乎、廢寺に際
して、反故とも〔共〕」とゝもに、はふれいてにしものなり、ことし松野」眞維
に、いさなはられて、寧樂にあそひつるをり」中院町なる中川甚平の手よ
り、ゆくりなく」得たるうれしさ、たとへをとるにものなし、やかて阿」
波國地誌の參攷に供へむとして」祕め藏す、

明治廿年六月はかり　　榲邨□（朱印「小椙園」）
」

〔八〕　諸國文書　二巻三三通

（題簽）（小椙榲邨筆）「諸國文書上」

（巻一）

四三　(1)香取社副祝中臣吉氏田地寄進狀　三一・八 四一・六

＊□〔敬〕白　香取大明神

奉寄進小野村內若栗水田參段下地事＊

右、件水田參段下地者御垂迹以降、爲吉氏重代」相傳手作○名（吉氏裏花押）
而每年三月御神事木立御祠料」田也、而爲公家・＊關東御祈禱、
當年參〔正安〕自丑」年、作毛所奉寄進之也、然者當社內院大神主」
中臣重久爲手作、彼木立御祠大莚壺可被勤仕、此」外者所令
停止万雜公事也、至于吉氏子ゝ孫ゝ守」彼狀勿違失、仍爲末
代寄進狀如件、

＊正安三年〔大才〕辛丑五月廿五日　　副祝中臣吉氏＊（花押311）

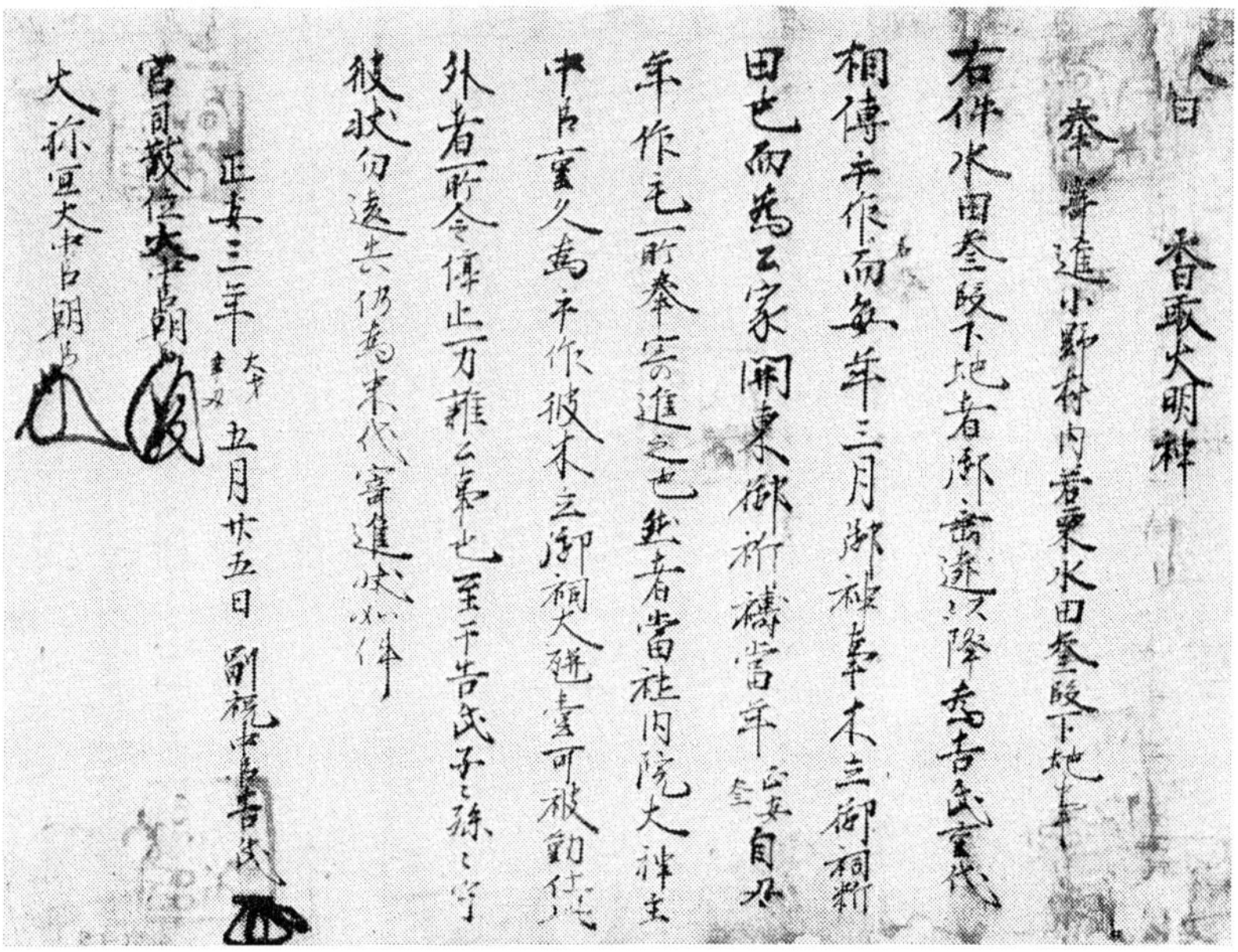

412號　香取社副祝中臣吉氏田地寄進狀

宮司散位大中臣朝臣（花押312）
大祢宜大中臣朝臣（花押312）

○紙面＊印個所に單郭方朱印・陽文「香取宮印」四・八×四・六センチ、各一顆を捺す。この印章は他に所見がない。

四一三　(2)香取社經蓮自筆書狀　二九・〇　三五・五

正神殿御簀寸法長」短拌御殿内御障子帳」寸法次第、委注給、可致」沙汰候、但ミすは、鎌倉へ」可誂候之間、忩承たく候、」恐ゝ謹言、

十月廿七日　經蓮（花押313）

（マヽ）太祢宜殿

○筆蹟は鎌倉時代中期のものである。以上二通は香取社文書。

四一四　(3)珍則安田地賣券　二九・九　三七・〇

（端裏書）「近木里四坪」　（異筆）「之内二百歩蜂田末貞賣之了、」

（追筆）「件地直依員請了、　弥（花押314）」

謹辭　賣進田地立券文事

合壹段　在近義里肆坪之内、

右、件坪田地元者、弥則安故父相傳所也、」而今依有要用、充直母馬壹疋於泰」恒松、本公驗相副、永所賣与已了、」仍賣買兩人幷保證刀祢共加署名、」立劵文如件、以解、

長承三年五月三日賣人弥（花押315）

○以下四一九號までの六通は高野山文書である。

四一五　(4)權寺主某丹生室田畠處分狀

二七・二
四四・六

（元端裏書）
「處分帳　〔生脫〕丹室」

充行　處分田畠之事

合

字道依田壹段但北繩本　丹生室田東壹段六十夫〔丈〕

＊椿井田壹段　西嶋畠中壹段大

右、件田地者、悲母先祖相傳地也、而次男相嚴」所處分給也、在各本劵

＊＊保延六年六月廿一日　權寺主（花押316）

勾當（略押317）

女坂上氏（略押317）

＊（紙背）
「椿井尻一段在本劵云トモ大京房ニサリヲハヌ

依在類地本劵不渡、

□道依田一段除了、」

＊＊（紙背）
「西畠大、貞重賣畢、」

○この文書の奥には三行分の餘白はあるが闕損はない。

四一六　(5)坂上中子田地賣劵

三一・〇
四六・四〇

（元端裏書）
『「百十一臈」（異筆）

やまたのたなかのかきうちのちけん』

謹辭　賣渡田地劵文事

合貳段大者　字金剛峯寺御庄山田村田中垣內

＊四至東限中クル　南限坂入導領（マヽ）
西限繩手　北限繩手

右、件田地者、坂上久壽か先祖相傳領也、」而爲慈父孝養、限直米柒石、坂上中子」永賣渡了、仍爲後日沙汰、放新劵文、」於本劵者、依有類地、不渡申狀如件、

治承三年癸亥七月廿五日坂上（略押318）

＊（紙背）
「此之内一段大ハ除了、但南方也、」

四一七　(6)僧圓慶田地處分狀　二九・〇 四七・五

（元端裏書）「万成房之」

宛行　處分田地事

合貳段者

金剛峯寺御領之內河北方者、

一　丹生室壹段在四至坪付本劵、

一　*長古曾村十四圖三里十一坪北副壹段參拾步

在字久原者、

右、件田地者、故相賢之相傳地也、然相賢子息」等与僧万勝中不和事出來之故、帶互」旲心、彼万勝ヲ議絶仕事先畢、〔マヽ〕雖然方」〔河北脫カ〕執行御房爲御沙汰、各和平仕テ、限永代」本劵相具、万勝ニ所令處分也、於自今已後、」更不可有變改、若此上ニ或負物と申、或ハ」私不審有云テ、於致僻事輩者、於相賢之」處分、永不可領知之狀如件、

壽永元年壬子六月十五日　僧圓慶（花押320）

僧定眞（略押320）

河北執行權上座大法師（花押319）坂上太子（略押320）（紙背）「僧宗順妻」

同　中子（略押320）（紙背）「僧上實妻」

*（紙背）「此田除了、」

四一八　(7)紀州大谷田地相博狀　三一・五 三八・〇

（元端裏書）「壇上」

謹辭　贊〔替〕渡水田立劵文事

合壹段陸拾步者

在紀伊國伊都郡高野山御領大谷村字壇上

四至　限東南權行事作　限南荒野
　　　限西包次作　限北溝

右、件田地者、故室田寺主御房相傳領掌」地也、然女子山崎姫公之處分相傳領所也、」*而今依水田壹段半、限永年淡田運智相博」畢、但件於本劵文者、依爲處分帳連劵」不放之、仍爲後日沙汰、放贊〔マヽ〕劵狀如件、

文治五季己酉三月十六日　僧（花押321）

*（紙背）「寄進高野御影堂」

四一九　(8)入寺道賢田地處分狀　二九・八 四〇・四

（端裏書）「覺成分　西イクリ定」

宛行　處分田事
合壹段者在楫里□□字柒田也、
四至在本券、
右、件田地者、先師仏淨房阿闍梨御房」私領也、而依爲年來所從、任長帳旨、」所宛覺成也、限永代無他妨可令領」知、仍爲後日證文、宛行之狀如件、
寛元元年癸卯十一月十七日　入寺道賢（花押322）

四二〇　(9)東大寺大佛開眼供養勘文（折紙）　二七・八　四三・六

東大寺大佛開眼供養
文治元年八月廿八日
同供養
建久六年三月十二日
同供養
建仁三年十一月卅日
是等供養一會
儀式不審候、又
皆以有御幸、

○筆蹟は鎌倉時代中期を降らぬものである。なお四二二號文書を参照のこと。

四二一　(10)某假名散し書消息　二八・五　五二・五

①御なこりもさこそ□〔と〕
をしハかりまいらせ□〔て〕
御心さしいまさらなか□〔ら〕
申候ハんも、よのつ□〔ね〕
なるやうにおほえ□
心のうちハさなから御□
しハか□〔り〕②

⑤□〔御〕慈悲の
ふかさも
いまさら
思しられ候て、
なミたも
おさへかたく
おほえ候、
□□〔ひと〕かたならす
めてたく
うつく
しく
候へく候、
御本尊とも
をかみまいらせ候へし、
□〔こ〕のよにハ
いかてかハと
おほえ候て
おほやけ
わたくし⑥

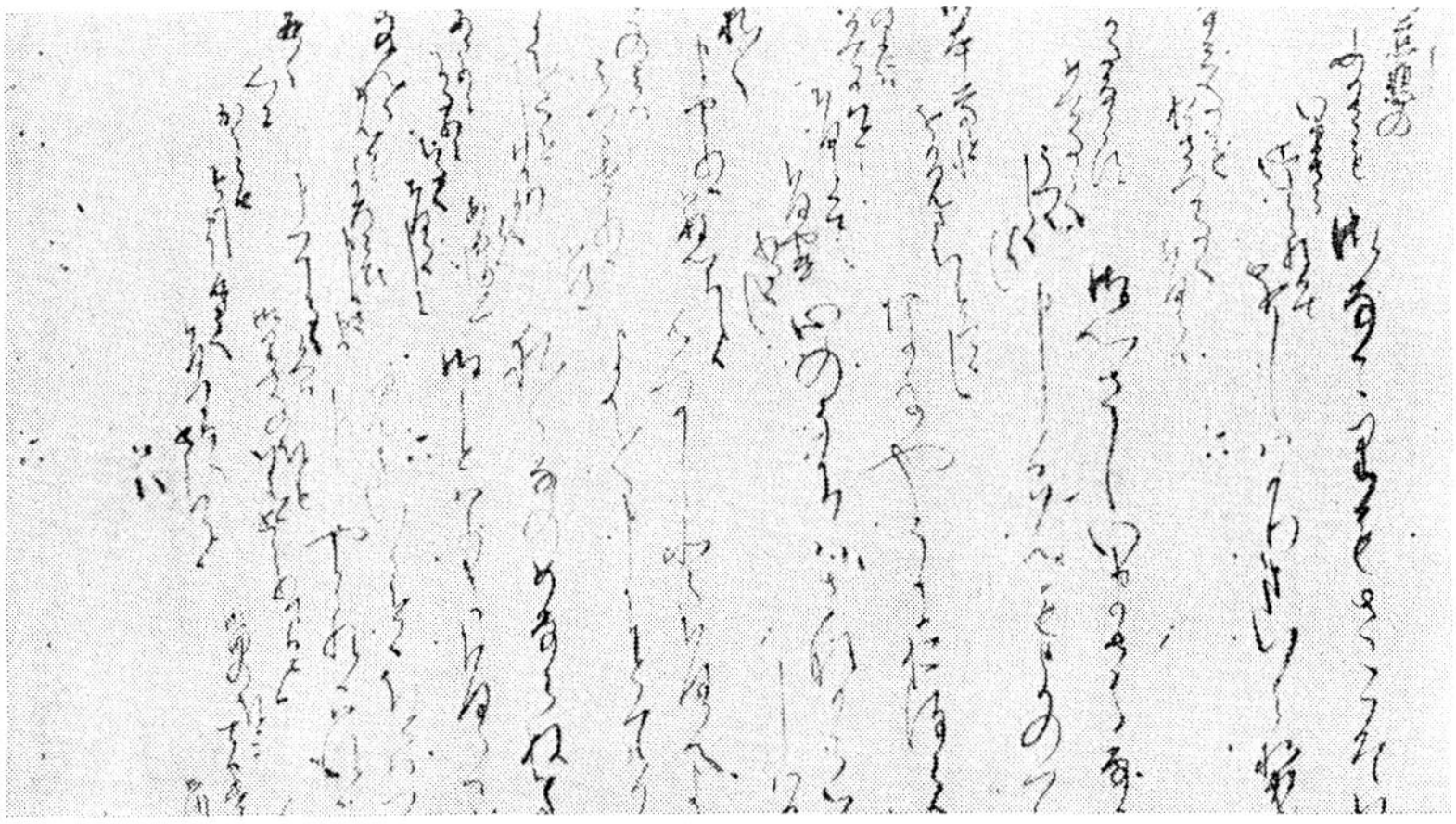

421號　某假名散し書消息

③候へかしとおほへよ□
よく〳〵申候へとて候□
猶〳〵なのめならぬ御事□
御ことハりにおほえて□
見まいらせ候ほとハ、つ□
申やられ候ハす候
か④

⑦猶〳〵
申やられ候
ハぬ心ちし候、
さのミハ
ミつゝけられ候
ハす候、
よく〳〵御を
しはかり
候へ
く候、⑧
⑨あなか
しく、
⑩（追而書）あまりに
□たれは
いたく
おほえ候
しに
⑪この人ゝ
めん〳〵ニ
よろこひ
申候さ
ま
申つてなく
候へハ
御りやくのほとも
いよ〳〵
思はれて候とて
つゆのほとニ
てかけ□
御風□⑫
⑬返々
人に
かたらせ
をハし
まし返候へ《て》
おほつかなく
思しまいらせ候、
（切封）
「（墨引）」

○鎌倉時代中期の女性消息であって、可憐清楚な水茎の跡は、或いは實用のものではなく往來・手習鑑のたぐいであろうか。

四二二　⑾東寺佛舍利供養記（後闕）

一〔東寺〕奉入御舍利奉入眞言院展〔設〕供養事

弘長元年辛酉三月廿六日東寺御舍利」御三枚〔粒カ〕入御于眞言院、

一長者實瑜」僧正　勅使資〔源〕平　開東寺寶藏奉」出御舍利於藏中、長者幷勅使奉付封於舍利塔、以全瑜僧都先奉」入開田准宮〔后、以下同〕御室聖守爲奉請、聖守令」參向、開田殿准宮自開　勅封奉移」於聖守持參之塔婆、卽准宮法助幷聖守」同奉付封、三月廿五日、相副御使定俊」僧都、奉送眞言院、納朱辛櫃覆在錦」仕丁二人奉捧持之、廿五日、先入御般若」寺、明日爲調儀式、」廿六日、辰剋奉渡眞言院、勾當二人法眼平袈裟、小綱二人等直參」向于般若寺、共〔供〕奉人參調之後、聖守」幷定俊僧都開御辛櫃、奉移御」舍利於寶藏、

〇これは四二〇號の紙背文書であるが、以下四二七號までの六通の文書の紙背にも聖教の書寫斷簡がある。

二八・六
五一・七

四二三　⑿沙彌覺阿申狀（折紙）

沙弥覺阿謹言上

欲蒙殊任重代相傳理、」被停止爲貞謀案領知、」如元御成敗

周防國平井」保公文職事

副進

一通　親父坐蓮時補任狀案

一通　爲貞問答時文永」九年御下知狀案

件条、覺阿与爲貞度〻就」致沙汰、被究淵底、覺阿」既蒙御成敗畢、而今稱」有法印御房時酒〔勾〕句右」衞門入道補任狀、爲貞掠」賜之條、頗非無不審、而云」親父坐蓮之時、云覺阿之時、弘長・文永兩度沙汰之刻、』□出帶彼狀之處、今」□傍官構出之條、希代」□〔企〕也、所詮、被停止爲貞」□□〔謀案〕領知、如元覺阿欲」□〔蒙〕御成敗矣、仍粗言上」□□〔如件〕、

〇「副進」と「一通　親父坐蓮時補任狀案」の行間と、更にその次の行の「一通　爲貞問答時」云々の行間には紙背の聖教釋文の一部が紙背の注記として追記されて入り込んでいるが、これも鎌倉時代中期を降らぬ筆蹟である。

一義云、不可有成就之義、及後二種一切處成尺ハ得ル奥」定入

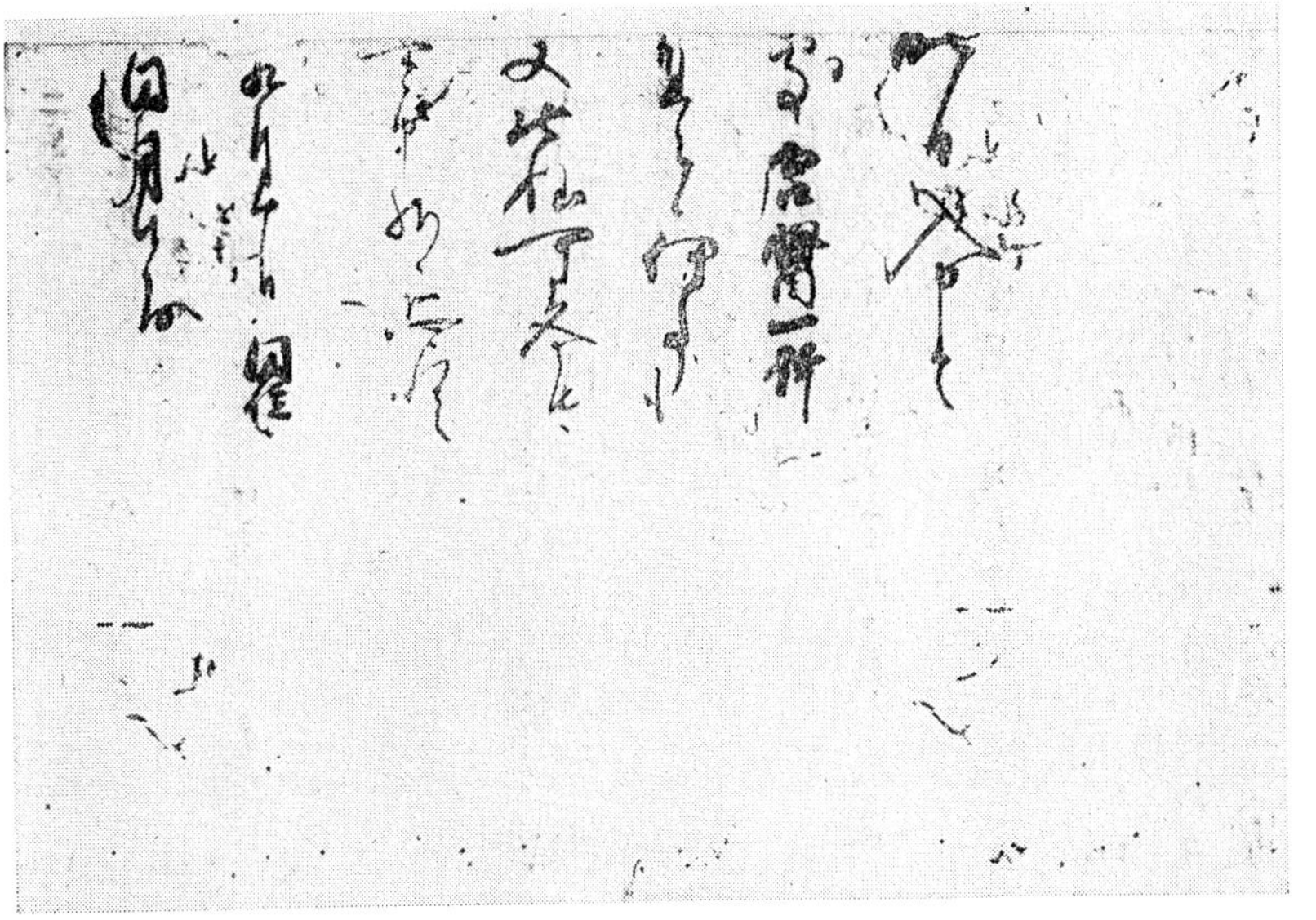

428號　僧圓位自筆書状

出心ヲ也、退奥定人得下三無色之次還得過去所」失定、一也、

四二四 ⒀土師爲貞申状（折紙） 二八・七 五二・二

散位土師爲貞謹言上
欲早任先規例、且准傍輩、賜」進暑〔署判〕半帖、致出仕勞功子細
事
件条、爲貞之先祖皆是進暑〔署判ヵ〕」□重代也、即親父安家之給分御
下文顯然也、然者早任爲貞之」親父例、且任傍輩等同給例、」
忝賜　國宣爲致着座出仕之」勞功、言上如件、

四二五 ⒁雙昭有職所望申状 二九・三 四八・〇

進上
　有職所望事
年﨟卅一歳、戒﨟十六﨟、
　　　雙昭（花押323）
　建治四年二月十三日

四二六 ⒂絹・呉綿注文（折紙） 二八・二 五三・〇

絹十疋

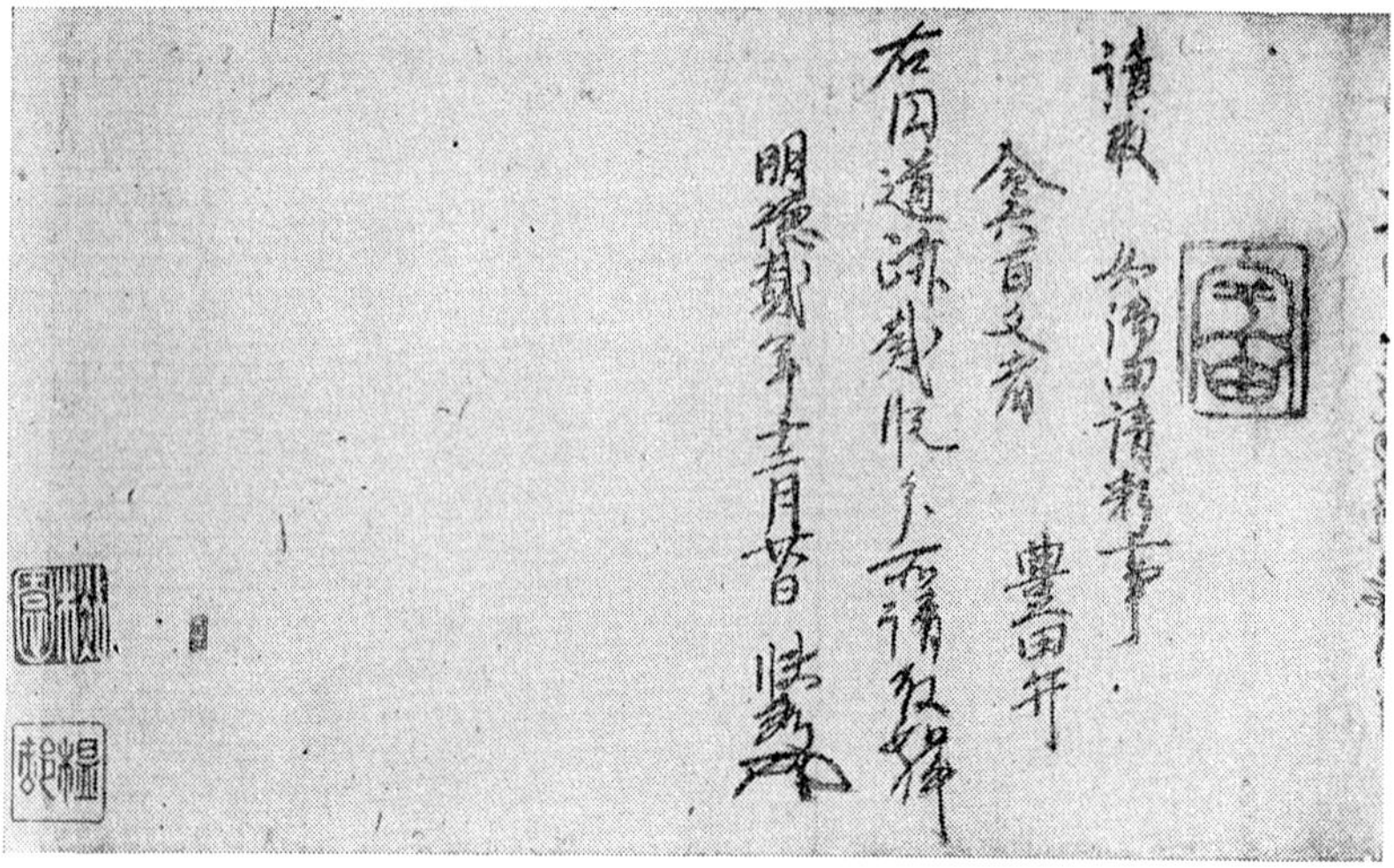

429號　快秀女御田料足請取狀

呉綿三百兩
　已上
八月十四日　（花押324）

四二七　⒃多寶塔供養注文（折紙）　二八・二五六・〇

金銅多寶塔一基」被安置紺紙金字」寶篋印陀羅尼經」一卷震〔宸〕筆・佛舍利」一粒、
四面扉被圖四佛」四菩薩、其外寶」篋印陀羅尼經七」局〔巻〕被摺寫素𥿻、黑字

四二八　⒄僧圓位自筆書狀（折紙）　二八・五四二・〇

昨日入申候之」處、唐醬一鉢」進之候、何事も」又此程可參之由、」可令申給候、恐々謹言、
九月十日　円位
円月御房

○西行は圓位と稱したが、この文書の筆蹟は鎌倉時代の半ばを稍降る。料紙の上端は少々剪りとられている。

四一九　(18)快秀女御田料足請取状　三三・〇〇／四八・〇〇

（端裏書）「めいとく〔明徳〕二年にうこてん〔女御田〕のあてしやう〔宛状〕　とうし〔東寺〕」

□（14）○單郭紫印・陽文「宇宙」六・三×四・五センチ。久我家の家印。

請取　女御田請析事

合六百文者　豊田弁

右、円道跡貳段分、所請取如件、

明徳貳年十二月廿日　快秀（花押325）

○巻末に藏書印二顆あり。印文「椙園」「榲邨」。荻野三七彦「手印という言葉」（『日本歴史』三四七號）參照。

（巻二）

（題籤）（小椙榲邨筆）「諸國文書下」

四二〇　(1)僧仍樂畠賣券　二九・四／三四・四

謹解　賣渡畠券文事

合壹段者在名手御庄之内字江河村里田垣〔紀伊那賀〕

四至　限東貞行分　限南三如房作

限西已行事作　限北貞行作

右件畠者、僧仍樂之先〔祖〕所相傳畠地、而」依有用〔要用〕ミ、小ヲハ上林房ウス＼〔キ〕又一ニ賣渡了、」ノコリ大者所分ニ渡了、依爲後日サムタノ、」放新券文狀如件、

建久十年三月十一日　僧仍樂（花押326）

○右は、舊高野山文書である。

四二一　(2)僧公詮文書紛失狀　二七・四／三六・二

□□田地立券文事

□〔合〕　八十歩者字古巖田　但聖靈會□□□□〔法隆寺分〕

条里坪付本券之面在之、

〔右件カ〕□□田元者舫〔沙〕舫學西字阿淨房本名秦友正也、　相傳領掌田地也、而依爲」□〔末〕□處分死去畢、仍沒後之時、子息等諸共作處分」□□加判行〔形〕令知行之處□、而間秦爲正依爲敵〔嫡〕子、相加本」□□讓得已畢、又秦爲房者、爲秦爲正子息也、依之□〔錢〕」□□令相傳了、爰爲房依有直米要用、欲爲件」□□渡□□剋、券契披覽之時、祖父學西之手次〔繼、以下同〕一通无之、」□〔依カ〕以爲後日之證文、立粉〔紛〕失狀、申請學西子息等之判行〔形〕、」□□□□若有件云在手次之人者、同于盜犯可行罪過〔科〕」□□□□□□署判之狀如件、

〔嘉禎〕
□□貳年丙申二月十一日　僧公詮（花押327）

僧浄經（花押327）

秦友房（略押328）

同姉子（花押328）

○右は舊法隆寺文書である。

四四二　(3)阿闍梨寂澄自筆納經札　三三・〇 三九・九

房州　清澄山

奉納

六十六部如法經内一部

右、當山者慈覺開山之勝地、」聞持感應之靈場也、仍任」上人素意、六十六部内一部」奉納如件、

弘安三年五月晦日　院主阿闍梨寂澄

○紙背に次號の經疏がある。因に以下四四四號までの一三通はすべて舊金澤文庫文書である。寂澄は西大寺叡尊の高弟にて『關東往還記』の他、金澤文庫文書などにその名が散見する。荻野三七彦「珍奇な文書」（『歴史手帖』五ノ一號）參照。

四四三　(4)釋寂澄書寫經疏　（(3)の紙背文書）（前闕）

詐此九哶期成籠厭斯□者濁開齒貝□胥」倶輕《ニシ》、常以《ニテ》濁還《ヲシテ》得將《シテ》
レ請而反《ヲ》靑淸且夫直反胥」三《ミツヲ》到翻《スレハ》成《ス》レ四《ヲ》、兩枚《マイテウ》疊一韻之《ノ》文二
箇雙聲之義、」上正《カミマ》則轉氣、含和《ミヲ》下調《シレハ》則切一着流利《ヲレトシ》、直請《スレハ》
旅着」而雙出《シニイキ》到翻略一良而成《ス》レ四、張良《ツヲ》着略二疊韻之《ノ》」文張一着
良略兩雙聲之義字ゝ无非《ヒト》、是《云フトノニ》切不」假《カルコトヲ》外求言《メ》○言盡得韻名《ノヲ》、
丼頌別覓《ノモトムヘキコト》復有羅文」綺錯十紐交一加《セル》更遭《ニヒニ》爲《ナテ》頭互爲《ヲニ》主《ル》
伴脩環、」研《ケン》雨《ユテ》敷𦨴帝《タイ》牽《ケセリコトニ》、若綱在綱《ニリナハ》悄《テツ》蓧靡綮《カミタレルコト》又」此圖
中、借四字珍《チンカ》上連去知一离入則㣿輾陟《インテン》」力《リヨク》是《ナリ》、珍《カ》上連去《カ》有《テ》
聲《ノミ》等《シ》、字知离入聲字倶無《シ》、」諸闕聲《ノケツ》或有レ闕《スルコトヲ》字、或倶《ハ》不闕《ニ》
具《ニハ》如韻譜談《ニルカ》花考」聲説評レ之《シテ》可レ見《シ》也、毎畐皆以《ニ》レ朱書《テヲテ》レ字爲《ヲ》
レ母《ハシメト》、遍歴《クヘテ》下」下一呼行ニ《ト》謂《スルフ》レ之《ヲ》一哶乃至《マテ》平上四聲《ニ》一、通紐五雙且
餘卅」二畐二二皆耳、

弘安三年六月廿八日書寫右筆釋寂澄

四四四　(5)信濃國太田庄雜掌道念和與状　三三・三 三九・九

信濃國太田庄内大倉・□〔石〕村兩郷分」領家御年貢事

右、以見絹可檢納之由、雜掌雖經」訴訟、以和与之儀、如元兩郷分毎年」可請取錢貳拾貫文者也、仍止」訴訟、和与之状如件、

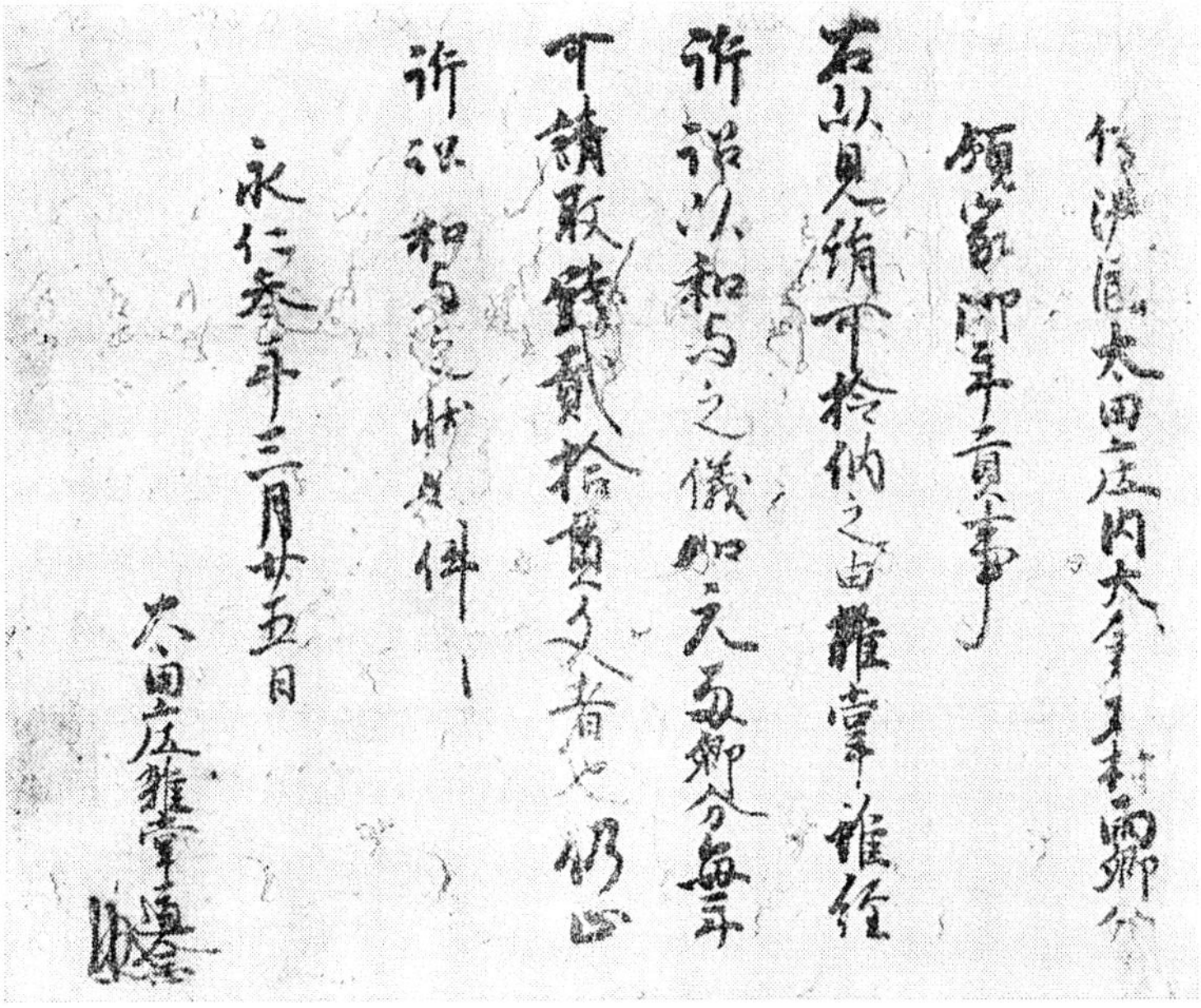

434號　信濃國太田庄雜掌道念和與狀

永仁參年三月廿五日

太田庄雜掌道念（花押329）

○鎌倉極樂寺に、本文書に對應する永仁三年五月二日關東下知狀を所藏する。

四三五　(6)權少僧都貞助北斗供卷數　三三・三 四五・六

（異筆）
「正慶元年
三百五十五ケ日」

北斗供所

奉供

供養法三百五十五筒《マヽ》度

奉念

佛眼眞言七千五百五十五遍

大日眞言三万五千五百遍

一字金輪眞言七千五百五十五遍

白衣眞言七千五百五十五遍

延命眞言七千五百五十五遍

八字文殊眞言七千五百五十五遍

不動眞言七千五百五十五遍

北斗惣呪十七万七千五百遍
御本命星眞言七千五百五十五遍
御本命曜眞言七千五百五十五遍
御當年星眞言（異筆）「三万五千」七千五百五十五遍
羅睺星眞言七千五百五十五遍
御本命宮眞言七千五百五十五遍
御本命宿眞言七千五百五十五遍
諸　曜　眞言七千五百五十五遍
諸　宿　眞言七千五百五十五遍
破　障　眞言七千五百五十五遍
右、奉爲護持（護良）親王御息災延命、寶壽長遠、御願圓滿、始自正月一日」迄于十二月晦日、三百五十五筒（マヽ）日夜間、殊致精誠、奉祈奉念如件、」仍勒遍數謹解、
正慶元年十二月晦日阿闍梨權少僧都法眼和尙位貞助

○是歳護良親王の生母北畠氏北野社に祈る（太平記・増鏡）。この事の關係文書であろう。貞助は醍醐寺及び東寺關係の僧である。

四三六　(7)僧實有書狀　二七・六 三七・七

③入候歟、　①右筆不叶之間、加判形計候、」知眞房緣者大夫律師實舜」申置〔者〕物ニ諸事申含候、定申②
定業無所遁候之間、既取向」臨終候、只今寂後候、悤候〳〵、」抑當年得分事、雖可申入（非）」候、遺跡窂籠、散ゝ式候、枉而」半分沙汰給候て、負物等事」可致其弁候、委細置文を書」置候、定可申入候歟、恐惶謹言、
後正月十四日　實有（花押330）
金剛仙寺侍者御中

○この閏正月は筆蹟より鑑して文永五年か或いは正中二年であろう。

四三七　(8)僧良尊書狀　二九・五 四三・〇

今度之御佛事、寂」後事にて候間、尤可結」緣仕候由令存候處ニ、折節」之勞無念之次第候、又」雖乏少候、御志計に、用」途二結令進上候、尙ゝ乏少之至、其恐不少候、諸事」盡（マヽ）狀難盡候、恐惶謹言、
十一月三日　沙門良尊（花押331）
進上　稱名寺御侍者

四三八　(9)僧心日自筆書狀　二九・六 四三・四

今年者氣節遅引之間、」諸方之茶未出來之由、申」合之處、名譽御茶二」裹、莫大之恩賜、難申盡」忝上候、仏祖幷宿老等可」奉饗應候、其旨令申」此僧候、恐々謹言、

卯月晦日　　沙門心日

（花押332）

○宛名は剪り失ったものか。

四三九　⑽僧心日自筆書狀　二九・四 四四・〇

殊勝御茶兩種拜」領、芳志氣味深候、

下總国東禪寺住持」職事、只如年來有御」管領、弥可令致眞俗」興隆給候、此旨申」老僧達候畢、委細御」使者僧幷彼寺之僧可」被傳申候、恐々敬白、

正月廿二日　　心日

（花押333）

稱名寺御報

○紙背に湛睿筆の「四攝事」など疏注がある。湛睿の東禪寺住持職は嘉暦三年より永德四年までの間である。

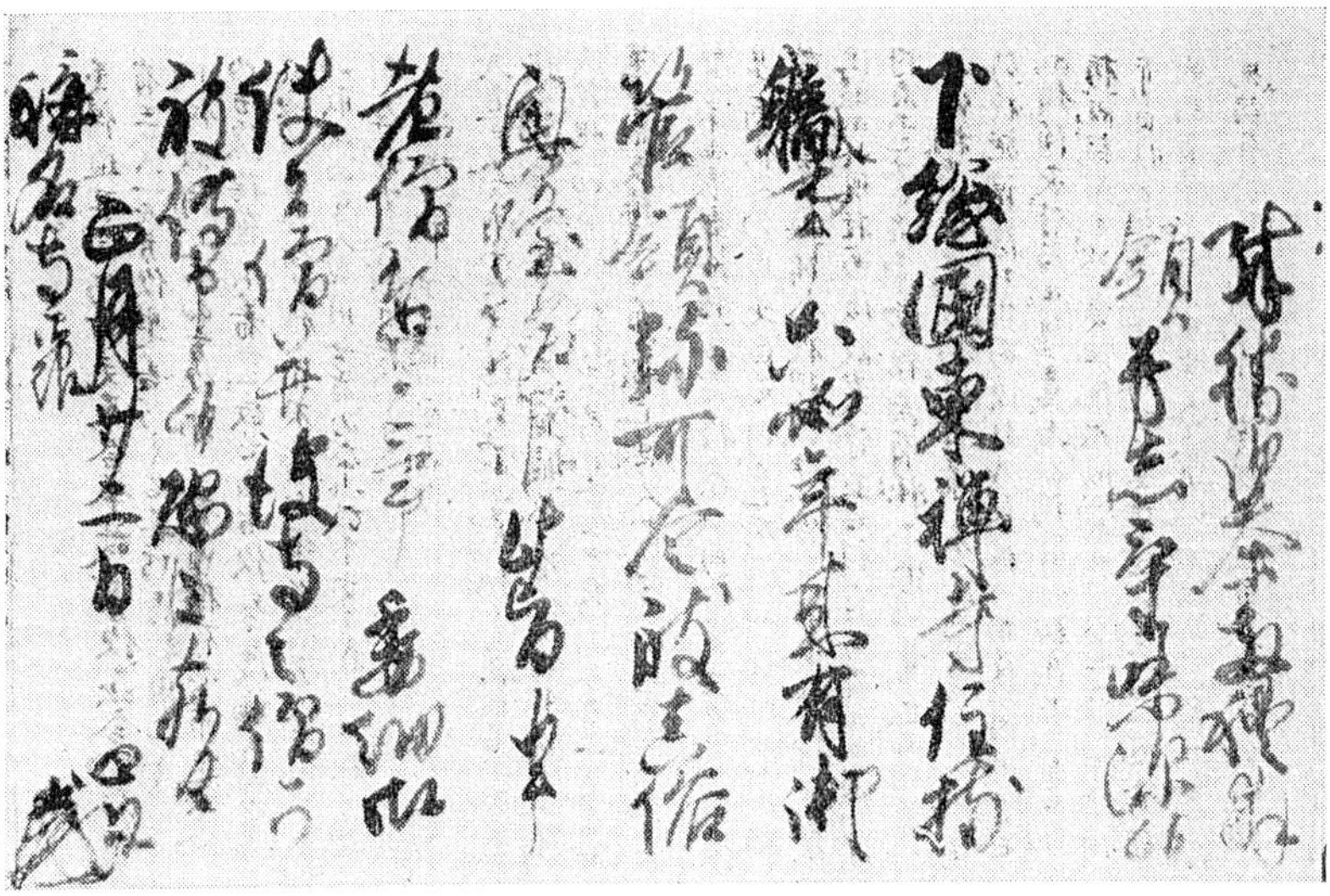

439號　僧心日自筆書狀

四四〇　⑾僧輪定自筆書状　二七・三　三一・五

畏令啓案内候、
抑今度細〻令參拜候之条、」于今恐悦無極候、何様度」充者、企參上、又可致參拜」候乎、兼又付私《公》御寺無爲、」面〻令坐賜候者喜入」候、毎事以此旨可有御披露候、」恐惶敬白、

三月十七日　小比丘輪定（花押334）

進上　東禪寺御侍者

○紙背に湛睿筆聖教疏注がある。

四四一　⑿隆某書状　二九・五　四二・三

（異筆）「納分卅三石四斗一升」

畏令申候、買米卅貫分廿一石、」春一升ましの米十三石一斗五升令」進上仕候了、一升ましの米ハ少〻相」殘候、又内河年貢四石八斗令進上」候、外河年貢今月中ニ可沙汰申候、」百姓等歎無申計候間、年貢いまた不」治定候条、愚身一人歎此事候ハん、又」薦八十九枚令進上候、又萱苅夫」事蒙仰、近日間ニ可進候、委細」期參上時候、恐惶謹言、

十月十一日　隆□（花押335）

進上　稱名寺御侍者

○紙背は湛睿稿本である。

四四二　⒀僧道圓自筆書状　二六・七　三七・五

便宜悦申候、去年之冬講之」式あつらへまいらせ候了、又」使者給へく候、又常如房と」申物事《まいらせ人》ハこれニ人〻の御在」候へハ、今ハなセうニ參らセ給候と」おほ候へ〔へ候カ〕、委細事後〻時申候、」恐〻謹言、

三月六日　道圓上

教心御房

○紙背聖教釋文疏注――本文書と次の文書は同筆にて一連のもの、且また次の文書は「武本爲訓舊藏稱名寺文書」第四通目の紙背と一連となることに注意を要す。花押は自筆の故になし。

四四三　⒁武藏國留守所代連署書状　二七・三　三四・三

府内《武藏府中》分陪河防事、去四月以前」可令修固之由、被仰下候了、而恩田・」鴨志田所課分、以定使度〻令申」候之處、于今無御沙汰之条、何様事候哉、」且國中平均支配之處、兩郷許」

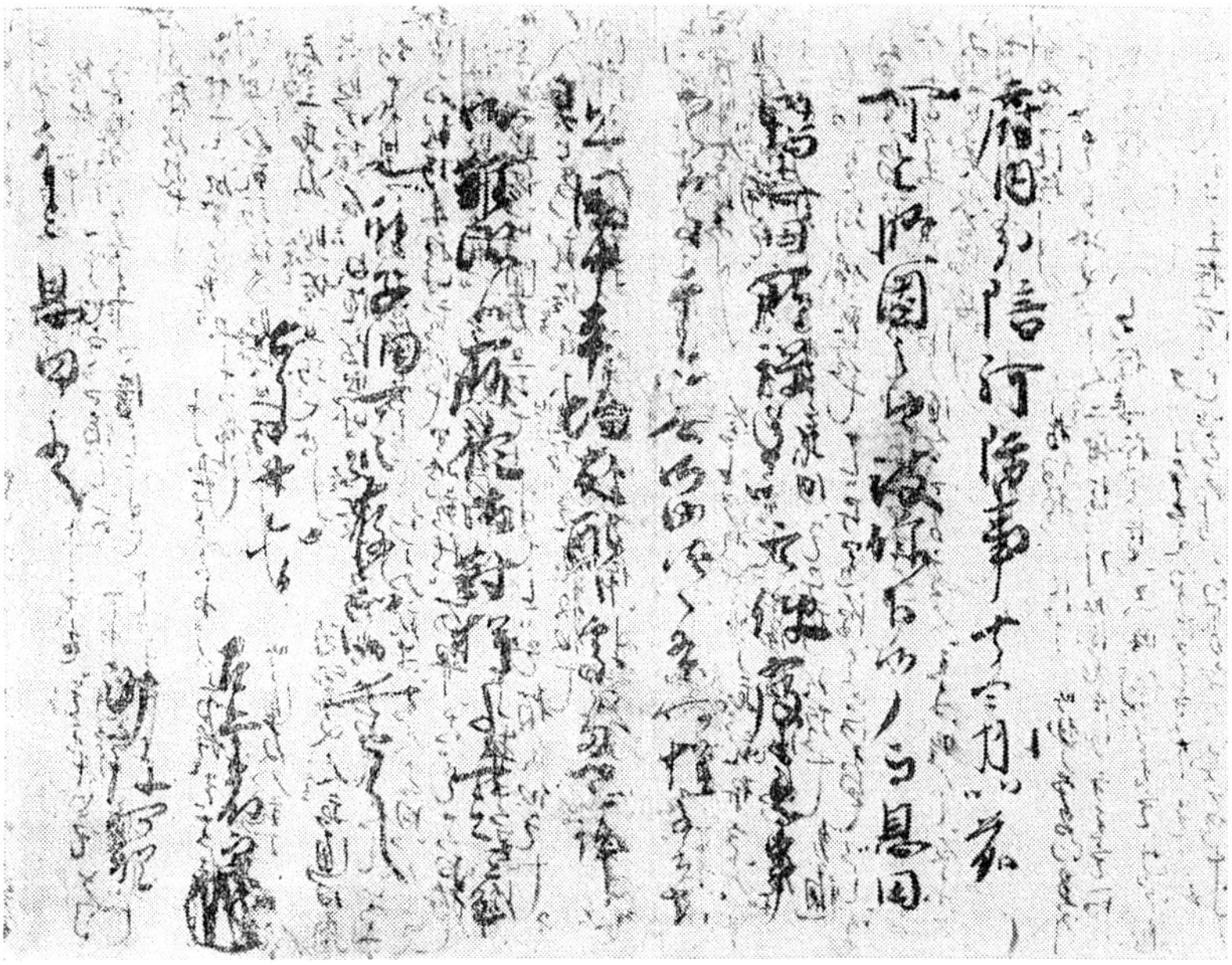

443號　武藏國留守所代連署書狀

御難澁候、所詮、御對捍事可令注進」候也、承子細、可令存知候、恐〻謹言、

七月十六日

左兵衛尉實長（花押336）

沙弥阿聖

謹上　恩田殿

○武本爲訓舊藏稱名寺文書と同筆、日付同日、宛名は市尾入道殿とあるが、現在横濱市綠區には市ヶ尾・恩田・鴨志田の三地名がある。年代は永仁年間と推定する。

四四四　(15)僧道經自筆書狀　二六・五　三四・〇

（紙背）「（切封墨引）」

今朝御文ニ腹とり候ぬ」へからん人、御計候て給」候哉之由令申候之處、御返事も」不仰給候、如何樣可候哉、」腹の下の灸已ニ令灸」候了、其後ちとふく」れ候て、へ〔屁〕も〔出〕て候事候、恐〻謹言、

六月廿日　道經（花押337）

（湛睿筆紙背疏注）○上下に界線を施す。

初禪ヨリ第二禪ニ入ルハ逆順入ノ方便也、合シテ逆順入トハイ

ヘトモ正キ非逆順入第二禪ヨリ初ニ入リ初禪ヨリ第三禪ニ入ルハ又方便也、第三禪ヨリ第二禪ニ入リ、第二禪ヨリ第三禪ニ入ル、此又逆順入也、如此准例可思之本義也、嚴寛大法師幷範舜法師モ此義也、　忝信

已講云逆アル順入ナルハ逆順ト云也、

智舜私云、實ニハ順逆順入トイフヘシ、而ヲ逆順入トイヘハ初ノ順ヲ略也、

又一義云逆ノ字ハ二禪アリ、初禪ニ入ヲイフ也、順字ハ初ニ初禪ヨリ二禪ニ入ルヲイフ也、逆字ヲ先ニ置クコトハ今順ニ逆アレハナリ、入字ハ二禪ヨリ初禪ニ入テノチ初禪ヨリ二禪ニ入ヲイフ也

逆順入三字ハ三度ニアツル也、

第三反玄助

問毗曇意得奥定時以初禪心奥顯界心乃至以無所有処、心奥下地ヌ尒者可云奥心上得耶、兩方若云奥、

○この紙背は四四一・四四二號文書と同じく湛睿筆である。荻野三七彦「珍奇な文書」（『歴史手帖』五ノ一號）參照。巻二の巻頭に二顆、巻末に二顆藏書印あり。印文を順次示せば、「杉園藏」「榲村」「杉園」「榲邨」とあり、「諸國文書」二巻は小杉榲邨舊藏本である。

〔九〕東大寺文書○大和國　一巻二通

四四五　(1)宗得法師田地賣券　三三・六　五七・五

（端裏書）
「中津河劵」

沽却　田地事

合谷壹處者字中津河

四至限東類地　限南井
　　限西路　限北日阿弥陀佛作田

右件處者、宗得法師之所領也、而」依有要用、限乃米拾斛、藤原氏相」具手繼證文、永所賣進也、爲後代」證驗、立新劵文之狀如件、

承元四年十二月卅日

賣人宗得法師（花押338）

○字面に方朱印「東大寺印」七顆を捺す。

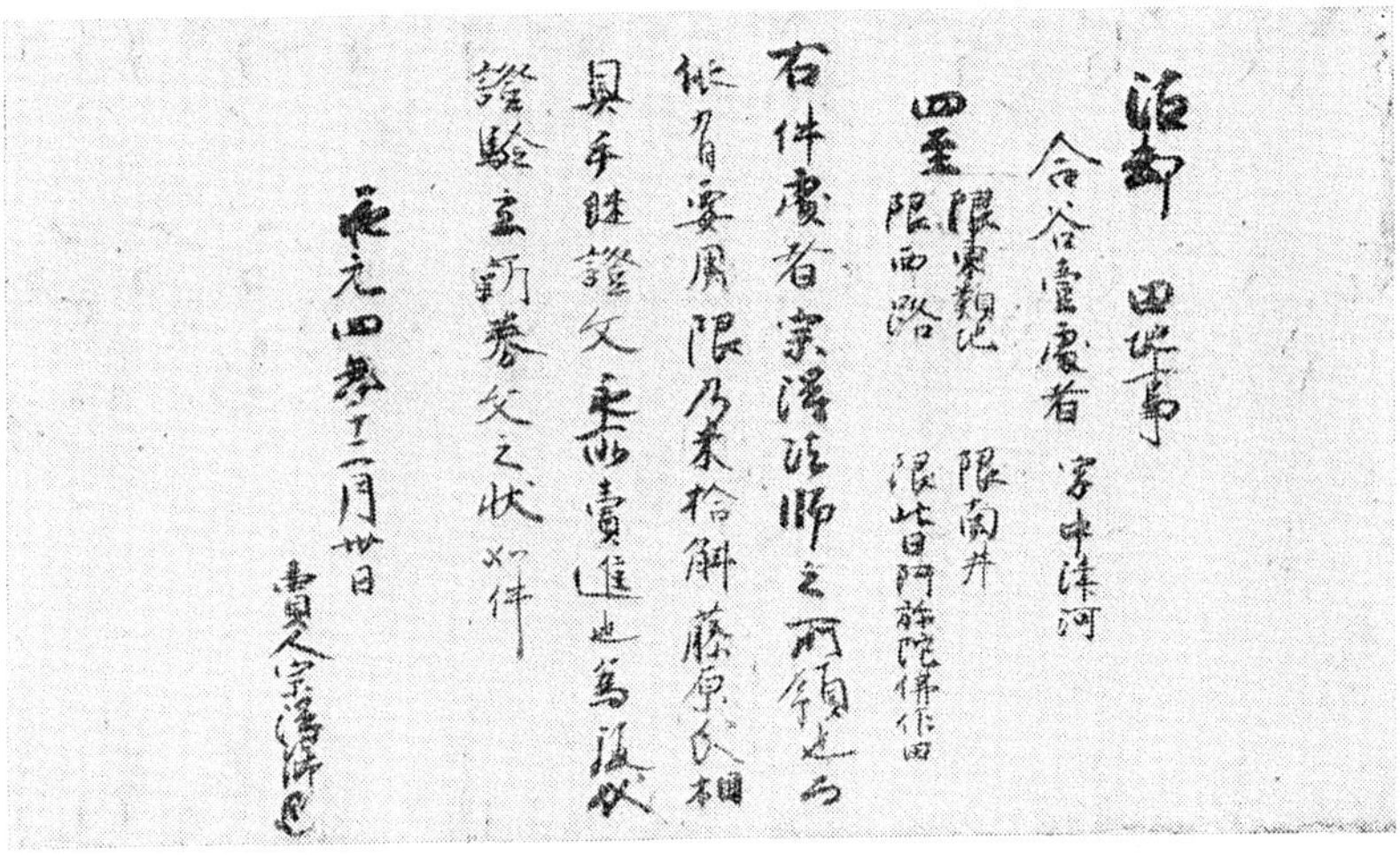

445號　宗得法師田地賣券

四四六　(2)大法師顕珍田地賣券

三三・六
四七・二

沽却　田地事

合谷壹處者字中津河

四至　限東類地　　限南井

　限西道　　限北日阿弥陀佛作田也、

右件處者、大法師顕珎之所領也、數代之間敢」無他妨、而今
有要用、相具乃米拾石▒十合升定、」僧宗得法師永所賣与也、雖
可相副本券、」依有類地、不能副渡事、仍爲向後所立」新券文
如件、

元久二年十一月廿日

大法師顕珎（花押339）

僧　定　舜（花押339）

○方朱印「東大寺印」三顆を捺す。木製の題籤あり、その筆蹟は宗得賣券の文字と同筆であり、全長二八・〇センチ、題籤部は幅二・二センチ、縦三・九センチ。
（題籤甲面）「宗得法師」
（同　乙面）「中津川券」

〔一〇〕興福寺文書○大和國　一巻三通

四四七　(1)權律師長俊披露狀

三〇・〇
四六・五

僧正御轉任事、御理運之」至雖不可驚申候、相當」□〔于カ〕年始、
浴　朝恩御条」尚〻御疊〻因縁候歟、殊」悦申候之由、以便
宜可然〈く〉」□□□□〔可令披露〕給候、恐〻」謹言、

正月十六日權律師長俊

謹上　筑前寺主御房

四四八　(2)僧師賢施行狀

三二・〇
四四・〇

神輿歸座日次事、可」爲來月五日之由、所被仰下」也、貴寺
衆徒不論老若、悉」可被供奉之由、衆議所候也、」仍執達如件、

八月廿六日□□〔擦消〕師賢

謹上　東寺執行大僧都御房

四四九　(3)菩提院記（(1)の紙背文書）（前後闕）

阿闍梨實祐　良篋　信寛〔カ〕
眞敒法印權大僧都廿七
建長二年二月九日、於菩提院授之、色衆十六口、
法印權大僧都嚴遍唄呪願　□德　寛耀教授　教遍護广〔摩〕
權大僧都了遍、權少僧都□□□　千清誦經導師
隆詮　權律師円章散花聖宴神供　信寛已上持□□衆
――　――頭良篋　琮弁　房遍堂達
――　――遍讃□衆
十弟子行經　教舜　重俊　朗遍　行重　□〔戒カ〕秀
持幡□藏大法師執蓋行忠上座　綱取宗成寺主、定秀都維那、
布施取
公卿三人、三条中納言公親、新宰相有資(源)、侍從三位實淸(藤原)、
殿上人三人、頭中將實尙(姉小路)、前左衛門尉資能(藤原)、春日侍從公貫、
六位二人諸大夫前近江守源長雅
誦經導師布施　頭中將實尙取之、堂童子二人
大阿闍梨布施御綾被物一重、褁物、綾被物十重、

法服一具　香染一具　横被、水精念珠、童装束二具
絹褁十絹二十疋　綿二百匁　絹布二褁十　藍摺二褁十
紺二褁十
色衆一重一褁　加布施被物□疋
信寛律師二十六　家信卿息
建長三年辛亥二月十九日　於花院
○天地に界線がある。なお菩提院は興福寺支院か。

〔一一〕東寺百合文書○山城國　二巻八通

（巻一）

（表題）「七條大宮南頬地券四ヶ所内」

四五〇　(1)僧聖尊家地賣券　三二・〇　四二・五

うりわたす地の事
　合壹所者在七条大宮、大宮（マヽ）より東南頬壹行程」口東西貳丈六尺参寸五分、奥南北八丈七尺」五寸
右、件地者、たちまのてらし〔但馬寺主買得〕はひとく相傳の地也、」しかるによう〳〵あるによて、直銭参貫文に、手継本」證文五通をあいそへて、八幡宮神人千代松殿に、永代を」かきりてうりわたすところ也、若彼地に親類兄」弟ともいゝて、違乱煩をいたさんともからにおき」てハ、たうほん〔盗犯〕のさいくわ〔罪科〕に申をこは〔な脱〕るへし、若」又万か一ふりよ〔不慮〕の事いてきたらんときハ、はん〔判〕きやう〔形〕人あひともに、不日に十ケ日の中に、本銭」一倍を弁さたすへし、其時一言も子細を申候」はゝ、ほうしよ〔謀書〕の罪科

にをこなはれまひらすへ」し、仍爲後日狀如件、

曆應貳年三月十七日　本主聖尊（花押340）

口入人安能（花押340）

源氏女（花押340）

（紙繼目裏花押）……（同上）……（同上）

○紙繼目裏花押としてを遺しているが、以下の文書には繼續せず、次の文書は、本文書と同文であるが異筆であり、この兩文書の關係は不詳ながら、本文書の寫しである。

四五一　(2)僧聖尊家地賣券

三二・〇〇
四八・〇〇

うりわたす地の事

合壹所者在七條大宮、大宮より東南頰壹程（マヽ）口東西貳丈六尺參寸五分、奥南北八丈七尺五寸

右件地者、たちまのてらしはひとく相傳の」地也、しかるによう〳〵あるによって、直錢伍貫文」に、手繼本證文五通をあいそへて、八幡宮神人千代」松殿に、永代をかきりてうりわたすところ也、」若彼地に親類兄弟ともいゝて、違乱煩をいた」さんともからにおきてハ、たうほん乃さひくハ」に申をこな〔は脱カ〕るへし、若又万か一ふりよの事」いてきたらんときハ、はんきやう人あひともに、」不日に十ケ日の中に、本錢一倍を弁さたす」へし、其時一言も子細を申候はゝ、ほうしよの」罪科にをこなはれまいらすへし、仍爲後日」狀如件、

曆應貳年三月十七日　本主聖尊（花押）○兩花押ともに下部を闕く。

口入人安能（花押）

○源氏女を闕く。

（紙繼目裏花押341）……（紙繼目裏割印）（印文「教王護國寺印」）……（紙繼目裏花押342）……（同上343）

○紙繼目裏に「教王護國寺印」の右半分を存す。この印が建武・曆應より以前のものであることを證しているので、從來無關心に放置されていたこの印章への新しい研究資料となろう。

四五二　(3)讃岐房祐澄屋地賣券

三〇・五
四二・五

賣渡　私領屋敷事

合壹所者在左京七條大宮七條面南頰東西貳丈六尺三寸五分　南北八丈七尺五寸

右、件屋敷者、讃岐房祐澄賣得相傳私領也、而」依有要用、相宛直錢伍貫文、相副手繼本」證文四通、限永代、八幡宮社僧但馬寺主」御房所奉買〔賣〕渡實也、此上者、更不可有他妨、」若万一不慮之煩出來時者、以本錢壹」倍、可弁申候、此外難儀事者、口入人相共卅ケ日內可明申」候、仍爲後日龜鏡、證文之狀如件、

建武四年丁丑五月十　日　祐澄（花押344）

母儀妙心（花押344）

請人常願（略押344）

（紙繼目裏花押345）――（紙繼目裏割印15）――（紙繼目裏花押346）

○紙繼目裏割印は六・〇×六・二センチの單郭方朱印・陽文「教王護國寺印」（15）一行二字宛三行。紙繼目印はすべて左斜めに傾けて捺す。

四五三　(4)僧快算家地賣券　三〇・七　四二・五

賣渡　私領地壹所事

合東西貳丈陸尺參寸五分 南北捌丈柒尺五寸　在左京七條大宮東南面

右地者、快算相傳私領也、而依有直錢」要用、請取日吉社彼岸結衆中用途」拾伍貫文、相副手繼參通、限永代、所」賣渡于幸福殿實也、仍爲後證、重」所相副讓狀也、若万一付公私、不慮煩」出來時者、三十箇日之間仁、請人相共」可致其明、猶不道行者、不日以本錢可」弁償、更不可有緩怠之儀、仍爲後日沽却狀」如件、

快算（花押347）

嘉曆參年六月廿五日　口入人心淨（花押347）

（紙繼目裏花押343）

○花押の左半分は闕く。

四五四　(5)藤原氏家地賣券　三〇・〇　四三・五

（端裏書）「□〔お〕うミやのやしきのミなミのほう」

うりわたす　しりやう〔私領〕乃地一所事

合東西二丈六尺三寸五分 南北八丈七尺五寸

在左京七条大宮七条面南邊

右地ハ、藤原氏ちうたいさうてんのりやう〔重代相傳領〕也、しかる」に、よう〱あるによりて、あたいの錢拾柒貫文、ほんけんて〔本券手〕つき〔繼〕二ツうをあいそへ〔通相副〕て、すけのちうきの」御ハうニ、ゑいたい〔永代〕をか□〔き〕りて、うりわたすところ」しち〔實〕也、たゝしか乃地ニゐらんいてき〔違亂出來〕たらん時ハ、本」錢一はい〔倍〕をもて、わきまう〔辯〕へし、もし弁濟ちゝ〔遲々〕□〔に〕」をよハゝ、はりまのくにいゑしま〔播磨國家島〕のへツふ〔別符〕か田の地頭」とくふん〔得分〕を、一はいニあたり候ハんほと、をさへらる〔得分〕へし、」よてこ〔後〕日のために、沽却之狀如件、

嘉元二年十月十一日　藤原氏（花押348）

景泰（花押348）

（紙繼目裏花押345）――（同上346）

四二五　(6)山城氏家地譲状　二九・五／四一・〇

（端裏書）「いよのねハうのゆつりしやう」〔伊豫女房〕
ゆつりわたす大ミやのやちの事
みきくたんのち〔右件地〕ハ、山城氏ちう〔重〕たいさうてんのしりやう〔代相傳私領〕也、
しかる」あひたあふミのねうハう〔女房〕に、西忍」のゆつりをあひ
そゑて、限永代、」ゆつりわたすところ也、仍向後」といふと
も、わつらひ〔煩〕あるへか」らさる狀、くたんのことし、
弘安五年三月廿三日山城氏　（花押349）

（紙繼目裏花押345）……（同上346）

四二六　(7)沙彌西忍家地譲状　三〇・二／四〇・〇

（端裏書）「さいにんの御ハうのゆつりしやう」〔西忍〕
譲渡　私領屋地壹所事
合積貳拾參丈參尺玖寸陸分 東西二丈六尺三寸五分 南北八丈七尺五寸
在左京七條大宮七條面南邊
右地者、沙弥西忍重代相傳私領也、仍女子」姫御前仁限永代、
所譲渡也、雖須相副本劵、」依爲連劵、不能副渡、雖爲向後、
更不可」〔有脱〕他人妨之狀如件、
文永二年五月八日　沙弥西忍（花押350）

（巻二）

四二七　左京七條破定地署判狀　二九・五／四二・九

左京職破定地壹處事
合壹戸主 東西十丈 南北五丈
在左京七条一坊十五町 西一行 北八門
右件地、依有東西不足訴、任公驗理、東參尺」破入畢、但爲
後日沙汰、加署判狀如件、
康和三年四月十五日　条領秦（花押351）
官人代秦（花押351）
紀（花押351）
藤井（花押352）
紀（花押352）
田口（花押352）
年預進紀（花押352）

○この文書は、もと「東寺百合文書へ」の中にあったものであり、既に『大日本古文書』の「東寺文書之二」に収めてある。もとは「左京七條一坊家地手繼券文」として本文書を含む一三通の文書が繼がれていて、「裏繼目判」として、三つ乃至二つ宛の花押によって、證文としての「手繼文書」の面影を傳えていたのみならず、それらの文書が成立し、手繼として傳えられた期間は西曆一一〇一～一二六〇年に及ぶ約一六〇年間の平安・鎌倉兩時代の文書であり、古文書學的にも十三世紀半頃の「筆印」のある文書もこの一連の文書の中に散見し、それは或は「筆印」の遺品として最古の所見とも考えられるものである。また法勝寺阿彌陀堂の襖繪を描いたと傳える詫磨派の畫師長賀法橋ではないかと推定される「法橋上人位(花押)」という賣券もこの中にあった。しかし現在はこれ等は巷間に流れ出でて一通毎に切離されて今や手繼文書の姿は過去のものと化し、手繼文書の有した重要な意義は失われてしまった。のみならず偶然にもこの文書は前述の「東寺文書之二」の六五三ページにコロタイプ印刷の挿入圖があるので、彼我を對照して見ると改裝によって文書の左端は切り縮められて、そこにあった「裏繼目判」三つの花押はすでに姿を消している。

〔一二〕仁和寺竝諸寺文書 一巻八通

三五八 (1)又七下地賣券 三三・四一・六〇

永代賣渡申下地之事

合壹段者、在所ハ塚ハサ但下也、

右、件之下地者、雖爲新野邊村又七先祖」相傳之下地、依有要用、直米壹石五斗仁」同村之大歳四郎次郎方へ永代賣渡申處、」在地明鏡也、然者、毎年年貢米壹石一斗」可有御納所候、此外諸公事聊無之候、此上者、」於子々孫々ニ、違乱妨申者、有間敷候、」仍爲後日、永代沽券之狀如件、

天正十三年乙酉拾月廿五日 又七(略押353)

西藏庵(花押353)

爲證人 北衞門(略押353)

五郎兵衞(略押353)

四郎二郎殿 参

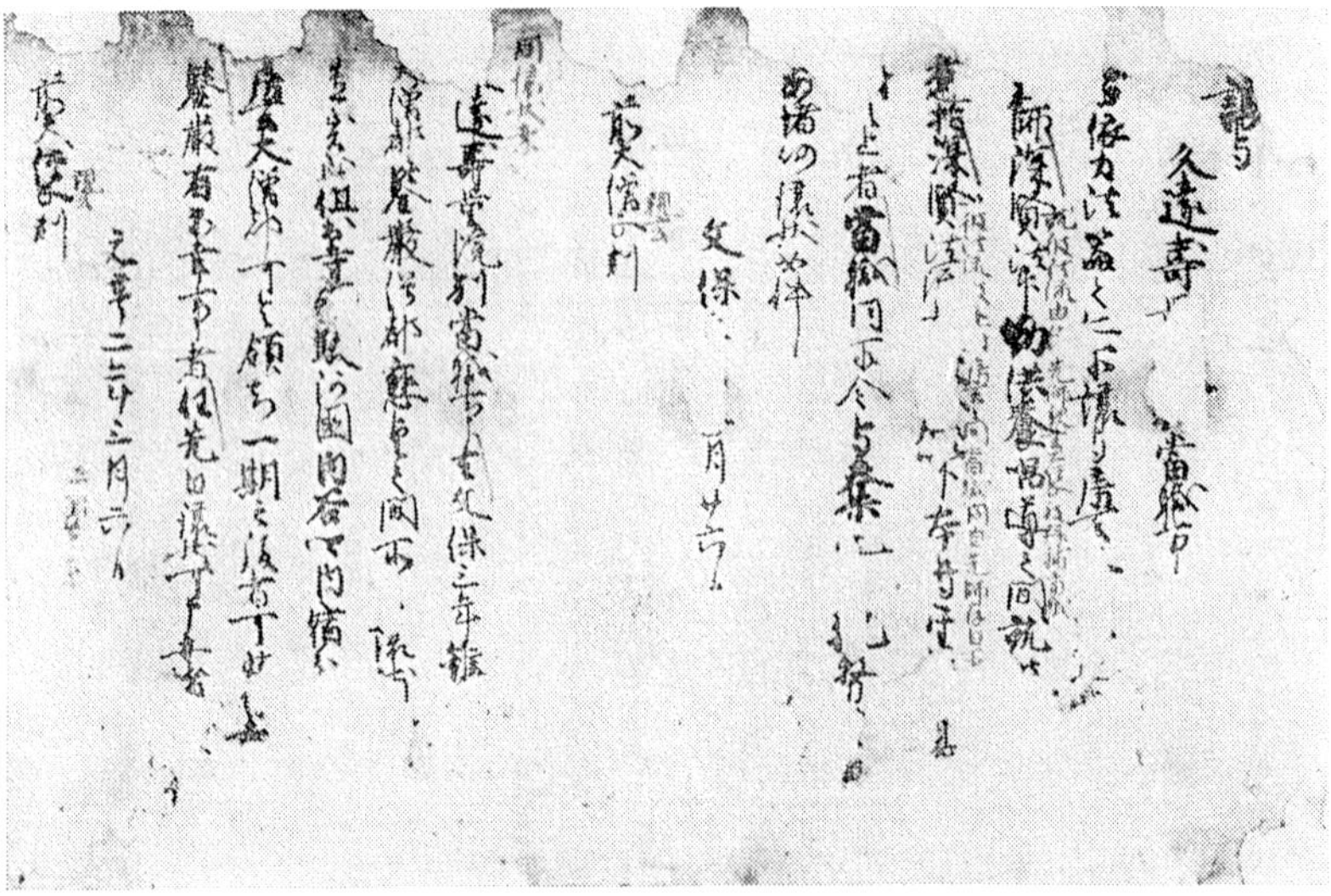

460・461號　親玄久遠壽量院別當職讓狀寫

四五九　(2)某書狀　三〇・六 四九・八

明淨房供僧辭退事、」承候了、其故何事候哉、尤可」存知由緒候欤、隱居欤、離山」欤、不審不少候、被補其替事、」如此事承定候上の事に候、但當時」勤仕供養法事候、無其仁候はん」す覽、其程者、助阿闍梨可被」勤仕供養法候也、

抑廿一日御忌日之間事、一日」聊申子細候了、其狀自法橋之許、」可令進御山之由、申て遣可候也、」未經御覽候欤、眞實事闕候ハヽ、如一種物、可進給候、又可被觸仰」候也、謹言、

十月十二日　（草名354）

〇筆蹟は鎌倉時代中期を降らない。宛所はない。

四六〇　(3)親玄久遠壽量院別當職讓狀寫　三二・四 四八・二

讓与

久遠壽量□〔院〕別當職事

右、依爲法器之仁、所讓与房玄□□□□〔大僧都也カ〕、「　」」□師深賢『就彼法流由緒、先師親玄大僧正被拜補當職』法印勤供養唱導之間、就彼「　」」者也、於深賢法流者□「『以彼法流「」房玄之間、當職同自先師存日所「」』」□以下本尊聖「」」□之上者、當職同所令与奪也、□〔執カ〕務

「　　」安堵、仍讓狀如件、

文保〔三年ヵ〕□□正月廿六日

『親玄』
前大僧正判

四六一　(4)親玄久遠壽量院別當職讓狀寫

『同讓狀案』
〔久〕□遠壽量院別當職事、去文保三年雖「　　」大僧都鑁嚴僧都
懇望之間、所〔令〕□讓補「　　」有異心、但於寺領駿河國內谷
鄕內宿分「　　」房玄大僧都可令領知、一期之後者、可返
「　　」鑁嚴、有不幸事者、任先日讓狀、可申安堵「　　」
件、

元亨二年三月六日

『親玄』
前大僧正判

○四六〇・四六一號文書は一紙に書す。なお久遠壽量院は鎌倉將軍賴嗣家持佛堂である。

四六二　(5)丸岡道隆儀僧面渡狀　三〇・四 四〇・八

儀僧面之事
右渡申處也、

應永卅五年三月八日

丸岡道隆（花押355）

四六三　(6)惟宗知明去渡狀（前闕）　三一・〇 二二・五

「右彼兩名半分者、任故樂佛之讓狀旨、知明相傳」知行之地也、
而今十市入道殿道胤之御一期之間」者、畠壹町所奉避渡實也、
但御一期之後、彼畠」內於五段者、御子息虎熊丸殿一期之間
者、同所」不可有知行相違候也、今正名安堵之時、十市」入
道殿道胤、殊更致忠御祕計候之間、如此」所奉避渡也、仍爲
後日龜鏡、避狀如件、

元弘三年十一月十三日

惟宗知明（花押356）

四六四　(7)御室讓狀案　三二・四 一八・二

（異筆）
「御室御讓狀」
東山円城寺事申付候、可有御管領候也、」所存之趣、見參之時、
委可令申候、謹言、

二月廿一日　御判

遍照寺御房

四六五　(8)御室譲狀案（後闕）

（異筆）「同御書」
圓城寺事、故有助僧正令寄付東大寺之由、稱

○四六四・四六五號文書は一紙に書す。また筆蹟は南北朝時代を降っていない。

〔一三〕 東寺遍照心院文書○山城國　一巻三通

四六六　(1)足利義滿御教書　二九・五 四五・五

遍照心院雜掌申當寺領內」塩少〔小〕路朱雀田地壹町幷款冬田等」事、解狀副具書、如此、子細見狀、爲當寺領」条、證跡分明之上者、退理性院雜掌」妨、沙汰付下地於寺家雜掌、可被注」申之狀、依仰執達如件、

康曆元年十一月十八日　左衛門佐（花押357）（附箋）「義滿御代武衛斯波義將」

山名讃岐守殿（義幸）○讃の字を書き改めた痕跡あり。

四六七　(2)山城國守護代兵庫助某打渡狀　二九・三 四五・八

西八條遍照心院領塩少〔小〕路朱雀」田地壹町幷款冬田等事、任今月」十八日御教書・同十九日御書下之旨、」打渡下地於寺家雜掌候畢、」仍渡狀如件、

康曆元年十一月廿一日　兵庫助（花押358）

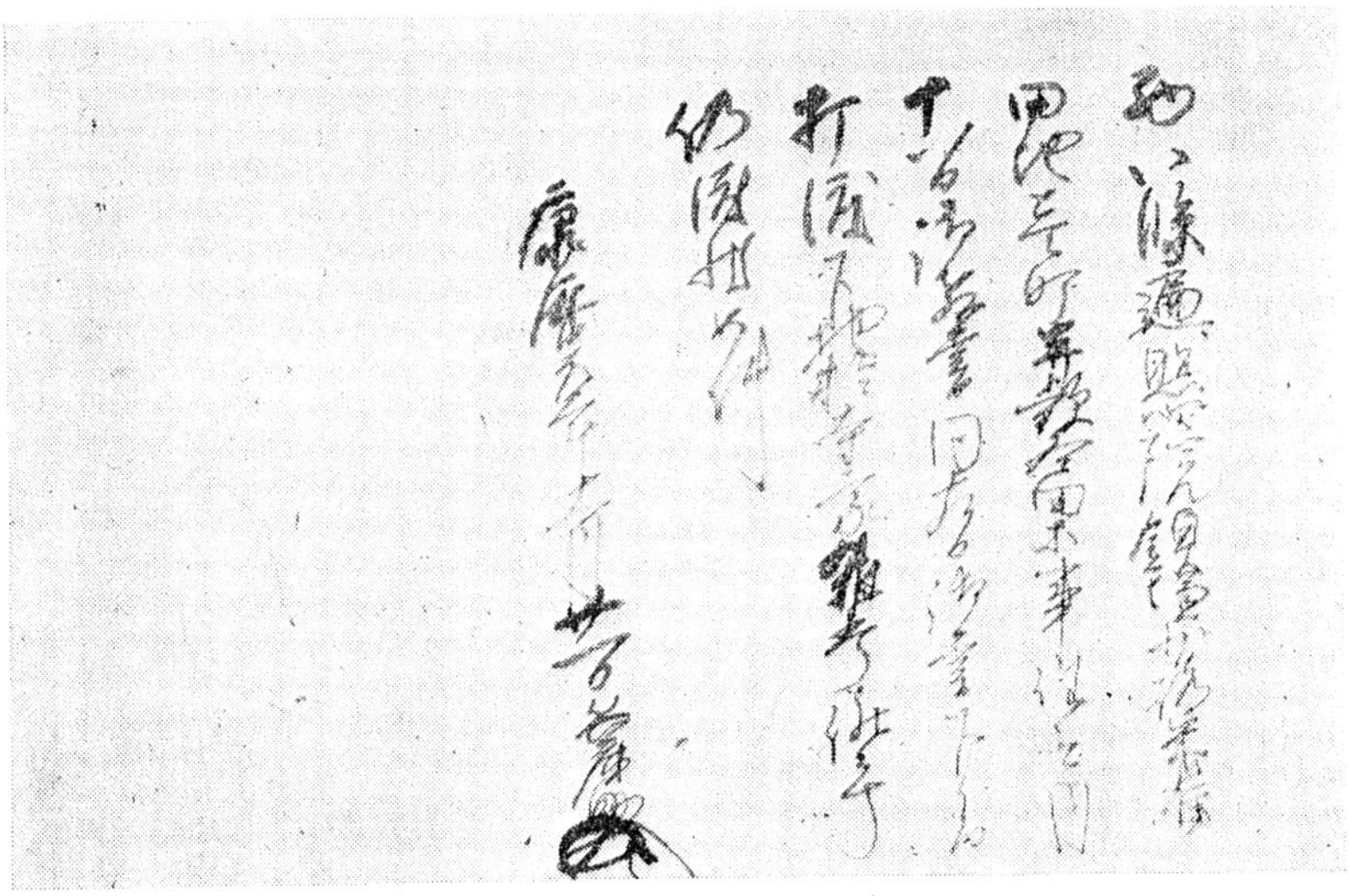

467號　山城國守護代兵庫助某打渡狀

四六八　(3)足利義持御教書　二九・八／四六・四

西八條遍照心院光明眞言幷」如法經料所洛中邊土散在田畠」
目錄在別帋事、早任當知行之旨、可被全」領知之由、所被仰下也、
仍執達如件、

應永廿六年六月十一日　沙弥（花押359）
（附箋）「勝定院義持御代細川滿元」

當院住持

〔一四〕肥後國山鹿某寺佛像胎内納入文書

三巻二一通

（巻一）

四六九　佛子藏心願文（前闕）

二三・六　四一・五

光明眞言六十遍

（一行分空白）

右志趣者、爲祈皎公大徳尊靈」幷圓盛聖靈等有縁尊靈、」悉出離生死頓證菩提妙果」乃至法界平等○利益所修如件、自正月一日至五月晦日

康暦元年己未五月晦日　佛子藏心〔敬〕白

（巻二）

四七〇　阿彌陀如來像印佛文書（断簡）

一二・二　一六三・〇

（阿彌陀如來像の印佛七體を捺す）

六八六反八十躰之三日敬白

（同上一〇體を捺す）

六九六反九十躰之三日敬白

（同上一〇體を捺す）

六十（マヽ）七六反（マヽ）　躰之三日敬白

（同上八體を捺す）

（巻三）

四七一　(1)十一面觀音像印佛文書（断簡）

一三・〇　六三・〇

（十一面觀世音菩薩像印佛、上下二段に一體宛捺す）

二日二千七十躰南無燈明佛

（同上一七行印佛）

三日二千百四躰南無多寶佛

（同上一七行印佛）

四日二千百三十八躰南無阿閦佛

（同上一七行印佛）

五日二千百七十二躰
（同上一八行印佛）
六日二千二百十二躰
（同上一七行印佛）
七日二千二百五十二躰
八日二千三百十三躰
（同上一七行印佛）
九日二千三百四十七躰
（同上一六行印佛）
十一（マヽ）日二千三百八十六躰　十一日二千四百廿五躰
十二日二千四百八十八躰
（同上一八行印佛）
十三日二千五百廿四躰
（同上一七行印佛）
十四日二千五百五十八躰
（同上一七行印佛）
十五日二千五百九十八躰
（同上一九行印佛）

十八日二千七百九十二躰
（同上二一行印佛）
十九日二千八百三十四躰
（同上二〇行印佛）
廿日二千八百七十四躰
（同上一七行印佛）
廿一日二千九百八躰
（同上一七行印佛）
廿二日二千九百四十二躰
（同上四行印佛）

○この料紙は數名の人々の消息を剪ってこれを紙背とする故に、紙背の大半は消息の上部又は下半分を遺すのみとなっている。それら消息の「切封うわ書」が印佛を捺した表に遺るものもある。要するに供養のため、このように消息を利用してそれに日課の印佛を數日間にわたって日日捺した上で、佛像胎内に納入したものである。印佛捺印の日數は二日から二十二日に及んでいるが、元日から五月晦日までをその期間とした。

(2)紙背書状（(1)の紙背文書）

○これは印佛を捺した方を表とするので、巻末の方から収める。

四七二　（①浄譽書状）（上闕）

候之後、不得便風候之間、
無音之條、返ゝ非本意候
事候哉、無心元存候、
去年より動亂以外候
事、此人ゝ定可被
候て、愚身罷下候て付
後悔千万候也、
有御察候歟、御房無御
事尤可然候、しかと存
もかくもして其邊ニ
御渡候ハん事可宜候
〔無〕□指事候、便宜可然候間
給候歟、委細難
候、恐ゝ謹言、

二月十七日　　浄譽（花押360）

（切封うわ書）（切點）
「〔天〕□福寺へ　　肥後國浄光寺より
〔聖〕□實御房之方へ進候、　　浄譽狀」

四七三　（②泰秀書状）（上闕）

來月十四五日之比ハ可令
他行候、其中被思食
立候者可然候、是も隨躰□

└渡御之條、誠御志之至
謝悅存候、其日なとハ御
〔逗カ〕□留候者、心靜諸事可
承候之処、御悤候之間
心底候つ、是も其方へ
└參且致物詣且可入見
之由雖令申候、今月中ハ
取乱子細候之間、無其儀候
來月さまニハ可有御出京

御延引候者、決定可令參
將又此禪僧元純菊池人
候、思外当寺ニて會合候、
□へ下向候之間、進此狀候
□構來月にハ被思食二三日
逗留候て、可有御雜談候、
謹言、
八月廿六日　　　泰秀（花押361）
〔聖〕□實御房

四七四　（③某書狀）（上闕・後闕）

場のひんきの御狀去月廿三日
來承候了、其後ハ不得
風候之間不申候き、扇三本
□悅入候、殊ニ此間は
□あふき多候て候つるに
□之至悅存候、揃へし文箱
□山鹿道場への御狀
□し慥につけ申候ぬ
又石事承候し去年
まとりてくたりて候か
□彼跡ニ候し由承候之間
□り候ハんニ子細候ハしと覺候
いてをき候て、此後の便宜に
と候へく候、此僧は
□といはれ候か、た□あられ
之間時剋候ハぬ程に石の

四七五　（④泉阿書狀）（上闕）

□比人をのほせ候へき
令申候、其時扇候ハ、
□候、其外とまんも進
□へく候、此便宜係候、然候し間
く候、其後ハ唐舩なとも
候ハぬ程ニめつらしきから〔唐〕物も
候ハて、うれしく又身事も

躰至極に候間、鎮興寺兵藤今藤
小菴をむすひ候、今ハ
のいとなミの外無他事候、
比御下向候へき哉、對面念
候、他事期後信候、恐〻
謹言、
霜月廿六日　　　泉阿（花押362）
〔元〕□了御房

四七六　（⑤武規書狀）（上闕）

（端裏切封うわ書）
「（切點）
元了御房　　　力阿」
（追而書）
世上之式九州之有樣
以狀難盡候、可定
候哉
□□道場
（以下行間書）
し候かつ〱
おほしめし候へく候、尚〻
きこしめし候よし、
□をしく候へとも、いつれも〱
にて候程に、はつかしく、いかて
御存知事候、名をとけ給候て、此後
（本文）
月之比御狀七月到來、
見候了、如何御上洛之後
申事候、無心本存候、京都
すまいも心安わたらせ給
事候、悦入候、内〻荒
申し候ことく兩年高野
候、但世上如此候之間、不得
候、若すこしも屬無爲候ハヽ、
□忩候、兼又珍敷候懷帋
□悦入候、定御數奇も
□行候へと浦山四九存候
不定之世間候、万事期再會
月比便宜候へく候、其時
申候、恐〻謹言、
極月廿六日　　　武規（花押363）
□□御房

四七七 （⑥浄光寺某書状）（下闕）

（端裏切封うわ書）
「しやう〔聖〕しち〔實〕の御房御返事　ひこのくに浄〔光寺カ〕□□」（切點）――

又聖俊房方
事候、

喜便宜悦候て□
抑久不申
あまりに御心もと
兼又天福寺
去々年立
候へハ今年之□
なさけなく火いて
けてこそ候へ、西之堂御
けり、僧堂一ものこり候ハ
候へ、又こやしあま御せんの
事もなく候、勝俊房

御事なくてこそ候へ、又□
いてゝ候ハん、此便宜も御
身之一人の悦可爲候
やゝも年（カ）者火ふり候ま
ところなく候へハ、とく〱
かう候ハん、悦存候若又
当寺住持申候へハ
事も候ハん時者かまく□〔らカ〕
御とも候て御下向候者
たかおかとのゝかたへな
なく候、其外御きやう
御房（カ）へも別御事
り候、委細候之御事
申たく候、恐々謹言、

四七八 （⑦昌遠書状）（上闕）

（追而書）
猶々命中ニいかゝし候て、
入見参候すると、朝夕

顧申候、
□〔便カ〕宜可然之間、令進候、
先度御下之時、所領等悉以
相違候時分にて候し程ニ、
間合力をも申すへし
間御上洛候時者、剰他行仕
候て不入見參候、各〻無念至極候、
樣便宜にもいかゝと存候へとも、
年春より又不思儀〔マヽ〕世上
あひ候て、更一所不住に罷成
之程候、乍存候、若世上〔出脱〕目度
被聞召候者、相構〳〵下國候へ、
命中ニ對面申度候、此邊候
□、此人と可被申候令事〻省略候、
〻謹言、
　　二月十六日　　　昌遠狀（花押364）
正實〔聖〕御房御寮

四七九　（⑧次郎九郎書狀）（上下闕）

かわらの長老の
□きなんとのて時も狀なん
□給候ぬとゞくうらミ候も
よろこひ
□候もまかり
すへく候、いかやうの
□なく候
もまかりのほり
□候て
見參入申度
□くせ事はち入候、
まかりのほり候す□
もうしない候て、恐
候事あまりに
□に相存候、なにと□
の□御見

○筆蹟は次號文書に同じ。

四八〇　（⑨次郎九郎書狀）（前闕）

参入申度候、此ふミの
返事候ハしく承候へく候、
まことにく此邊にも御□
下あるましく候ハヽ
いかやうにもしてまかり
のほり候てミ申候へく
又とよふくのあにゝて
候への狀まいらせ度候て
も以内事存候て申候、命
の中候けまんとの申たきよし
申され候、恐ゝ謹言、次郎九郎（花押365）
二月十六日
（切封うわ書）「（切點）
しやうしち〔聖實〕御房方へ　やまかより次郎九郎」
（切斷）
○筆蹟は前號文書に同じ。

四八一　（⑩次郎九郎書狀）（下闕・後闕）

又な□　□
ひん□
とも
せ給候よし
承候、いかやうの便宜にも
狀なんともつかハし
候へく候、
（以下行間書）
もしいかやうのひんき□
□いらす候事心もとな□
□けんふつそうにより
□すふミはかりまいら□
便宜を□
候て申候、
便宜候
候て御見
候へともま
てうはうを
なからにこゝ

心よりほかに
しりて、命

○筆蹟は四七九・四八〇號文書に同じ。

四八二　（⑪某書状）（断簡）

時、三条大宮寺へ御
上候へし、面〻の御方
攪状を進度候へとも
さしたる事もなく候まゝ

○四八二・四八三號の二通は竪長（料紙）書である。

四八三　（⑫某書状）（断簡）

南圓房關東下向
時、其ニ物をあつ氣て
申由候

○四八二・四八三號は筆蹟同じ。兩者續くか。

四八四　（⑬曉惠書状）（上闕・後闕）

尚〻も御下向候□
可悦入候、
□尼進状をそくとも□
候へく候程ニ、令申候、□
候、御房当寺住持□
候、御下向つゝかなく□
共いかやう人も候まし
候、御友候て、御下向候へ
と存候、御くたり候ハゝん
候間、是様の次ハ、安
あり候又松田寺
房《（カ）》の方よりこと

四八五　（⑭曉惠書状）（前闕・上闕）

□して御くたり候へと
□とのほせよと候、相構
□向候ハゝ、身一人の悦
□候、又長浦の式にも

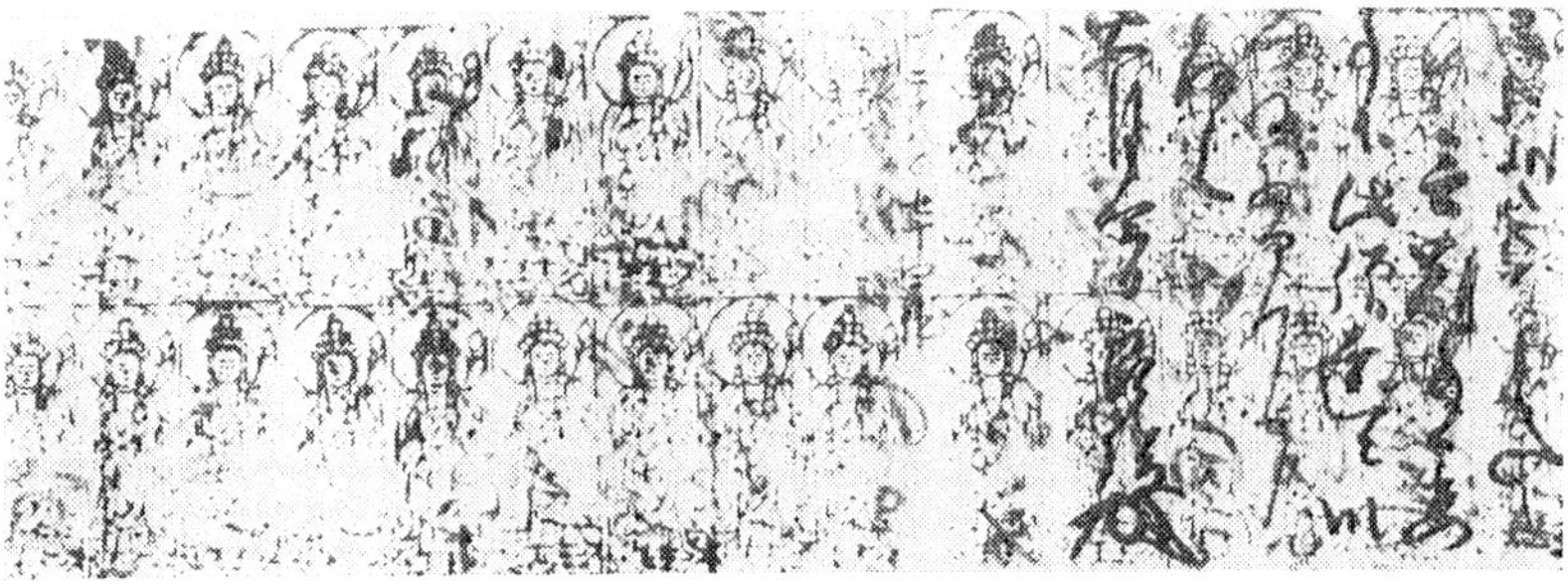

487號　良　俊　書　狀

⊔くの事にて候へハよ
⊔よりもきこしめされ候
⊔しと申候て、存候へ
⊔言、
三月廿七日　曉惠（花押366）
（切封）「（切點）　」

○四八四・四八五號文書は筆蹟同じ。

四八六　⑮某書狀（上闕・後闕）

天福寺のやういよ
〱さん〱の式に
へと光如房他界にて
其外僧たちも
度〻状をたち付候
⊔不承御返事ニ
無心元相存候、身
後〻大事之物と
へき事御下向候ハ、
□候松日寺坊主

ゝ申され候はやし殿
外御したしき人ゝ」

四八七　（⑯良俊書状）（前闕・上闕）

「候、無別事候、委
事等、此僧達ニ御
つねあるへく候、
ゝ謹言、
七月四日　良俊（花押）
○宛名を闕く。

○本文書は四八六號文書の紙背にある。筆蹟は異なる。

四八八　（⑰某書状）（断簡）

「同此
状も
明春
な」
「　紙此

恐惶
大夫御房」
「　不預
謹言
候し
先日申入　」

○各片断簡のみにて接續はしない。

四八九　（⑱尚昌書状）（上闕）

（端裏書）
「尚昌申状」
米十合進候代
らん知事房へ
□□候之由、道妙房
得（カ）顯房状候き
不存候自
扇料足被進
□宜（便）ニ可下給者

みのかミ相構
如此自由申
年內不幾候間、
參賀候、一紙
□今折節料
□以一紙令啓候
尙昌申狀

〔一五〕興福寺大乘院文書○大和國　一卷三通

（木製題籤甲面）「大乘院」
（同　乙面）「慈恩會」
（包紙）「大乘院經覺古文書卷尋尊添書」

四九〇　(1)大乘院經覺自筆書狀（後闕）　三一・五　三五・八

（端裏切封うわ書）「（切點）　（尋尊繼目判）○花押の右半分。　［　］」○朱印。右半分のみ。縦一・六センチ。印文右半「書雲」。

只今折節承事候へく候へ共、申候」意見条、外聞雖其憚候、」不存如在之餘述心底候、
就承候、猶〻思案候に後己心寺（孝尋）」御房時ハ、必定〱訪をハ不被下行」候と舊記之樣に覺候、故僧正時も從僧にハ下行も候ハぬ」由、憶念候、大童子一人被具候、其ニハ」少事下行候樣に候しやらん、愚身竪問時者、法花會愼申時」訪下行之刻、從僧事慈恩會竪問まへと」契約候し、信寂とにて候かと憶念候、こんと遣候やらん、下行候とハ」不覺候○仏光實と事も忘却間、定無正躰、」事共にて候ぬと覺候、不可有御信

用、」所詮円範の日記に明徳竪問者」同人にて候、愚身事故、教秀日記候へく候、可被御覧候、

（尋尊紙繼目裏花押）

四九一　(2)大乗院經覺自筆書狀　三一・五 八七・六

（端裏切封）
「（切點）」

①慈恩會竪問事ハ外樣の儀と申承候了、幣〔弊〕坊事候間、僮僕人數も不聞候と覺候、故僧正竪問ハ長增僧正寺務にて候やらん、從僧二人大童子ハ一人にて候しと覺候、②

③可被御覽御記候、所詮、被仰合候、別當僧正自寺家坊御出仕更〻不可有子細由候、（以下行間書）愚案候、猶有御思慮哉、如何、

慈恩會可始行之由寺務」申候哉、神妙候、竪問御儀不」能左右事、就其、從僧以下」訪事、只今不分明候、然而」先〻縱雖下行候、御計会」上下存知事候歟、法花会有」限反銭さへ有名無實事候間、」御供物なと候由承及候、如此之次」第乍令存知、堅面〻申所存」条うたてしくて候、所詮、先〻」雖被下行事候、当時之儀可難叶」次第存知事候へハ、以別儀候、公平」可構參之由、被究問答宿〔候て〕▨〔案〕」御儀事ハ、人〻被仰合可令御了簡候、」其上猶申子細候ハヽ、御先企を非可」被閣候間、別当坊定西院にて」可始行候歟、左樣に候ハヽ、兼彼在所へ」御移

（紙繼目裏花押367）

候て、自內御出仕不可有子細候、」竪義なとにハ事替事候、扈從」僧綱一人成業〔衆家分〕一人從僧一人被」召具候て、御出仕何条事哉、從僧ハ」かこいの限にて、条〻其外ハ不入」間、多とも不見候、愚身竪問時者」實照僧正幣〔弊〕坊にて竪問を勤候し」と覺候、其時ハ從僧兩人候しか共」一人かこいの限まて召具候しかと覺候、」大童子も一人候しやらん、入候てまいらせ候」間、無益樣に存候つる、御訪下行」候ハんハ不可叶樣に存候て候へし、如此」堅申子細候歟、不可說事、又師匠当」職之時、禪定院にても大乘院にても始行」時候○〔弟子惣竪問樣候間家外ハ〕從僧計にて候し跡定多候歟、」見及樣候き、只今ハ不分明候、さ候所ハ」西院別当坊ニ御歸候て、御出仕不可有」殊煩候、然者祐盛方へ別而可構」參之由、一端仰遣了、御下知をさへ申子細」事にて候間、雖不可依其候、爲自然」申遣候也、謹言、

十月廿五日　經（花押368）

（尋尊紙繼目裏花押）

○前號文書と連結し、裏花押を加えているが、四九〇號の書狀に對する禮紙書の部分は散逸して現存せず、四九〇・四九一號は別々

の書状である。

四九二 (3)大乘院尋尊自筆添書　二七・七　二八・五

文安三年十一月六日於西院慈恩會始」行寺務貞兼僧正、仍堅門役(マヽ)事可令勤仕」處、從僧兩人御訪之事申間、此訪之」事、前大僧正御房ニ尋申処、如此御」返事▨アリ、則以此御書加問答間、」兩人隨役了、御訪事ハ小事モ」無下行者也、

尋尊（花押369）

（添附紙片、もとの包紙）
「明治十九年十一月西ノ座敷建繕成就ニ付、元大乘院内福智庸德殿御親族山城薪村吉川老人當年八十才歌名露海殿招候処、爲土産短册三折到來、福智子ゟハ安位寺經覺大僧正御親筆奥書御附弟尋尊御方之古文書又壹枚添到來、又永く可祕藏もの也、中村堯圓（花押）」

〔一六〕 道興准后置文竝書状　一巻五通

（表題）
「道興准后御置文幷御消息」

四九三 (1)道興准后置文　三一・〇　七〇・三〇

就灌頂道場之儀条ゝ

一唐院事、法輪院准后以來、無御依用」後千光院殿就眞俗、無御依用之旨趣、」連ゝ被仰聞畢、

一木幡淨妙寺之事、今度半ハ雖令」治定、依勘例之処、故二品親王覺増親王ニ」御投与之時、彼親王爲新阿闍梨、無幾程」薨御、然ニ覺譽親王之御血脈、至範伊僧正」已令斷絕畢、就大阿持阿以外之凶例也、」安心寺法流不可然者歟、

一大雲寺之事、更以非員外之儀、当所之」解脫寺・普門寺・專尊寺・報恩寺・大雲寺」号五ヶ寺一致也、殊更於彼所吉例」連綿在之、具不能記之、

又先哲之云、依會場勝劣無佛法淺深」此理勿論也、

倩又加思案、浄妙寺之儀、条ゝ就」憲法者、可思慮子細有之、

（道興）
（花押370）

四九四　(2)道興准后代官職補任状

三一・〇
八七・一

作州勝田庄門跡分西分」代官職之事、已前申付」長甚候之時、於東分者不可成」其綺之由、堅申含候之処、」令强所務之条、言語道断」次第候、已破成敗之上者、」去年申付候所、可令奇〔棄〕破候、」任千光院准后御置文之旨、」東西一圓代官職之事相計」可被申付之状、如件、

文明十三年正月晦日　（道興）（花押371）

若王子御坊

（禮紙切封墨引）
「――」

四九五　(3)道興准后書状

二八・〇
九〇・〇

③非被官候上者、不及其」沙汰事候、勘氣之子細之」事、其の門弟一分之」儀候間、」直ゝ不及」申候、今日旁」（以下行間書）可被申含候、連ゝ」不可恨申上候由、仰」含候間、定覺悟候、乍去」か様の進退候ましく候、」弥緩怠曲事候、」謹言、

八月卅日　（道興）（花押）

（附箋）
「文明十三」

①就今度大願之儀、爲専無（マヽ）」爲之儀、國まて遣上使、直ゝ」御書等數通被遣、種ゝ被致」計略も、灌頂一會無障碍」心中候之処、已東分令强」所務、剰其より立用候分、」濟ゝ于今無其沙汰候、結句又」請切申門跡年貢、至于今日」莫太不能其沙汰候、是も此」大願之違乱同前候、已闕事候」上者、國ゝ取分にも不相替之」所行候、彼か前にてハはや御」事を闕候段無余儀候、如」御存知候、不思議之子細共にて」如形も沙汰候、旁ゝ所詮条ゝ」結構之不忠にて候上者、向後」不可爲被官候、殊彼庄一色」分等事、御恩之地之由申候間、」去年書載令旨候処、申掠候」儀候哉、曲事候、所詮何共候へ、②

（禮紙切封墨引）
「――」

四九六　(4)道興准后書状

二六・七
八九・七

峯中之儀初度」事候、一段可有謹」愼候也、

入峰一定之由、返ゝ」珎重候、殊以一身大慶候、」被遂先達候

様に祈念」肝要候、随而房号之事」染筆候、将又正大僧都」有子細事候、乍次今度」入峯之儀感心候条」以別段之儀免申候、」猷助法印御暇之事」得其意候、已無余日候、」被参候までもあるましく候、」留守中所用之事ハ」慶俊申候、能々可被申置候、」委細又實濟可申也、」謹言、

七月廿日 (道興)(花押372)

(禮紙切封うわ書)
「(切點墨引)」

若王子御房へ」

四九七 (5)道興准后書状

二八・五 八九・〇

一釘代事

大嶺宿々或退轉或及大破之」条、行躰之違緣不過之者欤、」然間不云先規先例、京都」出世幷長床之宿老、其外」入峯之諸先達、悉彼役錢」參百疋分、聊無難澁之儀」可致其沙汰事、

一於峯中每度宿之諍、」或ハ採燈之出仕以下、動及」諍論之由、連々聞及候、」捨身幷之道、偏我慢熾」盛之儀、無勿躰候、竪可被」申屆候也、謹言、

七月廿四日 (道興)(花押373)

乘々院法印御房へ

○巻子の表紙は紺紙に金銀泥水邊蘆荻繪を描く。

〔一七〕尾州關係竝雜文書　一巻一一通

四九八　(1)毘沙門堂門跡公海書狀（横切紙）　一七・四　八二・三

芳札令披覽候、」弥御無爲之由、珍重之」事候、吾等道中」無恙令下着候、」隨而三州表通候節ハ、」路次迄飛脚給候由、」被入御念、過量之」至候、將又家頼方ゟ」以書狀申入候、謝礼」慇懃之御事候、」不備、

毘沙門堂門迹

十一月廿四日　（公海）（花押374）

四九九　(2)油小路前大納言隆基カ書狀（元折紙）　一七・四　三九・七

（以下行間書）猶々」御同名主税殿ハ」御病中態御下」申御沙汰候かと、以書狀示申候、」可預御心得候、

幸便一書申入候、然者」御同名主税殿少御」煩之由、樋口殿物語」昨日承候故、爲御見」舞無心元存候故、」御尋候事にて候、」漸御快氣候哉、如何候、」恐惶謹言、

油小路前大納言

霜月廿七日　（隆基カ）（花押375）

五〇〇　(3)池田光政自筆書狀（横切紙）　一七・四　七〇・二

猶々其元」かわる事候ハヽ、」御申越待申候、」以上、

御狀令披見候、」眞田殿之事、是非」なく候、則所中へ」以書狀申入候、

一伊豆へ喜内御遣候、」よし尤ニ候、成程」せいヲいたし」石出し申樣ニと」御申付候て可給候、

一我等儀、正月ニハ」早々可罷下候条、」万々其刻可」申達候、

恐惶謹言、

（池田）新太郎

極月十一日　（光政）（花押376）

五〇一　(4)惟任丹羽長秀書狀（元折紙）　一四・五　四四・三

態申入候、仍中嶋勝太」知行今市場と申所、」拙者江爲当座之契」約申付候、然者此節ニ」右之知行返申候条、」如前々、中

勝太ニ被成」御扶助候様ニ御取成、所」仰候、猶自中勝太可
被」申上候、恐々謹言、
(丹羽)惟任五郎左衛門尉
八月五日　長秀（花押377）
津川玄蕃助殿
岡田助三郎殿 人々御中

五〇二　(5)大徳寺高桐院主書狀（元折紙）　一七・四 四六・四

追而申候、御狀給候を、」書狀相調候而後ニ」令披見候ニ付、
又申」入候、先度之狀共、」水崎へ御屆候由、」忝存候、爰元
逗」留中、重而可」得貴意候、唯今」急候故、書中不詳候、」
恐々謹言、
十二月廿三日 高桐院（花押378）
丹羽理兵衛殿

五〇三　(6)豐臣氏奉行連署奉書（元折紙）　一七・四 四八・六

急度申入候、今度」大水ニ尾州所々堤」きれ候由候間、従前
々」つき〔築〕來候在々へ被仰」觸、御つかせて、尤ニ存候、」恐々
謹言、
長束大藏
五月十二日　正家（花押379）
增田右衛門尉
長盛（花押379）
石田治部少輔
三成（花押380）
民部卿法印
玄以（花押380）
(正則)福嶋左衛門大夫殿 人々御中

五〇四　(7)片桐且元自筆書狀（横切紙）　一七・四 九八・九

尚々、此帳之內、御不」審之儀候者、重而可承候、」以上、
御狀具拜見申候、」如仰今度駿符〔府〕能」時分、御見廻申上、兩」
(家康・秀忠)御所様、御機嫌能候而、」仕合無殘所罷上、大」慶不過之候、
一貴殿先日ゟ早々」駿府御下と存候處ニ、」御煩故御遠(マ、)留之
由、」以幡(万)々不存候而、此間も」罷登候へ共、以使者さへ」
御尋不申、背本意存候、

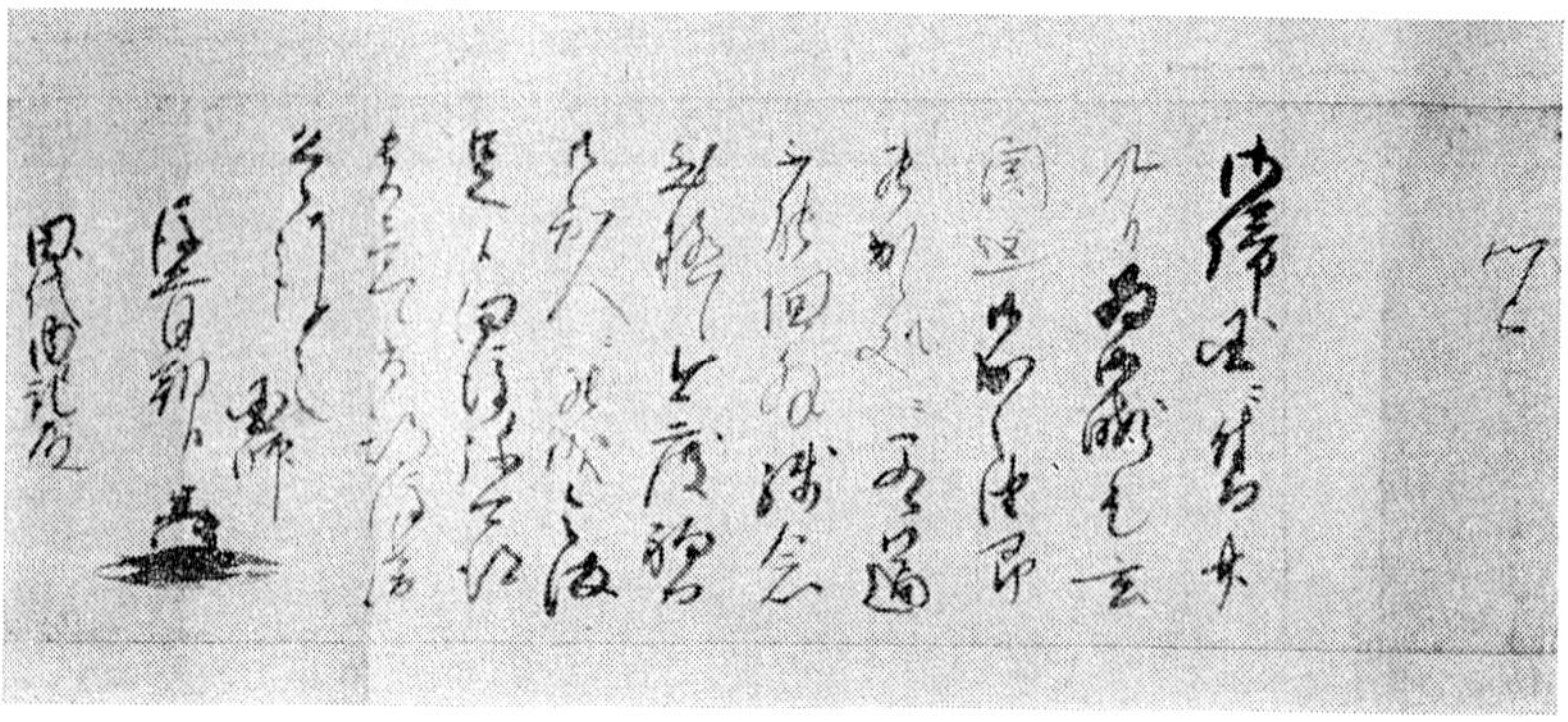

505號　崇傳自筆書狀

一備中國之畫圖目」錄御上候ニ付、去年」藤泉州(藤堂高虎)上知貳万石ニ」御給人衆村付之」事承候、卽割符」帳進之申候間、御」本帳ニ御書入可被成候、」其外何にても御用」候ハヽ、可承候、恐惶謹言、

(慶長十五年)三月十一日　片市正　且元（花押381）

(小堀政一)小遠江様
御返報

〇片桐且元の駿府伺候は慶長十五年二月十七日である（『時慶卿記』『舜舊記』）。

五〇五　(8)崇傳自筆書狀（横切紙）　一七・四　五二・二

以上

御歸國ニ付而、廿」九日爲御暇乞、玄」關迄御出之由、卽」罷出候処ニ、早ヽ御通、」不能面拜、殘念」至極候、今度初而」御知人ニ罷成、令滿」足候、向後弥可得」貴意候、尙期後音候、」恐ヽ謹言、

國師
(寛永六年)後二月朔日　崇傳（花押382）

田代內記殿

五〇六　(9)遊行上人他阿彌陀佛書状（横切紙）　一七・四 九四・八

以上

先日之御使之衆」今日立寄候之間、」啓上候、右之使僧ニ御」返答申上候つる、唯今」雨天之節候間、短册茂」進上候キ、定而相届」可申之由存候、愚老于今」爰元在留仕候、廿四」五之比者、三嶋（伊豆）へ可罷移候、」其内御歸國ニ付而者、」以面拝可得御意候、」万吉奉期後音候、」穴賢、

遊行

五月十六日　他阿弥（花押383）

松平和泉守様

人ゝ御中

五〇七　(10)織田信雄判物（元折紙）　一七・四 四七・八

萩原（尾張）・おこし（起）」舟橋（三河）事、國中」諸浦之船共、不」殘申付候、自然」不罷越船有之ハ、」急度可令成敗」者也、

（天正十八年）正月廿八日（花押384）（織田信雄）

治部卿法印

澤井修理亮殿

森勘解由殿

五〇八　(11)羽柴秀吉書状（元折紙）　一六・〇 四五・〇

瀧川身上之儀、御理」申入、被成御赦免候、」然者、來廿日比長」嶋退城候条、其刻」罷出候て、警固尤候、」人足等之事、蜂須賀」富田兩人申次第」可被申付候、若下ゝ」於猥者、重而可加成」□□（敗候カ）、恐ゝ謹言、

筑前守

六月十二日　秀吉（花押385）

高木彦左衛門尉殿

御宿所

○この一通の筆勢・墨色などに疑問がある。その上、全紙面に澁を塗附していることなどは一層僞文書とすることへの考えを強くする。なお近世初頭に入ると、料紙が元折紙であったか、それとも當初から横切紙であったものか、その判別は成巻文書においては困難である。

〔一八〕東光寺文書○甲斐國　一巻一〇通

五〇九　(1)武田晴信印判狀（折紙）　三〇・二／四四・五

寺僧諸役者幷」散使、於寺領等不」得住持下知、或致」書物、或令判形、」外へ遣候事、一切」停止畢、玄黑進」退爲向後龜鑑、」当三郷中徘徊」堅禁制者也、

天文廿年
七月五日（龍朱印16）

東光寺

五一〇　(2)武田晴信印判狀（折紙）　二九・八／四五・五

○（龍朱印17）

東光寺塔頭」領定納拾七貫」五百文之所、爲質」之有借錢度之」由候、自來甲寅」至于戊午歲、相限」五ヶ年、借与可申」者也、仍如件、

天文廿二癸丑年
三月九日

末木土佐守

○末木村は甲斐八代郡大石和筋にあり、中村孝也著『德川家康文書の研究』拾遺集五四頁には、「末木土佐守の事蹟は不詳である」とある。

五一一　(3)德川家康四奉行連署奉書　三三・〇〇／五一・〇〇

（包紙折封うわ書）
「東光寺　」

御寺內覺

合千三拾坪

同山林如前〻

右御寄進候、國家御祈念」寺中御造營肝要存候、重而」御朱印申調可進候、以上、

慶長八年癸卯
三月朔日

櫻井安藝守 信忠（花押386）

石原四郎右衛門尉 昌明（花押386）

小田切大隅守 茂富（花押387）

跡部九郎右衛門尉 昌忠（花押387）

東光寺

五二　(4)徳川家康四奉行連署奉書　　三五・一　五一・七

（包紙折封うわ書）
「東光寺　　」

御寺領覺

合拾四石四斗　　　和田村之内

同貳千六百七拾八坪　　古府中寺内

右御寄進候、國家御祈念、寺中」御造榮〔營〕肝要存候、重而御朱
印申調」可進候、已上、

慶長八年癸卯
三月朔日　　櫻井安藝守
信忠（花押386）
石原四郎右衞門尉
昌明（花押386）
小田切大隅守
茂富（花押387）
跡部九郎右衞門尉
昌忠（花押387）

法城寺

五三　(5)平岩親吉禁制　　三四・五　四九・五

（包紙折封うわ書）
「東光寺　　」

禁制　　東光寺

一山林竹木猥剪取事
一牛馬放飼候事
一致生之事

右条々、堅令停止畢、若於于」有違背之族者、可爲曲言〔事〕者
也、」仍如件、

卯
六月十六日　平岩主計頭〔親吉〕（花押388）

五四　(6)徳川家康四奉行連署奉書寫　　三二・〇　四四・三

寺內覺

合百坪　　宮原村之内

右御寄進候、勤行無怠慢、寺中」造榮〔營〕肝要ニ候、重而　御朱
印」申調可進之候、以上、

慶長八年癸卯
三月朔日
櫻井安藝守
信忠
石原四郎右衞門尉
昌明
小田切大隅守
茂富
跡部九郎右衞門尉
昌忠

聯法院

五一五　(7)秋山九兵衛寺領書上（竪切紙）　三三・八　二二・四

甲州萬力筋東光寺村之内
一東光寺〻内千三拾坪幷山林
一法城寺領高拾四石四斗幷寺内貳千六百七拾八坪
右兩寺、如前〻無相違、東光寺所務被仕候事」實正也、我〻
御代官所ニ而御座候間、書付進上申候、」以上、
寛永十九午
三月廿五日　秋山九兵衛◯（黒印）（花押389）
御奉行所

○黒印は徑二・一センチ、認印として使用している。なお料紙には横二つ折りにした折目が鮮やかに遺っている。

五一六　(8)江戸幕府代官連署末寺寺領覺書　三二・三　四八・五

覺
一貴寺御末寺宮原村」聯法院四奉行御墨印、」中村隱岐守方より請取、先規」之通四郎左右衛門預置申候、」何時成共、御用之節者、」指上可申候、以上、

正徳二辰年七月
依田四郎左衛門◯（黒印「黄馬」18）
中村隱岐守□（黒印「盛廣」18）
依田志兵衛◯（18）（黒印、以下同）
同金左衛門◯（19）
同庄太夫◯（19）
櫻林十兵衛◯（19）
東光寺様

五一七　(9)江戸幕府代官連署末寺寺領覺書寫　二五・五　三五・五

（端裏書）
「東光寺へ指上ケ候證文下書◯（黒印）」

覺
一○以下前號文書と同文の寫につき省略する。また黒印のことを「判」と記す。
右之通り、旦那中致加判、東〔光脱〕寺へ指上ケ」置申候下書如此候、
已上、

五一八　(10)平岡良辰末寺寺領覺書（折紙）　三八・二　五二・八

（異筆）
「東光寺末寺
昌樹院

常正院」
右之貳ヶ寺、從先規寺內」御指置紛無御座候、以上、
平岡勘三郎
五月廿三日　良辰（花押390）
安藤右京進殿
松平出雲守殿

○甲斐東光寺は甲府市臨妙法蓋山にある。甲府五山の一、大覺禪師創建、中興開山は信玄一子義信。

〔參考〕北條高時公帖（保坂潤治氏所藏文書）
甲斐國東光寺事、」爲諸山之烈（マヽ）可被住持」候、謹言、
十月廿日　崇鑑（北條高時）（花押）
緯首座禪師

〔一九〕最教院文書　一巻三一通

五一九　(1)酒井忠勝書狀（折紙）　三二・五 四六・七

其後者久敷不申」承候、少ゝ申談度事も」候間、於御隙者、明朝」是ニて齋參候樣ニ、五ツ」前ニ可有御出候、若隙」入なと候者、不遲事候間、」重而可有御出候、爲其」如此候、恐ゝ謹言、
酒讃岐守
霜月十三日　忠勝（花押391）
㝡教院（晃海）

五二〇　(2)酒井忠勝書狀（折紙）　三二・五 八九・九

猶以竹林僧正へも」此由可有御心得候、」以上、
一筆申入候、此中」相談申儀ニ付而、」先刻大學殿ゟも」御使、又寒松院も」被參候、いまた仰出も」無之事候、毗沙門堂」御門跡（公海）へハ内ゝニて急度」御物語可有之由、昨日」申候キ、未

何と落」着可仕も　御前之」様子知不申候、以來も」ケ様之談
合事ハ」如何程も可在之事ニ候、」何時も　仰出無之」已前ニ
ハ御隱蜜〔密〕可」然存候、爲其如此候、」恐々謹言、
酒井讃岐守
六月八日　忠勝（花押392）
寂教院

○折紙であるが、特殊な使い方をしている。つまり折目の下段は使わず白紙のままに残して、第二紙の上段へと續けて記している。その點については、中世の折紙と様式を異にしているので將來は「複式折紙」と稱すべきか。以下同じ。

五三二　(3)酒井忠勝書狀（折紙）　三二・五 九七・二

猶以兩人之訴訟人、」日光ニ而も如承候、其身」かわゆき儀ニハ候へとも、」（以下行間書）只今何共可仕様無之候、爰元ニ」御留置候者、余人之訴訟人之」ためニも候之間、早々御返し」尤候、以上、

昨日者私宅へ御出之由」御城罷在、不懸御目候、」仍而、日光
御旅所幷」御假殿之坊主兩人、」御訴訟ニ參候由、縱誰」人參
候共、御取上ケ有」間敷候、御知行之高」相究候上ハ、御加
增ニハ」何之地を御出可有候哉、」又先日之ことく日光へ」參、

御知行割仕直し」可申候哉、其上御旅所」假殿給分之定」之
儀も、寂前御兩人と」竹林僧正相談之上相」究事候、今以御
兩人何」角と御取上候儀、一圓」不及合點候、松右ヱ門殿ハ」
如何被申候哉、私之儀ハ」一圓及分別不申候、」ケ様之儀を
一人成とも」只今御取上候者、以來も」御訴訟人可有事候、」
能々御分別可被成候、」何も期面上之節候、」恐々謹言、
酒井讃岐守
十月廿三日　忠勝（花押393）
寂教院

五三三　(4)酒井忠勝書狀（折紙）　三二・四 四四・八

一筆令申候、
公方様今十三日午」上刻江戸　出御、」申后剋至岩付〔槻〕」御着
座、御機嫌殘」所無之候、將又」一昨十一日之御返書」令披
見候、　御社參之刻」御法事幷御着座之」次第、從大僧正（天海）」以
目錄被仰越、委細」得其意、則達」上聞候、十六日ニ者」可被
成　御登山候間、」其御心得尤候、恐々」謹言、
酒讃岐守

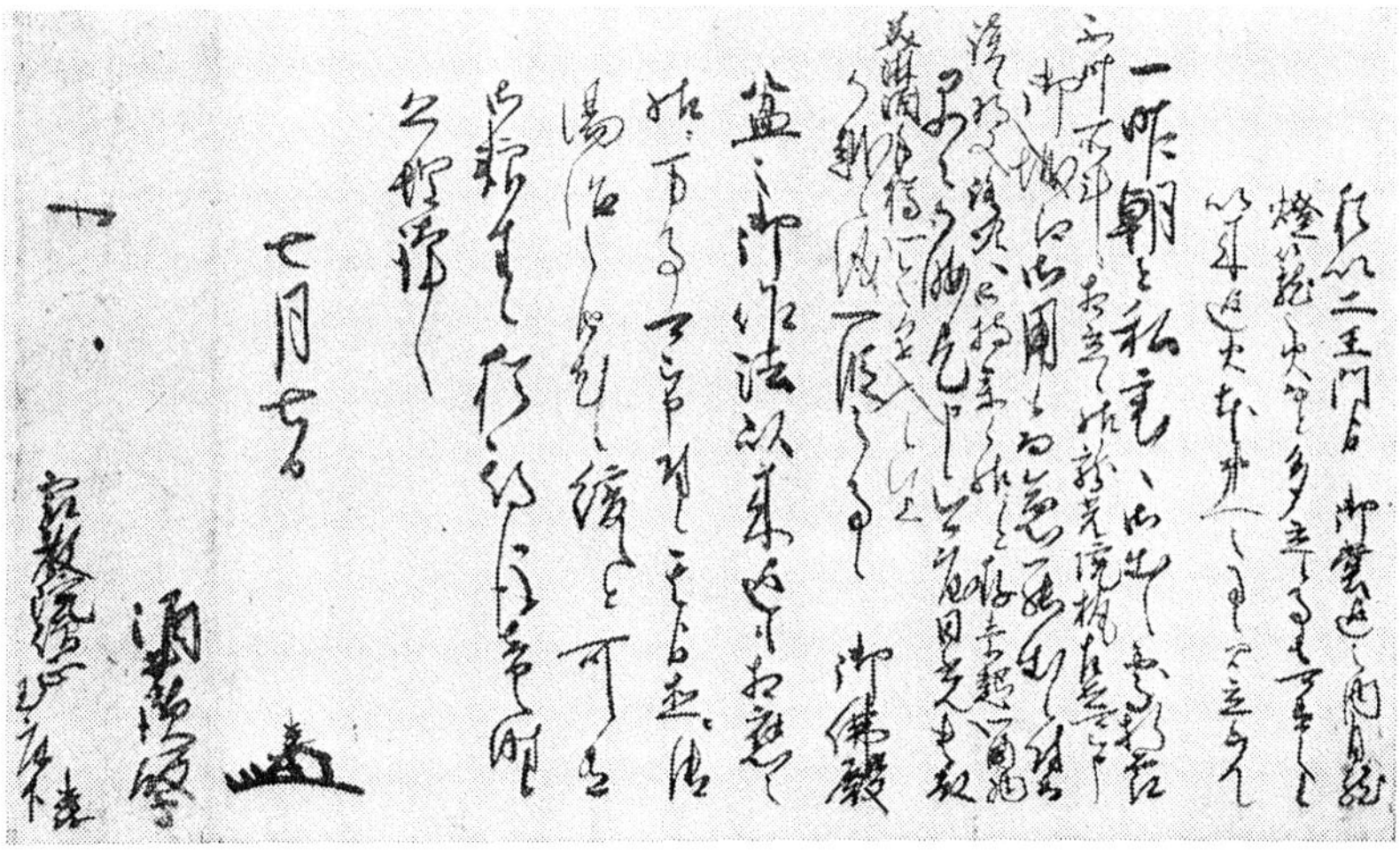

524號　酒井忠勝書狀

卯月十三日　忠勝（花押394）

冣教院

○この一通は一般の折紙の通り、折ってその上下に記されている。

五二三　(5)酒井忠勝書狀（折紙）　三二・五　四六・八

尚以大僧正毘沙門堂へも」御心得候而可給候、以上、

一筆申入候、大僧正今日之」御氣色之様子承度」存候、内ゝ御見廻可申と」存候へ共、只今迄御城ニ」罷在延引仕候、もはや」御氣色能候ハヽ、今日者」御見舞申間敷候間、御」氣色之様子委御返事ニ」可被仰越候、明晩御見」廻可申入候、恐ゝ謹言、

酒井讃岐守

極月朔日　忠勝（花押395）

冣教院

五二四　(6)酒井忠勝書狀　三一・七　五一・二

猶以二王門〔仁〕ゟ　御堂迄之内、自然」（以下行間書）燈籠之火など多立候事も可有之候、」以來迄火本第一之事候間立候ハて」不叶所計ニ相立候様、龍光院・梶左兵可被申」談候、將又路次ヘ御持参之様ニと存、素麵一曲物・」美淋酒

手樽一、令進入候、以上、

一昨朝者私宅へ御出之處、折節」御城江御用候而、急罷出候付而、」早ゝ御暇乞申候、今度日光へ貴殿」御越之儀、一段之事候、御佛殿」盆之御作法以來迄も相應之」様ニ、万事可被申付候、其〆直ニ御」湯治之由尤候、緩ゝと可有」御養生候、猶期後音之時候、」恐惶謹言、

七月七日　忠勝（花押396）

酒井讃岐守

（結封うわ書）「（切點）寂教院僧正　玉床下　忠勝」

五二五　(7)酒井忠勝書状　三一・五 四六・八

一筆申入候、先年於日光御」法事之時分、攝家門跡其外」公家衆役人幷御法事之」書付、可被成御覽之由、上意ニ候間、下書被仕、四ツ時分」私宅迄可有御持参候、爲其」如此候、恐ゝ謹言、

五月二日　忠勝（花押397）○この花押は別様のもの。

（結封うわ書）「（切點）寂教院 寒松院　まいる　酒讃岐守〆」

五二六　(8)酒井忠勝書状　三二・五 四五・五

御用之事候間、寂教院か」其外誰ニ而茂一人、私宅江」唯今可被成御越候、恐惶頓首、

九月八日　忠勝（花押398）

酒井讃岐守

（結封うわ書）「（切點）毗沙門堂（公海）御門跡御同宿中　忠勝」

五二七　(9)酒井忠勝書状　三一・一 四三・五

一筆申入候、御用之儀候間、」今四ツ時分御城迄可」有御出候、寒松院も御」同道尤候、恐ゝ謹言、

五月三日　忠勝（花押399）

酒井讃岐守

（結封うわ書）「（切點）寂教院　忠勝」

五二八　(10)江戸幕府老中連署書状（折紙）　三二・六 一一一・六

尚以、毘沙門堂門跡江茂、」此趣可被申入候、已上、

去廿三日午下刻、從」禁中御臺所火事」出來、御殿不殘令」

燒失之由、注進有之候、」日光御門跡(尊澄)被聞食、」驚可被思召候、
雖然、
天子・院御所江」行幸、三種之神器」無恙幷御記錄入候」御
文庫者相殘、殊
仙洞・新院御所・」女院御所御殿御無事、」此段目出度奉存
候、」右之趣日光御門跡江」宜有洩達候、恐々」頓首、
阿部豐後守
(承應二年)六月廿七日　忠秋（花押400）
松平和泉守
乘壽（花押401）
松平伊豆守
信綱（花押402）
板倉周防守
重宗（花押403）
酒井讚岐守
忠勝（花押404）
雲蓋院
㝡教院
寒松院
淨教坊

○承應二年六月二十三日内裏炎上す。

五二九　(11)松平信綱書狀　三一・〇三／四七・〇

以上
御傳馬之　御朱印幷御扶持方之」添狀相調進之候、毗沙門堂
門跡近日」日光御參詣之由、被仰候付而、是又」御朱印相調
差越申候、いつも御立」歸之時ハ、人馬此通之書付ニ而候、」
不足ニて御座候者、可被仰越候、調置」可申候、恐惶謹言、
七月八日　信綱（花押405）
(結封うわ書)
「(切點)　㝡教院　松平伊豆守」

五三〇　(12)松平信綱書狀　三一・八／四七・〇

先刻者家來之者共所迄、御切帋」令拜見候、御日取之義、早
々大僧正江」被仰遂、御調持せ被下、忝存候、御城ニ」在之、
不能卽決候、僧正へも御報仕候間、」可然之樣、御心得賴入候、

將又山口忠兵」旦勝坊へ之御狀、則次飛脚之便ニ遣候、」次今朝被仰候芦名殿ノ儀、御次而を」無由〔油〕斷心懸可申候、猶期面上之時候、」恐惶謹言、

卯月八日　信綱（花押406）

（結封うわ書）
「（切點）松平伊豆守　信綱」
寂教院　御同宿中

五三一　(13)松平信綱書狀　三二・五 四五・〇

以上

御用之義御座候間、唯今」可有御登城候、恐惶謹言、

六月十六日　信綱（花押407）

（結封うわ書）
「（切點）寂教院床下　松平伊豆守」ゟ

五三二　(14)松平信綱・阿部忠秋連署書狀（折紙）　三二・五 五一・四

明十七日紅葉山」御宮江爲御名代、酒井」雅樂頭參詣候間、」兩人之內一人、五時前」紅葉山江參上尤候、衣冠之」裝束ニ而被參候間、」可被得其意候、恐々」不宣、

阿部豐後守

五月十六日　忠秋（花押408）

松平伊豆守

信綱（花押409）

寂教院

五三三　(15)松平勝隆書狀（折紙）　三三・六 一〇五・一

猶以若王子勝仙院兩僧も」近々繼目之御礼ニ可罷下由」被申越候、以上、

一筆令啓上候、然者」若王子勝仙院ゟ吉良」若狭殿〔義冬〕便宜被申越候ハ、」今度日光御法事刻、」御役をも被仰付被下候樣ニ、」毘沙門堂御門跡へ可然樣」申上くれ候樣ニと被申越候而、」御兩所御門跡へ被仰上」罷成儀御座候者、御法事ニ」似合敷御役をも被仰」付候樣ニ賴入存候、諸事」明日　御佛殿へ參詣」（以下第二紙）仕候刻、可得御意候、」恐惶謹言、

松平出雲守

二月十九日　勝德〔勝隆〕（花押410）

雲蓋院僧正

寂教院僧正　御同宿中

○松平勝隆は寛永十二年十一月九日寺社奉行に任ぜられ（萬治二年三月二十一日まで在職）慶安元年四月日光山における東照宮三十三回忌に奉行酒井忠勝と共にその事に當った（寛政重修諸家譜巻三七）。

五三四　⒃安藤重長・松平勝隆連署書状（折紙）　三二・五 四六・七

千\妙院」寂教院」青\龍院」延命院」實\成院

右之分、明廿五日」四時分、貴寺同道候て、」可有登城候、以上、

卯月廿四日

松出雲守（松平勝隆）　○花押を省略につき案か。

安右京進（安藤重長）

寂教院

○安藤重長は寛永十二年十一月九日より明暦四年九月二十九日まで寺社奉行に在職、正保四年日光門跡尊敬法親王東駕を迎えるため京都に赴いた。

五三五　⒄堀利重・安藤重長連署書状（折紙）　三二・五 五一・五

昨日者、御狀令拝見候、」然者、冨士山伏辻之坊与」大教坊出入之儀、」大僧正様被聞召、」思召之通被仰越候」趣、得其意存候、委曲」期面上之時候、恐惶」謹言、

安藤右京進

九月朔日　重長（花押411）

堀市正

利重（花押412）

寂教院

竹林坊

双嚴院　回章

○堀利重は寛永十二年十一月九日より同十五年四月二十四日まで寺社奉行。

五三六　⒅江戸幕府御留守居・作事奉行連署書状（折紙）　三一・六 三七・〇

以上

貴札令拝見候、仍」先度申入候御長」屋之儀、木原杢ニ」可申渡之旨被仰」越、得其意候、委」細相心得存候、尚」以面上可申達候、」恐惶謹言、

牧野内匠頭
三月八日　信成（花押413）
神尾内記
元勝（花押414）』
酒井因幡守
勝久（花押415）
佐久間將監
實勝（花押416）
寂教院
双嚴院
竹林坊御報

○牧野信成は寛永三年〜二十年御留守居、神尾元勝、酒井勝久、佐久間實勝は寛永九年十月三日作事奉行に任ぜられている（元勝は十一年八月十八日長崎奉行、勝成は十五年五月町奉行に轉出）。従ってこの文書は、寛永九年十月三日以降、同十一年八月十八日までの間に作成されたものである（寛政重修諸家譜巻六七・三六七・五三一・一〇四四及び大猷院殿御實紀巻二一参照）。

五二七　⒆江戸西丸家老連署書状（折紙）　三二・六 五五・七

貴翰令拜閲候、」今度徳松殿（徳川綱吉）被致」中剃之日限、十一月」十二日・同廿二日吉辰之由、」早ゝ御勘進之段、申」達之處、喜悦之事候、」猶期後慶之時候、」恐惶頓首、
本庄宮内少輔
（承應元年）十月廿五日　道芳（花押417）
室賀源七郎
正俊（花押418）
牧野美濃守
成義（花押419）
寂教院
雲蓋院貴答

○寛政重修諸家譜巻二三八・三六六・一四〇〇参照（三名とも慶安元年徳川家綱付家老となる）。

五二八　⒇酒井忠清自筆書状（折紙）　三二・五 一〇三・七

猶ゝ明朝早天」奉待候、以上、
急度致啓上候、」然間明朝御」宮之御繩張」之儀、只今達」上聞候、就其大僧正も」出仕有之様ニ可」申遣之旨、上意

御座候、御」縄張之上ニ御」對面可被成之由ニ候、」明六ッ時
分ニ」酒井讃岐殿」木屋《(以下第二紙)》迄御出可」被成候、御縄張」卯刻ニ相
定候、」大僧正様御年頭之」御進上も今晩《夕》」御用意候而これ《明朝》
へ」可被下候、委細者」讃岐守殿ゟ可」被申入候、恐惶敬白、
(酒井忠清)
雅樂頭
卯月四日　（花押420）
寂教院
双嚴院

○料紙二葉の折紙は上部半分のみを使って下部半分は白紙のままである。

五三九　(21)中根正盛書状（折紙）　三二・五　四七・〇

日光ニ而御きねん」の義ニ付、實成院・」常照院被遣候、」貴
殿への　上意之」通兩人へ申候間、定而」可申渡候、當年者」
御四十二之御やく〔厄〕にも」かゝらせられ候間、」御きねん被仰下
候間、」精を出し御きねん」可仕候、各〻出家衆ニも」せいを
入候やうに申」わたし、萬事首尾」よきやうニ可仕候、』御き
ねん過候てゟ、」貴殿も可罷向旨、」上意ニ御座候、恐惶」謹言、
(正盛)
中根壹岐守
(正保二年)
正月十四日　（花押421）
寂教院

○正保二年は家光の厄年にあたる。中根正盛は寛永十一年には側用人、明暦元年致仕（寛政重修諸家譜巻九〇三）。

五四〇　(22)中根正盛書状（折紙）　三二・六　四四・一

わさと以飛脚を以（マヽ）」申入候、此御地者、昨」十三日未明ゟ雪」
ふり出し、終日ふり」申候、其御地もふり申候哉、」御山の御
やう躰、可申」上旨　上意ニ御座候、」具可被申上候、恐惶」
謹言、
(正盛)
中根壹岐守
正月十四日　（花押422）
大樂院
寂教院

五四一　(23)中根正盛書状（折紙）　三一・五　四五・三

尚〻、來月二日」前ニ御歸可有候、

わさと以飛脚申入候、」然者大僧正あと」の義、(マヽ)來月二日ニ」大方可被　仰出候間、」貴殿儀二日前ニ」参候やうに可申」遣旨、上意ニ」御座候間、早ゝ可」被罷歸候、爲其如」此候、恐惶謹言、

四月廿七日　　（花押423）

中根壹岐守（正盛）

寂教院

五四二　㉔中根正盛書狀（折紙）　三二・四　四九・八

尚以、爰元相替」儀も無御座候、此元」之外有增寂教院」（以下行間書）御物語申候間可被仰」上候、具ニ申上度候へ共」隙入之儀御座候間」乍慮外、早ゝ申」上候、書狀之わけも」見へ申間敷与」奉存候、

一書令啓上候、先以」公方樣弥御機嫌」能候由御座候、御膳も」御使被召上候間、御」氣遣被成間敷候、」乍去、可被氣取此」間者少御氣おもく」被成御座候由、」　御意ニ御座候、其元」御息災ニ被成御座候」由、目出度奉存候、』御用之儀御座候而、」寂教院御使ニ被」遣候、　上意之通」寂教院ニ申渡候間、」不及申入候、御祈念」之義者、大僧正ニ」御まかせおかれ候由」申せとの　御意ニ御」座候、何時分爰元へ」可被歸候哉、何共不申」越候哉与存候、御尋被出候、六月」御期日ニ中禪寺御」参詣爲濟申候て、早ゝ」御歸御尤奉存候、」恐惶謹言、

五月十四日　　（花押424）

中根壹岐守（正盛）

大僧正樣
御同宿中

五四三　㉕中根正盛書狀　三一・七　四七・一

近日日光へ御越之由、寒」氣之時分与申、御太〔大〕儀可申」述候やうも無御座候、將又」御傳馬之御朱印、出來申候間」進之候、御うけ取可被成候、何れも」日光へ以書札可得御意候、恐惶」謹言、

正月廿七日　　（花押425）（正盛）

中根壹岐守

（結封うわ書）
「（切點）

寂教院樣　　正盛
人ゝ御中」

五四四　⑵⑹中根正盛書狀　三一・九　四七・六

尚〻、何時分御たち被出候哉、」承度存候、以上、
御傳馬之御朱印取候て進之候、」道中出家衆御扶持方之」手形
進候、貴殿うらはん候て、」何れも御申次候やうニと、御やく
人」衆より申候、其御心得可被成候、委細ハ」手形之文ニ御
座可有候、」尚重而可得御意候間、不能」具候、恐惶謹言、
九月二日　(花押426)(正盛)
(結封うわ書)
「(切點)　中根壹岐守
寂教院様人〻御中　正盛」

五四五　⑵⑺中根正盛書狀　三一・一五　四六・一

明日もみち山へ可參旨被」仰出候へ共、紅葉山へハ双嚴院被」
仰付候間、貴様ハ御本丸内之」御宮へ可罷出旨　上意ニ御」
座候、爲其如此候、恐惶謹言、
九月十五日　(花押427)(正盛)
(結封うわ書)
「(切點)　中根壹岐守
寂教院　正盛」

五四六　⑵⑻秋元泰朝書狀案　三二・三　四一・〇

一御遷宮之時入可申物、大キ成事ハ御失念」御座有間敷と存
候、こまかなる事ニ御事多」候間、御失念可有御座候条、
無申迄候へとも、」万事御吟味被成候而、讚岐殿へ可被仰候、
一御遷宮之時、公家衆はいり候て御入候、あこや〔阿古屋〕」の様成所
ニまく〔幕〕ぬの〔布〕さらし〔晒〕ニて御座可」有候、御假殿へ之御遷宮申
候時も、左様ニ」御座候つると覺へ被申候、左候者御出家
衆之」あこやにもさらしぬの入可申かと存候、」あこやの
まく天井なとニも、さらし」入可申候間、さらしをも爰元
へりんぢに」御持せ候へと、讚岐殿へ御申可被成候、爰元」
ニハ地布ならてハ御代官衆も、もちあい」被申間敷候、万
事ニ付、此御心得肝要ニ候、」已上、
(寛永元年カ)二月廿四日　秋元但馬守(泰朝)
寂教院

五四七　⑵⑼中根正盛書狀　三一・三　四五・八

御用之儀御座候間、明廿八日ニ」登城可有旨、讚岐守殿御申

候、」其御心得候て、廿八日之四つ」前ニ、御宮迄被出候て、
御」まち御尤存候、猶以面上可」得御意候間、不具候、恐
惶謹言、
　　十一月廿七日　　　（花押428）（正盛）
　（結封うわ書）
　「（切點）　　　　　　中根壹岐守
　　　　　寂教院様　　　正盛」

五四八　(30)中根正盛書状　　三一・八　四六・八

明日　わか君様もみち山へ」御社参被遊候間、もみち山へ」
可罷出旨　上意ニ御座候、爲」其如此候、恐惶謹言、
　　十二月廿五日　　（花押429）（正盛）
千妙殿にも被御參候間、同道可被出候、
　（結封うわ書）
　「（切點）　　　　　中根壹岐守
　　　　　寂教院　　　　正盛」

五四九　(31)中根正盛書状　　三二・五　四六・四

尙ゝ貴殿しせんさし合も」候ハヽ、双嚴院可被罷出候、」（以下行間書）御裝束ニて被
爲成候、

明廿五日四ツ時分ニもみち山へ」御社参被遊候間、紅葉山へ
可」罷出旨　上意ニ御座候、爲」其如此候、恐惶謹言、
　　正月廿四日　　（花押430）（正盛）
　（結封うわ書）
　「（切點）
　　　寂教院　　中根壹岐守ゟ」

〔二〇〕 諸大寺單一文書　三九巻三九通

二五〇　(1)東寺傳法供家牒（前闕）　三一・一 六六・五

『畠五反　乍三反廿』
十四坪池後北圭七段　十六池後一町『乍□□□』　十七九段『不乍』
十八坪柴七段『不、』　十九坪一段二百六歩『畠八反卅代、寺』『不、』　廿四坪四段百卅六歩『不、』
『畠二百十六卜寺　乍二反卅』
廿一坪池後一段　廿三坪一段十三歩『不、』　北圭二段二百十六歩『不、』
廿四坪二百卅六歩『不、』　廿五坪北圭卅八歩『不、』　里外圭九段百廿歩『不、』
二条四桃本里
十五坪六段二百五十歩『不、』　廿六坪四段百八歩『不、』
廿一坪一段百八歩『不、』　廿坪五段『不、』　廿二坪一段『不、』
『畠六反寺乍九反卅』
廿五坪六段二百六歩　廿六坪八段二百七十二歩『畠公六反廿乍九反卅』注二反　廿七坪五段七十二歩『畠三反不六反』
卅三坪一段七十二ト『不、』　卅四坪北圭七十二ト『不、』　卅五坪二百十六歩『不、』

（紙繼目裏花押三あり）

卅六坪一段百卅歩『不、』
獨条五山口田北圭一段二百十六ト『不』　六坪一段十六ト『不、』　七坪一段七十二歩『不、』
八坪一段百卅四歩『不、』　十八坪一段七十二ト『不、』　十五坪三段『不、』
廿二坪五段『不、』
有方獨条三墓廻田一段『不、』　一条一有方里十八坪一段二百十六歩『不、』
二櫟本里公長田一段『不、』　狛子里六坪七段七十二歩『畠七段卅歩公』『乍二反卅』
二栗背里一坪二段七十二歩『不、』

牒、件庄田具注其由、去年奉牒、即令下勘田所、免除」國判已了、而今年收納使背例入勘者、相副去年國判文、」牒送如件、乞衙察狀、早任去年例、欲被免除、今勒事狀」以牒、

長保四年九月十九日少學頭僧（自署）「延好」

檢校僧正（雅慶）（草名431）
別當阿闍梨大法師（自署）「安救」（431）
大學頭大法師

（國司證判）
「判　件田肆町玖段貳拾捌
　　歩冝爲寺田也、
守源朝臣（花押432）　」

○もと東寺文書。前半を逸している。國司證判の部分に、方朱印・陽文「丹波國印」（拾遺6）五顆を捺し、方朱印・陽刻「造東寺印」（拾遺4・5）を不鮮明ながら數顆認める。

二五一　(2)東寺傳法供家牒（前闕）　三一・六 一〇二・五

三条四桃本里廿五坪六段二百五十歩『畠六段寺』『作反廿』

廿六坪八段二百六十歩『畠八段卅□二反十寺 公六反廿』『不作』
廿七坪五段百八十歩『畠三反寺』『不作』
卅三坪六段七十二歩『畠山』『不作』
卅四坪七十二歩『畠一反卅公』『不作』
(朱丸、以下同)
○廿五与布豆田六段二百五十八歩『不作』
○廿六大山田八段二百七十二歩『不作』
○廿七大山田五段九十二歩『不作』
○卅三小坂田一段七十二歩『不作』
○卅四今出小田北圭七十二歩『不作』
卅六三宅戸田一段百卌歩『畠反廿寺』『不作』
獨条五山口田北圭二百八十八歩『畠不注』『已不作』
六山口田一段二百十六歩
七山口田西圭一段七十二歩
八山口北圭田一段百卌歩
十八山口田西圭一段七十歩
廿五坪三段
廿二坪五段

使

牒、件庄田去承和十二年九月十日奉　勅施入、隨則依官」省符旨、國郡奉行、免除官物租税臨時雜役等已了、自爾」以降于今二百餘歳、代ゝ國宰曾無收公之妨、若有收公之時」訴愁於國衙、皆以免除、而年來人民多亡、已無人寄作、因」之久以荒廢、適頗開作之年、具注如此之由、幷相副本公」驗先判文、牒送之日、加外題、令下勘田所、任道理勘申坪ゝ」作數寺領之由、即加免除國判已了、而當時任中背例收」公、勅命已違、佛事闕怠、寺愁之甚、爲職此由也、仍牒」送如件、乞衙察狀、早任舊例、被免除件庄田收公、且仰先」皇奉勅之嚴、且知當時國恩之貴、弥誓護國家、今勒事狀、」以牒、

寛弘六年十月廿八日小學頭僧(自署)「光統」
僧(自署)「仁藤」

檢校僧正(雅慶)(草名[433])
別當大法師(安救)(草名[434])
大學頭大法師

(國司證判)
「判、件寺田參町可免除之、『定田數免了』

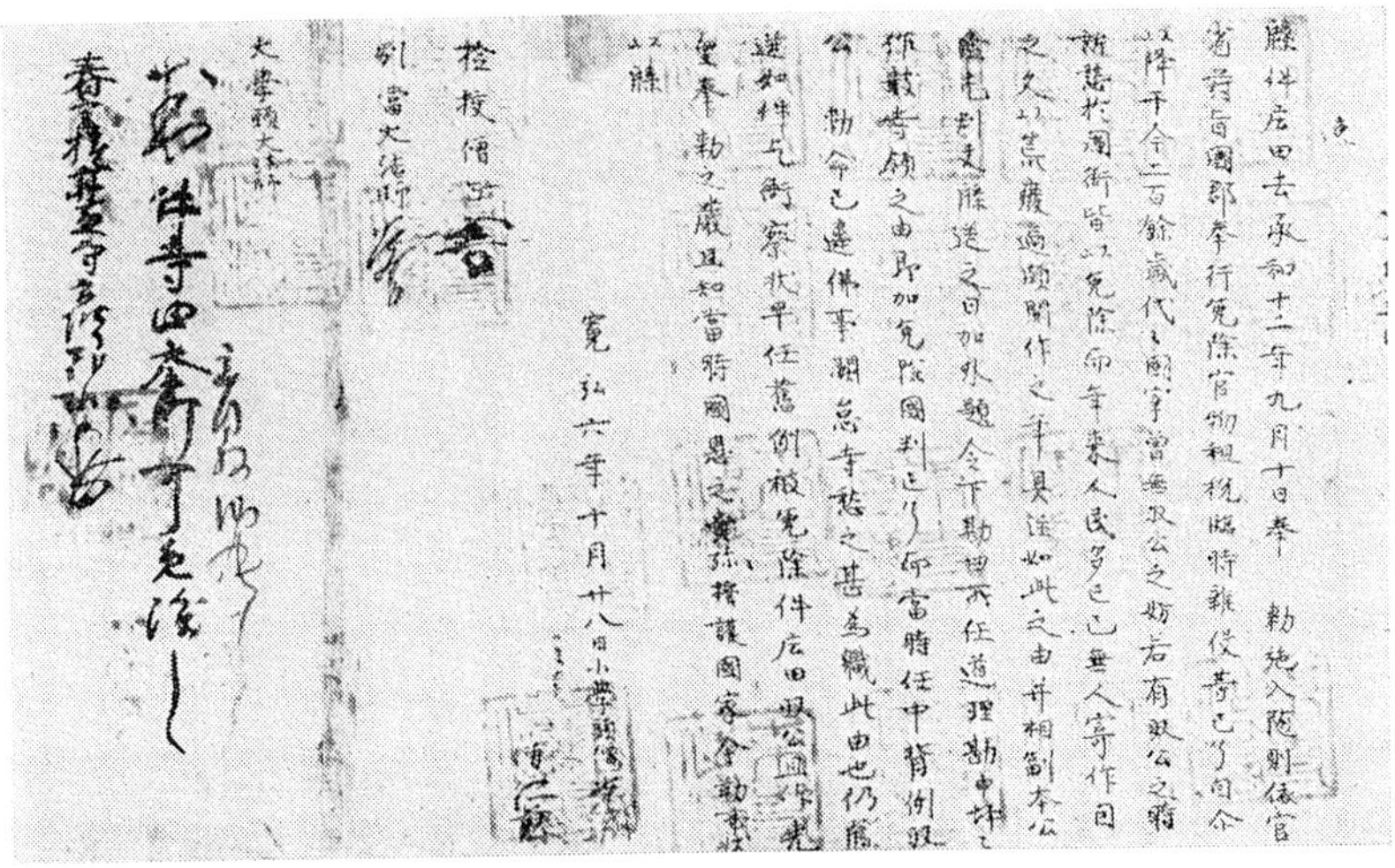

551 號　東寺傳法供家牒

春宮權亮兼守（丹波守）高階朝臣（業遠）（花押435）」

○字面に方朱印・陽文「東寺傳法」⒇を二二顆と、「丹波國印」（拾遺7）三顆を捺す。

五五二　⑶太政官牒　　三〇・三／四三・六

□□□（太政官）牒東寺

□　　□僧專燈大法師行暹辭退替事

□　　　□眞言宗　東寺□

□額僧傳燈大法師」□　　□大法師可被補任之

狀、言上」□　□權中納言兼右衞門督源朝臣俊明」□□〔宣、奉〕

□□（勅依カ）請者、寺宜承知、依宣行之、牒到准狀、故牒、

應德三年八月三日正六位上右少史菅野朝臣國季

從四位下行右中辨源「朝臣」（自署）（436）

○字面に太政官印を捺すも、文書の損傷によって明白ならず、明白なものは僅かに二顆であるが、殘りは一顆であろう。

五五三　⑷平群姉子作手田畠賣券　　二九・六／一四三・八

（異筆1）「法隆寺金堂寄進之処西三百歩也、於東三百歩者、橘二子処分了、」

沽却　作手田畠立券文事

合參段大者之中〈田壹段大 畠貳段之、〉「〔異筆2〕小部爲友永賣了、」
在平群郡八条九里廿七坪之内〈田字介良波良、畠字長田垣内之、〉
四至〈限東畔 限西路 限南路 限北中垣〉
右件田畠元者、故元嚴都那〔維脫、以下同〕師作手也、而存生之時」借用故末
經之准直伍佰□〔疋カ〕鎧壹領、不致其□〔辨〕、□〔不〕」慮之外被致害畢、其
後末經之母依訴申、□□〔當時〕」御目代件田畠等立札、被加制止、
其時□□□□□〔舍弟權寺主〕」長暹、以本直之定五百疋之鎧壹領、返弁□〔畢〕、
□〔生〕」母平群姉□〔子〕以彼元嚴作手田畠、爲件鎧價直五百疋、永□〔所〕」
賣渡長暹也、仍爲後代勤在狀、□□□□〔劵文如件〕、
永久二年十一月廿九日　生母平群□□〔姉子〕
權都那法師（花押437）
女藤原氏（略押437）

〔證判〕「件田畠價直鎧所弁進
明白也、仍所司等加署名
之、」
權都那法師（花押438）
權都那法師（花押438）
權都那法師（花押439）

權都那法師（花押439）
權寺主大法師
權寺主大法師（花押440）
權寺主大法師（花押440）
寺主大法師（花押441）
權上座大法師（花押441）
上座大法師（花押442）
小別当大法師（花押442）
五師
大法師
大法師（花押443）

〔紙背〕「〔異筆3〕一枚」〔紙繼目裏花押〕

大法師（花押443）
大法師（花押444）
大法師（花押444）
大法師（花押445）
大法師
大法師（花押446）
大法師（花押446）

（紙背）（異筆3）「二枚」
（木製題籤甲面）「長田介良波良」
（同　乙面）「永久二年十一月」

〇本文を墨線五本をもって抹消している。方朱印「法隆寺印」(21)を本文に二顆、署名の上に八顆、与判の文に一顆、計一一顆を捺すが、現存の本印では失われている方印の外郭がこの文書には奇しくもほぼ遺存している。また木製の往來（題籤）を軸として、この文書を巻き付けている。『平安遺文』第五巻一六三九頁所収に「吉田文書」としているように、次號文書とともに、攝津吉田聆濤閣舊藏である。

五五四　(5)神野眞國杣山造下材木日記　二九・六 五一・二

注進　神野眞國杣山造下材木日記事
合
七月二日下神野山下材木
御門具足
柱四本　榑敷四枚
中門板敷板廿三枚
七月廿七日下
榑二百寸　樋二口
八月廿三日下
四五木并榑七十支
九月廿三日下
八九寸廿支　同廿六日垂木卅支
十月二日下
八九寸四十五支　七八寸八十支
重板廿枚
已上肆佰玖拾捌支
右、注進如件、
天養元年十月十一日　紀朝臣兼國上(447)

〇差出人「紀朝臣」は後刻書き改めているが、前筆の文字は不詳。

五五五　(6)東大寺御持佛堂政所下文　三〇・七 五二・〇

御持佛堂政所下
補任權寺主職事
法師實勝
右人、爲件職、可勤寺役之狀」如件者、寺家宜承知、依件」行之、以下、

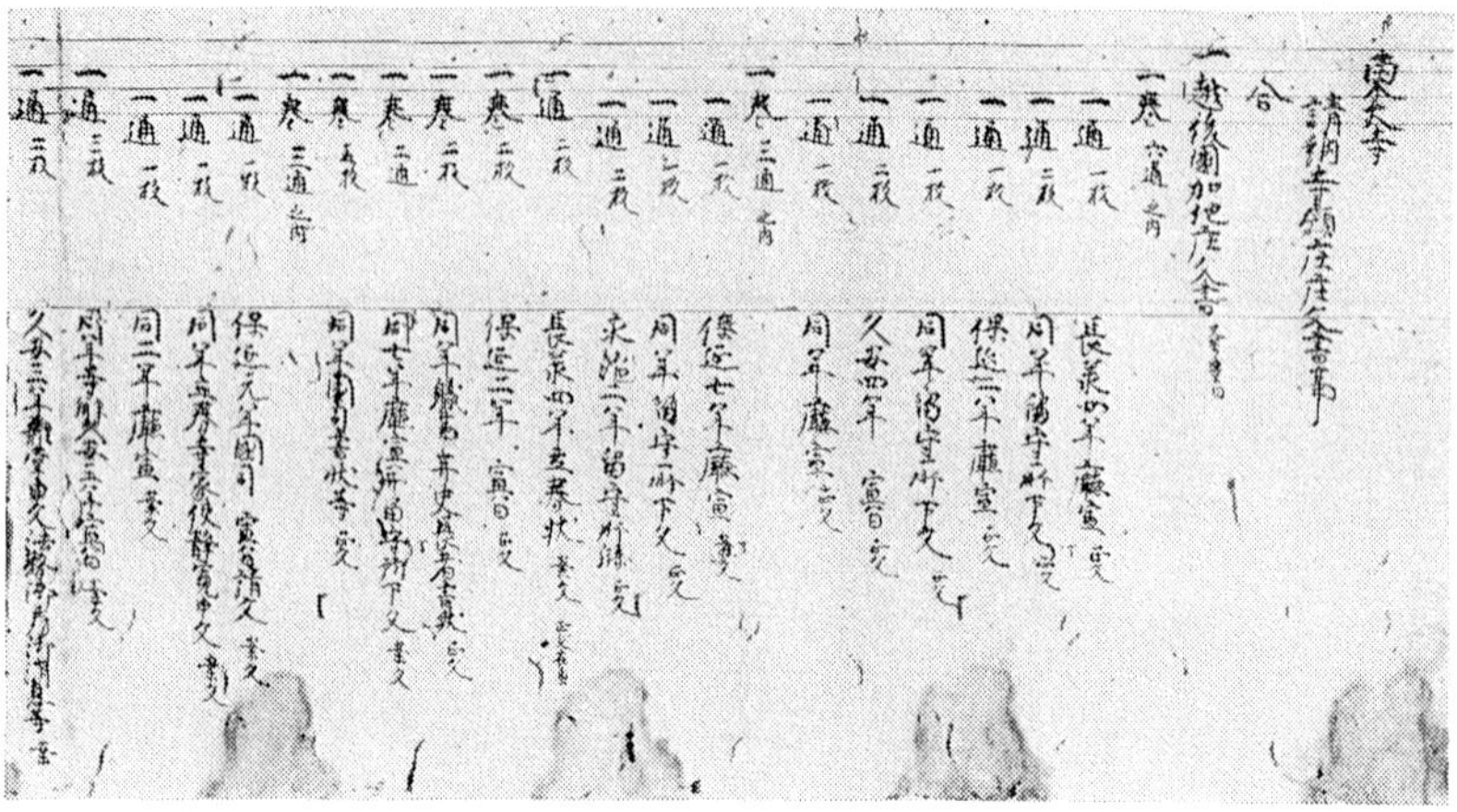

556號　東大寺領庄庄文書請文（巻首）

仁安二年五月四日　公文

別当（花押448）

上座（花押448）

権上座

寺主（花押449）

権寺主

都維那師（花押449）

権都維那師

○文面の「御持佛」「寺主職」「仁安二」に重ねて寶珠形朱印各一顆計三顆を捺す。

五五六　(7)東大寺領庄庄文書請文　三〇・〇 六九五・七

東大寺

　請納寺領庄庄文書事

合

一越後國加地庄文書又号豊田

一巻六通之内

一通一枚　長承四年廳宣正文

一通二枚　同年留守所下文正文
一通一枚　保延二年廳宣正文
一通一枚　同年留守所下文正文
一通二枚　久安四年　宣旨正文
一通一枚　同年廳宣正文
一巻三通之内
一通一枚　保延七年廳宣案文
一通一枚　同年留守所下文正文
一通二枚　永治二年留守所牒正文
一通二枚　長承四年立券狀案文　正文在奥
一巻二枚　保延二年　宣旨正文
一巻二枚　同年職事幷史長者書狀正文
一巻二通　同七年廳宣幷留守所下文案文
一巻五枚　同年國司書狀等正文
一巻三通之内
一通一枚　保延元年國司　宣旨請文案文
一通一枚　同年立券寺家使靜寛申文案文
一通一枚　同二年廳宣案文

一通三枚　同年寺解・久安三年宣旨案文
一通二枚　久安三年雜掌申文・法務御房御消息等案
一巻十八枚　同年以後在家帳正文幷雜文書等
一通一枚　靜寛消息礼紙
一通一枚　久安四年童子丸申文
一通三枚　同五年庄解
一通一枚　仁平元年廳宣案
一通一枚　同年留守所下文案
一通二枚　無年号大夫史書狀正文
一通一枚　同師經書狀正文
一通二枚　無年号國司消息正文
一通一枚　仁平元年文書目錄
紙繪圖一禎〔幀、以下同〕　長承四年
已上合本目錄文書也、
一巻二枚　保延元年國司　宣旨請文等
一通一枚　同二年寺家下文正文
一通一枚　同七年廳宣案
一巻三枚　久安三年廳宣幷寺家下文等案

一通一枚　同年文書目錄令獻法務御房狀
一通一枚　國司書狀
一通一枚　仁平四年花藏院僧正御房御消息俊緣奉召立券狀由
一通二枚　無年号同御消息
一通二枚　式部君顯實書狀右少弁御返事
已上雖不合本目錄、依見在所注加也、
一巻二枚　長承四年立券狀正文
一通二枚　仁平三年在廳解正文
一巻二枚　同年廳宣幷留守所下文正文
一通一枚　保元二年庄解

一通一枚　俊緣書狀
已上本文書等自白川本房式部君顯實重所撰進也、
一伊賀國黑田庄出作文書
一巻二通　寺家寄進證文等
一巻八通十三枚　代代領主手繼等
一巻二通　藤原中子与東南院前僧都相博狀
一巻十六通　代代國司裁判廳宣等
一巻一通　陽明門院廳下文

一巻五通　名張郡司宣旨請文幷宣旨案同請文等
一巻十三通　東大寺代代別當裁定下文等
一巻二通　(藤原忠實)知足院入道殿下御下文
已上八巻四十九通東南院施入目錄內上座覺仁注文定
一通二枚　天承二年寄般若會文正文
一通一枚　承安二年國司廳宣正文
一通二枚　同四年院廳御下文正文
五巻大巻　上之八巻四十九通案文在目錄
一巻八枚　長承二年矢川田畠立券注文
一巻廿枚　同年中村田畠立券注文
一巻六枚　同年夏見田畠立券注文
一巻十枚　同三年三箇村公畠取帳
一巻十三枚　同年中村內検取帳
已上十三巻、目錄之外、更所請加也、
一巻十二通　矢川条代〻國司廳宣此中在本主實遠賣渡禪林寺僧都狀
一巻三通四枚　永承六年國判外題醍醐牒狀者
一通一枚　保房書狀長治二年
一巻二通　源融書狀中村公驗沙汰事

一束十四通　箭(マヽ)川中村檢田檢畠帳等

已上東南院施入文書內、依　政所仰、上座覺仁進之、

一通二枚　大治五年古川寺牒

一通一枚　永曆元年廳宣案

一巻二通　出作領主次第幷伊賀御封支」配注文

已上同具書也、

一同國庄庄造內裏役免除證文

一通一枚　承安四年奉行幷請文正文

一藤井庄率分免除證文

一巻九枚　保元三年沙汰文書正文

八通　同沙汰文書

一美濃國大井茜部兩庄文書

一巻卅一枚　官符宣旨等案

一巻三通　天德官牒・延久官符・承保宣旨案文

一巻二枚　保元三年宣旨正文

已上三巻在本目錄、但其狀云、保元宣旨二巻、正文者、今一巻不見、不審、

一攝津國水成湍(マヽ)庄文書

一通二枚　寛德二年關白(藤原頼通)家政所下文案文

一結九巻之内

一巻卅一枚　長和以後寺牒國判十五通正文

一巻一枚　長和五年職下文正文

一巻二枚　寛德二年住人解狀四至內畠事、在坪付、正文、

一巻一枚　同年四至內畠注文正文

一巻一枚　長久二年國判案文

一巻十一枚　長久以後所當官物進未勘文正文

一巻十八枚　康平二年以後檢田帳六通正文

一巻二枚　天平勝寶八歳繪畠正文

一巻六枚　同繪圖案幷寛治二年殿下(藤原師實)御下文郡司等請文案

一結雜々廿八通、定卅通

一巻三枚　長久年中造內裏役免除宣旨等案文

一巻一枚　寛治五年將曹近友田請文正文

一通三枚　大治元年住人条々申文散所雜色有國狀也、

一通一枚　康平二年天喜年中四ヶ年進未勘文

一通一枚　同年庄民進未勘文

一通一枚　同年重元馬進送文

一通　同年絹送文
一通　同年庄司安吉申文
一通　康和二年官物散用注文
一通小紙　庄内畠領主注文長承二年勘之云〻、
一通半紙　康和三年畠沙汰文書請文
一巻一枚　長承二年大判事明兼請取文書請文
一通　同年文書年号注文
一通　大判事預置文書注文
一通　長承二年預大判事文書注文
一通在立紙　同年明兼文書正文可預之由状
一通在立紙　同明兼公験等暫留置之由書状
一通一枚　久安二年元安庄田請文
一通一枚　同三年庄役注文
一通二枚　同年檢田目錄
一通一枚　三代免判送文三善爲時　無年号
一通一枚　免符送文右中辨狀
一通一枚　文書不審勘合注文
一通二枚　天喜四年爲時消息

一通　爲時書狀勘益事
一通破損　同書狀
一通　文書送消息不知誰人、
二通　覺仁書狀文書京上沙汰等
一通　庄民可勤仕寺役請文案大治元年 天承元年
一同國猪名庄文書
一巻六通之內
一通一枚　久安四年攝政(藤原忠通)家政所下文案
二通二枚　應保二年廳宣正文
二通二枚　同年　宣旨正文
一通一枚　久壽二〔三〕年鴨御社下文正文
一通一枚　承安五年鴨社禰宜祐季請文在靜寛書狀、
一丹波國後川庄文書一結三通
一巻六枚　延喜以後代〻寺牒國判等案八通
一通一枚　天暦四年封戸庄園內丹波國寺領注文
一通　仁平三年造內裏役免除廳宣正文
一山城國玉井庄文書
一巻四通　左馬寮菅免除下文正文

一大和國藥園庄文書
一帖廿三枚　宣旨・院宣・職事書狀等案
一同國櫟庄文書
一通二枚　保延六年法雲院法印水下文正文
一結八通幷繪圖一幀　山沙汰
一通二枚　應保二年常陸前司外題案等
一通一枚　同外題案
一卷四枚　庄內柿本寺券案
一通在立紙　常陸介教盛返狀
一通一枚　同書狀案
一通三枚　承安元年平宰相教盛書狀幷西庄陳狀等
一通一枚　同返狀
一通　覺延擬講消息
繪圖一幀紙
一同國飛驒庄文書
一結之內
一通三枚　飛驒坂所注文
一通二枚　天仁二年文書目錄

一通二枚　康和四・五兩年結解
一通二枚　天治元年檢田帳
一通一枚　大治三年宣旨請文案
一通　久安三年覺光預所任符
一通　久安元年同大衆下文
二通　雜文書
表券一枚　雜文
一伊勢國飯野庄文書一結十六卷之內
一卷四枚　天平勝寶八歲以後三重庄國牒正文
一卷七枚　延喜九年以後國牒等
一卷一枚　延長五年民部省牒正文
一卷十四枚　延長五年三重庄券第三
一卷十二枚　延長七年飯野三重兩郡注文正文
一卷十枚　同年大神宮勘狀正文
一卷二枚　同年大神宮官勘狀等正文
一卷十三枚　久安三年已後宣旨等案文
一卷三枚　同年宣旨正文　問宣旨
一卷四枚　同年以後宣旨案

一通一枚　平治元年　宣旨案
一巻三枚　同年問宣旨正文
一巻五枚　同年寺家陳狀
一通一枚　久安四年神三郡佛寺領注文
一通一枚　平治元年飯野郡所有寺領注文
一巻八枚　應保二年宣旨案七通相連藥園・猪名・長洲・丸柱・飯野・丈〔大〕部・封戸等
布繪啚一禎　天平勝寶九歳
一播磨國丈〔大〕部庄文書一結十四通
一通一枚　久安元年以信舞〔舜〕補大部鄉司廳宣案
二通各一枚　同三年以大部鄉立替三箇庄宣旨案
一通二枚　同宣旨案國寺兩方被下狀也、
一通二枚　同年國司廳宣案二通
二通各一枚　同年可立券之由　宣旨案
一巻廿一枚　同立券狀
一通一枚　久安四年以庄內兩里讓寬珍得業狀正文
一通一枚　保元三年兵衞尉貞淸請文案
一通一枚　同四年以兩里重讓寬珍得業狀正文
一通一枚　永萬元年信舞〔舜〕讓行惣狀案

一通一枚　書狀
一巻廿枚　久安四〔三〕年立券案是同本也、
一讃岐國兩保文書
一巻二通　原保仁安二年廳宣并留守所下文正文
一巻二通　金倉保同三年寄文并廳宣正文
一下野國便補保文書五通
一通一枚　長寬二年以藺部戸矢子兩保廳宣正文
一通一枚　應保二年藺部保廳宣正文
一通　同留守所下文案
一通　永萬元年同下文正文
一通　同年廳宣案
一觀世音寺文書六通
一通二枚　久安三年　宣旨案
一巻十四枚　年貢送文案
一通三枚　久安四年解狀案
一通四枚　同奏狀案
一通二枚　久安五年封庄進未注文
一通一枚　遲仁書狀年貢數事

一諸庄庄役夫工野宮等免除證文
一巻三通之内
一通一枚　永久二年黒田庄役夫工免除宣旨案文
一通一枚　同　宣旨職事仰書案文
一通同枚内　天治元年山城・大和・伊賀庄庄野宮雜事免
除宣旨案
一通三枚　嘉應元年美濃・伊賀・山城・攝津・」丹波・
越中國庄庄役夫工作析米免除宣旨正文
一通一枚　同二年越後庄役夫工免除宣旨正文
一結十三通　作析米沙汰
一通二枚　院宣
一通一枚　仁安四年造太神宮配符案北伊賀
一通一枚　同留守所下文案
一通一枚　寺領伊賀・美濃庄〻作析米切符
一通二枚　前別當法印御請文案
一通一枚　大井・茜部田數注文
一通一枚　仁安三年大井庄檢田目錄
一通一枚　仁安四年大井庄造宮米返抄案

一通一枚　右少弁返狀大井庄造宮米返抄事
一通一枚　嘉應元年茜部庄造宮米返抄正文
一通一枚　同米黒田庄返抄案
一通一枚　右少弁返狀黒田庄造宮米返抄事
一通二枚　右少弁書狀黒田事
一通一枚　黒田庄造宮米返抄四月廿日書狀
一結廿五通之内
役夫工沙汰文書九通
一巻四通之内
一通一枚　天永三年大井・茜部役夫工免除宣旨
一通二枚　永久三年大井庄本免分利物可糺返之　宣旨
二通各一枚　同宣旨同四年
一巻五枚　庄庄役夫工免除證文職事御消息等
一通一枚　左少弁消息寺領役夫工事
一通一枚　嘉應元年猪名・水成瀬役夫工免除宣旨案
一通二枚　同年役夫工奏狀草
一通一枚　同年觀世音寺役夫工寺解案
一通一枚　同年木本庄役夫工寺解草

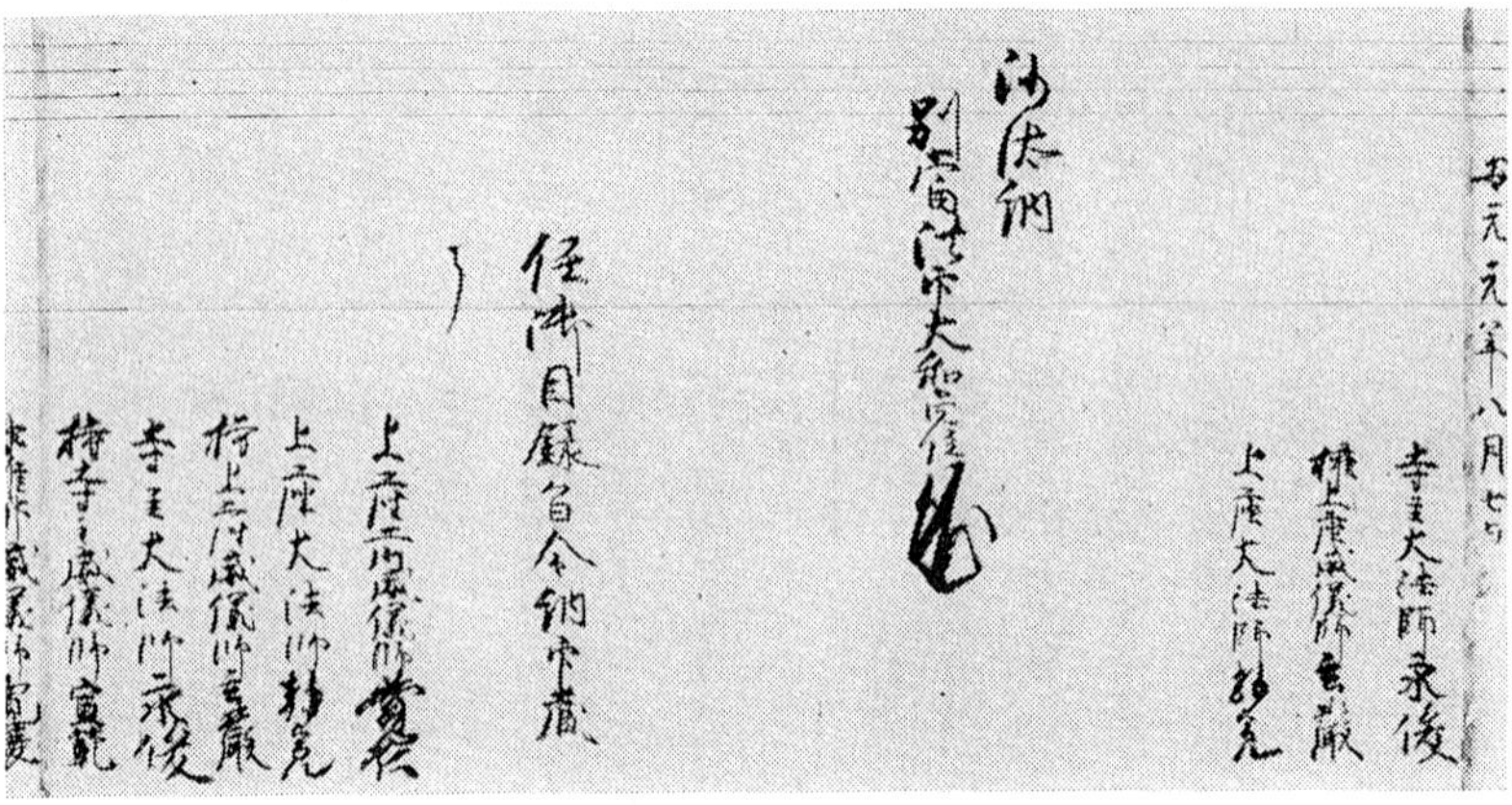

556號　東大寺領庄庄文書請文（巻末）

一通一枚　同年讃岐原保役夫工切符案

一通一枚　左少弁消息

野宮役沙汰文書十通

一巻一枚　庄庄野宮課役免除證文右中弁書状

一通一枚　嘉應元年大和庄野宮柴垣切符

一巻三枚　同年黒田薦生出作切符二枚　院宣一通

一巻四枚　院宣并野宮役出作勤仕證文

一通一枚　院宣野宮役出作可勤仕之由

一巻四枚　伊賀國司申狀并院宣・政所請文案等

一通一枚　野宮役切宛庄ゝ注文

一通二枚　國司所進證文案出作所課解文

一通一枚　前別當法印御請文案

一通一枚　永暦二年簗瀬村免除宣旨案

六通　雜文書

一寺家要錄一巻第六巻

一覺仁書狀一通折紙一枚

一沙汰間文書一結十五通

右、件文書等前別當白河法印御時、漸漸被召上、」未被返納之

間、俄以入滅、相具聖教等、被召納蓮」華王院畢、是依爲寺
家大事、當御任殊令經
院奏、爲右少辨奉行、所被撰下也、仍隨出來、所」請預如件、
安元元年八月七日
寺主大法師「永俊」（自署、以下同）
權上座威儀師「玄嚴」
上座大法師「靜寛」

沙汰納
別當法印大和尚位（花押450）
任御目錄旨、令納印藏」了、
上座前威儀師「覺仁」
上座大法師「靜寛」
權上座威儀師「玄嚴」
寺主大法師「永俊」
權寺主威儀師「宣範」
都維那威儀師「寛慶」
權都維那法師「覺永」
權都維那法師「嚴信」

○本卷各紙繼目裏花押（451）があり、また本紙の上部には横に墨界線四本、中央に近くまた一線をひく。本文書は小椙榲邨の手より蜂須賀家舊藏となったものである。

三五七 (8)後鳥羽天皇宣旨 三三・二 五二・五

應令不知實名高雄寺住僧字淨覺房辨申」子細、石淸水八幡宮寺所司等訴申、且永停止自由」濫妨、且任所犯實、處罪科淨學房幷下手人等事
副下濫行人交名幷被致害刃傷神人等交名各壹通
右、得彼宮寺所司等去月廿八日解狀偁、謹檢案內、當宮寺」御領紀伊國野上庄者、往古根本神領也、延久年中勅免以降」一百餘歲之間、敢以無脫漏矣、爰同國神野眞國庄爲高雄」文覺上人沙汰之剋、弟子僧淨學房恣振威勢、忽巧新儀」令押領野上庄內佐佐小河村之間、或致害刃傷神人、或」燒拂數宇民宅、狼戾之甚何事如之哉、望請天恩、且永」令停止佐佐小河新儀濫妨、且又件淨覺房幷下手輩」任所犯實、被處罪科者、將仰神威嚴重、弥祈寶祚」延長者、右少辨藤原朝臣親經傳宣、權中

納言藤原」朝臣實家宣、奉　勅、宜令彼淨覺房辨申件子細者、

文治二年四月廿五日左大史小槻宿祢（花押452）奉

○この文書の書式は下文樣式を遵守して、各行の文字を上から下へ順次小さくなるように書いている。

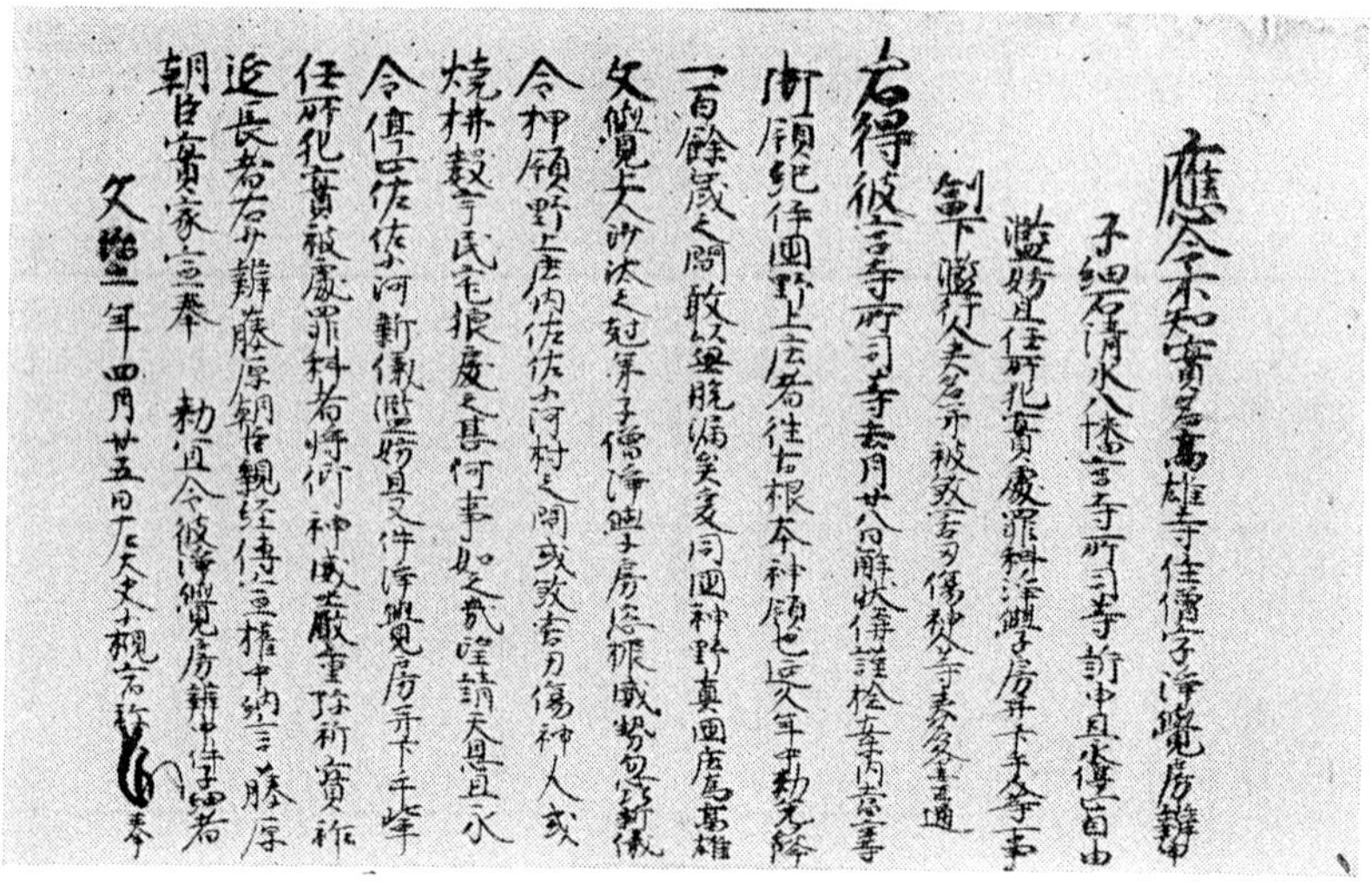

557號　後鳥羽天皇宣旨

五五八　⑼六條院領關係下文　二九・〇　三九・〇

（花押453）

下　六條院御領信乃國千國」御庄内於他里飯守所

可早任平康家請文狀、進濟御年貢」布陸拾段本尺事

右、件御年貢布、慥任申請、無懈怠」可令弁濟之狀、所仰如件、

建久元年十二月　日

僧（花押454）

五五九　⑽慈德寺僧正尊忠讓狀　三〇・六　九七・八

讓渡

一天台飯室谷妙香院

一同西塔院本覺院

一同院觀音堂

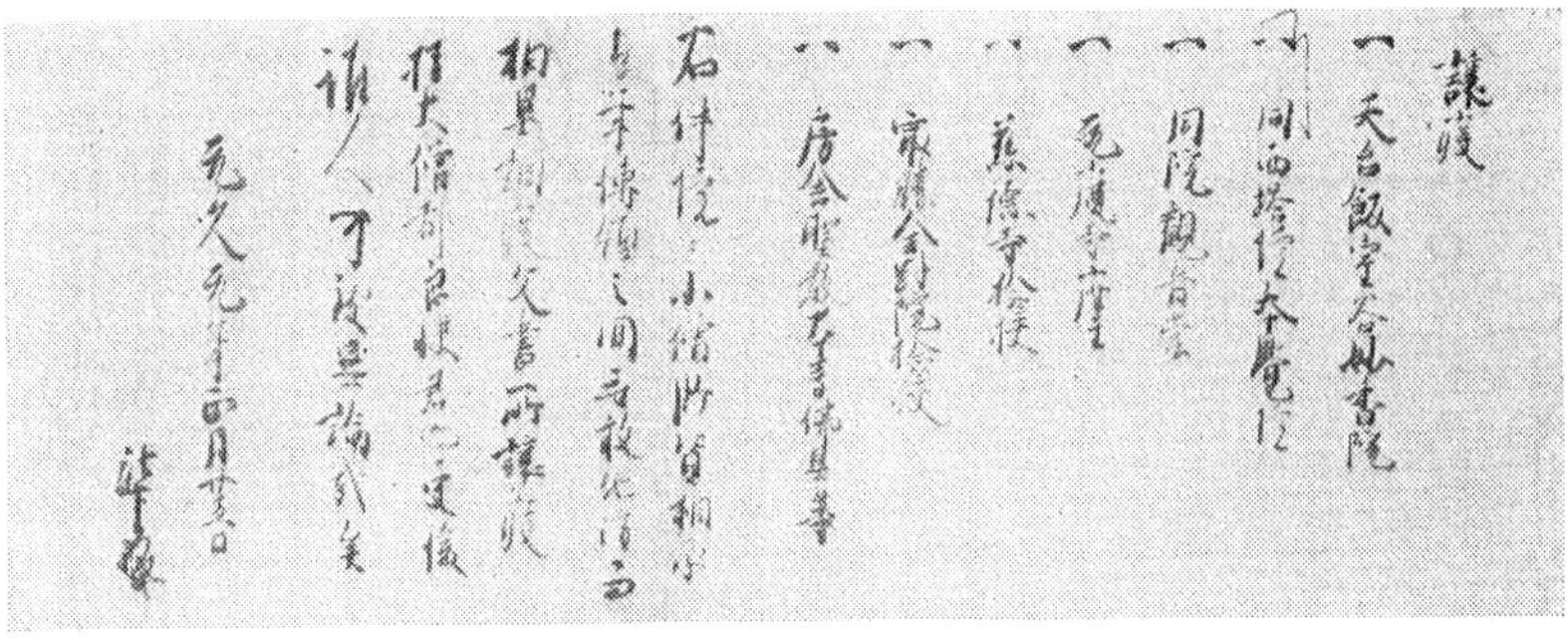

559號　慈德寺僧正尊忠譲狀

一元慶寺座主
一慈德寺檢校
一寂勝金剛院檢校
一房舍聖教本寺佛具等
右件院〻、小僧師資相承」多年傳領之間、無敢他防〔妨〕、而」相具
調渡文書、所讓渡」權大僧都良快君也、更後」誰人可致異論哉矣、
元久〔マヽ〕元年正月廿五日
法印（花押455）

○建仁四年二月二十日に元久と改元したので、元久元年正月とあることは問題がある。また筆蹟についても當時のものとは認め難い。

五六〇　(11)東寺灌頂院曼荼羅開眼勘文　三二・二　六四・〇

（異筆1）（別紙添書）「順德天皇［　］二時一ノ長者心蓮院法務僧正後〔俊〕證、中務大輔能明ノ息、
四ノ長者園城寺法印權大僧都延杲大藏卿長忠息」
（異筆2）「建保五年正月六日」
（異筆3）「東寺灌頂院曼荼羅御開眼事」

（異筆4）「十五代祖
執行法印權大僧都成慶
文應元年七月十六日死」
（異筆5）「于時三藏預當家四拾八代祖
明治五年ニ武內阿波法橋定賢
修覆」

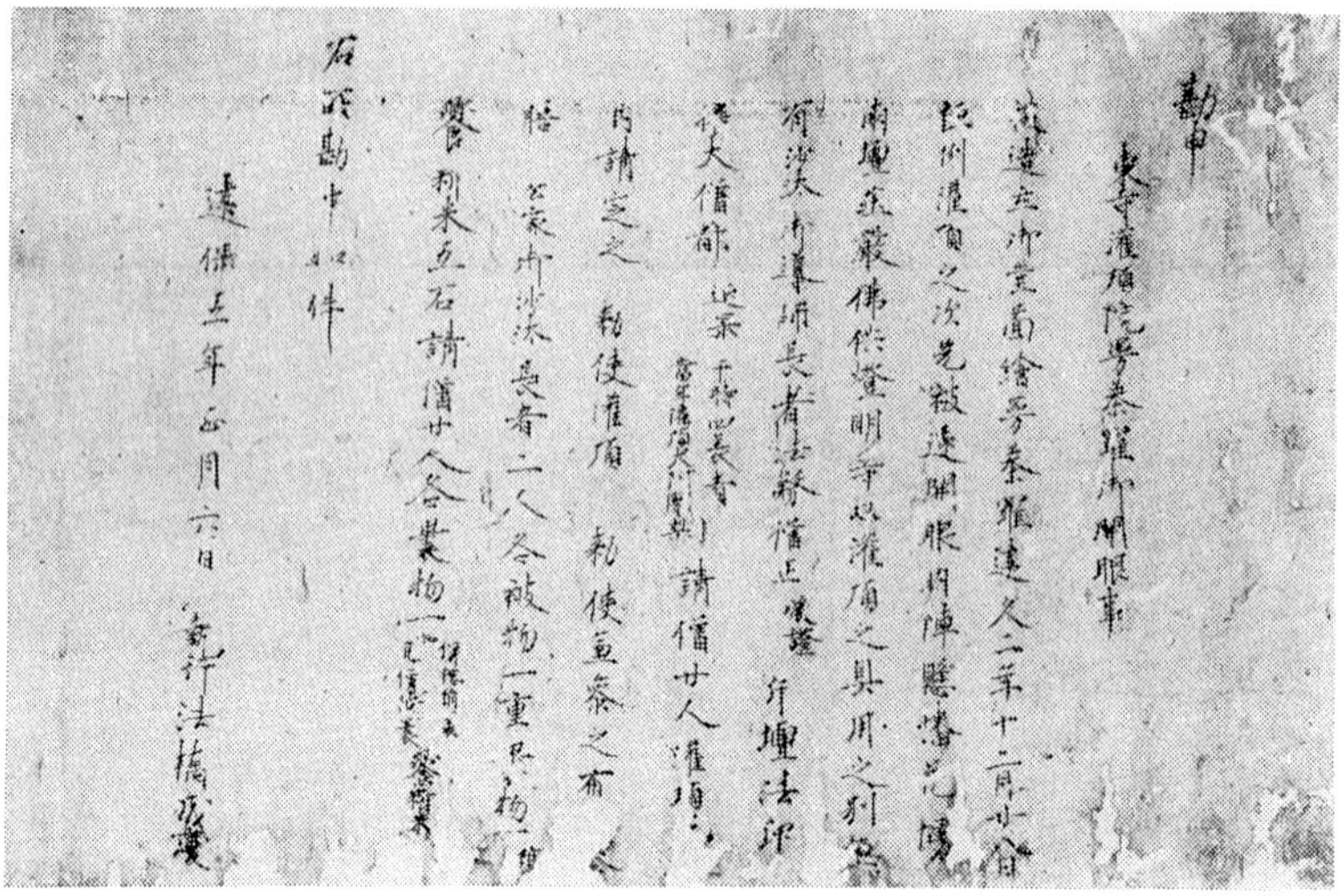

560號　東寺灌頂院曼荼羅開眼勘文

（異筆6）「于時灌頂院八幡宮本預 但シ建保頃之 小行事也、
武内重嚴先代十三代目之祖」

勘申

東寺灌頂院曼荼羅御開眼事

被造立御堂、啚繪曼荼羅、建久二年十二月廿八日」恒例灌頂之次、先被遂開眼、内陣懸幡・花幔」兩壇莊嚴佛供燈明等、以灌頂之具用之、別而」有沙汰、御導師長者法務僧正俊證、片壇法印」權大僧都延杲、于時四長者、當年灌頂大阿闍梨 請僧廿人、灌頂〔院之〕□□」內請定之、勅使灌頂　勅使兼參之、布〔施參ヵ〕□□」膳　公家御沙汰、長者二人各被物一重、裹物一絹」饗粁米五石、請僧廿人各裹物一 僧綱絹裹、凡僧紙裹、 饗粁米□□

右、所勘申如件、

建保五年正月六日　執行法橋「成慶」（自署）

五六一　⑿太政官牒

太政官牒鞍馬寺

應補阿闍梨行圓闕替事

三四・四八・五〇

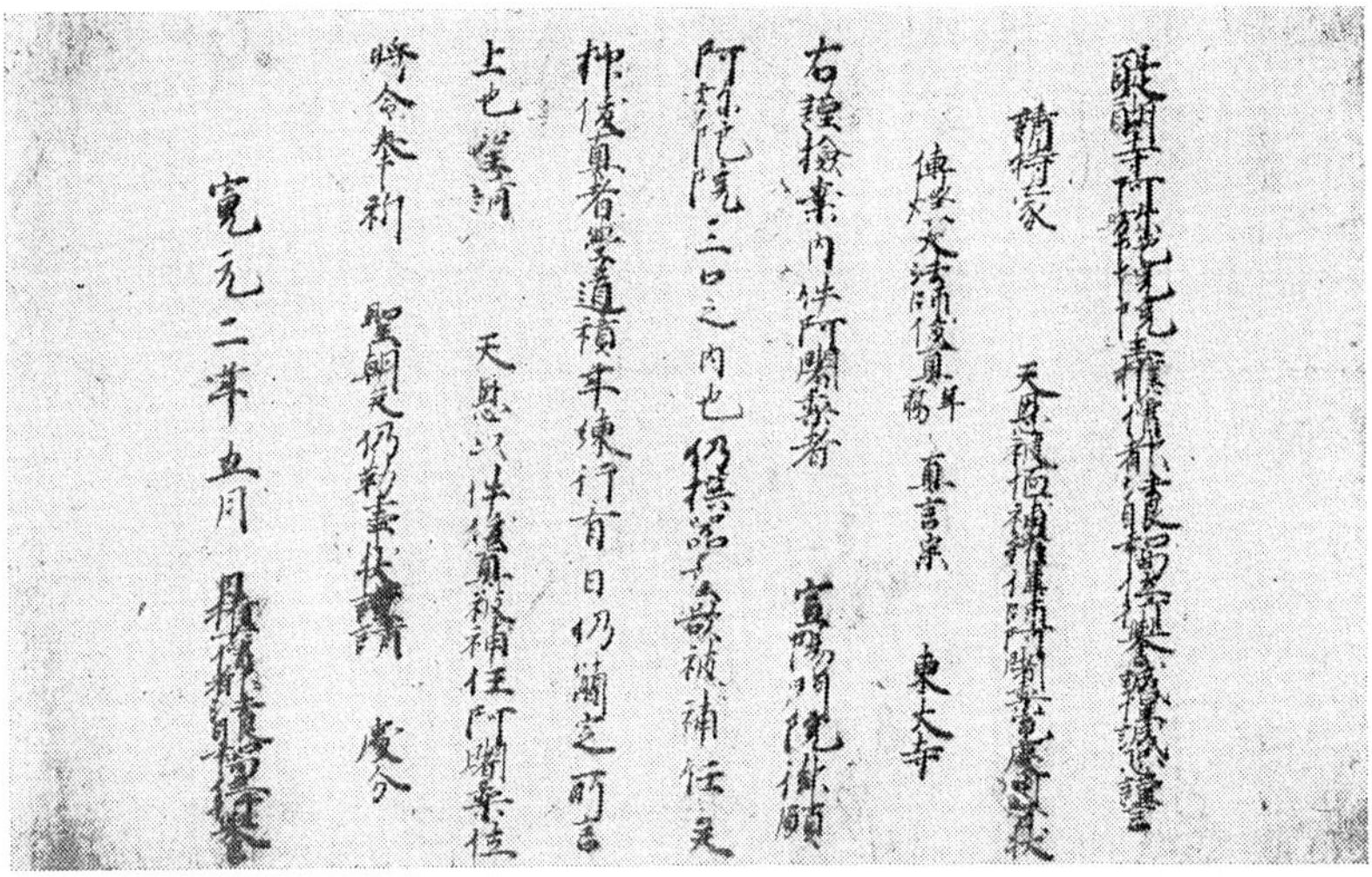

562號　醍醐寺阿彌陀院行譽擧狀

傳燈大法師位良玄年﨟　天台宗　延暦寺

右、得阿闍梨法印大和尚位權大僧都寂守去年」十二月十九日奏狀偁、件良玄早入密宗之門、久學」祕教之道、性之叶器尤足器量、不擧若人爭勵後輩、」望請天恩、因准先例、以件良玄被補彼替者、將繼」三密之傳燈、奉祈万歳之寶筭者、正三位行權中納言」藤原朝臣親俊宣、奉　勅、依請者、寺宜承知、依宣」行之、牒到准狀、故牒、

延應二年四月八日修理東大寺大佛長官正五位上行左大史小槻宿祢（花押456）

正四位下行權右中辨平「朝臣」

○方朱印「太政官印」(22)（七・五×七・五センチ）を「太政官」「延應」「正五位……宿祢」の字面に各一顆捺す。

五六二　(13)醍醐寺阿彌陀院行譽擧狀　三二・二 五〇・四

醍醐寺阿弥陀院院主權少僧都法眼和尚位行譽誠惶誠恐謹言

請特蒙　天恩、被恤補權律師阿闍梨寛慶闕替狀、

傳燈大法師俊眞年﨟　眞言宗　東大寺

右、謹撿案内、件阿闍梨者、　宣陽門院御願」阿弥陀院三口之内也、仍撰器量欲被補任矣、」抑俊眞者、學道積年、練

行有日、仍簡定所言」上也、望請　天恩、以件俊眞被補
任阿闍梨位、」將令奉祈　聖朝矣、仍勒事狀、謹請　處分、
寛元二年五月　日權少僧都法眼和尚位行譽

五六三　(14)關東御教書　三二・八　五三・八

高雄寺僧等申紀伊國河上」庄間事、申狀如此、所詮、被尋」
申相博之子細於　御室御所、」可令注申給之由所候也、仍」執
啓如件、
寛元二年十月廿六日武藏守(北條經時)（花押457）
謹上　相模守殿(北條重時)

五六四　(15)圓爾聖一國師印信　三一・〇　四七・〇

傳法七日以前持念次第
初日分
謂妙果者、以菩提心爲最勝、故持誦普賢眞言、
第二日分
謂菩提果者、以慈悲心爲最極、故應行擅波羅蜜印、寶菩薩是[也]、
第三日分
謂滅罪故、可持誦除蓋障芥眞言、
第四日分
謂六度薫習、故應持誦世尊眞言、觀音是也、
第五日分
謂離諸煩惱、故心月輪上可觀給(マヽ)字門、妙吉祥芥是也、
第六日分
謂爲成就円滿出生曼荼羅功德、故應持念佛眼眞言、
右、依　師傳儀式、宜示之如件、
弘安三年十月「八」(圓爾自筆)日傳燈大法師阿闍梨位「円爾示」(自筆)（458）

○字面の「傳法」「弘安」「八」「円爾示」に各一顆の梵字「阿」字朱印(23)（三・二×三・二センチ）を捺す。東福寺栗棘庵藏『印信集』（重文）中より流出した一部と推察する（荻野三七彦『印章』二九頁參照）。圓爾は弘安三年十月十七日入滅。

五六五　(16)關東御教書　三四・〇　四七・〇

澄嚴律師申大慈寺」新阿弥陁堂供僧職事
所被補任也、可令存其旨」者、依仰執達如件、
弘安八年十二月廿日相摸守(北條貞時)（花押459）
陸奧守(北條業時)（花押460）

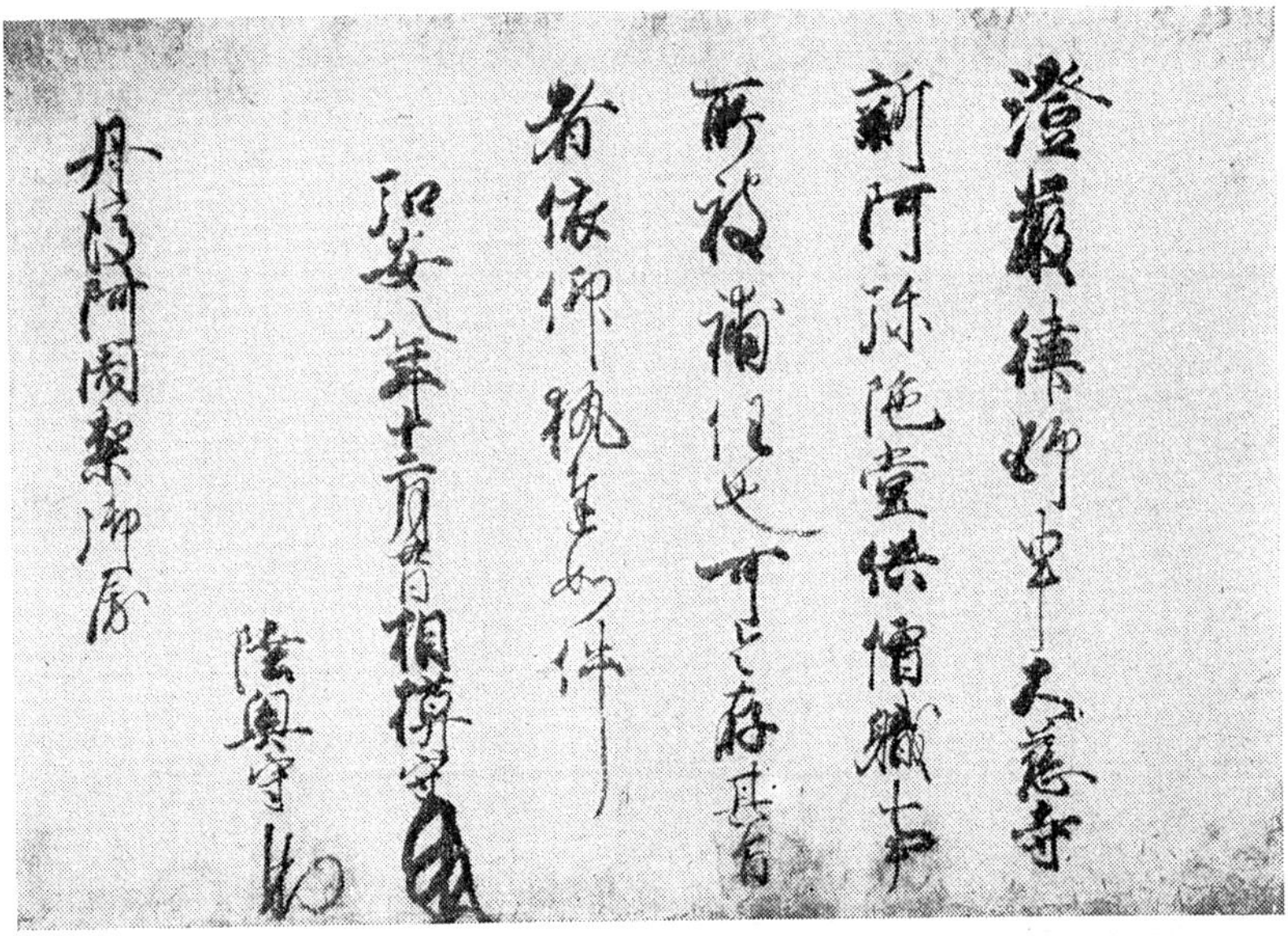

565號　關東御教書

丹後阿闍梨御房

五六六　⒄後宇多上皇院宣　三一・三　五二・七

（附箋）「葉室權中納言顯賴（マヽ）卿　正應四年　院宣狀」
近江國高嶋郡内」一切經保田者、故姬宮」御領也、爲彼𦬇（菩提）、
永」被寄附聖蓮（青）院畢、」向後不可有相違者、
院宣如此、悉之、以狀、
正應四年四月九日　按察使（葉室賴親）（花押461）
誠證上人御房

五六七　⒅友山士偲度牒（版刻）　三七・五　四七・五

治部尙書
（墨書、以下同）「城州路東山東福禪寺童行士思、本貫係本州乙國縣人事
俗姓秦、見年十四歲、投禮當寺住持士雲（南山）長老爲本師、賜
□（黃）紙度牒、剃髮受具者、」
右、被太政官符偁、左大臣（近衞家平）宣、奉
勅、件度者姓「奏」（仰脫カ）宜治部省與剃度、牒至准
勅、故牒、

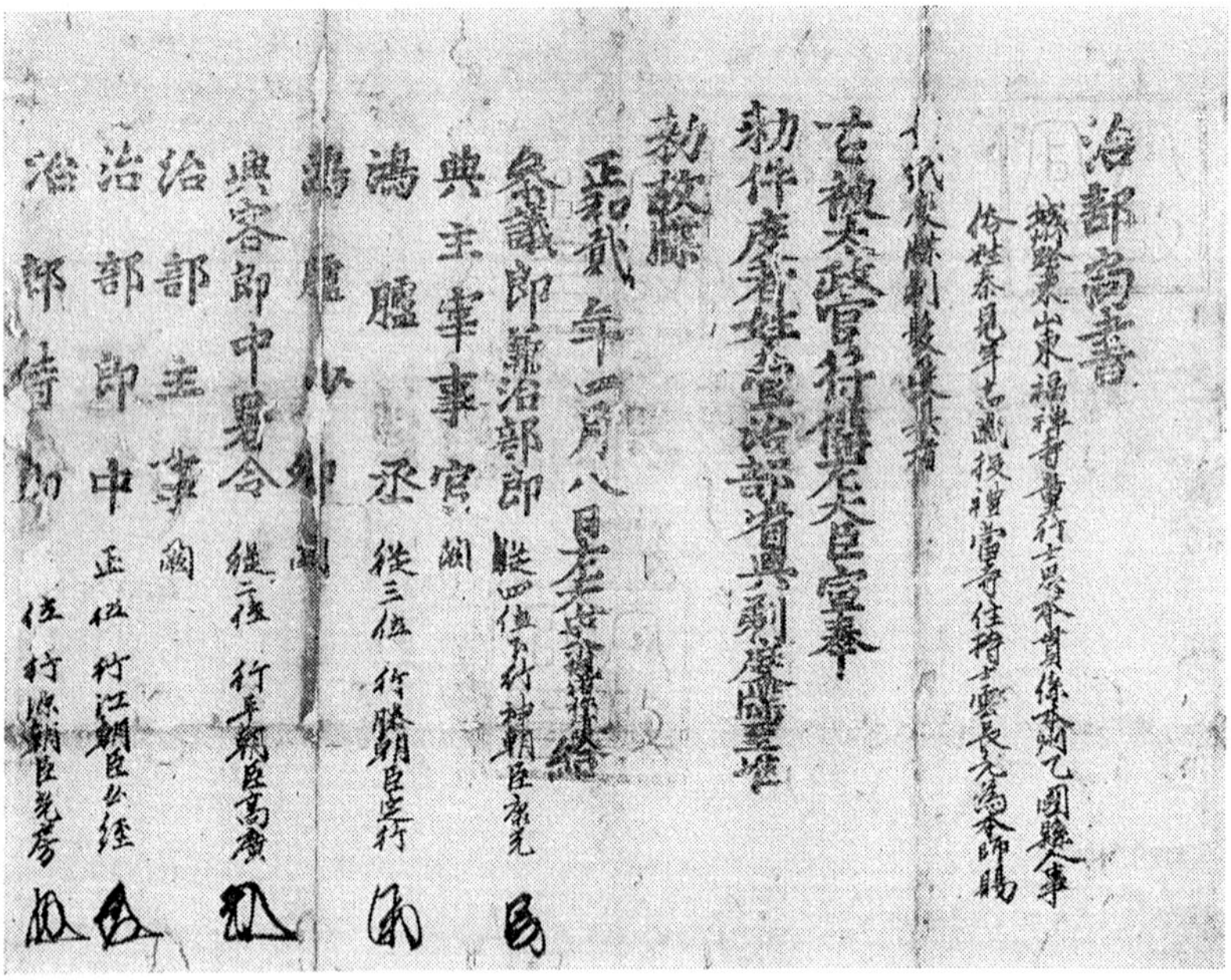

567號　友山士偲度牒

「正和貳」年「四」月「八」日左大史「小槻宿祢清時」給
參議郎兼治部郎「從四位下行神朝臣康光（花押462）」
典主宰事官「闕」
鴻　臚　丞「從三位　行滕（マヽ）朝臣定行（花押462）」
鴻臚少卿「闕」
典客郎中署令「從二位　行平朝臣高廣（花押463）」
治部主事「闕」
治部郎中「正□位□行江朝臣公經（花押463）」
治部侍郎「□□位□行源朝臣光房（花押463）」

（函蓋裏墨書）「正和二年の士思禪師の度牒にて制度通（伊藤長胤著）・閑田次筆（伴蒿蹊著）などに見えてあれは、さるものありとは、はやくよりしらさる」にはあらさりしかと、ここに根岸ぬし（武香）のかゝるものえたりとて、もて來て見せられぬれは、是の度牒になむありける」いとめつらし、かくおもほえすみすることのよろこはしさに、筆とりてそのうらにかきつく、　黒川眞頼」

〇墨書以外は版刻である。方朱印「太政官印」(24)を「治部尚書」「正和貳」竝びに差出名の三ところに各一顆捺す。印は七・八×七・八センチ。根岸武香の青山文庫舊藏。荻野三七彦『日本中世文書の研究』所收の「入元僧友山士偲とその度牒」參照。資料としては研究の餘地はあるが、僞文書なりとの速斷は出來ない。東福寺の聖一度牒の本質から再考することが必要である。

五六八　⑲稱名寺劔阿自筆聖教目録（前闕）　二七・九／四一・四

一四度具足五帖并五ケ口傳一帖
汀式〔灌頂〕三巻　佛眼法　一巻
賴方印信　一裹
許可具足　五通一裹
安祥寺雜〻印信　一裹
安祥寺範乘方一裹　西方〔醍醐〕一帖定仙
三大事一裹　佐〻目方一裹
賴助一裹　安祥寺祕六汀〔密灌頂〕記一巻
又
金剛王院雅西一裹　唐橋一結
小嶋一裹　　頓口傳勝宝院

元亨元年五月廿三日、以梅」谷順惠上人私結目六〔録〕
者也、」但彼流事、先年於彼上人之方、」再令祕決〔永〕
者也、故与〔マヽ〕讓之、」但、彼上人傳受次第ニ目六又」
有、以上、　（ケンア）（劔阿）（花押464）

○『金澤文庫研究』一〇八號及び『金澤文庫古文書』一四五三～五五頁参照。天地に界線を施す。

五六九　⑳東大寺秀圓等連署起請文　一三三・二／一〇四・〇

（端裏書）「起請□（文）　知足院地藏事　嘉暦元六九」
（附箋）「明治十年迄五百五十一年」
敬白　天罰起請文事
□□□（右昨晩）六月八日盗人忍入于知足院（東大寺）地藏堂、奉盗取本尊地藏薩垂（埵）」□□（并太）
□□（子聖）靈御影像畢、此条絶于常篇惡行、極惡無慚之」□□（造意）禁而
有餘者哉、如此所行者、雖爲何堂舍、隨其所應不可」殘靈像
佛具等欤、其沙汰不可不嚴密、就中此像者、名師造□（立）」之尊
躰、靈驗無雙之大聖也、而今爲盗人被盗之、而徒聞昔」嘉名、
只拜遺聖跡之条、是非可心憂哉、所詮、雨無想之落書」顯所
犯之躰、且奉迎歸於尊像、且可處其身於重科者也、就之、」或
以私曲無失之輩入于落書、或任偏頗漏有失之仁等之儀、都不
可有」之、各任正直可有憲法之落書、於以閭巷浮雲之說被載
之者、非通」數之限、設雖爲傳說分明、令生實事之信者、各
落書可被載」其詞者也、以此落書可爲五通以上也置〻（定量）、若於落
書入滿數之輩」者、不日搦取之、於本尊者速責歸之、於其身

者可行所當之刑罪」者也、此等条〻於令違犯之輩者、奉始
梵天帝尺〔釋〕四大天王三界」所有天王天衆、閻羅王界冥官冥衆五
道太神太山〔泰〕苻〔府〕君、日本國主天」照大神、六十余洲大小神祇、熊
野金峯山內諸神、王城鎮護廿二社、殊大仏」四王脇士二尊廿
八部衆、八幡三所部類眷屬、聖母玉葉部類諸神、別」二月堂
生身大悲薩埵等、神罰冥罰於每違犯輩八万四千毛孔蒙之、」永
可失現當二世利益之状如件、

嘉暦元年六月九日　〔自署、以下同〕秀円（花押465）
聖円（花押466）

權律師賢俊（花押467）　專昭（花押479）
擬講慶性（花押467）　寛伊（花押480）
擬講賢慶（花押468）　賢秀（花押481）
大法師定弘（花押468）　禪堯（花押481）
大法師寛祐（花押469）　良賢（花押482）
大法師明尊（花押469）　円印大法師（花押476）　英賢（花押483）
大法師清寛（花押470）　寛舜（花押484）
大法師定賢（花押470）　明融（花押485）
大法師永俊（花押471）　大法師顯有（花押477）　尊慶（花押485）
大法師顯寛（花押471）　繼舜（花押486）
大法師良快（花押472）　大法師英海（花押478）　明有（花押487）
大法師頼昭（花押472）　大法師快春（花押478）　實舜（花押488）
大法師顯慶（花押473）　顯實（花押489）
大法師定忠（花押473）　教弁（花押490）
大法師寛昌（花押474）　勝實（花押491）
大法師玄昭（花押474）　懷舜（花押492）
大法師円英（花押475）　寛專（花押492）
大法師幸海（花押475）　定實（花押493）
定海（花押494）
俊覺（花押495）

〔紙背〕「大法師頼世（花押）」

○誓紙前書の紙背中央に二月堂牛王寶印紙（一七×一六センチ版刻）一葉を貼附する。位署及び署名は何れも自筆である。『古文書研究』第五號荻野三七彦「落書起請文に關する一起請文への理解」參照。

五七〇　(21)興福寺東北院家御教書案　三二・〇　四二・〇

〔端裏書〕「木田嶋事建武三九廿七」

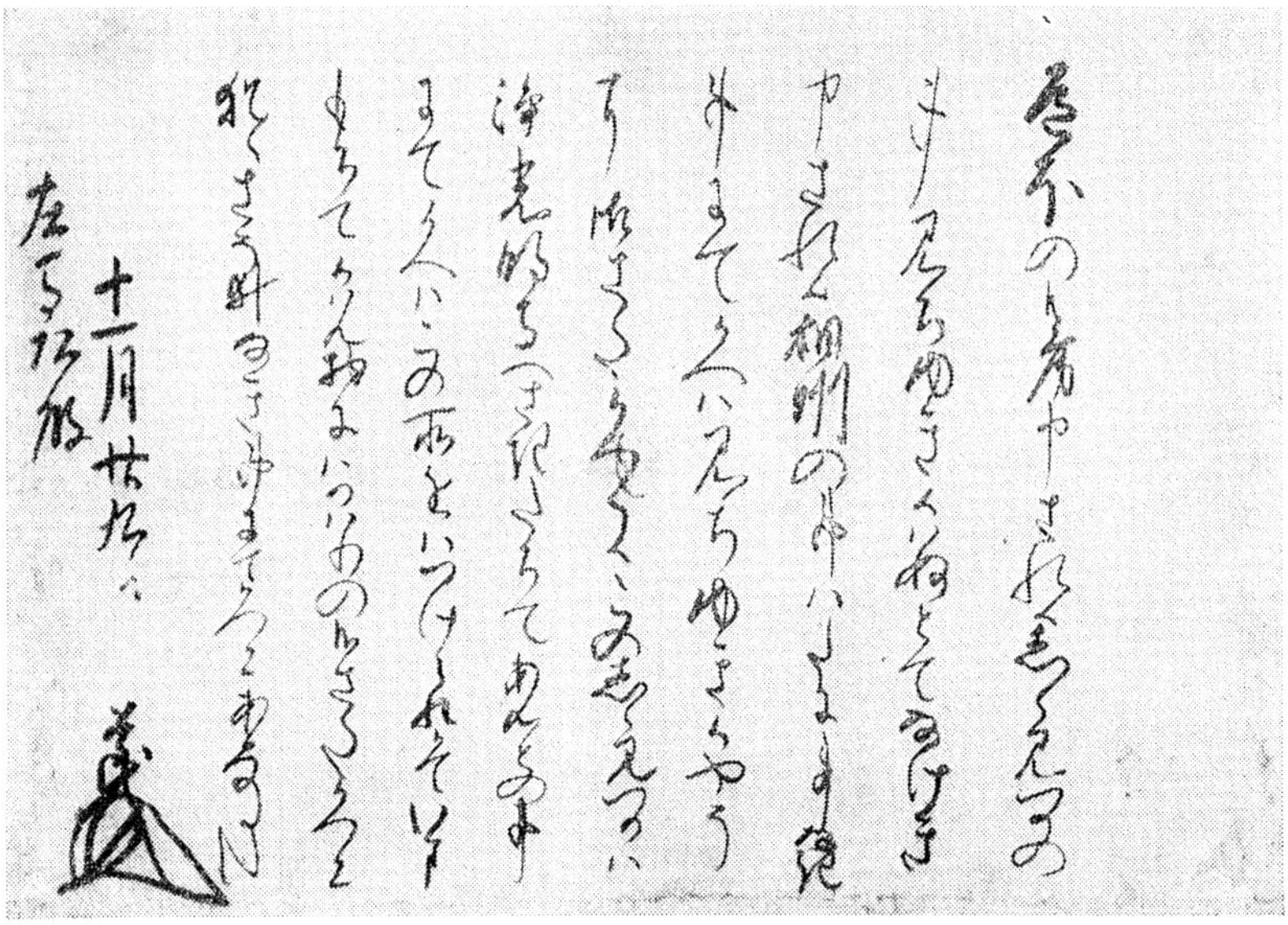

572號　足利尊氏自筆書狀

春日社御祈粁所河内國」福地御牧之内木田嶋郷」事、永福（藤原鏱子、伏見院中宮）門院令旨如此、」如元可令知行之由、東北院」家仰所候也、仍執達如件、

建武三年九月廿七日權律師俊円

野田大貳公御房

〇差出人俊圓の花押がないのはこの文書が案であるためである。

五七一　⑵興福寺年預供料申狀　三一・〇 五〇・五

新助成用途引負衆供粁等事

右、所引負助成用途、先年雖令知〔行〕□」于今無沙汰上者、彼面々諸供粁已下、」自今以後有下行之時、相觸納所、□□」此往來悉可抑受之旨、依衆議所□」如件、

建武四年十月　日　年預覺□

乃登阿闍梨本僧坊供下行事

八斗下行　建武四年十一月十八日　納所□

乃登八斗下行了、同年十二月十四日　納〔所〕□

乃登阿闍梨本僧坊供八斗請取了、　沙汰人宗兼

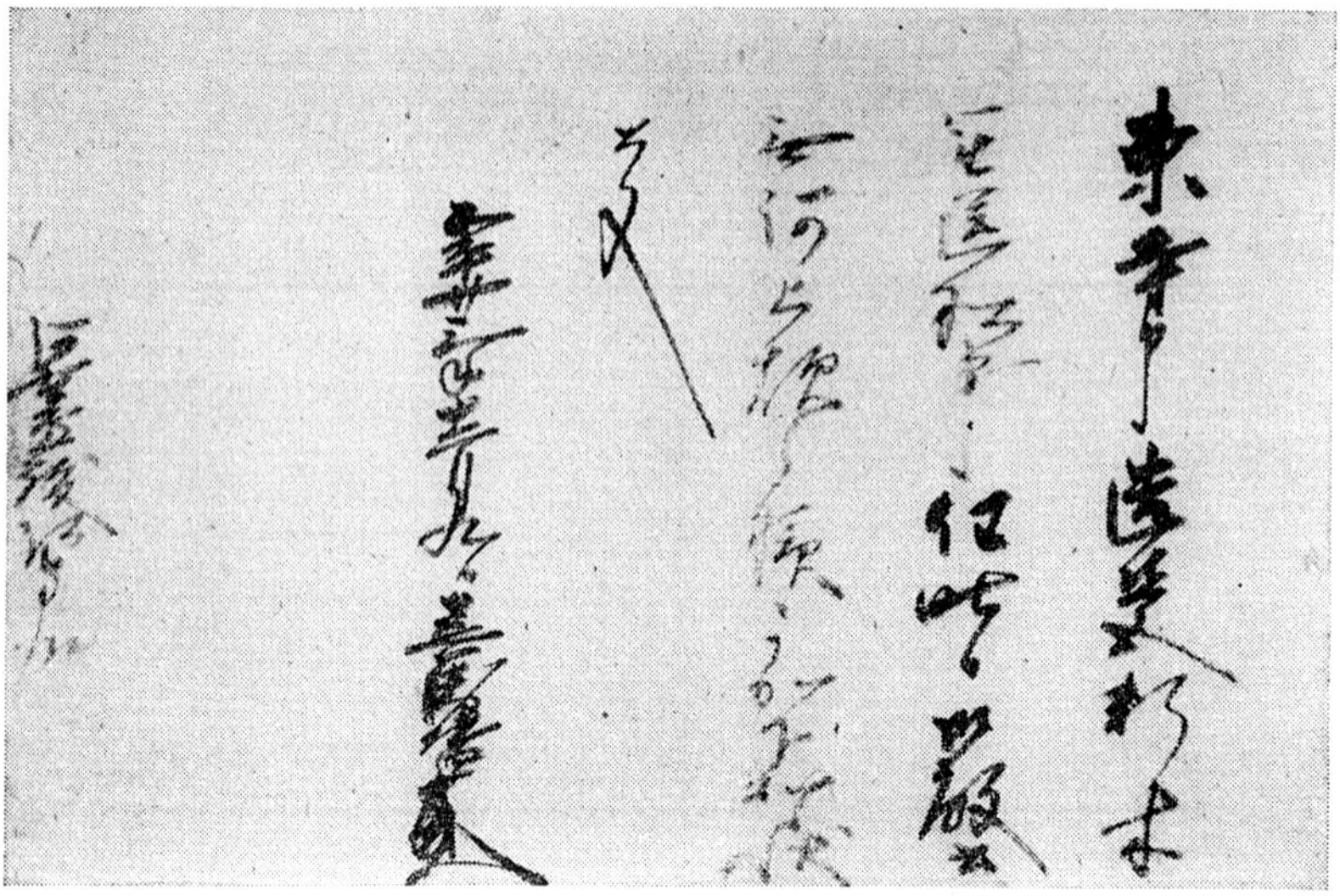

574號　楠木正儀過書

建武四年十一月十四日

乃登阿闍梨本僧坊供八斗請取了、　沙汰快志〔人脱〕（花押496）

建武四年十一月十九日

（木製往來甲面）「助成錢引負衆」
（同 乙面）「供新抑質往來」
（同 丙面）「建武四年」
（同 丁面）「十月　日」

○この文書は檜製往來題籤を軸として文書を巻き付けてある。その往來頭部は異形であって賽子形をなし、その四面に上記の墨書がある。

五七三　㉓足利尊氏自筆書状　三二・二／四五・〇

道本の御房申され候しゝみつかの〔鹿見塚〕〔上總〕」事、みちゆき〔道行〕候ハぬとて、なけき〔嘆〕」申され候、相州の事ハたに〔他〕事なき〔無〕」事にて候へハ、みちゆき候やう」に御さた〔沙汰〕*候へく候、このしゝみつかハ」浄光明寺へさきたちて〔先立〕あんと〔安堵〕の事」にて候へハ、この所をハつけ〔付〕られ候ていま〔今〕」もちて〔持〕候ハん物にハ、かハり〔代〕の御さた〔沙汰〕候へく候、」猶々さういなき〔相違無〕事にて候へく候、あなかしく、

十一月廿九日　　尊氏（花押497）

左馬頭殿（足利基氏）

○＊印「候へく候」は「候し」を擦消して尊氏の筆によって訂正している。『金澤文庫研究』第一四巻第八・九號（通巻一四九號）、荻野三七彦「戻って來た古文書――鎌倉の地にあって失われた古文書の中から――」、「鎌倉淨明寺文書」應安七年十一月十四日足利義滿御判御教書等參照。

五七三　(24)足利尊氏禁制　三〇・二　四四・〇

（足利尊氏）（花押498）

禁制　覺園寺

右於當寺領上總國小蓋・八板兩村、」武士甲乙之輩不可致濫妨狼藉、」若有違犯之族者、爲處罪科、可注」申交名之狀如件、

觀應三年六月廿四日

五七四　(25)楠木正儀過書　三〇・〇　四四・五

東寺申造營斮木」運送船事、任昨日御教書、」無河上煩之樣、可加下知之狀」如件、

正平廿三年十二月九日　左兵衛督（楠木正儀）（花押499）

河野邊駿河守殿

○『史料綜覽』正平二十三年十二月十一日條に、「南朝津關ニ命ジテ、東寺造營材木運送船ヲ妨遏スルコトナカラシム、東寺文書」とあるのは、この文書のことを示す。正平九年九月十二日條には「河内守楠木正儀河野邊左衛門尉ヲシテ、石清水八幡宮領河内紺口庄ヲ社家雜掌ニ交付セシム。大伴文書」とあるが、河野邊は守護代である。尊經閣所藏文書に正平十三年十月十九日付河野邊駿河守宛の正儀施行狀があり、花營三代記・後愚昧記には正平二十四年正月二日正儀、款を義滿に送ったことなどが見える。

五七五　(26)權少僧都圓遍處分狀　三四・七　二一・六

處分

條々

一　勝願院房舍幷敷地事

一　同房領　一所當國安明寺一圓　一所攝津國宮原北庄一円

一　所持本尊等

以上

右、房舍所領等悉讓与良淸中納言君、」更不可有他妨者也、但就宮原庄事、」可令存知子細在之、先當庄者笠置上人（貞慶、解脱坊）」於當山不慮御感得之觀音像、奇特」異他之間、八条女院（暲子内親王、鳥羽院第三皇女）御敬信之餘、

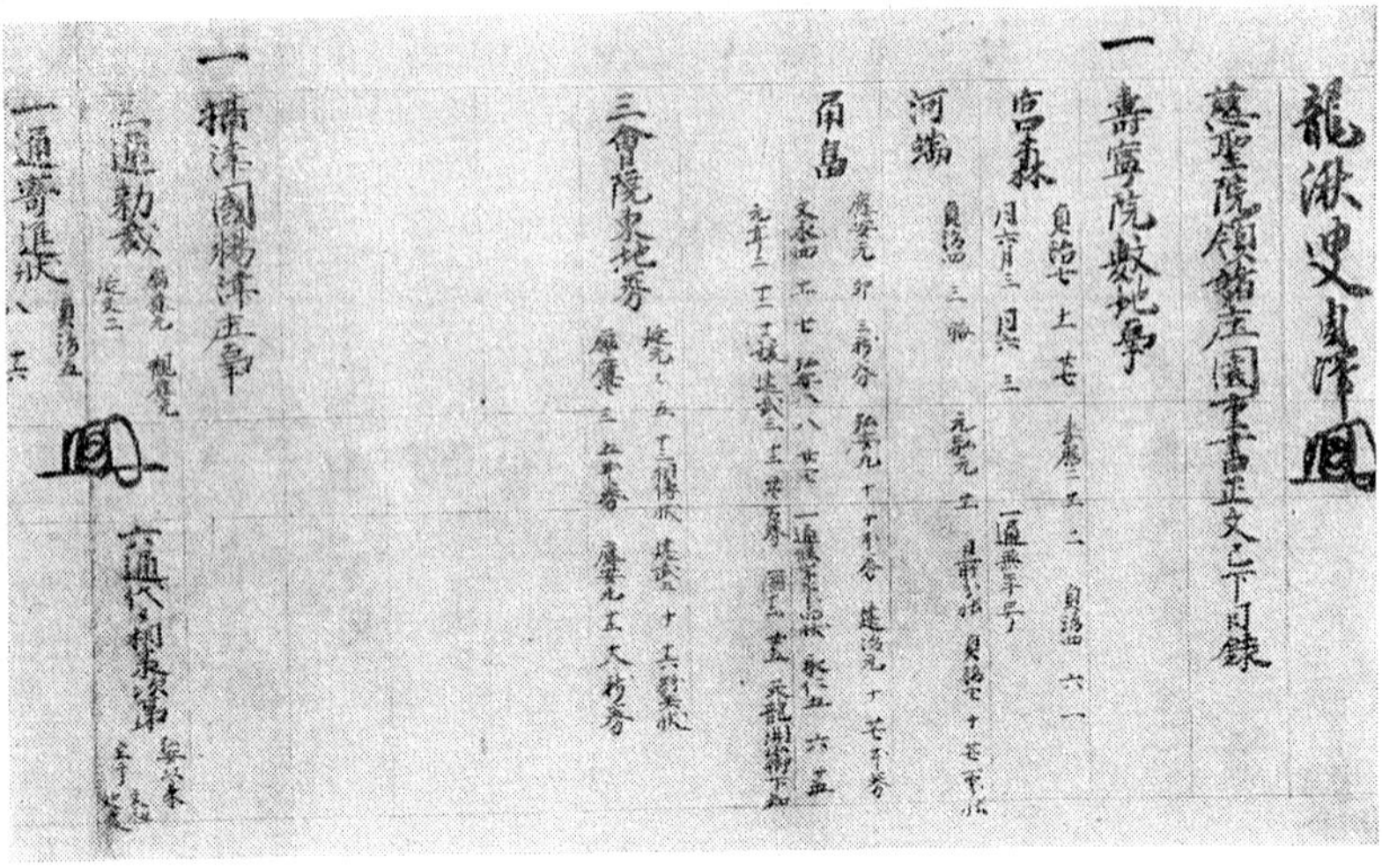

576號　南禪寺慈聖院領諸庄園重書目錄

御」寄附地也、而多年違乱之處、今度爲」神訴篇目就訴申、被打渡於地下、」屬無爲畢、是併爲冥慮之上者、供僧」十二人定置之、每月十八日於本尊御」前講問一座可令勤修、爰角堂事、」欲令朽損之刻、爲學侶評定被申請之」間、致種〻契約、奉渡中院畢、則彼」觀音像先以白地之儀、雖奉入角堂、始」終雖爲如形令建立堂舍、若奉返入本尊」者、於當室可勤修之、且爲未來、故申置」寺務御證判者也、仍条〻所記置之狀如件、

永和元年三月日權少僧都圓遍（花押500）

（寺務證判）
「僧正（花押501）」

五七六　(27) 南禪寺慈聖院領諸庄園重書目錄　三〇・五〇 二七三

（周澤筆）
「龍湫叟周澤（花押502）」

慈聖院領諸庄園重書正文已下目錄

一壽寧院敷地事

宮森貞治七 十一 廿七　嘉暦二 十一 二　貞治四 六 一
同六月三　同六 三　一通無年号（處、以下同）

河端貞治四 三 晦　元弘元 十一 日所分帳　貞和四 十 廿七所分帳

角畠 應安元 卯 三新券 弘安九 十 十本券 建治元 十 廿七本券 文永四 十一 七 弘安八 八 廿四 一通假字不分明狀 永仁五 六 十五 元亨二 十二 十六讓 建武三 十二 廿四古〔沽〕券 同十二 廿五 天龍開山御下知

三會院東地券 延元々 五 十三相傳狀(マヽ) 建武三 十 十六紛失狀 曆應四 三 五本券 應安元 十二 十八新券

（周澤）
（花押503）

一通御教書案 奉行人依田入道 封裏　（異筆）『一通 今河入道了俊狀』

二通御教書幷御書 康曆元 十一 廿五 左衞門佐義將朝臣（斯波）于時管領号 內 元玉堂殿、仰于大內新介（義弘）号左京權大夫

一攝津國楊津庄事

三通勅裁 曆應元 延文二 觀應元

六通代々相承次第 弘安以來至于文和延文

（周澤）
（花押503）

一通寄進狀 貞治五 八 十六

一通奉書 應安二 九 十 佐々木廷尉禪門崇永（六角氏頼）

一通御判御教書 同六 十 廿 宝篋院殿（足利義詮）

一通御教書 同六 九 廿二 同上

一通御教書 應安元 六 十七 武藏守賴之朝臣

（異筆）『一通御教書 同六 十一 六 同前』

一通御教書 同六 九 廿二 同前

一通兩使注進 年号无之、

一通御判御教書 永和三 八 廿二

八通守護幷使節渡狀等 貞治・應安年中

一通兩使渡狀 貞治六 十一 十六 道成 通定

一筑前國植木庄事

一通御寄進 貞治二 十 廿 保安寺「尊穎」長老

一通當庄御相傳系啚

一通院宣 建武四 七 七 本法皇（後伏見）

一通御文 尊穎長老

（異筆）「三」○周澤の紙繼目花押の一部が文字に重なったための追筆。

三通御教書 永和二 八 四 同十一 六 賴之朝臣（細川） 同三 五 十九

一通御教書 永和三 十 十七 同上

一慈聖院敷地事

二通 綸旨永和二 四 五 御教書永和元 十 四

一通 差啚

一通沽券狀 永和元 九 十四 小林院連署

一通請取錢 同十 廿七

一通寄進狀 永和三 七 十 石山寺

一通沽却狀 同日 准上

一通連署狀 小林院永和二 壬〔閏〕七 廿三 當庵南路事

一通小番屋敷渡狀 永和三 八 十六

（周澤筆）「四枚慈聖院規式等

二通少林院(マヽ)沽却狀 應永六 八 九」

（周澤）
（花押503）

一河內國嶋頭庄事

一通寄進狀 應安七 九 二 經重卿（庭田）号小川殿

一通御教書 永和二 二 廿五 賴之朝臣

一通守護施行 同 五 四 楠木（正儀）

一通渡狀 同日 上河野邊

一通同渡狀 同六 菱江

一通楠木（正儀）書狀 永和二 三 十七

一卷地下田數目錄

（周澤筆）「一通經重卿消息 九 十二」

（周澤筆）「一通御教書 應安七 九 十八」

一加賀國小坂庄事
二通綸旨康安二　十　廿五　永和二　壬七　六『案正文淨福寺有之□地』　一○通二条(良基)攝政家御消息永和二　四　三『同前案』
一通御寄進永和三　十一　廿七　淨福寺長老眞覺　一通慶本侍者契狀付同消息　永和三　九　五
一通富樫次郎四郎狀號英田　同十一　廿五『三』　一通富永藤三狀
(周澤筆)「一通御判御寄進狀至德三　八　七　三通二条殿重御去狀至德三　八　四」
(周澤)(花押503)
(周澤筆)「一通御教書至德三　八　十　一通冨樫介諸役免除狀康曆元　十一　三」
(擦消)「三卷地下目錄」
一攝津國福嶋村事
一通御判御寄進永和三　十　廿三　一通本願伊勢入道(貞繼)照禪狀　永和三　九　十六
一通執事施行于時治部大輔(斯波義將)　貞治三　十　廿九　一通守護人(光範)赤松大夫判官　同十一　廿八　遵行狀
一通守護代赤松兵庫助　同十二　十五　渡狀　一通蜷河入道狀十　十五
一通御教書明德四　八　七　一通御教書嘉慶二　七　廿八
一通赤松殿施行嘉慶二　八　廿五　一通同奉行兩判渡狀
一但馬國土田鄉內墓垣村地頭職事布施彈正大夫入道昌椿　永和四　三　二寄進之
一通寄進狀永和四　三　二

二通御教書于時管領武藏守賴之　永和元　七　七　應安七　八　十二　一通守護山名右衛門佐入道(時熈)
施行應安七　十二　十八
三通同守護代布志名注進狀幷渡狀昌椿代請取永和元　八　十五
二卷地下目錄永和二　八　十六　同　三　八　十七
(周澤)(花押503)
一加賀國得藏庄東西內田畠事
一通御下文康曆元　九　廿六　一通御施行(斯波)左衛門佐義將朝臣　元号玉堂殿　同十　十
一於慈聖院寄進狀忍德寺住持如日、同旦那比丘尼圓證　永和四　六　十三
一通忍德寺本寄進狀案永和二　三　五　一通得藏新左衛門入道〻意狀　應安三　八　八
一通安堵御下文本主用親封裏　延文元　九　十一　(周澤筆)「一通圓證請文康曆二　八　十六」
(周澤筆)「一通守護遵行康曆二　五　廿八　『＼除之』一通得藏田地總目錄　應永八二月日」
(周澤筆)(二年)「康曆庚申五月三日周澤」爲後鏡加判、以置之於
慈聖院文庫、遺弟護」持之可也、」

○文書の上・下に一線と中央に二線の横罫を施し、更に全紙に竪罫を引いて行間書をしている。龍湫は妙澤とも號し、世に「妙澤不動」とて不動畫の名手と稱されている。

五七七　(28)足利義滿下知狀　三三・〇〇 五一・〇〇

大興寺三會院末寺領美濃國揖斐」庄三輪保內犬丸名・同庄四ケ保」散在、尾張國草部保幷櫻木散」在事

右、任祐康（土岐）寄進狀、可令爲當寺領、」仍下知如件、

嘉慶三年二月七日

從一位源朝臣（足利義滿）（花押504）（附箋）「足利義滿書」

五七八　(29)河野通義寄進狀　三三・七 三九・四

善應寺領伊豫國朝倉鄉內久松方

地頭職同窪分幷門眞名地頭」職河野土居分地頭職等事

右、任康安貳年十二月廿四日」曾祖父善惠寄進之旨、永」所奉寄附之狀如件、

明德貳年八月廿三日　伊豫守通義（花押505）

○元伊豫善應寺文書。

五七九　(30)足利義持御判御教書　三四・三〇 五五・三〇

大傳法院領紀伊國石手・山崎・弘田・」岡田・山東・相賀・直河、和泉國信達莊」同加納入地等、御禊大嘗會段錢事、」任傍例、令免許之狀如件、

應永十九年十一月十九日（足利義持）（花押506）

五八〇　(31)畠山直顯書狀　三二・五 三九・三

十月十六日御狀、委細」承候了、抑三俣院南方內」修善寺間事、武州（足利尊氏）」拜領地候之間、彼放狀候者」不可有子細候、委御使令申」候了、猶〻此事彼狀」不可有等閑儀候、恐惶謹言、

十一月十日　修理亮直顯（花押507）

進上　光福寺（丹波國分寺）侍者御中

○畠山直顯は日向國守護（建武・延文年間）である。

五八一　(32)後柏原天皇綸旨（宿紙）　二九・五 七四・〇

（表題）「後柏原院綸旨永正七年十月」

熊野三山檢校職」事、圓滿院宮被」宣下候、各可令存知者、」天氣如此、悉之、以狀、

永正七年十月廿七日左少辨（花押508）

園城寺衆徒中

○無文字の禮紙（同じく宿紙）一葉を添う。

五八二　⑶青蓮院尊鎮入道親王消息　三二・四 九二・〇

⑮〔長慶〕三好も
たゝ
③得少驗、　㉔氣を
つめ候
且あん　へハ、
なに〻
④事にて候、　と　候も
たゝ
押領候
へき　⑤養生の　仕候
との　㉕かれ
かくこ　これ
かへりて　しかる
ありけに候、　へき
①文のやうかしこ　やうに
御
まりて拜見　ひらうに
あつかり
この分　仕候、　申へく候、
にてハ　かしく、
②まことに、
〔笑止〕せうしなる
御事候、　この一
廿五日の　兩日
御月なみ〔次〕　は、
これも⑯

⑥事
御ねん
⑰今日　ころに
かさね
られ候て、
拜見
仕たく候、
⑦おほせ
⑱くハし　下され候、
くも
申入候
ハん　かたしけ
なれ
とも、　なく

（禮紙書）
⑲世のしき　⑧存候、
種〻　御さゝ〔酒〕
さまく〵、　⑨心え
又　存候　なと
申たく候、　事　の
堺の
まち　にて候、　事
はれたる
と　⑩けふ
申候
か、　より
ちゝや
の⑳　八専

㉑仰にて ⑫なに ⑪に候
御入候
へく候 とか 程に、
こと遣候
とも、 候へき
と、
⑭夕 ⑬恐怖
㉒おさ かたハ 事候、
まり候
へき 一たん〔段〕 さ候ハしとて
やう
にてハ にし〔西〕日、
候ハぬよ めい
し わく に
万民
申候、㉓ 仕候、

（禮紙切封うわ書）（切點）
「 尊鎮上」

○青蓮院入道親王尊鎮は天文十九年九月十三日、四十七歳にて入滅。

五八三 (34)松永久秀書状（折紙） 二七・一 四五・〇

北野寶成院坊地」千本内ニ在之分事、」御違乱之由如何候哉、」御存分於在之者、可被」申候、度ゝ爲彼院雖」被相届候、不仕莵角儀」被相語〔マヽ〕検成、不及强義」由無勿躰候、被申事候者、」被遂御糺明、以有様上」御果可然候、恐ゝ謹言、

十月十六日 久秀（花押509）

松永彈正少弼

海藏院
床下

五八四 (35)若狹羽賀寺納經札（木製） 二五・三 三八・四 厚さ一・三

〔奉カ〕□施入羽賀寺如法經〔米事カ〕□□
〔右カ〕□意趣者、
□過去慈父道慶禪門［　　］［　　］
□一乘眞文箇札懇［　　］［　　］
□也、凡此典者十二部經之眼目
□□聖教之肝心也、殊彼岸□□
□［　　］［　　］量、早出生死苦［　　］［　　］
□□菩提決定也、仍子［　　］［　　］
〔現カ〕□當〔二世カ〕□得益、如指掌乃至法〔界カ〕□
平等利益而已、

□吉村［　　］

旹天正四稔八月廿四日 敬白

○杉材製。中央上の方に釘掛用の穴があるが、嘗ては屋外にて風雨に晒されていたので、損傷甚だしく判讀し難い。幸田成友博士舊藏。

五八五　(36)仁和寺殿御内衆置目

三〇・一
一三九・七

(仁和寺門跡守理)
(花押510)　仁和寺殿御内衆置目

一天正十三年より同十六年迄□□(下闕、以下同)」免相究未進方悉御藏□
□」勘定可相濟事
一当年よりハ御知行分之儀、雖与□□(奪カ)」誰ゝ御代官所免已下
爲六人□□」其年中ニ未進無之様、可申□□」但未進仕候
ハて不相叶子細□□」在之者不寄多少、急度□□□」御門
跡へ得御意可隨其事
一代官職之事
大藪　西京　　隆豊
高嶋　　　　　勝林坊 高橋

(紙背繼目方朱印「仁和寺」25・玄以黑印26、重印)

梅畑鳴瀧　　　寺家 惣在廳 勝林坊
常盤中野村　　成多喜
谷　福王寺　　高橋 石見

一年中御賄方之儀各令相談、」それ〳〵の奉行に下行仕、三十
日」切ニ遂筭用　御門跡様へ可被上」申事
一御門跡様之御服方御音信方其」外之御用等ハ、　御門跡様
御切手」次第可相渡之事
一御普請方之儀たとひ　御門跡様」御油斷候共、不及大破已
前ニ見計」申付、是又御下行之儀急度可遂筭用之事

(紙背繼目方朱印「仁和寺」25・玄以黑印26、重印)

一相應之御扶持被仰付之上御代官」徳分として、少も不可取
之事
右條ゝ六人として無由斷可(油)」申付候、以誓帋相極候上者、若
条」數之旨雖爲一ケ条相背に至てハ、」可加成敗候也、
天正十七年八月五日　(前田玄以)民部卿法印(花押511)
成多喜
惣在廳
寺家
勝林坊
高橋
石見

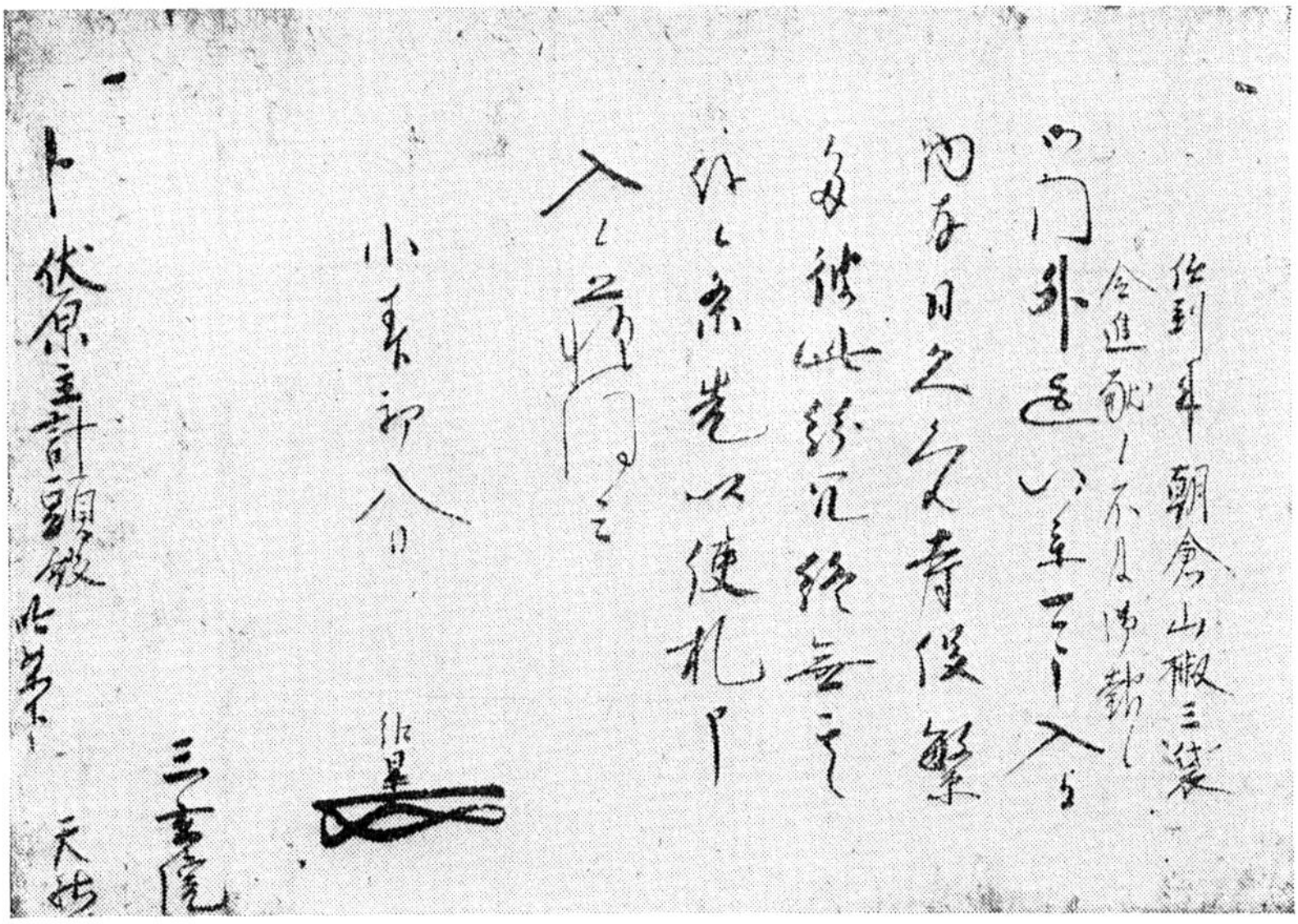

587號　大德寺天祐紹杲自筆書狀

五八六　(37)天海近江西明寺法度（大高檀紙）　四六・六　六四・八

（折封うわ書）「西明寺」

江州犬上郡　西明寺

一如先規有來、天下安全之御祈禱」不可致懈怠事
一東照大權現御法樂於本堂、二時」勤行可有懃役事
一寺領三拾石之內、貳拾石者仏供燈明」料、拾石者可爲衆徒之坊領事
一山林竹木猥不可伐採、縱雖爲自分」支配、寺中之於貢木者、可有用捨事
一背於國司制法、牢人等不可抱置事
一雖爲西座、於乱行僧者、早可令」追放事

右條々、堅可相守者也、

寬永二十年三月十四日

山門三院執行探題大僧正天海（二重郭朱印・陽文「執行天海」27）

五八七　(38)大德寺天祐紹杲自筆書狀　三三・〇〇　四七・〇〇

任到來、朝倉山椒三袋」令進獻候、不及御報候、

御門外迄以參可申入与」內存日久候へ共、寺役繁」多、彼此紛冗、終無其」儀候条、先以使札申」入候、恐惶謹言、

小春初八日　　紹杲（花押512）

（捻封うわ書）
「（切點）　　三玄院

伏原主計頭殿吟案下　　天祐」

○この文書は紙の左端より約七・九センチばかりのところで巧みに紙が繼がれている。捻封うわ書は、全紙四七センチ中、本文三九・一センチを殘して、左端の幅七・九センチはもと右端の紙背にあったものを、巧妙な技術によって剝ぎとり、これを表へ移して紙繼目が目立たぬように工夫して、紙の纖維をすべて左へ左へと撫で付けている。もとのところは追而書のあたりであるが、そこに僅かに封の切點「、」と「三玄院」の墨痕の殘りが表からも透けて見える。

天祐（一五八五～一六六六）は大德寺一六九世、佛海祖燈禪師の號を明曆二年に後西天皇より下賜された。

五八八　(39)西大寺光明眞言會料請取狀　三九・四 五三・三

西大寺光明眞言會料嗟嚫事

鼠色袈裟　　一衣
黑褊衫　　一具
方金　　百疋

右、爲維仙房本敎比丘尼證大」菩提、所喜捨也、大衆知納之、乃點」芳諱於靈名簿、每歲七日（マヽ）夜修煉」光明三昧、永世無退轉令回向者也、

天明七丁未年八月十八日

年預　尊晟□（黑印・陽文「年預」28）
奉行　慶般◯（黑印・陽文「奉行」29）
文書鑑　尊員□（黑印・陽文「文書鑑」30）

○役職名印の出現を示す文書として留意すべきである。

第四部　公家文書

五八九 (1)某女院讓狀 三二・〇 九〇・〇

⑧御せんその
りやうにて
候へハ
たしかにく
返しつけ
まひらせ候へし、
⑥うゐハいかなる人に
ゆつりて候とも、
もちゐ
あるましく候、⑦
①〔石清水八幡宮〕やはたのミヤの御りやうやまとの
くにそのいけの事、一こ〔期〕
ちきやうの
②のちハ、このけいしやう〔契状〕を
ゆつりたまひて候ハんする
人に
③かへしつけ候へし、
⑨かつ御
ふしん、
候ましく候、
たゝし
神りやう
⑩にて候、
いさゝかも
上ふんを
まひらせすハ
⑪おそれ入候、
⑫ことしよりハ
としく
やまと
⑬むしろ〔筵〕 ⑤申さふらひなん
④かく

（禮紙書）

⑭廿まいけたい〔懈怠〕なく
まひらせ候へく候、
あなかしく、
十一月日
こうあむくわんねん〔弘安元年〕
やハたのさきの
別当御房へ
（花押513）

五九〇 (2)某女院讓狀 三二・〇 一〇四・〇

⑦ゆつり
まいらせ候ぬ、
さらに
た人の
⑤やハたの権別当
法印りやう〔良〕
せい〔清〕に⑥
⑧さまたけ
候ましく
候、
①やはたの宮の御りやうやまとの
くにそのいけの庄ハ、たいく

②つたへて
③ちきやうし候へとも、
神りやうにて候へハ、
しさい
ありて④

⑨たいくの
てつき
もん
しよ
ともハ、

⑩とりとゝのへて
わたし
まいらせ候へし、

弘安五年二月十日　（花押514）

（禮紙書）

○二通とも同筆にて、鎌倉時代假名書の麗筆である。

〔二〕　關白御教書案　一巻二通

五九一　(1)権中納言高倉永家奉御教書案　三二・〇　五一・五

中文二通獻之、」可令撰入給候也、」仍執達如件、

三月廿二日　　権中納言永家

頭辨殿

○高倉永家、天文九年正月三日権中納言に任じ、天文二十二年閏正月十五日権大納言に轉ず。

五九二　(2)権中納言萬里小路惟房奉御教書案　二八・三　四六・〇

中文一通獻之、」可令撰入給、仍」執達如件、

三月廿一日　　権中納言惟房

頭弁殿

○萬里小路惟房、天文十年三月二十八日権中納言に任じ、同十九年十二月二十二日権大納言に轉ず。以上一巻、三條西家舊藏。

〔三〕三條西實隆自筆書狀　一巻二通

五九三　(1)三條西實隆自筆書狀（後闕）　二八・〇〇 四七・〇〇

おのくの切帋を見申候へハ」所引之本文等不審に候、」これハ能勘見申候て、改度事共候、

相殘切帋十三寫進上候、」雖無益之樣候、嚴命之間」染筆候、御執心誠難有」存候、末學能其道ニ熟し」候ハねハ、か樣の物をハ只殘き」やと存候程ニ、卒尓ニ相傳」道之陵夷ニ成候、いかにも機」を見て相傳候へと、(東)常縁なと」申候しところに候、勿論事候、」（以下禮紙書闕）

○永正七年二月五日の文書である。

五九四　(2)三條西實隆自筆書狀　三一・八 九四・五

雨中高問恐悦不知」所謝候、殊一帋御沙汰」次第嚴重、却而令迷惑」候、如形傳受候しか共」一向廢忘、於今無正躰候、」（宗祇）彼法師書狀撰出候へハ、」（近衛尚通）陽明へ相傳申候趣、於大事等者」無（以下禮紙書）殘候、自然ハしくの事に」申おとしたる事ハある計にや」候らんと書載候、彼御覺悟」の分、更不可有相殘候事由」存候、猶〻委細仰畏入候、」殘十三通事、雖無益候、仰事候」間、何樣可調進候、返〻条〻」仰之趣畏入候、必可參謝仕候、」恐惶謹言、

二月七日　實隆

（禮紙切封うわ書）
「（切點）　實隆」

○永正七年の文書である。この二通、ともに封の紙紐を切った跡がある。

〔附錄〕　包紙一葉　四〇・〇〇 三一・〇〇

（包紙うわ書）
「西三條實隆□□」

○これはこの二通以外の實隆宛文書の元包紙一葉が遺り傳わったものであるが、紙面は揉けて擦損している。二通の實隆書狀とともに三條西家舊藏である。

〔四〕三條西家舊藏文書　六巻六通

（巻一）

五九五　縣召除目聞書（後闕）　二五・八／一六八・五

（端裏書）「□〔縣〕召除目聞書大外記師冨（中原）朝臣注送之　明應二　三　廿五」

神祇少副卜部兼滿

權中納言藤原經鄉

右大辨藤原俊名

左中辨藤原家幸

右中辨藤原宣秀

左少辨藤原守光

權左少辨藤原冬光

右少辨藤原尚顯

侍從藤原康親

內舍人橘近鄉臨時內給　橘友豐關白臨時被申

「一」（後筆）

海內淸侍從藤原朝臣臨時申

式部少輔菅原章長兼　丞大江匡友卿親王請

大學頭菅原在數兼

民部丞藤原春榮卿藤原朝臣請

兵部卿藤原教國兼

隼人佑佐伯言行司奏

刑部丞源季文藏人所

大藏丞春景冨卿藤原朝臣請

宮內丞中原盛時卿顯基朝臣請

大炊允文屋書盛寮奏

主殿屬伴賢友寮奏

掃部允藤原利盛寮奏

造酒佑源淸兼司奏

「二」（後筆）

主水佑氷上淸影司奏

彈正忠國家和尹親王請

山城大目豐國安城參議藤原朝臣基當年給

大和介和漢文實淳臨時申　權大掾平友國進物所執事
　少掾古萬葉權大納言藤原朝臣宣當年給二合
河內大掾文屋守經校書殿頭大目藤井浪連進物所膳部
和泉權掾竹原貞蔭喚內竪權目生田森春參議源朝臣當年給
攝津權掾高橋仲秀大舍人散位權少目宗岡行友上召使
伊勢掾安倍幸盛內竪頭
尾張掾橘時香大舍人番長
參河權介源通言兼掾志貴聖猷權中納言菅原朝臣當年給二合
遠江權守大江清久　掾藤原家盛勸學院學
駿河少掾祝堯世關白當年給二合
伊豆大目菅野佐量大舍人本籍
甲斐大掾海內安實淳當年給二合　少目林繁朶當年內給
相模掾安親兼內舍人

「三」（後筆）

武藏權守源長盛從一位藤原朝臣臨時被申　大掾菅生有益內舍人
安房掾文屋盛章右大臣當年給二合
上總大掾道之道三品親王當年別給　目清岡有高內竪散位
下總權守藤原近友　權介藤原忠顯兼

　少掾淸原弘連獎學院學
常陸少掾大〔江〕□居安權中納言藤原朝臣言當年給二合
近江權守源重經兼　介源彈臨時內給
　掾櫻井春澄內竪天曆籍
美濃少掾藤原國久當年內給
飛驒掾縣使達任權大納言藤原朝臣宗當年給二合
信濃權守忠冨王兼　權介藤原實千兼
　大掾民國本權大納言源朝臣當年給二合　大目鳥見展翼參議藤原朝臣經當年給
上野大掾藤井浪春內舍人
下野大掾東部周易侍從藤原朝臣當年給二合
出羽權掾委文有法校書殿執事
（後筆）「四」

○宮內廳書陵部にこの後半を所藏する。

（巻二）

五九六　揚名介事勘文（三條西公條自筆）　二七・八　二九八・二

揚名介事

伊行釋云、諸國介也、源の人のなる官也云〻、

權記云、藤原常直申揚名介云〻、然者不可限源氏人歟、

京極中納言入道繹号奥入云、此事源氏第一難義也、非可勘知」事

抑往古除目等揚名介あるへしと見たり、其家にいるへ」き道

理なしと云〻、應保二年閏二月太相國(藤原伊通)仰云、揚名介事」御堂御(藤原道長)

中文兩度有此事、以藤原惟光被擧申之、彼人名字在物」諺中有子細歟、

允亮政事錄云、揚名介逢國司者下馬云〻、諸國介也、」無所望

仁之時うつほにて以作名被擧也、

一說云、賴業眞人說於諸國吏務興行介於稱揚名、

一說云、近衞中將也、陽明門ハ近衞也、中少將又將《スケ》也、故稱

陽明」將歟、

一說云、常陸介云〻、大守者鹿嶋明神合掌給歟、或親王・諸

王」任之、稱揚名介者依爲守代也、

一說云、於異朝稱雍州者爲帝都、然間和國平安城已後以山城」

國号雍州故彼國介有揚名之号歟、

或說云、故信□揚名介者正權之外介也、不預公廨云〻、

又云、通具卿(堀川)申文望近國目云〻、古來未有此申文、但被任近江

目云〻、」九条前內府(師輔)記云、此事不限源氏物語事攝家之祕事也、

予自故」殿幷松殿(藤原基房)相傳兩說而爲家卿於彼物語尋送七ケ不審之

時」至揚名介事者、猶以不許祕說是依有口傳也、

後深草院被尋仰鷹司大閤(藤原兼平)之時爲山城介之由被申之云〻、」而円

明寺殿仰云此事强不限山城介歟、昔東三條院(藤原詮子)法興院殿御女円融院后」被

擧申揚名介之時、御堂關白殿被申任因幡介畢、旁有」子細者

也云〻、

藤原惟光任揚名介

揚名介事京極中納言家伊行(マヽ)其外古來家〻異說如斯、然而」

面〻所見未詳、於当家深奥之說者依爲殊祕事所載別紙也、

正和六年十月八日　桑門聖覺在判

或祕說云、治長記保延三年十一月十六日癸酉今日京官除目也、已上略之、

以正六位上賀茂朝臣忠恒(隆イ)任山城介、揚名介是也、

寛弘二年正月廿七日例也、但、件日不被任介、以越智重親被任山城少掾、

同說云、諸國介有封戸位田而於山城介者無之、故稱揚名介、

但記者以下口傳所在之、

源親行說如此、

諸國受領守介權介掾等也、不賜籤符不赴任、住京奏國事或申身」愁、凡

國中大小事以一人爲揚名介在京中申之、撰其人被補之」副宣

旨也、一者揚名介於陽明門叩衞門鼓　奏國事、仍陽明」介ト云

撰其器量被定仰事如端註、只陽明字相許者漢土」有衞門鼓、
本朝自中古無之、但延久可被置之由有沙汰云〻、外國」者輙不
參內、其故於門外　奏事云〻、又是云、令外介弘仁以往」事也、
弘仁以後改陽名、

攝家御說如斯、三ヶ条共以為祕說、

應保二年閏二月十二日己卯賴業私記云、九条太相國談給、同
揚名介」事案之、諸國正介歟、吉所案也、御堂御申文二度有此
事云〻、」故信西入道者揚名介正權之也外介也、不預公廨云〻、
若有所見歟、權任之外如何云〻、
「二」（後筆）

鷹司殿御抄內
二度掾三度介事

京官ハ敍爵有恐、仍度〻任外國云〻、介事度〻成之時ハ優恕シ
テ被」任〔任〕介、無極祕事云〻、首付度〻可任外國之仁、何人哉事、
除目□
建長五年七月十六日依召參左大臣殿（二條道良）｜｜｜
次二度掾三度介事予申云辭遁京官恐敍爵之間諸道學生昇」進（師光歟）
之時、此儀候歟之由申之、仰云外國事也如何、重申云、第三
度任介」勿論候其時聊御心得歟、

□□卿本
文保元年十月廿九日大納言殿（花山院師信）御記云、光明照院（二條兼基）□〔禪〕閤被命云、
除目三合申」文トイフ事有之、三度之介《カイ》二度ノ掾《エン》ト謂之、祕
之シテ許字ヲ謂也、此」兩條幷揚名介等除目祕事也、
同十一月三日除目執筆間事申入春宮、三度介二度掾揚名介等
事」□□者、

三度介事
目史生歟、仰云公卿給二合掾目之上ニ臨時ニ入給之介ヲ被任、
謂之三度介

二度ノ掾事
普通之二合目史生也、別無子細、

□〔揚〕名介事

｜｜｜
｜｜｜
此條〻爲祕事之旨被仰下之、是鷹司前關白被撰申歟、三合申
文事」關白被參之時、春宮有御尋之處、サル事候之由被申旨
被仰下之、
康〔應カ〕安六年四月廿七日四位大外記師茂朝臣參仕一條前殿下〔通〕經｜公

之時、以御被官」如此被遊一紙被尋下之云、

二度掾二度介事

文章生重兼國有此事歟如何、所詮慥任人先例可被勘出之、

御□□〔被官〕注進

除目二度掾三度介事

慥任人先規不勘得凡二度掾三度介事雖有異說辭遁京官恐」敍爵間諸道學生昇進之時此儀候歟之由古人注置乎、

一　〔從〕□除目抄間書出之、

有書寫式□〔具カ〕除目一通進藏人所御簡被直改析也、長承元比

頼元眞人說同之、

「三」（後筆）

揚名掾目事政事要略第六十七取詮

問人之僕從不可着履、但諸國揚名掾目等爲車馬從之日依」列僕從猶可制哉、爲帶掾目不可制哉、」答尤是可制明有其詮儀、制令云武官礼服衞府督佐並」依祫〔褫〕以繡裲襠、注云兵衞佐等在此限已下准此云〻、

公卿年給申文一紙載二人事

長治〔承〕三年閏十二月十五日京官按察大納言（藤原）實行卿年給申文」載任人二人也、殿下（藤原忠通）仰云院宮御申文之外載二人之例不見、仍」不□〔補〕任也、但可尋給主也、

後日尋給主之處延久之頃故能長卿申文載二人云〻、若是故人之」失歟、

□□〔清愼〕公記

□〔康〕保四年七月十三日己酉入夜之後、右少將爲光朝臣來云、明日除目」□〔一〕昨日右少將与藤納言議定已畢之由傳承云〻、揚〔陽〕明關白早可」被停之者也、

揚名事以之可了見、合信西記已符合歟、又天曆季〔李〕部王記、同」前不須公廨公廨者國司得分也、四字無餘蘊工夫宜在此、

除目無爲入眼珍重、兩羽林轉任目出しく、執筆彼介申狀めつらしき」事候哉、貞和二年以後誰人も不申由承候了、常陸介被任候哉、

寬弘維〔經〕躅不珍事候歟、後福光園山城介補任事候上者御覺悟分不可有」□□候歟、自餘國事者色〻說候哉、なれとも山城先巡儀候歟、常陸」又不可有子細哉、只今分明之儀不及申入候、重而可申由可被申入候、恐〻謹言、

四月二日　　　　　　　　　　　　　　　（西園寺）公藤

坊門少將とのへ
御返事

永保二年正月廿一日經信卿記云掃部頭佐國來之次、予相示云雖」至二合年依無所望人不獻申文者、佐國云、以揚名可令申任大」□□給、若承罷成之由候、獻任析人多欤、三百疋云〻仍令書獻申文、
李部王記
天曆四年九月五日一分召定諸通擧後任省史生以下兼國至于書生」大輔申云厨女有勞官人賴之濟急、仍還書生一人名以其給物賜件」女、而今一勞書生讓件物名（揚）書生、雖可優彼勤至于給官恐有物聞」□以實擧申、即仰云、至于給物誠可優恤、何以事班賜女人今情實」已顯不可冒名、賜官其勘例者召大錄下一分所令勘申（申）、

宣旨撿挍上野掾与撿挍河内介何可上座事
河内國大江御厨撿挍前介高安滿雅問長德三年八月廿五日
假令或供御調備之散所、元來以本所任符補職事勤仕日供而同職之」人甲者當國前介、乙者上野揚名掾、爰乙陳云、任符之面注云乙依」宣旨補任者、誠雖同職苟是　宣旨者也、可上座也、甲陳云古今隨」永宣旨所任來也、一局〔卷〕之間專無此論者、甲乙座以其理如何、謹」請明判將決是非謹問、
答公式令云又武職事散官朝參行立各依位次爲序位、同者六位以下」以齒或（式）云、行列次第六位已下次以位階不依官秩、其申政之時以官」秩官位令云、大國介正六位下、大掾正七位下、少掾從七位上、又或（式）云、河」內國大、上野國大者、今河内介与上野掾謂其位階已以懸▨隔也、縱」□□旨縱非綸言、若被補同所之職事不可有異說端之、座論」共案令式須定上下、
香園院殿御事也、
岡屋殿御口傳（近衞兼嗣）　○以下紙繼目までの九行全體の上下及び右側、即ち三方を墨線で圍っている。

二度掾事
二合シテ申掾此事也、掾《エン》トヨム祕說也、二合ノ二ト掾《セウ》ノヨミトヲ取アハセテ二度」掾ト申極祕事也、
三度ノ介《カイ》此又同事介《スケ》ヲカイトヨム也、コレモ引合テ尻付スル也、下司《シタツカサ》アルモノヲハ」不尻付左衞門府將監ナトハ尻付ナシ、雖然檢非違使ニハツイフクノ賞ト付也、コレハ規模事也、
九條左大臣殿道良公三度介ヲイタサレタルニ、
□□□□如件、已極祕說更不知他人云〻、

（三條西公條追筆）「別紙有之、天文十三正十四寫之」

□□抄云師□公二度掾ハ文章生散位又不好京官申任掾也、是思先途遁」云〻、□故也、如宣忠是也、宣忠望申掾之時、故法性寺殿（九條兼實）爲關白令問師遠給、」師遠申云、二度掾是也云〻、仍任了、三度介ハ假令弁ニも何ニも成人以彼文」章生勞申任介也、謂之也云〻、已上兩条祕事也、故花園左府（源有仁）令問給き□」人者沙汰計也、

例　長保二
越後權掾清原重倫尻付云文章生□□□

三介《合》事　廣義公御申文云〻、
□〔正〕六位上藤原朝臣親吉
望諸國介
右停去年給二合、播磨掾藤井永季当年給三合可任之狀如件、
月日不見不審
國名《大間》不見私被書、不見也、
權介正六位上藤原朝臣親吉停左大□去年給二合、播广〔磨〕掾藤井永季」當年給二合所任

今案此申文躰者其《去ル》年ノ掾二合ヲ停テ当年ノ目ト合テ三合ト名ツクル外」此定ノ□□□□□又《本》あるへし、此申文ノ如者猶可案廻也、又右ニのする仰者」此申文ノ如、

計歷事　業忠眞人注進
美濃權守從五位下藤原朝臣爲敏
長元□〔四カ〕年九月　日任
□□□〔權中納〕言兼治部卿右衞門督藤原朝臣経通
宣奉　勅件人宜從長元二年計歷者
長元五年正月三日大外記兼土佐權守小野朝臣文義奉
件宣旨上古多被下外記也、

從五位上行因幡守藤原朝臣某誠惶誠恐謹言、
請殊蒙　天恩因准傍例以大治三年爲初任欲勘濟公文狀、
右某謹撿案內、諸國之吏臨時拜任之輩從次年計歷古今之例也、爰某大治二年」三月拜任當國守殘日已少、進發違期、望請天恩准傍例自大治三年被計歷
□□□公文之勤矣、某誠惶誠恐謹言、
大治四年十二月　日從五位上行因幡守藤原朝臣

太政官府〔符〕　能登國
應從去長治貳年計歷令濟伍箇年公事守從五位下高階朝臣時
章事
〔高階時〕□□□章去天仁三年三月十九日奏狀偁、謹撿案內諸□之吏臨
時拜」□之輩以次年爲初任從前前之例也、爰去長治元年任當
國守而」彼年官物前司徵納或亦牢籠所進不幾、訪之先輩已叶
格條就中若」狹守源俊親六月拜任蒙計歷　宣旨既畢、何況八
月以後何無載計哉、」僉議之処旁仰還迹而已、望請　天裁因准
先傍例被下計歷　宣旨將知」聖德之無偏者、正二位行權大納
言源朝臣雅俊宣奉　勅依請、但令濟」伍ヶ年公事者、國宜承
〔知依宣〕□□□行之、符到奉行、
正四位下行權右少弁藤原朝臣　修理左宮城判官正五位下行左
大史兼筭博士士左介小槻宿祢
天承二年六月十日

計歷申文
正〔六〕□位上佐伯宿祢愛擧
望陸奧大掾
右去年給二合以甘南備愛擧所申任彼國大掾申而雖姓爲佐伯之
間示賜」籤符、仍准先例從当年可被計歷之狀如件、
元應二年九月廿五日正二位行中納言源朝臣親房

建久八年四月十一日直物幷小除目上卿右大臣　執筆參議兼忠卿
上野國
權大納言源朝臣通〔通親〕、建久六年給二合同四月所任不給籤符二年空曁、仍從当年
掾從七位上日置宿祢春澤
建仁三年三月二日直物幷小除目　上卿內大臣　執筆參木資實卿
美作國
攝政去建久七年給二合以件友淸申任美作少掾、而稱非本望不赴任秩滿、仍去建仁六年正月
大掾從七位上秦宿祢友淸
轉任□□掾依身病不賜任符仍當年可被計歷
建仁三年長兼卿云、參院殿下御申文付頭弁依直物被獻御申文
也、」計歷御申文也、可載除目先規不審事也、於殿下問大外記
良業」之處不載除目只被仰下云ゝ、其申文書樣如此、
從〔七位上〕□□□秦宿祢友淸
右〔去〕□建久七年給二合以件友淸任美作少掾而稱非本望不赴任秩
滿」仍去建仁元年正月轉任」同國大掾依身病又不賜任符仍自当

年可被」計歴之狀所請如件、

建仁三年三月二日攝政左大臣正二位藤原朝臣（九條良經）

□□□記云殿下御申文有計歴御申文被下勘之、被尋先例建久八」年故内府□□袖書入当時折堺　被追彼例了、

建永承元々二年四月十日直物幷小除目上卿左大臣　執筆參議隆衡卿

□興□□□源大納言通具申文云、以經後少目望申播磨目無其闕者任延長給以」赴任年可爲初年被計歴云々、以経成少外記被問子細予申曰、非所望之國者不及被任只可被」仰計歴歟由申了、

性存注申計歴事

直物時也、

從七位上藤井宿祢近方任甲斐大目

右去建長元年給以件近方申任甲斐大目、而依身病不給任符自当年可」被計歴之狀所請如件、

建長三年三月十六日正二位行中納言藤原朝臣公光

申計歴樣

請被下　宣旨其掾姓名從当年計歴狀

右件其丸以去其年月所被任也、而不給鐵符之間二年空暮仍准前」例從當年可被計歴之狀所請如件、

年　月　日署所

未給任符之前若有申計歴之者給主申之、即計歴も由作載官符、或ハ正」員不載、只不取闕也、又云共不載之以官符副任符云々、可尋雖不給」任符及三年者申之云々、不名替可秩滿之時可申歟、任符出後」非國解不申之、

天文第八〇正月廿三日以彼家御本於燈下馳筆、相殘處今日」終功了、家本不定之卷除之了、廿四日

都護郎（三條西公條）（花押515）

〇三條西公條は天文八年三月二十一日に初度の除目執筆を勤めている。

（卷三）

五九七　縣召除目聞書（後闕）

二一六・六
二六九・七

（外題）
「縣召除目聞書 天文八・三・□□□（廿三日） 大外記清原枝賢□」

（端書）
「執筆　按察大納言（三條西公條）□□□□　職事頭右大弁（萬里小路）惟房朝臣」

權中納言藤原晴良兼

左少史小槻伊昭

中務丞竹田園茂卿親王請

侍　從藤原宗親

內舍人平盛能關白當年給

　小田季慶臨時內給

內藏允天語朝久右大臣臨時申

式部丞民可鑒卿親王請

治部丞藤原所番藏人所

兵部丞十市宿根卿藤原朝臣請

隼人權佑大江海廣本司奏

大藏丞國衆納本省奏

　少錄下村重上卿藤原朝臣請

宮內少輔源季治

「一」（後筆）

　丞道有規臨時內給

木工助藤原興道權大納言藤原朝臣雅當年給 二合請任息子

大炊允三國之滿本寮奏

主水權佑氷上水益本司奏

右京進三原仙高明經舉

修理權亮清科時賢臨時內給

　進大原花茂竿道擧

山城目竹田榮穗參議藤原朝臣 當年給

大和介竹原有賢關白臨時被申

　少目春日南照權中納言藤原朝臣實 當年給

河內大目河內大目權中納言藤原朝臣兼 當年給

和泉少掾池上花藤奏時

攝津掾氷上遠三內竪天曆籍

　少目宗岡行遠上召使

伊賀權掾永原武藏　喚內竪

伊勢大掾石川清水　內竪頭

尾張大目春道尋花　參議藤原朝臣 去年給

遠江權守橘花實關白太政大臣臨時被申

「一」（後筆）

少掾三國吉奇内豎散位勞
駿河大掾石川清淵
伊豆掾吉野花村内舍人
甲斐大掾池原藤松
武藏大目入間逆言内舍人
上總少掾池田藤村内舍人
下總權掾三善時得校書殿頭
常陸目道如堯權大納言藤原朝臣當年給
近江權守藤原惟房兼
目豐國直久内給
掾文右武停權中納言藤原朝臣去年給二合上總大掾改任
美濃權介小槻千恒兼
大目安全國權大納言源朝臣當年給
少目尾張國近左衞門督藤原朝臣當年給
信濃守藤原盛信
權守雅業王兼
上野掾宮處興榮中務卿親王當年巡給
目櫻部花麗權大納言藤原朝臣伊當年給
權目天語三光參議菅原朝臣當年給
陸奥大目縣新任公條當年給

［三］（後筆）

出羽少掾平安國大舍人番長
越前掾藤原春繁内給
少目朝倉治聲參議藤原朝臣基當年給
加賀權守藤原言繼兼
目平安豐晴光朝臣當年給
能登大掾久米豐穗内給
穗積秋盛停右大臣去年給二合秋成改任
掾池田鳥村校書殿執事
越後守源治興
少目藤井春數進物所膳部
丹後大掾三國壹統公條去年給二合
目有道穀耀左近中將藤原朝臣當年給
但馬目馬工乘持權中納言源朝臣當年給
少目出雲月佳權中納言藤原朝臣尹當年給
因幡守大神景雄兼

大目國民寧權中納言藤原朝臣當年給
伯耆少目桑田數幹權大納言藤原朝臣當年給
播磨大目淸岡輕爲權大納言藤原朝臣秀當年給
目秦國緣內給
美作大掾朝戶懷刑二品親王當年別給
備前少掾難波月照權中納言藤原朝臣光當年給二合
(後筆)「四」大目國毛定太政大臣當年給

備中權守藤原永家兼
大掾藤原久盛北堂年擧
掾文是時關白太政大臣當年給
權掾有道言興權中納言藤原朝臣敍當年給二合
安藝掾布留豐之大舍人散位勞
目大中臣宣興內給
周防大目善世就善右近大將藤原朝臣當年給
長門權掾橘延友大舍人本籍
紀伊大目御春淸世左大臣當年給
淡路權掾加茂遠久進物所執事
阿波少目靑海波彈左近中將藤原朝臣季當年給

讚岐權守藤原親世兼
目筆敎古關白太政大臣當年給
伊豫目櫻田花久權中納言藤原朝臣公當年給
少目櫻田花種權大納言藤原朝臣實當年給
太宰權大監築〔筑〕紫海靜大貳義隆朝臣請
筑後掾中原師茂明經年擧
豐前少目文章嶺權中納言菅原朝臣當年給
日向掾藤原興學勸學院年擧
大隅少掾日本愛禮學館院年擧
「五」(後筆)

薩摩權掾民國保奬學院年擧
對馬少目村主公連右大臣藤原朝臣當年給
左近將監藤原親尙大將請
狗陸行本府奏
右近將監安幕身正大將藤原朝臣請
平右翼本府奏
左衛門尉內固守本府奏
宮商角督藤原朝臣請

左兵衛督平時長
　尉源直下瀧口
右兵衛尉春野花香督平朝臣請
左馬允源元祐御監請
右馬允馬工影見御監請
　天文八年三月廿三日
造東大寺長官
　左大辨藤原晴光
修理左宮城使
　左中辨藤原資將
修理右宮城使
　右中辨藤原宣治
　辭退
權中納言菅原爲學
　○さきの五九五號「縣召除目聞書」と同筆。

（巻四）

五九八　十年勞勘文

一二六・七
一二五・四

十年勞
太政官
少外記正六位上中原朝臣康雄　歷五十年
　大永八年四月任權少外記
　天文二年二月兼少內記
　同四年六月兼隼人正
　同七年三月轉少外記
　同十年二月兼右大史
右大史正六位上安倍朝臣盛厚　歷四十一年
　天文三年正月任右少史
　同七年二月轉左少史
　同十年三月兼少外記
　同十年三月任右大史
大舍人寮
允正六位上馬工連連綱　歷八十一年

明應六年三月　任
式部省
丞正六位上新城連南景　歴四十一年
天文七年三月　任
治部省
少丞正六位上神前連早歌　歴五十八年
大永二年三月　任
宮内省
丞正六位上道宿祢有規　歴四十一年
天文八年三月　任
主殿寮
少允正六位上藤原朝臣浪盛　歴五十八年
天文七年三月　任
掃部寮
允正六位上藤原朝臣利世　歴四十一年
天文七年三月　任
主水司
佑正六位上藤原朝臣枝也　歴卅七年

天文十二年三月　任
左近衛府
將監正六位上氷上眞人雪厚　歴五十八年
大永二年三月　任
右近衛府
尉正六位上中臣連藤厚　歴四十三年
天文十三年三月　任
左兵衛府
尉正六位上矢作造武衛　歴卅六年
天文十二年三月　任
左馬寮
少允正六位上源朝臣久俊　歴五十八年
大永二年三月　任
右馬寮
少允正六位上立野朝臣男丸　歴五十八年
大永二年三月　任
天正六年正月六日

（卷五）

五九九　兼國例勘文（後闕）　三一・七　五〇八・九

勘申　兼國例事

參議兼國例

從三位藤原朝臣爲嗣　歷二年
文和二年十二月任參議
從三位藤原朝臣實音　歷五年
觀應元年八月任參議
從三位藤原朝臣仲房　歷二年
文和二年七月任參議
從四位下源朝臣義詮（足利）　歷五年
觀應元年八月任參議
藤原實蔭　歷二年
曆仁二年正月任參議　延應二年正月兼備中權守
藤原爲氏　歷二年
建長三年正月任參議　同四年正月兼播磨權守
藤原宣房　歷二年
嘉元□〔二〕年十一月任參議　同四年正月兼出雲權守

「一」（後筆）
「二」（後筆）

同人重兼國例

從三位藤原朝臣長顯　秩滿後二年
貞和四年十二月任參議　同五年二月兼備前權守
文和二年秩滿
藤原親朝　秩滿後二年
建治元年十二月任參議　同二年正月兼出雲權守
弘安三年秩滿　同四年三月兼備前權守
藤原經守　秩滿後二年
正安元年六月任參議　同二年三月兼讚岐權守
嘉元二年秩滿　同三年正月兼越後權守

少納言兼國例

從五位下菅原朝臣豐長　歷五年
觀應元年十二月任少納言
菅原季長　歷二年
正應三年十一月任少納言　同四年三月兼紀伊權守

平知有　歴二年

延慶三年十一月任少納言　同四年三月兼紀伊權守

大外記重兼國例

正\五位上中原朝臣師茂　秩滿後四年

康永四年四月任大外記　貞和三年三月兼備後權守

觀應二年秩滿

「三」（後筆）

中原師弘　秩滿後二年

建長五年二月任大外記　同六年正月兼越前介

正嘉元年秩滿　同三年正月兼土左權守

中原師顯　秩滿後三年

文永二年七月任大外記　同六年三月兼但馬權守

同十年秩滿　同十二年正月兼越前權守

裝束使史重兼國例

正\四位下小槻宿祢匡遠　秩滿後七年

元亨三年三月任左大史　建武四年正月爲裝束使

康永三年正月兼備前介　貞和四年秩滿

小槻政重　秩滿後五年

保安三年正月任左大史　同四年六月爲裝束使

天承二年正月兼播磨介　保延二年秩滿

同六年三月兼播磨介

小槻有家　秩滿後四年

建長四年十月任左大史　同年月爲裝束使

同七年二月兼能登介　正元〻年秩滿

弘長三年正月兼能登介

侍從兼國例

正\五位下源朝臣資熈　歴六年

貞和五年十二月任侍從

從五位上藤原朝臣隆重　歴六年

貞和五年十月任侍從

從五位上藤原朝臣康忠　歴九年

「四」（後筆）

貞和二年六月任侍從

藤原隆衡　歴五年

文治三年五月任侍從　建久二年二月兼阿波權介

藤原基直　歴六年

建長六年十二月任侍従　正嘉三年正月兼信濃權介
源経資　　歴五年
弘安九年八月任侍従　　正應三年正月兼美作介
內藏助兼國例
従五位下中原朝臣長久　　歴十六年
暦應二年八月任內藏權助
和氣貞説　　歴七年
保元二年十月任內藏助　應保三年正月兼阿波介
紀宗成　　歴十二年
正應二年四月任內藏權助　正安二年三月兼長門介
陰陽助兼國例
正五位下安倍朝臣晴經　　歴五年
觀應元年六月任陰陽權助
安倍晴宗　　歴四年
弘安六年十月任陰陽助　同九年正月兼因幡權介
賀茂在藤　　歴四年
永仁三年十二月任陰陽權助　同六年三月兼出雲介
同博士兼國例

従五位下賀茂朝臣在音　　歴四年
觀應二年六月任權陰陽博士
安倍晴弘　　歴六年
弘安二年十一月任陰陽博士　同七年三月兼出雲介
賀茂在彥　　歴三年
永仁六年十二月任權陰陽博士　正安二年三月兼因幡權介
「五」(後筆)
式部少輔兼國例
従五位下菅原朝臣爲綱　　歴二年
文和二年十二月任式部少輔
菅原氏長　　歴二年
正元〻年十二月任式部少輔　同二年三月兼伊勢權守
菅原在範　　歴二年
正應三年十一月任式部少輔　同四年三月兼能登權守
大學頭兼國例
正四位下菅原朝臣長綱　　歴二年
文和二年十月任大學頭
菅原在輔　　歴二年

正應元年十二月任大學頭　同二年正月兼土左介
藤原種範　　歴二年
嘉元二年五月任大學頭　同三年正月兼紀伊權介
文章博士兼國例
正\五位下藤原朝臣忠光　　歴二年
文和二年十二月任文章博士
「六」(後筆)
藤原俊光　　歴二年
弘安十年正月任文章博士　同十一年二月兼越中介
藤原春範　　歴二年
正和四年七月任文章博士　同五年正月兼備後權介
同人重兼國例
正\四位下藤原朝臣行光　　秩滿後二年
貞和四年三月任文章博士　同五年二月兼越中介
文和二年　秩滿
菅原在章　　秩滿後二年
建長五年正月任文章博士　同六年正月兼越後介
正嘉二年秩滿　同三年正月兼越中介

藤原淳範　　秩滿後二年
永仁元年十二月任文章博士　同六年三月兼越後介
乾元〻年秩滿　同二年正月兼越前權介
助教兼國例
正\五位下中原朝臣師連　　歴七年
貞和四年八月任助教
中原師緒　　歴三年
正安二年五月任助教　同四年正月兼越後權介
清原俊宣　　歴四年
德治三年七月任助教　延慶四年三月兼備後權介
直講兼國例
「七」(後筆)
正\五位下清原眞人宗季　　歴八年
貞和三年三月任直講
清原良枝　　歴五年
文永九年十二月任直講　建治二年正月兼丹後介
中原師名　　歴五年
正安二年五月任直講　嘉元二年三月兼加賀權介

音博士兼國例

從五位上中原朝臣師躬　歴十三年

暦應五年三月任音博士

清原業綱　歴五年

建久十年正月任音博士　建仁四年正月兼丹後權介

中原師世　歴十三年

建保二年正月任音博士　嘉祿二年正月兼筑後介

明法博士重兼國例

正五位上坂上大宿祢明成　秩滿後九年

建武四年七月任明法博士　暦應五年三月兼遠江介

貞和二年秩滿

中原明兼　秩滿後四年

天永四年正月任明法博士　保延五年正月兼安藝權介

康治二年秩滿　久安二年正月兼伯耆權介

中原章繼　秩滿後四年

正應三年九月任明法博士　永仁元年正月兼尾張介

「八」（後筆）

同五年秩滿　正安二年三月兼加賀介

筭博士重兼國例

從五位上三善朝臣維衡　秩滿後九年

暦應元年十二月任筭博士　同五年三月兼信濃權介

貞和二年秩滿

三善行康　秩滿後四年

保延六年三月任筭博士　康治三年正月兼尾張權介

久安四年秩滿　仁平元年二月兼越中介

小槻言春　秩滿後八年

正安四年三月任筭博士　嘉元四年三月兼土左權介

延慶三年秩滿　文保元年三月兼尾張權介

侍醫兼國例

從五位上丹波朝臣賴景　歴十三年

暦應五年正月任權侍醫

從五位上和氣朝臣久成　歴七年

貞和四年十二月任侍醫

和氣貞成　歴六年

正元二年三月任權侍醫　文永二年正月兼參河介

丹波忠守　歴六年

正應元年三月任權侍醫　同六年正月兼越中介
丹波尚忠　　歴六年
正安三年十二月任侍醫　嘉元四年三月兼駿河權介

「九」(後筆)

同人重兼國例
正四位下丹波朝臣知長　　秩滿後七年
嘉暦二年十二月任權侍醫　康永三年正月兼加賀介
貞和四年秩滿
丹波長世　　秩滿後五年
寛元〻年四月任權侍醫　寶治二年正月兼越後介
建長四年秩滿　同八年正月兼備後權介
和氣藤成　　秩滿後四年
弘安九年二月任權侍醫　正應四年三月兼參河權介
永仁三年秩滿　同六年三月兼下總權介
勘解由次官兼國例
正五位下藤原朝臣俊藤　　歴六年
貞和五年十月任勘解由次官
藤原顯隆　　歴六年
寛治四年六月任勘解由次官　嘉保二年正月兼讚岐介
藤原光経　　歴五年
永仁六年八月任勘解由次官　正安四年正月兼讚岐介
左右近衛中將兼國例
＼從三位藤原朝臣公定　　歴五年
觀應元年十月任左近衛權中將
＼從三位藤原朝臣師長　　歴四年
觀應二年六月任左近衛權中將

「十」(後筆)

正四位下藤原朝臣實時　　歴五年
觀應元年十月任左近衛權中將
＼正四位下藤原朝臣公豐　　歴四年
觀應二年五月任右近衛權中將
藤原朝臣公守　　歴二年
正元二年三月任右近衛權中將　文應二年正月兼遠江權守
藤原朝臣公孝　　歴五年
文應元年三月任左近衛權中將　弘長四年正月兼相模權介
(三條兼基)
光明昭院關白　　歴四年

弘安三年十二月任左近衛權中將　同六年三月兼播磨權守

同少將兼國例

正四位下藤原朝臣實凞　歴十年

康永四年四月任右近衛權少將

從四位上源朝臣具信　歴十年

康永四年八月任左近衛權少將

從四位上源朝臣成賢　歴十三年

曆應五年正月任左近衛權少將

源朝臣雅通　歴二年

保延六年三月任左近衛權少將　同七年正月兼近江權介

藤原教經　歴二年

文永二年正月任左近衛權少將　同三年二月兼攝津權介

源雅長　歴二年

正應六年正月任右近衛權少將　永仁二年三月兼讚岐介

（巻六）

六〇〇　年給勘文（前後闕）　二九・五 一七一・四

〔內豎〕□□散位　任武藏大掾　暦籍　任遠江權掾

奏時　任和泉大目　嗳內豎　任河內大掾

校書殿

校書殿執事　任備後掾　同頭任安藝權少掾

大舍人

大舍人番長　任美作權掾　同本籍任〇〔出〕羽目

大舍人散位　任長門大掾

進物所

進物所　任越後大目　同執事　任淡路大掾

內給

望尾張大目　望若狹替越前目　望播磨掾　美作目　伊豫大掾

院宮當年御給

相模目春宮當年御給　武藏權掾從一位平朝臣當年給　常陸大目從一位平朝臣當年給

美濃權大目院當年御給　陸奥大掾大宮院當年御給　播磨權少掾院當年御給

播磨權大目中宮當年御給　備中權掾春宮當年御給　備後目大宮院當年御給

讚岐權掾中宮當年御給　加賀權大掾嘉陽門院當年御給

公卿當年給

遠江大目關白當年給　駿河少目實雄〔執筆歟〕當年給　近江目左大弁藤原朝臣當年給
近江權少目右近中將藤原朝臣當年給　周防目參議藤原朝臣當年給　紀伊大目權大納言藤原朝臣當年給
望大宰府大典權中納言藤原朝臣當年給　大和少掾右兵衛督藤原朝臣當年給二合所任
尾張掾內大臣當年給二合　望大宰府大監權中納言源朝臣具當年給二合
美濃少掾雅定朝臣依去年獻五節舞姫當年給二合　望伊豫大掾返上左大臣永久五年給二合越智貞吉任府所任

播磨權掾返上長元四年內給丈部行親任府改任　尾〇〔張〕大掾返上上東門院長元六年御給出雲國任府改任
紀伊大掾皇后宮長德元年御給紀利廉返上任府替
上召使
攝津目　上召使

親王巡給二合
公卿二合〔ヒヒ〕
河內權大掾左大臣當年給二合　遠江掾權大納言藤原朝臣基當年給二合

美作權大掾依基綱朝臣獻五節舞姫當年給二合〔五節二合〕　大和權少掾右近大將藤原朝臣建長七年給二合〔未給二合〕
播磨目左衛門督藤原朝臣天永二年給〔未給〕　長門少掾右近權中將藤原朝臣正治元年依獻五節舞姫去年給二合〔五節二合未給〕
美濃權大掾停□和二年給二合伴友近改任　淡路權掾停齋院寬仁二年巡給二合磯部奉正改任

美作大目停兵部卿藤原朝臣弘安八年給同十月所任藤井友永改任　太宰大監左大臣去年給同十二月所任下野大掾改名字所任
播磨大掾停去年內給備中少掾改任　土左掾停權大納言藤原朝臣去年給二合伊勢少掾改任
鎭守軍曹停左近中將藤原朝臣去年給同十月所任遠江大目改任　駿河大掾文治三年內給大和掾紀末義不賜任府秩滿替
伯耆權目停右近中將藤原朝臣康元二年給伴雲雀不賜籤符替同三月所任肥前權目春日花光改任　伊勢權掾停參議源朝臣建久三年依獻五節舞姫同四年給二合源兼淨改任
伊賀掾停參議藤原朝臣文治二年依獻五節舞姫二合去年十二月所任河內少掾中原重安改任
因幡大掾停權大納言藤原朝臣文治五年二合所任肥前權（マヽ）藤井忠國改任
備中國少目停大納言藤原朝臣正治二年給但馬權目源兼教改任　遠江掾權中納言藤原朝臣嘉禎三年給曆仁元年正月所任大目藤井友和不賜任府秩滿仍去年給二合轉任
伊豆權大目權中納言藤原朝臣弘安二年給二合所任美作權大掾吉野花薰兼秩停仍改名當年給所任　上野目左近大將藤原朝臣應長二年給所任件清任不賜籤符仍更任
讃岐少掾停權中納言藤原朝臣公應長元年給二合同十二月所任件花榮不賜任□滿仍更任　越中掾權中納言藤原朝臣建久八年給件牛行不賜任符秩滿仍更任
美濃大目停左近衛大將藤原朝臣去年給飛驒少目改任　遠江國大掾左衛門督藤原朝臣建保七年給二合權掾菊枝改名轉大
土佐掾太政大臣正治元年給二合件淸秀停權守轉任　山城少掾停故一品資子內親王長德三年給小治田廣延改任
故者申文
上總權少掾□□□守昭平親王寬弘四年巡給□□後掾坂本元兼不給任符秩滿代　肥後大掾停故左大臣正曆五年給二合氏保延改任
諸陵功故前大納言源朝臣重光正曆二年給

內舍人
尾張大掾　甲斐大掾　美濃少掾

文章生
若狭掾　越前少掾　越後掾
兼
尾張介　相模權介　越中介　因幡權守　備中權守
周防權介　讃岐權守
宿官
武藏權守　但馬權守　備前權守　筑後介　肥後介
諸道年舉
相模掾竿道舉　〔近江カ〕□□掾明經舉　上總權少掾北堂舉
石見權掾奬學院舉　備中少掾明法學　阿波大掾學館院舉
土左掾勸學院舉
諸臨時給
伊勢權介上西門院臨時被申　常陸介左大臣臨時申　信濃介臨時內給
能登權守臨時內給　肥後權守八條院臨時被申
諸司所々
越後少掾作物所　近江少目藏人所出納
三局史生
美作權大目外記史生　備前權大目左史生　備後權大目右史生

美濃少目內記史生功
內舍人嘉陽門院當年御給二分代　內舍人左大臣文治三年給同五年所任近江目久任不賜任符秩滿代
內舍人停宣陽門院□建久三年給二分代藤原教安改任　內舍人關白當年給二分代
內舍人建長八年內給二分代　內舍人臨時內給　少監物明法擧
少監物明法擧　木工少允竿道擧　大炊少允明經擧
雜々諸京官
西市佑同□生　左衞門少尉文章得業生
木工少允臨時□□給　□□□院臨時被申　刑部少丞太皇大后宮去年御給
大膳少進［　　］　修理少進停中宮建久五年御給少監物改任
縫［　　］　［　　］

○巻末三紙の紙背に女房文があるが、「一日御ふミの候しにやかて御返事申候はて返々心よりほかにおほえさせをハしまし候」などという内容であって、これらは單なる手すさびの散し書きであるから省略する。

〔五〕細川幽齋玄旨文書　未表装九通

二〇一　(1)細川幽齋玄旨自筆書状　二七・五／四五・〇

昨日被借下候一字抄通」夜校合致返納候、雖〔可脱カ〕持参」仕候、客
來御座候間、以使者」申入候、自由之至候、猶以貴面」可得
御意候趣、宜被洩申入候、」かしく、

四月廿七日

（禮紙切封うわ書）
「（切點）三
羽林樣
御番衆御中　　幽齋」

○白紙の禮紙を添う。一字抄は後水尾院勅撰「和歌一字抄」のこと。

二〇二　(2)細川幽齋玄旨自筆書状（折紙）　三一・五／五〇・二

御書拜見仕候、」如貴意久不得」御意候、此間御煩」敷之由
不存之故」不参上候、慮外候、」抑御詠被〔披カ〕見候、何も」殊勝存
候、中將殿」御沙汰も加愚存候、」御意得候者可被仰傳候、」
恐惶謹言、

十月廿四日　幽齋 玄旨（花押516）

羽林樣奉答

○三條西實條は、天正十九年正月十日右中將となり、慶長十一年に至って辭す（公卿補任）。

二〇三　(3)細川幽齋玄旨自筆書状（折紙）　三二・〇／五〇・五

（切封）
「（切點）」

下國已來不申入候、」所存之外候、從路次」相煩、此比得少驗
候、」此方へ御下向事」御意次第候、委細」臨江迄申越候間、」
定可被得御意候、將又」先日之歌合寫申候間、」返上候、卷物
ハ大略」三光院〔三條西實枝〕殿被遊候と」存候いかゝ、又即於内ゝ」申候、
大名寄哥枕」寫申度候、不足之分ハ』〔　　〕候も相尋」寫可
申候、先有次第」申請度候、於御下向者、」可被成御隨身候、
猶」近ゝ可得御意候間、」先令省略候、恐ゝ謹言、

五月廿八日　玄旨（花押517）

（折紙切封うわ書）
「（切點）三
羽林樣　　幽齋
木村殿　　玄旨」

○封の紙紐を遺す。

六〇四　(4)細川幽齋玄旨自筆書状（折紙）　三三・〇 五〇・六

貴札致拜見候、」一兩邊舌狀上候へ共」少相煩候、今日も感方院」罷居候て養性仕候、」又御詠執ゝ殊勝」存候、愚存註」付進獻之候、猶可」被及御思案候、」可得御意候、」かしく、

卽日　幽齋

三羽林樣　貴報

六〇五　(5)細川幽齋玄旨自筆禮紙（一葉）　三八・五 五三・四

（切封うわ書）
「（切點）

三條前宰相とのへ」

○禮紙一葉のみにて本紙を逸す。

六〇六　(6)細川幽齋玄旨自筆書状（横切紙）　一六・六 五〇・九

爲御音信御狀畏存候、」今度世上不慮之仕」合候、爰元之儀無」別条候之条、可御心」安候、委細（八條宮智仁）八条樣」御使者へ申候間、不能」多筆候、恐惶謹言、

七月晦日　玄旨（幽齋）

西三条殿　御報

○智仁親王は寛永六年四月七日五十一歳にて歸幽。

六〇七　(7)細川幽齋玄旨自筆書状（折紙）　二九・九 四七・〇

誠此間者久不」得御意候、御床敷」奉存候、昨日当地」迄罷出候、抑御詠」拜見仕候、愚存」註付進上候、猶」早拜面可得御意候、」恐惶謹言、

十二月廿三日　玄旨（幽齋）（花押518）

羽林樣　貴報 人ゝ御中

六〇八　(8)細川幽齋玄旨自筆書状（折紙）　三四・五 五一・六

一昨日遙ゝ御來」臨恐悅之至候、客」來御座候付而、然ゝ」御物語不承、殊更早ゝ」御歸京、御殘多存候、」先ゝ御詠殊勝候条、」愚存注付進上候、」又一卷是又付墨」參置候、昨日下（丹波國田邊城）國」仕候故、自然無筋」義も可在候歟、御不」審候所ゝ重而可被成」御尋候、聽而可令」上洛候間、其刻』萬事可得御意

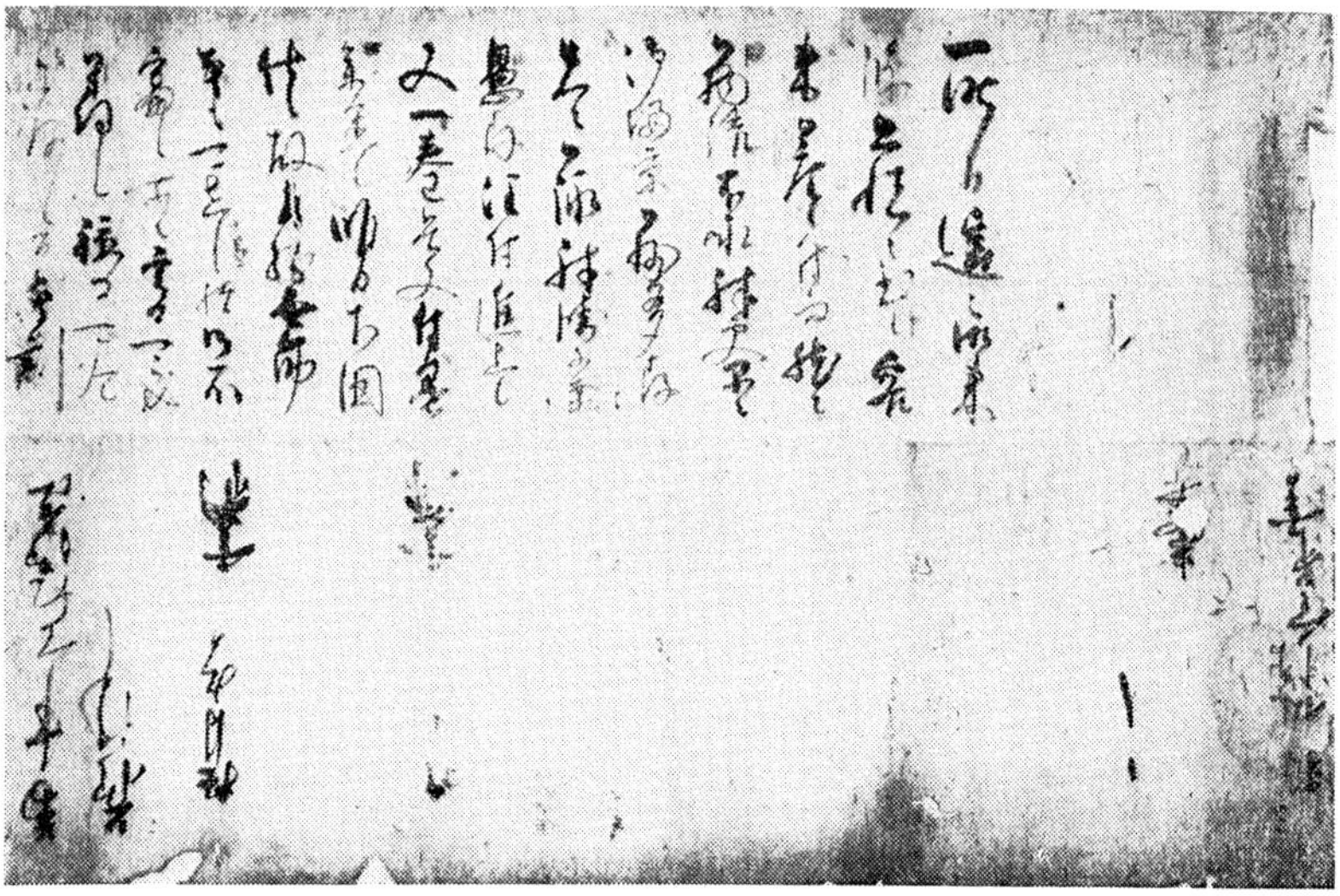

608號　細川幽齋玄旨自筆書狀

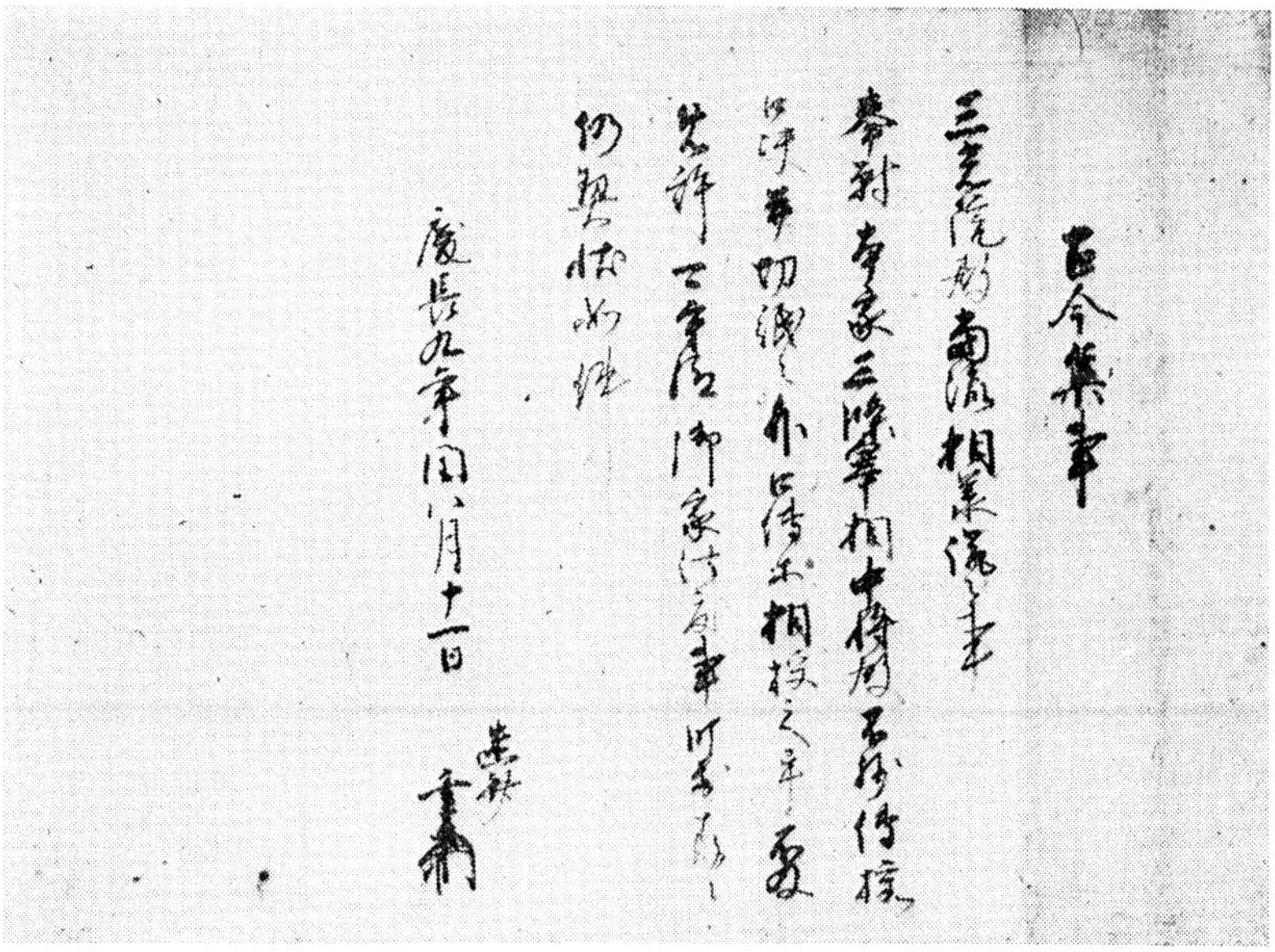

609號　細川幽齋玄旨自筆古今集傳授契狀

候、」恐惶謹言、

極月九日　玄旨（花押519）

（折紙切封うわ書）
「（切點）
三
羽林樣　幽齋
玄旨
人〻御中　」

○封の紙紐を剪り去ったあとがある。また執筆以後即刻に折りたたんだため、餘白に自署花押の墨痕を遺している。以上はすべて三條西實條宛である。

六〇九　(9)細川幽齋玄旨自筆古今集傳授契狀　三四・〇 四六・九

古今集事
（三條西實枝）
三光院殿當流相承說之事
奉對　本家三條宰相中將殿（三條西實條）不殘傳授、
口決幷切紙之外口傳等相授之畢、不及
免許可守給　御家法度事肝要存候、
仍契狀如件、

慶長九年閏八月十一日　幽齋
玄旨（花押520）

○以上九通はすべて三條西家舊藏であるが、文書の形態を遺し、原形を保存するために未表裝のままにした。

〔六〕諸家單一文書　一四巻一四通

六一〇　(1)散位藤原友次領地相博狀　三一・〇 三九・三

奉　相博領地壹處事
合壹戸主東西拾貳丈壹尺 南北肆丈壹尺參寸
在左京五條三坊壹町西一二行北四五門內
右、件地者、散位藤原友次令沙汰婦人故文屋」氏太子所令傳
領也、而信濃守藤原朝臣（マヽ）
御地貳ケ所壹所壹戸主東西五丈南北十丈、自六条坊門南自東洞院西坊門西
壹所貳拾伍丈自姉小路北、自猪熊東角、東西陸丈柒尺伍寸、南北參丈陸尺肆分、
相副本公驗等、所奉相博也、仍進新券文之狀如件、

大治伍年陸月拾貳日　散位藤原（花押521）

六一一　(2)中御門爲方奉院宣　三三・六 五一・四

大和國高殿庄（高市郡）御知行

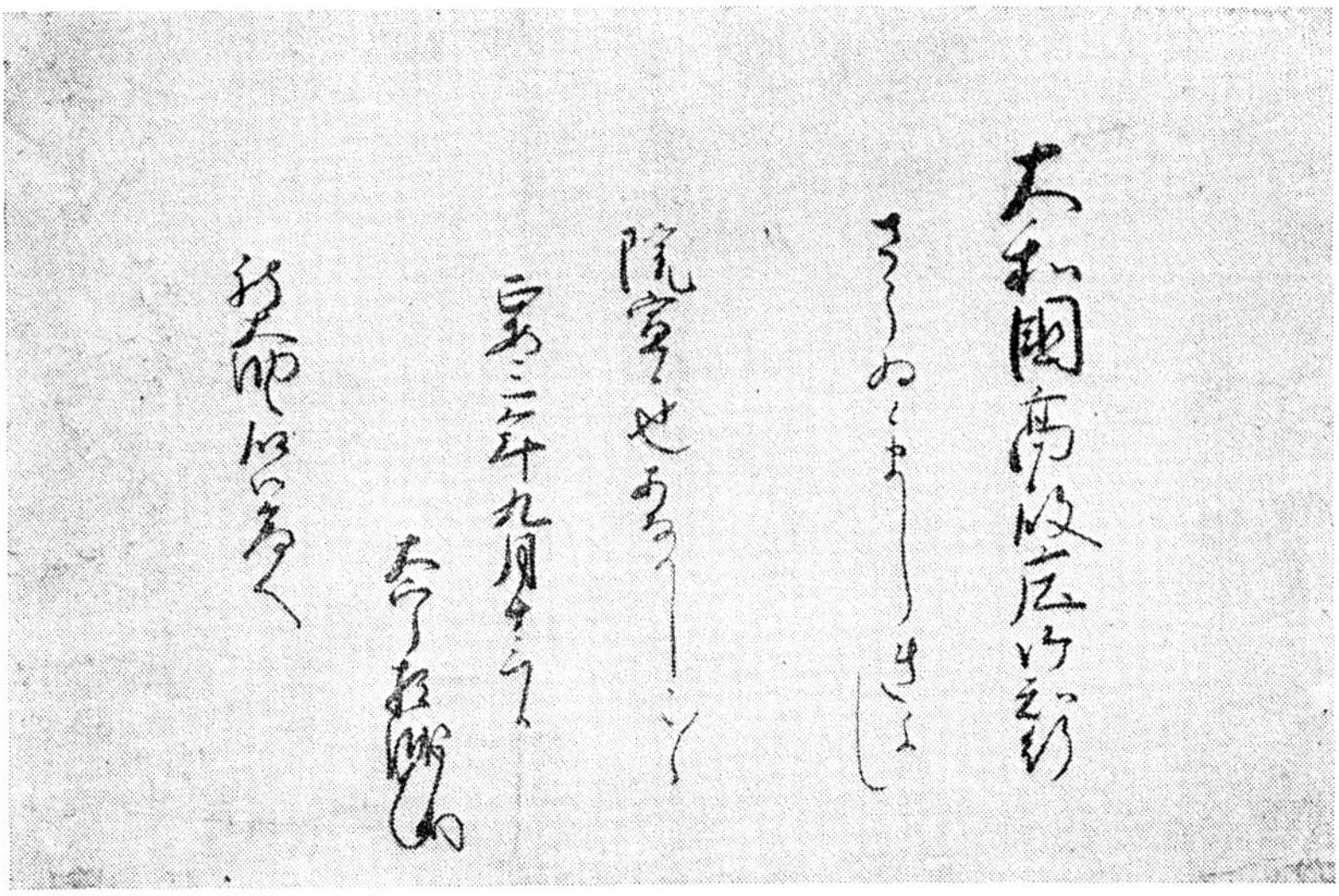

611號　中御門爲方奉院宣

さうゐ候ましきよし
院宣候也、あなかしこ〱、
　正安三年九月十三日　（中御門爲方）大宰權帥（花押522）
新大納言殿御局へ
（函書）（紙片貼附）（朱印）「　「八十八□」　○陽文「三條家印」一・八×一・六センチ。
万里小路宣房卿下知狀」
（同蓋裏）「御蔵八拾四歳
▨候
　享保四年己亥七月二日」
（函横）「万里小路
　宣房卿御筆外一」

○この文書は女性に宛てた假名書の院宣であるが、この頃は舊院の伏見、新院の後伏見の兩上皇があり、そのいずれの院宣であるか速断は出來ないので一應奉者の名を附した名稱とする。院宣ではあるが料紙・墨色等について稍々疑問があって、寫しであろうかと判断はするが、なお研究の餘地があろう。なお疑いがあるということは、研究資料として疑いを解明するということに意義がある

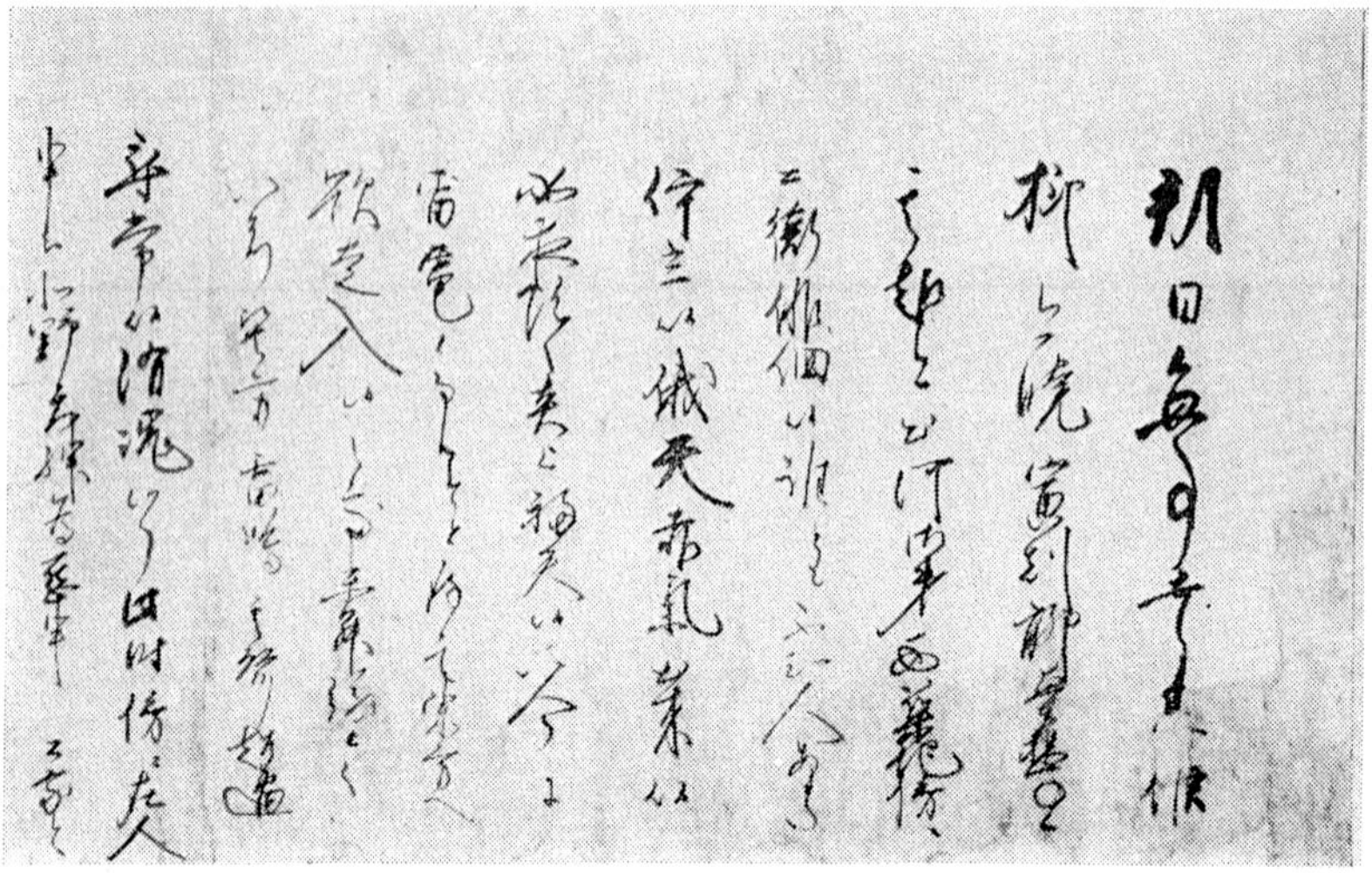

612 號　西園寺公衡自筆書狀（卷首）

るということである。本文書の第二行目と第三行目との間は一行分の充分な餘白をのこしていて、いわば行間の空白が一應は不自然のように思われるが、大德寺文書の八月六日（元弘三年）付の後醍醐天皇綸旨の民部卿局（北畠具行卿母）宛の假名書き綸旨について三行目と四行目、六行目と七行目の各行間の空白などと對比して、そのような疑いは消えて、様式の點では疑いはないこととなろう。なお、最近に京都府立總合資料館の上島有氏の研究によって「竪折紙」とて、これは折紙を中央からたてに二つ折りにするように工夫した様式であるとの新説が提案されて、解明のヒントを得た。中御門爲方の略歴は、正安二年十二月二十二日任大宰權帥、嘉元元年正月二十八日止權帥、德治元年十二月十一日薨五十二歳（公卿補任）。

六一三　(3)西園寺公衡自筆書狀　一三二・五 二八・二

朔日每事幸甚候、」抑今曉寅剋、聊夢想事候、」其趣今出河御第西築地傍ニ」公衡徘徊候、誰とも不知人あまた」佇立候、俄天赤氣出來候、」如夜陰之炎上、移天候、只今に」雷電候なんすと存候て、東方へ」欲走入候之處、未昇緣候之」以前、巽方雷鳴、其聲超過」尋常候、消魂候了、此時傍ニ在人」申云、北野天神爲怨申〔公家、令〕」參給也云〻、夢未驚之以前、又」いつくともしり候ハぬ山家に御坐候處、」公衡も同候其所候、

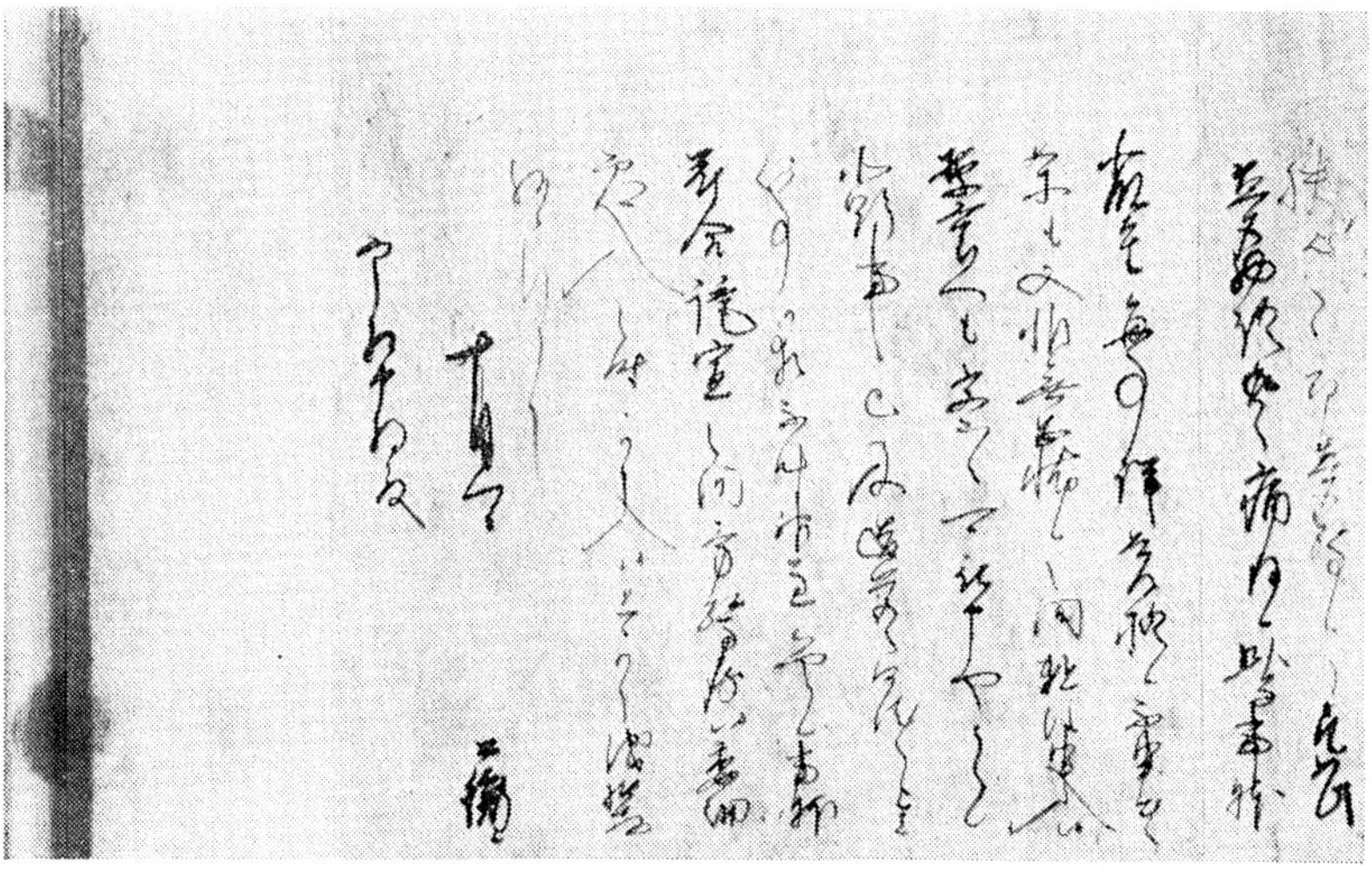

612號　西園寺公衡自筆書狀（卷末）

祇薗執行」感晴馳參候、其躰如熊野詣姿、著頭巾脛巾等、申云、只今」祇薗近邊死人多出來候、過」祇薗之陣中人多當此殃候、」疾疫宛滿天下、依紳怒忽有」此灾云〻、令問感晴御云、依何事」神令怒給哉、申云、当社修造以下」無沙汰、神威如無、仍已及此灾」了、雖非陣中、過神之眼路」人、必致尊崇之礼者、定遁身之」殃欤云〻、即夢驚候了、凡如此」夢物語、返〻痛存候、驚事躰」嚴重每事詳覺悟候、不申出候」条も、又非無恐怖候之間、粗注申入候、」禁裏へも密〻可被申や候らん、」北野事、已及造營之沙汰之上者、」何事か猶不叶神慮候やらん、事躰」符合詫〔託〕宣之間、旁驚存候、委細」參入之時可申入候、且可令洩披露」給候、謹言、

十
九月一日　　公衡上
ゝ

宰相中將殿

〇公衡の自署は、花押集の(523)に示す。公衡は應長元年八月二十日出家靜勝、正和四年九月二十五日薨、五十二（尊卑分脈）。

六一三　(4)西園寺實兼自筆書狀　三三・二一〇五・三

此狀礼帋聊載子細事候、」無相違者、可爲本意候者也、」礼帋同此狀、書同日〻付候也、

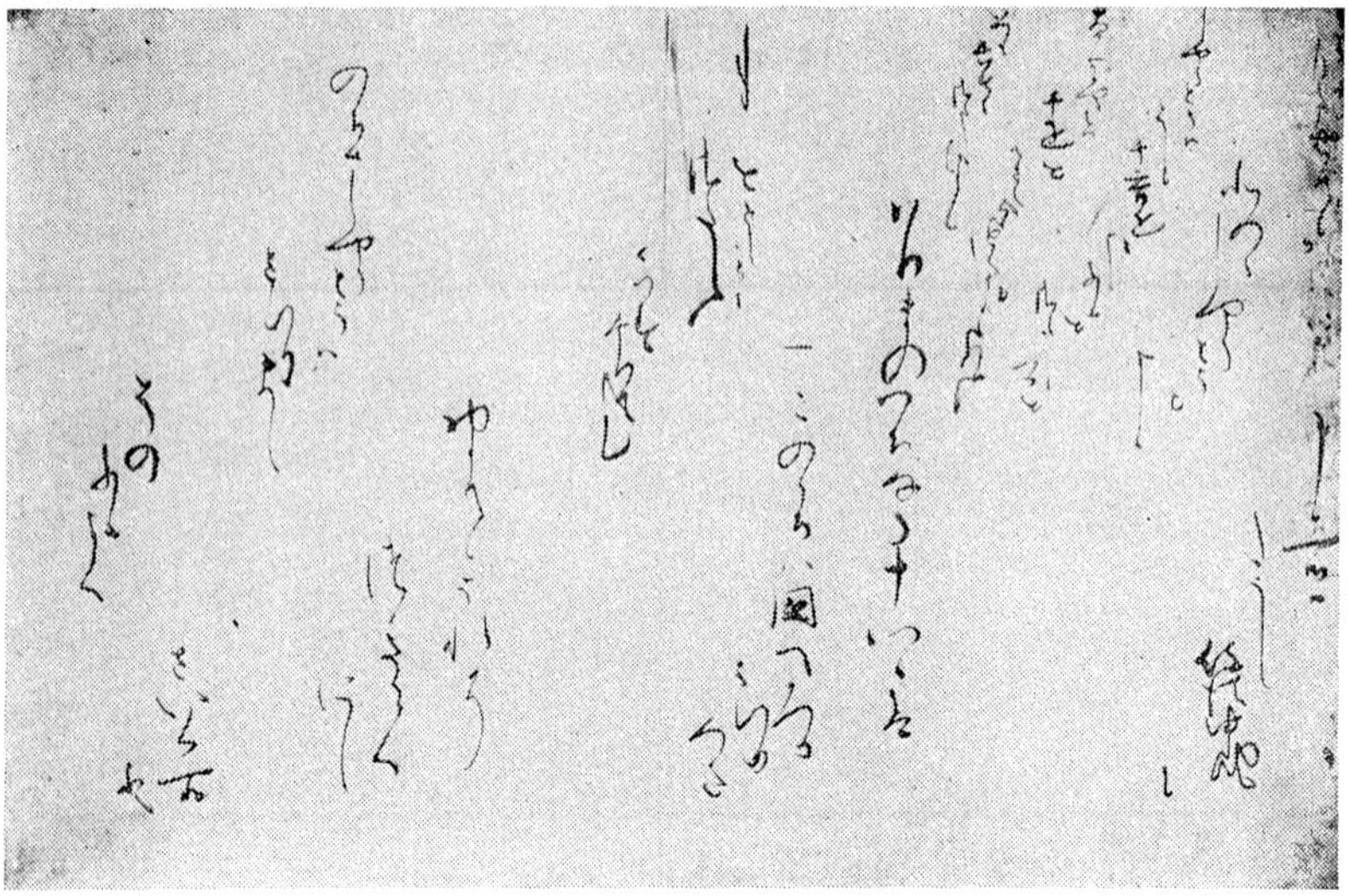

615號　某女院置文

当時家門朝恩等、愚老」万歳之後、子孫相續不可有」相違者、於左馬寮奉行者」可与奪申、伺事由可被」申沙汰也、當寮事根本」雖爲家門朝恩之內、兩三代」遷替以後者、弘安比故竹林院」入道左府(西園寺公衡)、依経兩箇之大功」(日吉神輿七基造替、禪林寺殿御所造進、)爲初度之朝恩」拜領之間、中宮大夫(西園寺實衡)于今相續、」(龜山院)然而近來世上之様於他朝」恩者、難期　上計、無朝恩者」不可有拜趨之羽翼之間、如此」令計申者也、此內於愚老計」置事者、始終無相違者、可爲本」意候、可令存知給之狀如件、

元亨二年四月十日　(西園寺實兼)(花押524)

(今出川兼季)
右大將殿

○實兼は元亨二年九月十日薨、七十四(尊卑分脈)。

六一四　(5)關白家御教書　三三・一〇・五〇・一

(附箋)
「皇大后宮大夫顯廣後俊成卿」

丹後國河上本新兩庄(熊野郡)」事、御　奏聞之處、停止」能登守以下之輩濫妨、」可被全一円御管領之由、」被仰下了、悤可被書進」綸旨之由、　殿下御氣色」所候也、仍執達如件、

十月六日皇太后宮大進(草名525)奉

謹上　藏人右中弁殿

○附箋の誤記は多言を要せず。

六一五　(6)某女院置文（禮紙闕）

三三・〇
四九・五

（後筆端裏書）
「播磨國[ ][ ]十郷事永福門院御書」

⑦もたせて候か　⑤申候所ハ
北のゝ　しやかとうと〔釋迦堂〕　たうし
⑧しやかとうハ　申候、　侍従中納言
としに　に⑥
千二百疋と
申候
ふんを
⑩大ハんにやにハ〔般若〕　⑨さたし候
千疋と　つるを
御さた
⑪いつも　候ハゝ、
しハすに〔師走〕　とくうれ
さたし　しくまいらせ候、
候けに候
①ハりまのへちなう〔播磨別納〕十郷は
⑫事を、としことに　一この〔期〕ゝちハ國へかへり〔し〕
さたして　まいらせ候
候ハす　へき②
なりて候し

⑬のちハ、しやかとうへ　③物にて候、それに
つき候て、
まいり申へく候　にし
その　さいく〔細工〕所と〔造物所〕④
ふんよく
（以下禮紙書闕）

○後筆の端裏書に「永福門院御書」とあるが永福門院はともかく鎌倉時代の女院の置文であろう。また惜しくも禮紙書を逸し文章の後半を闕き大意は通じ難い。

六一六　(7)某東寺五反田譲状

三三・〇
四八・六

ことのしさいは
もんしよに
候へく候、
あなかしく、

東寺の五たん田と
申さふらふ所は
ち行し候て、とく
ひさしく、しさいなき
所にて候、なにの御ように

たち候ハしとも、覺候ハねとも、
あこかやうの御かたへゆつり
まいらせ候、
あなかしく、

けむふ〔建武〕二年三月十日　（花押526）

〔題箋〕「後醍醐天皇御消息　墨寶堂珍藏〔朱印〕□」　○印は六×六センチ。

六一七　(8)後醍醐天皇綸旨（宿紙）　三二・四 四一・六

家門事可令
管領給者、
天氣如此、仍言上如件、
範國謹言、
建武二年六月廿七日　左少辨〔岡崎範國〕（花押527）奉
進上　右兵衛督〔西園寺公重〕殿

○『公卿補任』建武二年に次の如くある。
權大納言正二位西園寺公宗二十六中宮大夫、四月七日兵部卿、
六月廿二日勘勅被召捕之、同廿六日勘罪名、八月二日所誅也、
權中納言正三位西園寺藤公重十九、右兵衛督、正月五日敍從二位、

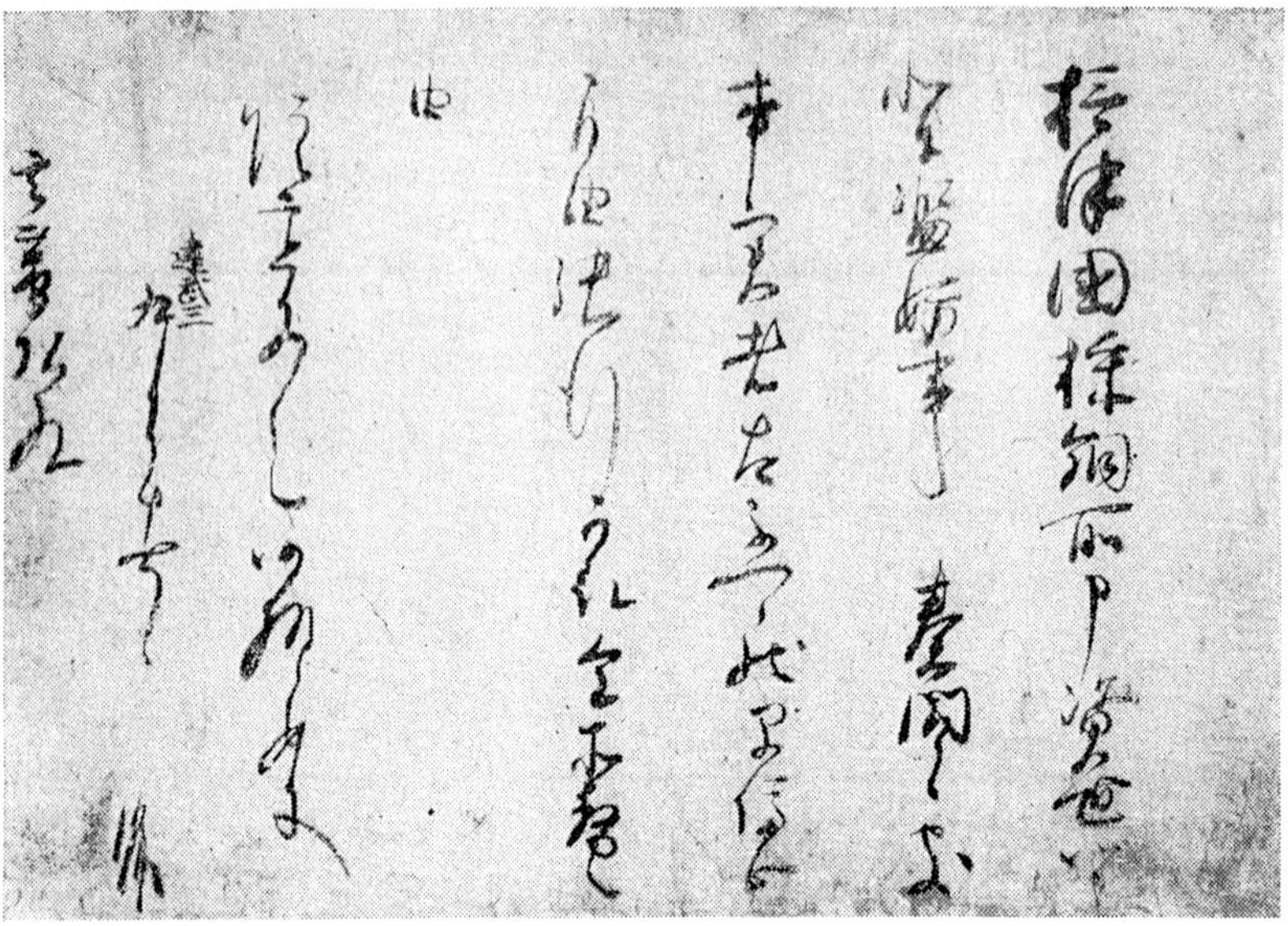

618號　光嚴院院宣

十一月廿六日轉左、

綸旨としては珍しくはないが、中先代の亂による家門斷絶に關係した文書であるところが注目される。

六一八　(9)光嚴院院宣　三一・三　四四・〇

攝津國採銅所申、資世以下」輩濫妨事、奏聞候處、」事實者太不可然、早停止」自由張行、可被全所務之」由、院宣所候也、仍執達如件、

(異筆)「建武三」
九月十七日　(四條隆蔭)(花押528)

玄蕃頭殿

○『史料綜覽』建武三年九月十七日條に「光嚴上皇、攝津採銅所ニ資世姓缺ク等ノ濫妨スルヲ停メシメ給フ、森川清七氏所藏文書」とある。

六一九　(10)一條殿局領文書紛失狀并法官證判狀　三二・八　八四・四

立申　一條殿御局御領等文書紛失狀事

丹波國野々村庄　參川國和地庄

越中國小佐味庄飯野村

右子細者、去々年曆應元十月四日夜盜人推參仁和寺」河窪准后御所保安寺之刻、盜取御領重書以下御」具足等之間、方々雖被相尋之、于今不出來之上者、向後稱」帶彼文書有掠申輩者被行罪科、至文書者悉可」被紕返也、且任傍例以文書之符案等爲備後代之龜鏡、」所申請近隣人々坊城(俊實)中納言入道家・眞光院僧正・大教院」法印等之狀也、支證分明之上者、賜諸官之御暑(署)判、欲備後」日之龜鏡、仍言上如件、

曆應三年二月　日　雜掌沙弥光性（花押529）

(異筆1)「件文書等紛失事面々御證狀分明歟、」仍加暑(署)判而已、

明法博士兼右衞門大尉尾張權介中原朝臣（花押530）」

(紙繼目裏花押)

(異筆2)「彼文書紛失事、傍輩證判灼然之□(間)、」加愚署而已、

左衞門權中尉中原朝臣（花押531）」

(異筆3)「件文書紛失事、傍官等證判之間、同所加愚」判也耳、

防鴨河判官左衞門中尉中原朝臣（花押532）」

(異筆4)「彼文書紛失事、傍輩證判炳焉、仍加」愚署而已、

大判事兼明法博士左衞門大尉坂上大宿祢（花押533）」

○紛失狀と證判狀の間の空白は一〇・五センチあり、また證判狀は一字の大きさ約二・〇×二・〇センチの巨大な文字となっている。

六二〇　⑾飛鳥井宋世（雅康）自筆書状

二七・〇
八六・六

（表題）
「畠山事書狀五十九號　▨▨」

積念之処、披玉翰候、」本望無極候、抑良」藥事不顧狼籍（藉）令」申候処、恐積濟〻拜」領候、畏入候、悉以大藥」一段之過分祕藏無」申計候、已後者隨仰」香合を調可申入候、」誠依度〻御恩藥、于今」勇猛存命仕候、難有」次第候、將亦上池院方江」一帋被遣候由、蒙仰候、」則相尋候処、未到之由」申間、無心元候、但雖何」時候到來候者、不可有如」在候、可致奉公候、每事」期後信省略候也、恐惶」謹言、

七月十一日　　宋世（花押534）

進覽之候

（禮紙切封うわ書）
「畠山殿　　　進覽之候　　　宋世」

○宋世は「文明十三年權中納言雅康、月日辭退（未拜賀）（次年以下不見）」（公卿補任）、また「正二位、權中納言、法名栄*世、二樂軒」（尊卑分脈）とて、經歷未詳の人物であるとし、誤って法號を栄*世とするが『宋世百首』（續群書類從には『入道中納言雅康卿百首』として收載）『宋世富士見道記』（群書類從には『富士歷覽記』として收載）などを遺している。

六二一　⑿三條實量自筆書狀

三一・五
九〇・五

（木製題籤）
「三条右府實量公
禪空狀」

略立帋候、御同心候哉、

五十首詠草令進覽之候、」委細被加御添削候者、」可爲御芳志候、老耄過賢」察候之上、当年夏以來歡樂」連〻相續之間、每事忘却」弥無正躰候、同詞所〻ニ候けり、」只今見付候、能御覽合、御用」捨所仰候、御忩劇雖」奉察候、別而憑入存候、」必一日可參謝候也、恐〻謹言、

九月十日　　禪空

（禮紙切封うわ書）
「（切點）
飛鳥井殿　　　禪空」

（飛鳥井雅威識語）
此一卷者轉法輪左府實量公（法名禪空、應仁元出家、文明五年被薨、）」消息也、雅世卿・雅親卿兩代之門弟、年月日」古今和歌集被傳授、（於傳授者、堯孝法師相傳ト云〻、）永享年中雅世卿新」續古今集被撰集之時、和歌所之參會衆之」內也、此度爲一卷、尤可令祕藏者也、

寛政三年春　　雅威

六二　⑬近衞稙家申文　三一・五／四二・八

從七位上國造龜定

望近江國掾

右、去年給、同三月以件龜定申」任備後前大目、而稱非本望、不」「任」給符、仍可被改任件國目之」狀、所請如件、

天文九年三月廿二日太政大臣從一位藤原（近衞）朝臣稙家

六三　⑭山科言繼年給申文　三二・五／二八・三

從七位上貞朝臣亨利

望丹後國目「大」（異筆）

右當年給、所請如件、

天文廿年三月廿五日正二位行權中納言兼陸奥出羽按察使藤原（山科）朝臣言繼

○以上二通は吉書である。

収集者の言葉

荻野三七彦

「編集後記」とか「あとがき」などは、一般には下巻の巻末に附載されるものであるが、これはそれとは少し違った「收集者の言葉」である。私は七十四歳を迎えて、心ひそかに思うことは、人の壽命のことであって、下巻刊行の日まで待って無事に「後記」を執筆することが出來るかどうかとの疑念を抱くのである。

そうした全くの私的な事情から、この拙文を上巻の末尾に附けて置くことを許して欲しい。

1

私は多年早稻田大學にあって日本古文書學の講義を擔當して來たが、この學問を研究するためには勿論教育の上からも、何をおいてもまず古文書の原本に據ることが重要であるという信念を強くするようになった。しかし單に古文書原本に接することだけでも、それは容易ではなく、嚴しい制約が色々とある。まして原本の收集となると一層の、否、格別の困難を覺悟しなければならない。古文書は學術資料として重要であるとともに、一方においては所謂「書畫骨董」の類でもある。骨董品には庶民性が乏しく、古來大名家の寶物などとして取扱われて來たものもある。物品に對する價値判斷には違いがあっても、こうした骨董品に對する價値の置き方には、私どもには想像の出來ない高い評價が付けられ勝ちであるから、それは一介の學者なり、研究者には到底手の届かない高嶺の花であることが多い。

世間では古文書は一種の文獻であり、歷史研究の史料であるから、敢えてそれが原本であることを必要としないとする考え方があって、學者の中にもそのように考える人もある。つまり文獻として文字さえ讀めればそれで充分ではないかということである。私はそうした考えを否定する。古文書學が研究對象とするものの基本は飽くまでも原本であって、その他はすべてそれに準ずるものであるとする。私はこうした考えを久しく堅持して來たが、大學の研究室としては、僅か一課目のために莫大な經費をそこに投入することは許されるべくもなく、ましてや一介の研究者においては實現は不可能である。しかし私の考える古文書學の基本的な研究は原本に接することであると考えて、それを是非とも現實のものとして欲しいと念願していた。

2

このような夢を現實のものにする機會が偶然に出現したのは、昭和二十九年（一九五四）のことである。この收集文書中に「豐後國後藤文書」（下巻收錄）と稱する三十餘通があるが、それは鎌倉時代から戰國時代にわたる九州の武家文書である。或る個人の襲藏品であったが、先方から購入の依賴があった。好機逸すべからずとは考えたが、購入費の用意もなく、苦心の末に大學本部の理事會に懇請して、幸いに目的を果すことが出來て、ここに最初の研究室所藏文書の基礎を据える端緒を開くこととなった。

これに勇氣を得て、私の夢は一大コレクションの實現へと門出した。時恰もよし、國は「私立大學の研究設備に對する、國の補助に關する法律」を昭和三十二年三月三十日、法律第一八號として施行した。この法律では當初には購入經費の半分を大學負擔としたが、法律改正によって昭和四十五年法律第六九號には、國の補助を「經費の三分の二以内を補助することができる」と改めた。

時には私の苦勞を察して古文書寄贈の申込みもあり、無償で收納したものもあるが、主として私はこの法律によって次から次へと文書の收集に努めた。しかし本法律は私の研究室だけが享受し得るものではなく、他の分野との配分の都合によって申請を遠慮することも度々あり、欲しい文書を幾度か見送ることを餘儀なくされた。

何れのコレクションに就いても、收集者の趣旨による特徴があるものであって、荻野研究室收集文書にもそうした特徴が自ら形成されて行った。その特色は坊間の收集と大きく相違して、俗にいう骨董品ではなく、すべてが研究と教育を目的とし、その線に沿って見識を働かせそれを反影させたところが異なっている。從って全くの僞物をはじめ、或は疑點があって將來の研究をなお必要とするものも集めてあるということなどは、或はむしろこのコレクションが、學術の研究・教育を目標としたことの特徵であろう。

收集の目的は天下の寶物を集めて、大學の名物とすることではなく、學術上の標本になるものを一通り揃えて置くことにあった。

しかし收集も時の經過とともに次第に困難を加えて行くようになった。ということはまず標本的な文書が市場から次第に姿を隱して行ったことにより選擇の自由を失って、收集の目的を達することが不可能になり、それとともに價格の上昇高騰はまさに狂瀾ともいうべき狀況であり、私の意欲は收集を始めた當初の素晴しさとその當時の感激に比すべくもなく、遠からず收集を打切る時期の來ることが豫想されるようになった。

私は收集に臨んで、たとえば史上の著名人の筆になるものに巨額の費用を投じたため後が續かなくなるよりも、一通りの標本となる文書を數點揃えて行くことこそ研究室の在り方であると考えて、それを文書收集の方針とした。

古文書の收集は新刊書を集めるような譯には行かぬ。すべてが文書との奇遇ともいうべきものである。文書を何處から捜し出して來るのか、まず問題はそこから始まる。こちらの諸條件と一致しているかどうか、それが次の問題である。だが何れも竝々ならぬことである。

さらにまた、その購入の申請手續きにも制約がある。四、五月の頃にその手續きを必要とし、年間に唯一度のことであり、總額を一定の枠の中に收めるように計畫する。この時期の他に適當な文書の出物があってもその入手は不可能である。

そこで私の目的と計畫にそって協力してくれる人なり、機關なりがどうしても必要であるが、私が收集に着手した昭和二十年代には古文書の賣買を業とする人は今ほどに多くはなかった。しかも取引きに充分の信頼が置けることが大切である。幸いにも私はそのルートを以前から個人的に持っていた。それは反町茂雄・酒井宇吉の兩氏である。私は申請の時期が迫ると品物の選定のために先方を訪れるが、貴金屬にも比すべき商品であるから、約束の日を限って品物を整えておいてくれる。時期の制約があるから、私は自己の學識的な直感によって文書の可否を決定して來たが、すべてに於て選定上の大過はなかった。申請は學內の各機關の審議を經て最終的には文部省大學學術局へ書類が提出される。

集めた文書を、研究室の誇りのように考えて祕藏していたのでは一向に意義はない。私はその中の幾許かについては研究に手を染めて論文として公表したが、その結果、學術上比類のないと思われるものも數點あることが判って來た。たとえば、佛師運慶の文書の如きはその一例に過ぎないが、これも選定の時點では疑問視するの他はなかった。さらに今後の研究の成果に一層期待し度く思うが、それは私の仕事ではなく、廣く新進の研究者の研鑽に任せるの他はない。私自身は多年の宿願を一應遂行したことにより、自分自身の學問研究に多大の恩惠を得たことを感謝している。そして斯學の研究に原本研究が如何に重要であるかを考えて來た私の理念の正しさを再確認したのであった。

こうした私の文書收集は、敢えて無理を覺悟して進めて來たが、終戰後の混亂は社會の變革期であり、各方面の祕庫の襲藏品は續々と巷間に流出し、當時自己の經濟に多少の餘裕があるならば意外の重寶が容易に入手可能な時代であった。そうした收集の好機に、計畫を逸早く實行に移し得たことは、誠に時期を得たものであったことと思われる。その結果、著名な公家や武家などの由緒を物語る襲藏品から、著名社寺の傳來品に至るまで、豫期しなかった文書が次第に集って來た。

世間に、高度經濟成長といわれた時期が到來すると、古文書の賣行きは飛躍的に旺盛になって、價格が急騰するに從い、その反面世の中が安定したためか、賣物は段々と減少し、需給のバランスが崩れ出した。品不足のことも手傳って、異常な價格となって、微力な私には次元の相違も手傳って、市場への足は次第に遠ざからざるを得なかった。またその頃には、收集文書も既に一千點を越し、一通り標本的には整備して來たのであった。

今となっては笑い話のように思われるが、某堂上華族の多量な襲藏品がトラックで某所に運ばれて來たから見に來いという報せを受けたこともある。これはまるで廢佛毀釋の當時にも類することのように私には思われた。また「畫指」「拇印」「手印」などのある文書を一通でもよいから入手したいと念じ續けたが遭遇は不可能であった。「結城白川文書」（下巻收錄）中には「血判」文書は數通あるが、それ以外の特殊な文書は含まれていない。

研究室の古文書は骨董品の扱いであってはならない。総じて貴重品であるから保存に留意することは勿論であるが、學術研究のための資料であることもまた重要な一側面である。入手後の文書は、大別して、成巻して表裝されたものと、改裝することなく、元の姿を傳えたものとがある。研究資料として活用することと、標本として保存することの二點から觀ると、研究のためには無表裝のままであり、もとの姿を遺すことが適當であるけれども、保存のためには取扱いの上からも全部表裝の方が好都合である。そこで何れを優先するかという問題が出てくる。

文書には「封」に伴う取扱い方の色々のことがある。封の紙紐、封紙、本紙と禮紙、文書の折り方、紙の折り目のあとに至るまで、これらの全部が古文書學では基本問題である。それらは表裝をすることによって損われたり消滅してしまうと、再び復元することは困難である。こうした文書の原形について關心を拂うことは、研究上より考えて極めて重要な問題であるが、世間では從來關心を拂う人は餘りいない。私は原則上は無表裝をよしとする考えなので、特に標本となるものについては、表裝せずにそのままもとの姿に保存する方針を採った。

「題籤」とか「往來」などと稱する古文書に特殊な附屬品のある文書も數通入手したが、題籤一つを說明することの困難は、實物を直接に觀察することによって容易に解決されることとなろう。

多少の量であれば格別の要はないが、その點數が一千點を越す多量となると矢張り整理の準備を早期から考慮して置かなければならないので、私は入手と共に整理にも留意し、將來の保存と取扱いの便宜を考慮して、表裝仕立ての仕事を勵行した。それに要する經費は製本代の名目によって大學當局から特に支給を受けたが、古文書という特殊なものを表裝することであり、貴重品取扱いへの信賴によって一任することの出來る經師として古くからの知人である中藤昌次氏の協力を得たことも至極幸運であった。彼は誠實な仕事をもって終始私の收集のよき協力者であった。巻子裝・幅裝・帖裝はすべて木箱を作って收納したので、將來の保存に便があり、散逸防止に役立つに違いない。文書に附屬した附箋・極札、その他の由緒書等一切の附屬品はすべて破棄することなくそのままに保存することとした。

また、昭和四十二年頃に東京大學史料編纂所がこの研究室の所藏文書を撮影して、A4判の燒付寫眞帳を作成して、『早稻田大學荻野研究室所藏文書』十册として、閲覽に供したことにより、學術論文などにも屢々引用され、學界にも普く知られるようになった。

3

大學が騷がしくなって學園騷動が次第に激化した頃の私は、何よりも收集文書に被害の及ぶことを憂慮して眠れぬことも多かった。そこで幾個かの茶箱とダンボール函に入れて、圖書館の特別書庫へ預けることとしたが、その圖書館自體が萬全ではないという危惧の念に驅られることもあった。こうして古文書は研究室から疎開したが、それは恰も戰時中の圖書疎開にも等しいものであった。

愛書家ということがどんなことであるのか具體的なことは不詳ながら、私の身邊から文書が移されて姿が消えてなくなってみると、耐え忍び難い寂寞を覺えたが、それもまた止むを得ぬことであった。そうこうしているうちに私は昭和四十九年三月定年退任の日を迎えることになり、荻野研究室の名稱は退任と共に消滅し、收集した文書は管理上の必要からそのまま圖書館へ移管された。

原本である文書は圖書館の所藏となり、保存は一層萬全になったが、遺る問題として、これらの文書の利用・活用の方法をどうするかという問題がある。それも文書の普遍的な利用の仕方となると、翻刻刊行することが近路である。

私は自分の研究能力の限界内において、及ばずながら收集文書を古文書學研究の上から論文にまとめて、世の批判を得ることに努力した。しかしそれをもう一歩前進させて刊本にまとめることを、早くから心がけ考慮しながらも、結局は私の微力のために實現することなく過ぎて、心殘りのままに定年を迎えて學園を去った。

そのような私に對して、當時文學部教授の洞富雄博士は收集文書集の刊行のことを慫慂された（『史觀』第八八冊、「荻野三七彦教授古稀頌辭」）。そして洞教授の提案によって、昭和四十九年、文學部の竹内理三教授を代表者として「中世文書研究會」が組織され、文學部の洞富雄・瀧澤武雄兩教授、後藤淑講師、法學部の杉山晴康教授、政治經濟學部の正田健一郎教授、それに私と、圖書館から特別資料係の柴田光彦・柴辻俊六の兩氏が加わり、計九名で、大學の研究助成金の交付を得て、未完の翻刻原稿の完成に努め、最終原稿は竹内博士と私が目を通して五十二年春までに完了し、研究會は解散した。會員諸氏、就中竹内博士の終始にわたる御協力に深甚の謝意を申上げる。

荻野研究室においての大學院授業には文書原本を教材に利用する傍、在籍學生は勿論、ＯＢの諸君の應援を得て原稿作成に早くから着手した。こうした若い諸君の援助、それは蔭の力であるので一層有難く感謝致したい。

引續き編集刊行ということになるが、これは圖書館の事業として運營することになり、古川晴風圖書館長から大學に出版助成金の交付を申請され、出版社については、私がさきに刊行を企畫した折に快諾を與えられた吉川弘文館に再度お願いすることになった。私は收集の責任者であるので編集の段階から刊行の完了するまでは全面的に關係することとなっているが、校正の段階で原稿に大量に手を入れて組みかえを願うなど、出版關係に意外な迷惑をおかけしたことをただただ恐縮に思うばかりである。また上・下兩卷の卷頭を飾る圖版中のコロタイプ版各一葉は私の古くからの友人である便利堂社長石黒豊次氏と同東京営業所長である原口昇氏の御助力によるものである。

まだ現在は上巻の校正中であるから、前途はまだ大變であるが、私として出來得る限り最善を盡すことが、關係の方々へのせめてもの感謝であると考え、下巻完成まで健康を保つように努めている。

(昭和五十三年二月十五日記)

早稲田大學所藏荻野研究室收集文書 上卷

昭和五十三年九月二十日 印刷
昭和五十三年十月一日 發行

編者 早稲田大學圖書館
發行者 吉川圭三
印刷者 田中昭三
發行所 株式會社 吉川弘文館
郵便番號一一三
東京都文京區本郷七丁目二番八號
電話（八一三）九一五一（代表）
振替口座東京〇—二四四番

（理想社印刷・誠製本）

早稲田大學所藏荻野研究室収集文書 上巻（オンデマンド版）

2018年10月1日　発行

編　者　早稲田大學圖書館

発行者　吉川道郎

発行所　株式会社 吉川弘文館
〒113-0033　東京都文京区本郷7丁目2番8号
TEL　03(3813)9151(代表)
URL　http://www.yoshikawa-k.co.jp/

印刷・製本　株式会社 デジタルパブリッシングサービス
URL　http://www.d-pub.co.jp/

ISBN978-4-642-71123-4